SISTEMA ELETRÔNICO DO REGISTRO PÚBLICO
E SUA REGULAMENTAÇÃO

O GEN | Grupo Editorial Nacional – maior plataforma editorial brasileira no segmento científico, técnico e profissional – publica conteúdos nas áreas de concursos, ciências jurídicas, humanas, exatas, da saúde e sociais aplicadas, além de prover serviços direcionados à educação continuada.

As editoras que integram o GEN, das mais respeitadas no mercado editorial, construíram catálogos inigualáveis, com obras decisivas para a formação acadêmica e o aperfeiçoamento de várias gerações de profissionais e estudantes, tendo se tornado sinônimo de qualidade e seriedade.

A missão do GEN e dos núcleos de conteúdo que o compõem é prover a melhor informação científica e distribuí-la de maneira flexível e conveniente, a preços justos, gerando benefícios e servindo a autores, docentes, livreiros, funcionários, colaboradores e acionistas.

Nosso comportamento ético incondicional e nossa responsabilidade social e ambiental são reforçados pela natureza educacional de nossa atividade e dão sustentabilidade ao crescimento contínuo e à rentabilidade do grupo.

COORDENAÇÃO
LUIS FELIPE SALOMÃO

SISTEMA ELETRÔNICO DO REGISTRO PÚBLICO
E SUA REGULAMENTAÇÃO

AUTORES

ALLAN NUNES GUERRA
ANTONIO CARLOS ALVES BRAGA JÚNIOR
BRUNO CRASNEK LUZ
CARLOS E. ELIAS DE OLIVEIRA
CAROLINA RANZOLIN NERBASS
DANIELA MADEIRA
DENISE OLIVEIRA CEZAR
FERNANDO CERQUEIRA CHAGAS
FLAUZILINO ARAÚJO DOS SANTOS
FLÁVIA PEREIRA HILL
FLÁVIO TARTUCE
GISELLE OLIVEIRA DE BARROS

GUSTAVO FISCARELLI
HÉRCULES ALEXANDRE DA COSTA BENÍCIO
JOSÉ EDIVALDO ROCHA ROTONDANO
JULIANA SILVA MENINO ALENCASTRO VEIGA
LUCAS PAES KOCH
LUIZ FERNANDO BANDEIRA DE MELLO FILHO
RAFAEL MAAS DOS ANJOS
RAPHAEL FERREIRA DE OLIVEIRA
RICARDO CAMPOS
ROBSON DE ALVARENGA
ROSA MARIA BARRETO DE ANDRADE NERY

■ Os autores deste livro e a editora empenharam seus melhores esforços para assegurar que as informações e os procedimentos apresentados no texto estejam em acordo com os padrões aceitos à época da publicação, e todos os dados foram atualizados pelos autores até a data de fechamento do livro. Entretanto, tendo em conta a evolução das ciências, as atualizações legislativas, as mudanças regulamentares governamentais e o constante fluxo de novas informações sobre os temas que constam do livro, recomendamos enfaticamente que os leitores consultem sempre outras fontes fidedignas, de modo a se certificarem de que as informações contidas no texto estão corretas e de que não houve alterações nas recomendações ou na legislação regulamentadora.

■ Fechamento desta edição: *16.01.2024*

■ Os Autores e a editora se empenharam para citar adequadamente e dar o devido crédito a todos os detentores de direitos autorais de qualquer material utilizado neste livro, dispondo-se a possíveis acertos posteriores caso, inadvertida e involuntariamente, a identificação de algum deles tenha sido omitida.

■ **Atendimento ao cliente: (11) 5080-0751 | faleconosco@grupogen.com.br**

■ Direitos exclusivos para a língua portuguesa
Copyright © 2024 by
Editora Forense Ltda.
Uma editora integrante do GEN | Grupo Editorial Nacional
Travessa do Ouvidor, 11 – Térreo e 6º andar
Rio de Janeiro – RJ – 20040-040
www.grupogen.com.br

■ Reservados todos os direitos. É proibida a duplicação ou reprodução deste volume, no todo ou em parte, em quaisquer formas ou por quaisquer meios (eletrônico, mecânico, gravação, fotocópia, distribuição pela Internet ou outros), sem permissão, por escrito, da Editora Forense Ltda.

■ Capa: Fabricio Vale

■ **CIP-BRASIL. CATALOGAÇÃO NA PUBLICAÇÃO**
SINDICATO NACIONAL DOS EDITORES DE LIVROS, RJ

S636

Sistema eletrônico do registro público e sua regulamentação / coordenação Luiz Felipe Salomão ; autores Allan Nunes Guerra ... [et al.]. - 1. ed. - Rio de Janeiro : Forense, 2024.

288 p. ; 23 cm.

ISBN 978-65-5964-993-8

1. Brasil. [Lei 14.382 (2022)]. 2. Registros públicos - Inovações tecnológicas Brasil. 3. Direito notarial e registral - Brasil. I. Salomão, Luiz Felipe. II. Guerra, Allan Nunes.

23-87528　　　　　　　　CDU: 347.961(81)

Meri Gleice Rodrigues de Souza - Bibliotecária - CRB-7/6439

14/12/2023　　19/12/2023

SOBRE OS AUTORES

Allan Nunes Guerra

Presidente da Associação dos Notários e Registradores do Distrito Federal (Anoreg/DF). Tabelião do 4º Ofício de Notas, Protesto, Registro Civil, Títulos e Documentos e Pessoas Jurídicas de Brazlândia (DF).

Antonio Carlos Alves Braga Júnior

Desembargador do Tribunal de Justiça do Estado de São Paulo. Membro da Câmara de Regulação do Operador Nacional do Registro (ONR) (2023). Integrou o Grupo de Trabalho criado no âmbito da Corregedoria Nacional de Justiça para regulamentação da Lei 14.382/2022, que produziu o texto do Provimento 139/2023. Integrou o Grupo de Trabalho, no Ministério das Cidades (2016), que atuou na construção do texto da Medida Provisória 759/2016, convertida na Lei 13.465/2017, que instituiu a Reurb. Atuou como Juiz Auxiliar da Presidência do Conselho Nacional de Justiça (2010-2012), gestão Ministro Cezar Peluso, nos trabalhos de concepção do Sistema de Registro Eletrônico de Imóveis (SREI). Atuou como Juiz Auxiliar da Corregedoria, no Tribunal de Justiça de São Paulo (2012-2013), gestão Renato Nalini, nos trabalhos que deram origem ao Provimento 42/2012, que instituiu o SREI no Estado de São Paulo.

Bruno Crasnek Luz

Assessor-Chefe de Gabinete de Conselheiro no Conselho Nacional de Justiça. Especialista em Administração Pública pela Fundação Getulio Vargas e Mestrando em Administração Pública pelo Instituto Brasileiro de Ensino, Desenvolvimento e Pesquisa. Técnico do Ministério Público da União. Anteriormente, exerceu os cargos e as funções de Assessor de Gabinete de Conselheiro no Conselho Nacional de Justiça, Assessor do Núcleo de Acompanhamento na Área Criminal da Procuradoria-Geral da República, Chefe do Setor Jurídico da Procuradoria da República no Município de Joaçaba (SC) e Assessor para Assuntos Específicos de Gabinete de Desembargador no Tribunal de Justiça do Estado de Santa Catarina.

Carlos E. Elias de Oliveira

Doutor, Mestre e Bacharel em Direito pela Universidade de Brasília (UnB). Professor de Direito Civil e de Direito Notarial e Registral na UnB e em outras instituições. Consultor Legislativo do Senado Federal em Direito Civil, Processo Civil e Direito Agrário. Advogado, Parecerista e Árbitro. Ex-Advogado da União (AGU). Ex-Assessor de Ministro do STJ. Pós-Graduado em Direito Notarial e Registral. Membro do Instituto Brasileiro de Direito de Família (IBDFAM). Membro fundador do Instituto Brasileiro de Direito Contratual (IBDCONT).

Carolina Ranzolin Nerbass

Juíza de Direito do Tribunal de Justiça de Santa Catarina, titular da 3ª Vara Criminal da Comarca da Capital. Especialista em Gestão Organizacional e Tecnologia em Recursos Humanos pela Universidade Federal de Santa Catarina. Juíza Auxiliar da Corregedoria Nacional de Justiça (2023). Juíza Auxiliar da Presidência do CNJ (2022) e Juíza Auxiliar da Presidência do TJSC (2018-2022).

Daniela Madeira

Juíza Federal do Tribunal Regional Federal da 2ª Região, titular da 4ª Vara Federal da Seção Judiciária do Rio de Janeiro. Mestre em Processo Civil pela Universidade do Estado do Rio de Janeiro (UERJ). Doutora em Processo pela Universidade Complutense de Madrid. Juíza Auxiliar da Corregedoria Nacional de Justiça (2023). Juíza Auxiliar da Corregedoria do Conselho da Justiça Federal (CJF) (2020-2022). Membro do Centro de Pesquisa da Associação de Magistrados Brasileiros (AMB).

Denise Oliveira Cezar

Doutora e Mestre em Direito pela Universidade Federal do Rio Grande do Sul, Graduada em Ciências Jurídicas e Sociais pela Pontifícia Universidade Católica do Rio Grande do Sul. Desembargadora no Tribunal de Justiça do Rio Grande do Sul. Presidente da Associação dos Juízes do Estado do Rio Grande do Sul (2006-2007). Exerceu o cargo de Corregedora Geral de Justiça no biênio 2018-2020. Integra, junto à Corregedoria Nacional de Justiça, a Câmara de Regulação da função de Agente Regulador do Operador Nacional do Sistema de Registro Eletrônico de Imóveis (ONR).

Fernando Cerqueira Chagas

Desembargador do Tribunal de Justiça do Estado do Rio de Janeiro, Presidente da 20ª Câmara de Direito Privado. Mestre em Direito pela Universidade Estácio de Sá (UNESA). Doutor em Direito da Cidade pela Universidade Estadual do Rio de Janeiro (UERJ).

Flauzilino Araújo dos Santos

Oficial de Registro de Imóveis em São Paulo, Capital. Presidente do Operador Nacional do Sistema de Registro de Imóveis Eletrônico (ONR).

Flávia Pereira Hill

Doutora e Mestre em Direito Processual pela UERJ. Professora Associada de Direito Processual da UERJ. Delegatária de serventia extrajudicial no Estado do Rio de Janeiro.

Flávio Tartuce

Pós-Doutor e Doutor em Direito Civil pela USP. Mestre em Direito Civil Comparado pela PUC-SP. Professor titular permanente e Coordenador do mestrado da Escola Paulista de Direito (EPD). Professor e Coordenador do curso de mestrado e dos cursos de pós-graduação *lato sensu* em Direito Privado da EPD. Membro do Conselho Consultivo no Operador Nacional do Registro Público Eletrônico (ONR), do Conselho Nacional de Justiça (CNJ). Diretor-Geral da ESA da OABSP. Presidente Nacional do Instituto Brasileiro de Direito Contratual (IBDCONT). Presidente do Instituto Brasileiro de Direito de Família em São Paulo (IBDFAM/SP). Atua como advogado, árbitro, parecerista e consultor jurídico.

Giselle Oliveira de Barros

Presidente do Colégio Notarial do Brasil – Conselho Federal (CNB/CF) e 23ª Tabeliã de Notas de São Paulo.

Gustavo Fiscarelli

Bacharel em Direto pela Universidade de Araraquara (UNIARA). Especialista em Direito Civil e Direito Processual Civil pelo Instituto Nacional de Pós-Graduação (INPG). Especialista em Direito Notarial e Registral pela Faculdade Educamais (UNIMAIS). Oficial de Registro Civil das Pessoas Naturais e de Interdições e Tutelas de Cotia/SP. Presidente da Associação dos Registradores de Pessoas Naturais do Estado de São Paulo (ArpenSP). Presidente da Associação Nacional dos Registradores de Pessoas Naturais (ArpenBR). Vice-Presidente do Operador Nacional do Registro Civil das Pessoas Naturais (ON-RCPN). Membro da Comissão de Direto Notarial e Registral da OAB/SP.

Hercules Alexandre da Costa Benício

Doutor e Mestre em Direito pela Universidade de Brasília. Tabelião titular do Cartório do 1º Ofício do Núcleo Bandeirante/DF. Presidente do Colégio Notarial do Brasil – Seção do Distrito Federal. Acadêmico ocupante da Cadeira nº 12 da Academia Notarial Brasileira. Ex-Procurador da Fazenda Nacional com atuação no Distrito Federal.

José Edivaldo Rocha Rotondano

Especialista em Direito Civil, Processual Civil e Direito de Família pela Universidade Federal da Bahia (UFBA). Desembargador do Tribunal de Justiça do Estado da Bahia. Corregedor Geral da Justiça do TJBA biênio 2022-2024. Presidente do Colégio Permanente de Corregedores e Corregedoras Gerais dos Tribunais de Justiça.

Juliana Silva Menino Alencastro Veiga

Assessora de Gabinete de Conselheiro no Conselho Nacional de Justiça (desde 2021). Especialista em Direito do Trabalho e Direito Processual do Trabalho (UFG) e Direito Constitucional (Uniderp). Anteriormente, exerceu os cargos de Chefe de Gabinete da Secretaria-geral do Conselho Nacional do Ministério Público (2019), Assessora-Chefe de Gabinete do Conselho Nacional do Ministério Público (2019-2021) e Assessora-Chefe de Procuradoria de Justiça do Ministério Público do Estado de Goiás (2007-2019).

Lucas Paes Koch

Doutorando em Ciência Jurídica pela Universidade do Vale do Itajaí, com dupla titulação com a Universidade de Perugia (Itália). Mestre em Ciência Jurídica pela Universidade do Vale do Itajaí, com dupla titulação com a Universidade de Alicante (Espanha). Pós-Graduado em Direito Processual Civil e Direito Notarial e Registral. Graduado em Direito pela Universidade do Sul de Santa Catarina. Oficial Designado do 1º Ofício de Registro de Imóveis de Itajaí (SC).

Luiz Fernando Bandeira de Mello Filho

Conselheiro do Conselho Nacional de Justiça, onde exerce a função de Ouvidor-Geral de Justiça e de Encarregado pelo Tratamento de Dados Pessoais. Doutor em Direito pela Universidade de Salamanca (Espanha). Mestre em Direito Administrativo pela Universidade Federal de Pernambuco. Ex-Conselheiro Nacional do Ministério Público. Ex-Secretário-geral da Mesa do Senado Federal. Servidor do Senado da carreira de consultor legislativo. Lecionou para cursos de graduação e pós-graduação em várias universidades do Brasil. Anteriormente exerceu os cargos de Advogado-Geral do Senado, Diretor-Geral do Senado, Chefe de Gabinete da Presidência do Senado e do Ministro da Previdência Social. Foi também Consultor Jurídico do Ministério da Previdência Social.

Rafael Maas dos Anjos

Pós-doutorando, Mestre e Doutor em Ciência Jurídica pela Universidade do Vale do Itajaí e pela Universidade de Alicante (Espanha). Especialista em Direito e Gestão Judiciária pela Academia Judicial do Tribunal de Justiça de Santa Catarina e em Direito Material e Processual Civil pelo Complexo de Ensino Superior de

Santa Catarina. Graduado em Direito pela Universidade do Vale do Itajaí. Juiz de Direito e Juiz-Corregedor do Núcleo IV (Extrajudicial) do Tribunal de Justiça de Santa Catarina.

Raphael Ferreira de Oliveira

Especialista em Direito Imobiliário, pela Faculdade Baiana de Direito, e Pós--Graduando em Direito Notarial e Registral pela Universidade de São Paulo (USP). Assessor Jurídico na seara extrajudicial da Corregedoria Geral da Justiça do Tribunal de Justiça do Estado da Bahia.

Ricardo Campos

Doutor e Mestre em Direito pela Goethe Universität Frankfurt am Main (Alemanha). Docente na Goethe Universität Frankfurt am Main. Coordenador da área de Direito Digital da OAB Federal/ESA Nacional. Integrante do Grupo de Trabalho para elaboração de estudos e propostas de planejamento e implantação do Sistema Eletrônico dos Registros Eletrônicos (Serp) da Corregedoria Nacional de Justiça. Advogado.

Robson de Alvarenga

4º Oficial de Registro de Títulos e Documentos e Civil de Pessoa Jurídica da Capital (SP). Conselheiro-Geral do Comitê Técnico do ON-RTDPJ. Responsável pelo desenvolvimento da plataforma informatizada da Central Nacional do RTDPJ e do Serp (na parte relativa ao RTDPJ). Membro das Diretorias do IRTDPJ-BR, IRTDPJ-SP e CDT-SP.

Rosa Maria Barreto Borriello de Andrade Nery

Professora Associada Livre-Docente de Direito Civil da PUC-SP. Presidente da Academia Brasileira de Direito Civil.

APRESENTAÇÃO

A presente obra – formada por um compêndio de artigos escritos por magistrados, juristas, notários, registradores, acadêmicos e operadores do Direito – representa o primeiro passo de uma jornada pela intrincada rede do Sistema Eletrônico de Registros Públicos (Serp), uma revolução que está redesenhando os pilares da burocracia e da segurança jurídica no Brasil.

No curso da história, os registros públicos foram o alicerce sobre o qual repousaram a segurança e a confiabilidade das transações legais e a proteção de direitos como da personalidade e da propriedade. No entanto, à medida que o mundo avança para a Era digital, os sistemas eletrônicos de registros emergem como uma nova fronteira, transformando e revolucionando o tradicional conceito de documentação e autenticação.

Exploraremos aqui as camadas do Serp, mergulhando em sua origem, regulamentação, estruturação e implementação. Analisaremos não apenas o impacto no âmbito legal e administrativo, mas também como essa transição afeta diretamente a vida cotidiana das pessoas, as transações comerciais e a agilidade dos processos governamentais.

Os artigos que compõem este livro foram sistematicamente organizados em três partes, de modo a fornecer ao leitor uma visão completa – embora ainda em transformação – do embrionário processo de planejamento, concepção, desenvolvimento e avaliação do Serp, destacando a atuação dos diversos atores envolvidos em cada uma dessas etapas.

Na primeira parte, enfatizaremos o papel da Corregedoria Nacional de Justiça como agente regulador e órgão máximo de governança do segmento extrajudicial, responsável pela formulação de políticas e pelo controle da atuação de notários e registradores de todo o Brasil, bem como a atividade fundamental exercida pelas Corregedorias Gerais das Justiças dos Estados e do Distrito Federal na fiscalização das serventias.

A segunda parte, denominada de "Serp: Implementação e Operacionalidade", trará um panorama sobre os registros públicos no Brasil, com destaque para a evolução dos mecanismos tradicionais de autenticação para os modernos meios de assinaturas digitais, códigos de verificação e certificação eletrônica. Será possível conhecer o processo legislativo que resultou na edição da Lei 14.382/2022, que não apenas criou o Serp, mas também trouxe uma série de avanços para o sistema notarial e registral, com a introdução de modernos instrumentos de desjudicialização e desburocratização no ordenamento jurídico brasileiro.

A parte final deste livro será dedicada ao Operador Nacional do Sistema Eletrônico de Registros Públicos (Onserp) e aos Operadores Nacionais que o compõem, sua organização, funcionamento, financiamento e regime disciplinar aplicável, com destaque para a regulamentação produzida pela Corregedoria Nacional de Justiça e para a atuação de cada um desses Operadores.

Esperamos que este material desperte reflexões sobre a importância inegável do sistema eletrônico de registro público no Brasil, mostrando sua essencialidade para uma sociedade mais conectada, ágil e justa. Acompanhe-nos nesta jornada em direção ao fascinante e inexplorado mundo dos registros públicos eletrônicos e descubra como eles são a pedra angular de uma sociedade moderna e eficiente.

A coordenação.

SUMÁRIO

PARTE 1
CORREGEDORIA NACIONAL DE JUSTIÇA: AGENTE REGULADOR DO SERP

1. O papel da Corregedoria Nacional e o Sistema Eletrônico dos Registros Públicos (Serp): a Corregedoria Nacional de Justiça e sua atuação como agente regulador... 3
   Carolina Ranzolin Nerbass | Daniela Madeira

2. A atuação das Corregedorias Estaduais no Sistema Eletrônico de Registros Públicos 19
   Denise Oliveira Cezar

PARTE 2
SERP: IMPLEMENTAÇÃO E OPERACIONALIDADE

3. O novo Sistema Eletrônico do Registro Público (Serp): gestação da lei e seu regulamento.. 35
   Luiz Fernando Bandeira de Mello Filho | Juliana Silva Menino Alencastro Veiga | Bruno Crasnek Luz

4. A ortodoxia do carimbo e o paradoxo de Teseu 53
   Rafael Maas dos Anjos | Lucas Paes Koch

5. Extratos eletrônicos para registro e averbação.. 73
   Flauzilino Araújo dos Santos

6. A interconexão das serventias de registros públicos, a interoperabilidade de suas bases de dados e o intercâmbio de documentos eletrônicos no Serp 93
   Fernando Cerqueira Chagas

XIV | SISTEMA ELETRÔNICO DO REGISTRO PÚBLICO E SUA REGULAMENTAÇÃO

7. Tabelionato de notas e o intercâmbio eletrônico de documentos e informações......107

Allan Nunes Guerra

8. O papel dos tabeliães de notas e a consulta a dados constantes no sistema eletrônico dos registros públicos (Serp) 117

Giselle Oliveira de Barros

9. Prova legal, registro civil e a Lei 14.382/2022 – Novos desafios para as serventias de registros públicos e para o CNJ......129

Rosa Maria Barreto Borriello de Andrade Nery

10. Da obrigatoriedade da continuidade da prestação do serviço dos registros públicos e da adesão ao Serp......141

Flávio Tartuce | Carlos E. Elias de Oliveira

11. A importância da publicidade real do Serp para a eficácia e segurança jurídica das garantias e penhoras judiciais sobre bens móveis......153

Robson de Alvarenga

12. Adjudicação compulsória extrajudicial 165

Hercules Alexandre da Costa Benício

13. A desjudicialização e o novo processo sincrético: a implantação do Serp em prol da efetividade......185

Flávia Pereira Hill

PARTE 3
OPERADOR NACIONAL DO SISTEMA ELETRÔNICO DE REGISTROS PÚBLICOS (ONSERP)

14. Estrutura e funcionamento do Operador Nacional do Sistema Eletrônico (Onserp)......205

José Edivaldo Rocha Rotondano | Raphael Ferreira de Oliveira

15. Assinatura eletrônica, autenticidade e segurança: notas sobre a atuação do Operador Nacional do Sistema Eletrônico dos Registros Públicos (Onserp) 225

Ricardo Campos

16. A importância do fundo de implementação e custeio do Onserp para o Sistema Eletrônico dos Registros Públicos......243

Antonio Carlos Alves Braga Júnior

17. Regime disciplinar aplicável aos integrantes dos órgãos diretivos dos operadores nacionais e do Onserp......261

Gustavo Fiscarelli

PARTE 1

CORREGEDORIA NACIONAL DE JUSTIÇA: AGENTE REGULADOR DO SERP

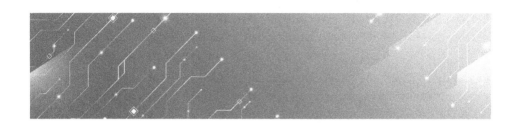

Capítulo 1

O PAPEL DA CORREGEDORIA NACIONAL E O SISTEMA ELETRÔNICO DOS REGISTROS PÚBLICOS (SERP): A CORREGEDORIA NACIONAL DE JUSTIÇA E SUA ATUAÇÃO COMO AGENTE REGULADOR

Carolina Ranzolin Nerbass
Daniela Madeira

1. A CRIAÇÃO DO CONSELHO NACIONAL DE JUSTIÇA (CNJ) PELA EMENDA CONSTITUCIONAL 45, DE 2004, E A CORREGEDORIA NACIONAL DE JUSTIÇA

Em 30 de dezembro de 2004, foi publicada a Emenda Constitucional 45/2004 que instituiu a chamada "Reforma do Judiciário", a qual impactou a organização e o funcionamento dos tribunais com melhorias na acessibilidade e na transparência da prestação judicial do país.[1]

Entre as diversas inovações trazidas pela emenda, por meio da inclusão do art. 103-B na Constituição Federal, consta a criação do Conselho Nacional de Justiça, com sua composição eclética, formada por quinze membros, a saber: Presidente do Supremo Tribunal Federal; Ministro do Superior Tribunal de Justiça e do Tribunal Superior do Trabalho; Desembargador de Tribunal de Justiça; Juiz estadual, federal,

---

[1] MENDES, Gilmar Ferreira. A criação do CNJ pela Emenda Constitucional n. 45 e a consolidação do Judiciário como poder nacional. *In*: TOFFOLI, Dias; CRUZ, Felipe Santa; GODINHO, André (org.). **Emenda constitucional n. 45/2004:** 15 anos do novo Poder Judiciário. Brasília: OAB, 2019, p. 197.

4 | SISTEMA ELETRÔNICO DO REGISTRO PÚBLICO E SUA REGULAMENTAÇÃO

do trabalho, do Tribunal Regional Federal e do Tribunal Regional do Trabalho; membro do Ministério Público estadual e da União; dois advogados e dois cidadãos.[2]

A efetiva implantação do CNJ ocorreu em 14 de junho de 2005, completando, no ano de 2023, 18 anos. Desde o seu surgimento, as ações do CNJ já possuem resultados sólidos no sentido de contribuir para que o Foro judicial e o Foro extrajudicial brasileiros atuem com moralidade, eficiência e efetividade.

Dentro desse contexto, o CNJ recebeu do texto constitucional a atribuição de realizar o controle da atuação administrativa e financeira do Poder Judiciário nacional e de avaliar o cumprimento dos deveres funcionais dos magistrados; tendo como missão "promover o desenvolvimento do Poder Judiciário em benefício da sociedade, por meio de políticas judiciárias e do controle da atuação administrativa e financeira".[3]

Com o objetivo de atingir a atividade finalística de forma mais otimizada, o CNJ expede atos regulamentares em relação aos quais o Supremo Tribunal Federal, no julgamento da ADC 12 MC/2006, reconheceu se revestirem dos atributos da generalidade, da impessoalidade e da abstratividade, além de decorrerem de previsão direta da Constituição, ou seja, são dotados de caráter normativo primário, tendo força de lei.[4]

Essa possibilidade de normatização procede sobretudo do poder-dever de "expedir atos regulamentares, no âmbito de sua competência, ou recomendar providências", previsto no art. 103-B, § 4º, I, da Constituição.

A Carta Magna também instituiu uma importante função dentro do Conselho Nacional de Justiça, a do Ministro-Corregedor, exercida pelo Ministro do Superior Tribunal de Justiça, competindo-lhe, além das atribuições conferidas pelo Estatuto da Magistratura, receber as reclamações e as denúncias relativas aos magistrados e aos serviços judiciários; exercer as funções executivas do Conselho, de inspeção e de correição geral; e requisitar e designar magistrados, delegando-lhes atribuições, e requisitar servidores de juízos ou tribunais.

Referidas atribuições também constam do Regimento Interno do CNJ, detalhadas em vinte e um incisos. Entre eles, no presente trabalho, destaca-se o inciso X do art. 8º:

> X – expedir Recomendações, Provimentos, Instruções, Orientações e outros atos normativos destinados ao aperfeiçoamento das atividades dos órgãos do Poder

---

[2] MARTINS, Humberto Eustáquio Soares. A importância do Conselho Nacional de Justiça para o desenvolvimento social e econômico: uma avaliação nos 30 anos da Constituição Federal de 1988. *In*: BRASIL. Superior Tribunal de Justiça. **Doutrina**: edição comemorativa, 30 anos. Brasília: Superior Tribunal de Justiça, 2019, p. 499.

[3] O CNJ, QUEM SOMOS. Disponível em: https://cnj.jus.br/quem-somos. Acesso em: 27 jul. 2023.

[4] STF. **ADC 12 MC**, Rel. Min. Carlos Britto, Tribunal Pleno, j. 16.02.2006, *DJ* 01.09.2006.

Judiciário e de seus serviços auxiliares e dos serviços notariais e de registro, bem como dos demais órgãos correicionais, sobre matéria relacionada com a competência da Corregedoria Nacional de Justiça.[5]

Nessa perspectiva de atuação, para além de cumprir seu papel fiscalizador, com o aprimoramento de sua função, o CNJ tem agido estrategicamente para desenvolver um Judiciário e seus serviços auxiliares mais fortes e integrados, por meio do fomento de políticas públicas, que, com controle e transparência administrativa e processual, visam à modernização dos Serviços Judiciais e Extrajudiciais para torná-los mais céleres e confiáveis, assim encontrando sua mais nobre incumbência.

A Corregedoria ainda exerce um importante papel de integração e uniformização, regulamentando diversas matérias das áreas judicial e extrajudicial.[6] Em consulta ao portal *Atos Normativos – CNJ*, na data de 01 de novembro de 2023, verificou-se a edição total de 154 Provimentos pela Corregedoria Nacional desde a sua criação.

Nessa atuação, a Corregedoria Nacional regulamentou e padronizou nacionalmente importantes questões, como a possibilidade de realização de casamento entre pessoas do mesmo sexo (Resolução CNJ 175/2013)[7], troca de prenome e gênero das pessoas trans diretamente no cartório de registro civil (Provimento CNJ 73/2018, incorporado no Código Nacional de Normas da Corregedoria do Conselho Nacional de Justiça – CNN/CN/CNJ-Extra pelo Provimento CNJ 149/2023, arts. 516 a 523)[8], reconhecimento voluntário da paternidade/maternidade socioafetiva (Provimento CNJ 63/2017, incorporado no CNN/CN/CNJ-Extra)[9]; normatizou o procedimento da usucapião extrajudicial (Provimento CNJ 65/2017, incorporado no CNN/CN/CNJ-Extra)[10], a realização de atos remotos nos cartórios de notas e

---

[5]   CNJ. **Regimento Interno 67**, de 3 de março de 2009. Disponível em: https://atos.cnj.jus.br/atos/detalhar/124. Acesso em: 28 jun. 2023.

[6]   GODINHO, André; PETER, Leonardo; RIBEIRO, Orman. Conselho Nacional de Justiça: um novo modelo de gestão do Poder Judiciário. *In*: TOFFOLI, Dias; CRUZ, Felipe Santa; GODINHO, André (org.). **Emenda constitucional n. 45/2004**: 15 anos do novo Poder Judiciário. Brasília: OAB, 2019, p. 7. Os autores, no tocante à atuação do CNJ, pontuam que: "Desde os primeiros anos, na busca de cumprir sua missão constitucional, em especial no que diz respeito ao controle da atuação administrativa e financeira, bem como à formulação de políticas nacionais a serem seguidas por todo o Poder Judiciário, a atuação do CNJ esteve focada na regulamentação das atividades de apoio aos órgãos do Poder Judiciário, estabelecendo procedimentos de supervisão, fiscalização e planejamento para consecução da atividade finalística da forma mais otimizada possível".

[7]   CNJ. **Resolução 175**, de 14 de maio de 2013. Disponível em: atos.cnj.jus.br/atos/detalhar/1754. Acesso em: 31 jul. 2023.

[8]   CNJ. **Provimento 73**, de 28 de junho de 2018. Disponível em: atos.cnj.jus.br/atos/detalhar/2623. Acesso em: 31 jul. 2023.

[9]   CNJ. **Provimento 63**, de 14 de novembro de 2017. Disponível em: atos.cnj.jus.br/atos/detalhar/2525. Acesso em: 31 jul. 2023.

[10]   CNJ. **Provimento 65**, de 14 de dezembro de 2017. Disponível em: atos.cnj.jus.br/atos/detalhar/2527. Acesso em: 31 jul. 2023.

6 | SISTEMA ELETRÔNICO DO REGISTRO PÚBLICO E SUA REGULAMENTAÇÃO

registros durante a pandemia do novo Coronavírus (mediante os Provimentos CNJ 91 a 100/2020, alguns já exauridos ou incorporados ao CNN/CN/CNJ-Extra)[11] etc. Todas com o objetivo de facilitar o acesso dos cidadãos aos Serviços de Justiça.

Não obstante tais funções, a Corregedoria Nacional de Justiça também possui viés gestor, que identifica falhas e propõe soluções, propagando boas práticas que possam ser disseminadas em busca da melhoria e da modernização dos processos administrativos e jurisdicionais do Sistema de Justiça, por meio de instrumentos de planejamento e gestão, a exemplo das metas e diretrizes estratégicas aprovadas por ocasião da realização dos Encontros Nacionais do Poder Judiciários e dos Encontros dos Corregedores de Justiça.

Para o ano de 2023, está vigente a seguinte meta relativa ao segmento extrajudicial: atualização da relação geral de vacâncias das serventias extrajudiciais (meta 5).

No tocante às diretrizes, foram estabelecidas orientações que visam a assegurar a implementação do Sistema Eletrônico dos Registros Públicos (Serp) em todas as unidades do território nacional, objetivando a interoperabilidade e a interconexão entre os diversos sistemas já existentes nas serventias extrajudiciais (diretriz estratégica 1); desenvolver protocolos institucionais entre os tribunais e as serventias extrajudiciais para incentivar, otimizar e documentar as medidas de desjudicialização e desburocratização (diretriz estratégica 2); adequar os serviços notariais e de registro às disposições contidas na Lei Geral de Proteção de Dados (LGPD) (diretriz estratégica 3); e, por último, ações visando à erradicação do sub-registro civil (diretriz estratégica 5).

As definições das metas e diretrizes estão, ano a ano, impactando positivamente na melhoria dos serviços extrajudiciais e na percepção da sociedade sobre o Sistema Nacional de Justiça.

Esse papel estratégico e gestor da Corregedoria Nacional tem auxiliado os tribunais a enfrentar importantes desafios, com grande impacto e elevada repercussão socioeconômica.

Dada a relevância e a complexidade do segmento extrajudicial, sistema composto por mais de 13 mil cartórios de notas e registros espalhados pelo país, no ano de 2020 foi criada, na Corregedoria Nacional de Justiça, uma estrutura especializada no assunto, denominada Coordenadoria de Gestão de Serviços Notariais e de Registro (CONR), pela Portaria 181/2020, da Presidência do CNJ (atual Portaria 275/2023), e disciplinada pela Portaria 53/2020, da Corregedoria, que estabeleceu, conforme mostra a Figura 1, os seus quatro eixos de atuação: 1. Processual; 2. Agente Regulador; 3. Fiscalização e Regulação; 4. Institucional.

---

[11] CNJ. **Portal Atos Normativos**. Disponível em: https://www.cnj.jus.br/atos_normativos. Acesso em: 31 jul. 2023.

Figura 1 – Quatro eixos de atuação da CONR

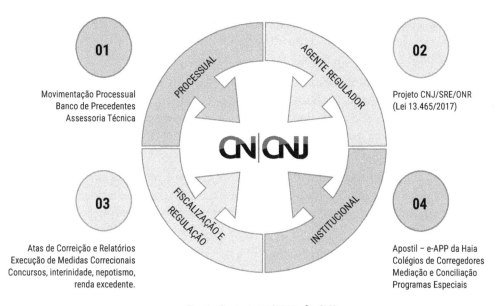

Fonte: Portaria 53/2020, da CNJ.

Dentro do eixo de atuação "Regulação", além de expedir atos normativos, a Corregedoria Nacional também exerce a função de Agente Regulador do Operador Nacional do Sistema de Registro Eletrônico de Imóveis (ONR). Explica-se.

2. A CORREGEDORIA NACIONAL DE JUSTIÇA E A SUA FUNÇÃO DE AGENTE REGULADOR

Em 2009, foi promulgada a Lei 11.977/2009, dispondo sobre o Programa Minha Casa, Minha Vida (PMCMV) e a regularização fundiária de assentamentos localizados em áreas urbanas. Na redação original do art. 37, a lei previu que os serviços de registros públicos instituiriam o sistema de registro eletrônico, observados prazos e condições estabelecidas em regulamento.

Após estudos e tratativas, a Corregedoria Nacional editou o Provimento CNJ 47/2015 (atual Provimento CNJ 89/2019), estabelecendo diretrizes gerais para o sistema de registro eletrônico de imóveis (SREI). O referido sistema compreende o intercâmbio de documentos eletrônicos e de informações entre os ofícios de registro de imóveis, o Poder Judiciário, a administração pública e o público em geral. Prevê, ainda, a recepção e o envio de títulos em formato eletrônico, a expedição de certidões, a prestação de informações em formato eletrônico e a formação, nos

SISTEMA ELETRÔNICO DO REGISTRO PÚBLICO E SUA REGULAMENTAÇÃO

cartórios competentes, de repositórios registrais eletrônicos para o acolhimento de dados e o armazenamento de documentos eletrônicos.

Posteriormente, foi promulgada, em 2017, a Lei 13.465/2017,[12] dispondo sobre a regularização fundiária rural e urbana, trazendo diversas disposições acerca do Sistema de Registro Eletrônico de Imóveis (SREI) e do Operador Nacional do Sistema de Registro Eletrônico de Imóveis (ONR), com a incumbência de o ONR implementar e operar, em âmbito nacional, o SREI.

A previsão legal de organização do ONR é como pessoa jurídica de direito privado, sem fins lucrativos, vinculando todas as unidades do serviço de registro de imóveis dos estados e do Distrito Federal, assim, exercendo a Corregedoria Nacional de Justiça a função de Agente Regulador do ONR e responsável pelo cumprimento do seu estatuto.[13]

Para o amplo funcionamento do SREI, foi criado o fundo de custeio subvencionado pelas unidades de registro de imóveis, por meio do estabelecimento de cotas de participação, supervisionado pela Corregedoria na sua função de Agente Regulador.[14]

Para Luís Paulo Aliende Ribeiro, foi acertada a opção do legislador em atribuir à Corregedoria Nacional de Justiça a função de Agente Regulador do ONR, destacando, em seu artigo *A Regulação do Operador Nacional do Registro Eletrônico de Imóveis (ONR) pela Corregedoria Nacional de Justiça,*[15] que:

> [...] Ao apropriar-se da atividade notarial e de registros, qualificá-la como função pública e de imediato atribuir seu exercício, por delegação a particulares, a Constituição da República do Brasil estabeleceu para essas profissões oficiais ou profissões públicas independentes o regime de exercício privado de função pública, o que não somente legitima como impõe ao Estado o dever de instituir e exercer uma regulação particularmente intensa, correspondente à responsabilidade institucional de garantia que assumiu.

Algumas normas foram editadas pela Corregedoria Nacional de Justiça voltadas à melhoria do sistema SREI: o Provimento CNJ 89/2019, regulamentando o Código Nacional de Matrículas (CNM), o Sistema de Registro Eletrônico de Imóveis (SREI), o Serviço de Atendimento Eletrônico Compartilhado (Saec), o acesso da Administração Pública Federal às informações do SREI e estabelecendo diretrizes

---

[12] O art. 76 trouxe diversas disposições acerca do Sistema de Registro Eletrônico de Imóveis (SREI) e do Operador Nacional do Sistema de Registro Eletrônico de Imóveis (ONR).

[13] Art. 76, §§ 2º, 4º e 5º, da Lei 13.465/2017.

[14] Art. 76, §§ 9º e 10, da Lei 13.465/2017.

[15] RIBEIRO, Luís Paulo Aliende. A regulação do Operador Nacional do Registro Eletrônico de Imóveis – ONR pela Corregedoria Nacional de Justiça. *In*: PEDROSO, Alberto Gentil de Almeida. **O direito e o extrajudicial**: direito administrativo. São Paulo: RT, 2021. Cap. 20.

para o estatuto do Operador Nacional do Sistema de Registro Eletrônico (ONR); o antigo Provimento CNJ 109/2020, que disciplinava a atuação da Corregedoria Nacional de Justiça como Agente Regulador do ONR (atualmente incorporado no CNN/CN/CNJ-Extra); e, por fim, o Provimento CNJ 115/2021, que institui a receita do fundo para implementação e custeio do SREI e estabelece a forma do seu recolhimento pelas serventias do serviço de registro de imóveis.

Assim, por meio da leitura dos normativos (Lei e Provimentos) acerca do SREI e do ONR, fica claro o papel regulador da Corregedoria Nacional, no que se refere à expedição de atos normativos regulamentando matérias e ao exercício da função de Agente Regulador do ONR. Porém, quanto a esse último, o que dizia exatamente o antigo Provimento CNJ 109/2020, atualmente incorporado no CNN/CN/CNJ-Extra?

3. O PROVIMENTO CNJ 109/2020

Ressalte-se, inicialmente, que atualmente o Provimento CNJ 109/2020 foi revogado pelo Provimento CNJ 150/2021, que ampliou a competência da Corregedoria Nacional de Justiça para ser agente regulador de todos os Operadores Nacionais dos Registros Públicos (Onserp, ONR, ON-RCPN e ON-RTDPJ).

Nessa perspectiva, é importante realçar a trajetória da Corregedoria Nacional de Justiça ao ser erigida, inicialmente, à condição de agente regulador do ONR, alinhada às competências legais e constitucionais do Poder Judiciário. Em virtude disso, em 14 de outubro de 2020, foi publicado o Provimento CNJ 109, que disciplinou essa atuação.

Dentre as principais funções do Agente Regulador do ONR estão a de regular as atividades relacionadas à implementação e à operação do SREI pelo ONR; propor diretrizes para o funcionamento do ONR; formular propostas ao planejamento estratégico do ONR; aprovar as diretrizes nacionais e monitorar a execução do planejamento estratégico do ONR; zelar pelo cumprimento do estatuto do ONR e pelo alcance das finalidades para as quais foi instituído; aprovar as minutas de Instruções Técnicas de Normalização (ITN) aplicáveis ao SREI propostas pelo ONR; fiscalizar a gestão administrativa e financeira do ONR; e exercer a atividade correcional[16].

Quanto ao funcionamento do Agente Regulador do ONR, foi prevista a existência de três órgãos internos: a Secretaria Executiva, a Câmara de Regulação e o Conselho Consultivo.

---

[16] O art. 4º do Provimento traz uma lista de atribuições do Agente Regulador. CNJ. **Provimento 109**, de 14 de outubro de 2020. Disponível em: https://atos.cnj.jus.br/atos/detalhar/3522. Acesso em: 28 jun. 2023.

As atribuições da Secretaria Executiva são exercidas pela Coordenadoria de Gestão dos Serviços Notariais e de Registro da Corregedoria Nacional de Justiça, cabendo a ela recepcionar os processos, elaborar pautas e secretariar os trabalhos do Agente Regulador;[17] à Câmara de Regulação compete discutir e deliberar sobre todas as atividades do Agente Regulador, assim como propor soluções e ações para promover os objetivos do ONR;[18] e ao Conselho Consultivo,[19] composto por membros com notório saber nas áreas do Direito Registral Imobiliário, de administração e gestão estratégica e na de tecnologia da comunicação e informação, cabe a função de planejar e propor diretrizes para o funcionamento do ONR, além de sugerir estratégias e formular propostas em geral, a fim de que sejam apreciadas pela Câmara de Regulação, sempre visando aos fins estatutários do ONR.

Com o intuito de aprimorar e detalhar mais a Função de Agente Regulador, foi editada a Portaria CNJ 13/2022, aprovando o Regimento Interno da Câmara de Regulação, do Conselho Consultivo e da Secretaria Executiva.

Além de pormenorizar as atribuições do Agente Regulador e dos três referidos órgãos internos, ela traz outras disposições, como o funcionamento das reuniões e dos processos administrativos internos e as hipóteses de impedimento e suspeição.

Uma interessante prerrogativa prevista no Regimento é a possibilidade de, no exercício da função de Agente Regulador do ONR, a Corregedoria Nacional de Justiça aplicar as disposições da legislação federal regente das concessões e permissões de serviço público e de agências reguladoras (art. 4º, § 2º, da Portaria CNJ 13/2022).

Da leitura das normas referentes às atribuições, à composição e ao funcionamento do Agente Regulador do ONR, denota-se a preocupação e o empenho da Corregedoria Nacional para que haja uma boa relação entre regulador e regulado. Isso pode ser visto pela instituição do Conselho Consultivo como órgão interno, possibilitando a consulta, a manifestação e a participação do regulado.

Essa cooperação entre agente regulador e regulado denota aproximação com as teorias regulatórias mais recentes, como a Teoria da Regulação Responsiva de Ian

---

[17] A Secretaria Executiva (art. 8º) é responsável por: "I – receber e processar os procedimentos administrativos de competência do Agente Regulador; II – elaborar a pauta das reuniões e secretariar os trabalhos de competência da Câmara de Regulação e do Conselho Consultivo, formalizando a convocação, a pedido dos respectivos coordenadores desses órgãos internos, e lavrando as atas das reuniões; III – secretariar os trabalhos de fiscalização do Agente Regulador do ONR, de competência da Corregedoria Nacional de Justiça, quando for o caso, lavrando as respectivas atas; IV – outras atividades que lhe sejam atribuídas pela Câmara de Regulação, pelo Conselho Consultivo, ou pelo Regimento Interno do Agente Regulador".

[18] Art. 10 do Provimento 109/2020. Ressalte-se que a Câmara é composta por juízes e desembargadores.

[19] A composição do Conselho é mais eclética, incluindo magistrados, professores, registradores e tabeliães.

Ayres e John Braithwaite.[20] Isto porque a presença de cooperação em setores regulados assegura maior efetividade para as normas e as decisões do agente regulador.

Para o Sistema Eletrônico dos Registros Públicos (Serp), o legislador não trouxe a definição expressa de ser a Corregedoria Nacional de Justiça o seu agente regulador, contudo, assim foi entendido diante das definições legais de sua atuação, como posteriormente se verá.

4. A LEI 14.382/2022 E O SISTEMA ELETRÔNICO DOS REGISTROS PÚBLICOS

No tocante ao Sistema Eletrônico dos Registros Públicos (Serp), em 28 de junho de 2022, foi publicada a Lei 14.382/2022, que dispõe sobre o Serp, bem como moderniza e simplifica os procedimentos relativos aos registros públicos de atos e negócios jurídicos de que tratam a Lei 6.015/1973 (Lei de Registros Públicos) e a Lei 4.591/1964 (Lei de Incorporações Imobiliárias).

O novo diploma legal estabeleceu ousados e promissores objetivos ao Serp, quais sejam, viabilizar: o registro público eletrônico dos atos e negócios jurídicos; a interconexão das serventias dos registros públicos; a interoperabilidade das bases de dados entre as serventias dos registros públicos e entre as serventias dos registros públicos e o Serp; o atendimento remoto aos usuários de todas as serventias dos registros públicos, por meio da internet; a recepção e o envio de documentos e títulos, a expedição de certidões e a prestação de informações, em formato eletrônico, inclusive de forma centralizada, para distribuição posterior às serventias dos registros públicos competentes; a visualização eletrônica dos atos transcritos, registrados ou averbados nas serventias dos registros públicos.

Previu, ainda, o intercâmbio de documentos eletrônicos e informações entre as serventias dos registros públicos, entes públicos e usuários em geral; o armazenamento de documentos eletrônicos para dar suporte aos atos registrais; a divulgação de índices e indicadores estatísticos; a consulta das indisponibilidades de bens decretadas pelo Poder Judiciário ou por entes públicos; a pesquisa das restrições e dos gravames de origem legal, convencional ou processual incidentes sobre bens móveis e imóveis registrados ou averbados nos registros públicos; a leitura dos atos em que a pessoa pesquisada conste como devedora de título protestado e não

---

[20] AYRES, Ian; BRAITHWAITE, John. **Responsive regulation:** transcending the deregulation debate. Nova Iorque: Oxford University Press, 1992.
A Teoria da Regulação Responsiva surgiu como uma alternativa ao modelo do Comando e Controle, baseado no binômio norma-sanção. Em vez de regular apenas mediante punições, propôs-se um modelo piramidal de ações gradativas, com persuasão e cooperação na base e sanção máxima no topo. A ideia é que a colaboração entre regulador e regulado torne a regulação mais barata e eficaz.

pago, garantidora real, cedente convencional de crédito, titular de direito sobre bem objeto de constrição processual ou administrativa.[21-22]

Da leitura dos objetivos, verifica-se que o Serp tem uma finalidade similar ao SREI. Contudo, enquanto o sistema eletrônico do SREI era restrito ao registro de imóveis, o Serp abarca todos os registros públicos tratados na Lei 6.015/1973, incluindo o registro de imóveis.[23]

O novel instituto legal também trouxe expressamente a figura do Operador Nacional do Serp, a ser constituído como pessoa jurídica de direito privado (associação ou fundação), sem fins lucrativos, integrada pelos oficiais dos registros públicos, nos termos a serem definidos pela Corregedoria Nacional de Justiça.

Nesse contexto, o Serp surge como um importante marco centralizador de todas as medidas tomadas em prol da modernização e da informatização dos cartórios de registro, que farão parte de um sistema comum.

A Lei 14.382/2022 também definiu outras competências da Corregedoria Nacional de Justiça frente ao Serp, atribuindo a ela o papel de definir os padrões e os requisitos de implantação, funcionamento, conexão, disponibilização de informações e documentos, tipo de assinaturas eletrônicas a serem utilizadas no Serp; bem como disciplinar a constituição, estabelecer as cotas, fiscalizar o recolhimento e supervisionar a aplicação dos recursos e despesas do Fundo para a Implementação e Custeio do Sistema Eletrônico dos Registros Públicos (Fics).

Ainda, impôs grandes responsabilidades à Corregedoria Nacional, em seu art. 7º, da Lei 14.382/2022, para disciplinar:

> I – os sistemas eletrônicos integrados ao Serp, por tipo de registro público ou de serviço prestado;
>
> II – o cronograma de implantação do Serp e do registro público eletrônico dos atos jurídicos em todo o País, que poderá considerar as diferenças regionais e as características de cada registro público;
>
> III – os padrões tecnológicos de escrituração, indexação, publicidade, segurança, redundância e conservação de atos registrais, de recepção e comprovação da

---

[21] O art. 3º da Lei 14.383/2022 estabeleceu os objetivos do Serp. BRASIL. **Lei 14.382**, de 27 de junho de 2022. Disponível em: http://www.planalto.gov.br/ccivil_03/_ato2019-2022/2022/lei/L14382.htm. Acesso em: 28 jun. 2023.

[22] Lei 14.382/2022.

[23] Art. 3º, § 1º, da Lei 14.382/2022: "Os oficiais dos registros públicos de que trata a Lei n. 6.015, de 31 de dezembro de 1973 (Lei de Registros Públicos), integram o Serp".
Art. 1º, § 1º, da Lei 6.015/1973: "Os Registros referidos neste artigo são os seguintes:
I – o registro civil de pessoas naturais;
II – o registro civil de pessoas jurídicas;
III – o registro de títulos e documentos;
IV – o registro de imóveis".

Cap. 1 • O PAPEL DA CORREGEDORIA NACIONAL E O SISTEMA ELETRÔNICO DOS REGISTROS | **13**

autoria e da integridade de documentos em formato eletrônico, a serem atendidos pelo Serp e pelas serventias dos registros públicos, observada a legislação;

IV – a forma de certificação eletrônica da data e da hora do protocolo dos títulos para assegurar a integridade da informação e a ordem de prioridade das garantias sobre bens móveis e imóveis constituídas nos registros públicos;

V – a forma de integração do Sistema de Registro Eletrônico de Imóveis (SREI), de que trata o art. 76 da Lei n. 13.465, de 11 de julho de 2017, ao Serp;

VI – a forma de integração da Central Nacional de Registro de Títulos e Documentos, prevista no § 2º do art. 3º da Lei 13.775, de 20 de dezembro de 2018, ao Serp;

VII – os índices e os indicadores estatísticos que serão produzidos por meio do Serp, nos termos do inciso II do *caput* do art. 4º desta Lei, a forma de sua divulgação e o cronograma de implantação da obrigatoriedade de fornecimento de dados ao Serp;

VIII – a definição do extrato eletrônico previsto no art. 6º desta Lei e os tipos de documentos que poderão ser recepcionados dessa forma;

IX – o formato eletrônico de que trata a alínea *b* do inciso I do § 1º do art. 6º desta Lei; e

X – outros serviços a serem prestados por meio do Serp, nos termos do inciso XI do *caput* do art. 3º desta Lei.

Diante do grau de complexidade das competências e da necessidade de apresentar as melhores soluções para os usuários do sistema de registros públicos, o Ministro Luis Felipe Salomão, tão logo investido na função de Corregedor Nacional de Justiça, voltou suas preocupações para cumprir as disposições da inovadora Lei 14.382/2022. Assim, ele criou um Grupo de Trabalho (GT) encarregado da elaboração de estudos, propostas e análises de impacto regulatório destinadas ao planejamento, à implantação e ao funcionamento do Serp, nos termos da Portaria 90/2022.[24]

Como fruto do trabalho desenvolvido, o GT apresentou a proposta de minuta de ato normativo que, em linhas gerais, estabeleceu diretrizes para a organização do Serp, dos operadores nacionais de registros e seus respectivos fundos de implementação e custeio.

Muito embora o legislador não tenha explicitado a função da Corregedoria Nacional como Agente Regulador do Operador Nacional do Serp, diante das suas prerrogativas, competências e atribuições previstas na Lei 14.382/2022, todas de caráter regulatório e fiscalizatório, assim foi considerada na proposta normativa apresentada, criando-se o Agente Regulador do Onserp.

---

[24] CNJ. **Portaria 90**, de 31 de outubro de 2022. Disponível em: atos.cnj.jus.br/atos/detalhar/4809. Acesso em: 31 jul. 2023.

5. DO PROVIMENTO CNJ 139/2023, INCORPORADO NO PROVIMENTO CNJ 149/2023 (CNN/CN/CNJ-EXTRA)

Para uma boa implantação e funcionamento do sistema eletrônico, a Lei 14.382/2022 se socorre de diversos dispositivos de regulamentação a cargo da Corregedoria Nacional de Justiça. Como evidência de sua atuação reguladora, foi editado o Provimento CNJ 139/2023, que, após a apresentação da minuta proposta pelo GT mencionado e debates em audiência pública, passou a regulamentar o Serp, os Operadores Nacionais dos Registros Públicos e os respectivos Fundos para a Implementação e Custeio dos Sistemas Eletrônicos.

Nesse contexto, obedecendo o comando da Lei 14.382/2022, para a promoção da implantação, a manutenção e o funcionamento do Sistema Eletrônico dos Registros Públicos (Serp), foi estabelecida a constituição do Operador Nacional do Sistema Eletrônico dos Registros Públicos (Onserp), sob a forma de pessoa jurídica de direito privado, prevista nos incisos I e III do art. 44 do Código Civil (associação ou fundação), na modalidade de entidade civil sem fins lucrativos, de forma a viabilizar os objetivos constantes no art. 3º da Lei 14.382/2022 (antigo art. 2º do Provimento 139/2023; atual art. 212 do CNN/CN/CNJ-Extra).

Estabeleceu-se que o Operador Nacional do Sistema Eletrônico dos Registros Públicos (Onserp), por sua vez, seria integrado pelo Operador Nacional do Registro Civil das Pessoas Naturais (ON-RCPN), Operador Nacional do Registro de Títulos e Documentos e Civil das Pessoas Jurídicas (ON-RTDPJ) e Operador Nacional do Sistema de Registro Eletrônico de Imóveis (ONR) (antigo art. 3º do Provimento 139/2023; atual art. 213 do CNN/CN/CNJ-Extra).

Ainda, foi prevista a atuação da Corregedoria Nacional de Justiça como Agente Regulador dos novos Operadores Nacionais, sinalizando que a regulamentação da função de Agente Regulador dos novos Operadores Nacionais seria editada nos moldes da já existente em relação ao ONR, o citado Provimento CNJ 109/2020. Em outras palavras, houve a continuidade do modelo regulatório e das práticas de sucesso experimentadas até então.

Para tanto, também fora traçado um paralelo com as agências reguladoras já existentes no país, que foram instituídas para regulamentar, controlar e fiscalizar a execução de serviços públicos transferidos para o setor privado por intermédio de concessões, permissões etc., a exemplo da Agência Nacional de Telecomunicações (Anatel), Agência Nacional de Energia Elétrica (Aneel) e Agência Nacional do Petróleo (ANP).

No dia 2 de fevereiro de 2023, houve a publicação da Portaria 8/2023, que tornou público o cronograma da primeira etapa de entregas referente à implantação e ao funcionamento do Sistema Eletrônico dos Registros Públicos, constando em seu Anexo I: as etapas de constituição dos operadores nacionais (de 03.02.2023 a 19.05.2023); de apresentação, pelo Onserp, do plano estratégico de implantação e

Cap. 1 • O PAPEL DA CORREGEDORIA NACIONAL E O SISTEMA ELETRÔNICO DOS REGISTROS | **15**

funcionamento do Serp (de 20.05.2023 a 30.06.2023); e de inauguração do Portal do Serp (de 01.07.2023 a 31.07.2023), o qual é pensado para iniciar operando pela interconexão das centrais do RCPN (CRC), do ONR (Saec) e do IRTDPJ (Central RTDPJ-Brasil).

Após definir essas métricas, com a assunção da Corregedoria Nacional de Justiça do seu papel de Agente Regulador do Onserp, ONR, ON-RCPN e ON-RTDPJ, de lá para cá, acompanham a criação das pessoas jurídicas de todos os operadores dos registros públicos, a homologação dos respectivos estatutos e o plano estratégico de implantação e funcionamento do Serp.

Além disso, o papel de Agente Regulador da Corregedoria Nacional de Justiça foi reestruturando e redefinindo, com o aperfeiçoamento do Provimento CNJ 109/2020, por meio da recentíssima edição do Provimento 148/2023 (incorporado no Provimento 150/2023 CNN/CN/CNJ-Extra), que: "Disciplina a atuação da Corregedoria Nacional de Justiça como Agente Regulador dos Operadores Nacionais dos Registros Públicos, e dá outras providências".

6. DO PROVIMENTO CNJ 148/2023, INCORPORADO NO PROVIMENTO CNJ 149/2023 (CNN/CN/CNJ-EXTRA)

Neste novo cenário normativo, disciplinado por meio do Provimento 148/2023, compete ao Agente Regulador, observados os princípios regentes do serviço eletrônico dos registros públicos, regular as atividades relacionadas à implementação e à operação do Serp, por intermédio de diretrizes direcionadas ao Onserp; propor diretrizes para o funcionamento do Onserp; formular propostas ao planejamento estratégico do Onserp, ONR, ON-RCPN e ON-RTDPJ, sempre visando atingir os seus fins estatutários; aprovar as diretrizes nacionais e monitorar a execução do planejamento estratégico do Onserp, ONR, ON-RCPN e ON-RTDPJ; zelar pelo cumprimento do estatuto do Onserp, ONR, ON-RCPN e ON-RTDPJ, e pelo alcance das finalidades para as quais foram instituídos; homologar as Instruções Técnicas de Normalização (ITN) aplicáveis ao Onserp, ONR, ON-RCPN e ON-RTDPJ, propostas pela direção de cada operador, bem como revisá-las ou revogá-las a qualquer tempo, conforme regulamentação própria; participar da elaboração dos indicadores estatísticos pertinentes à atividade registral, zelando sempre pela aplicação da Lei Geral de Proteção de Dados Pessoais e regras do Provimento CNJ 134/2022 (incorporado ao CNN/CN/CNJ-Extra).

Deverá ainda regular as atividades do Onserp, ONR, ON-RCPN e ON-RTDPJ, quando necessário, por meio de diretrizes propostas pela Câmara de Regulação, após audiência com os representantes dos Operadores, sempre com o objetivo de zelar pelo cumprimento dos seus fins estatutários e para o estrito cumprimento das finalidades legais dos referidos operadores nacionais de registros públicos; zelar pela implantação do Serp e pelo contínuo aperfeiçoamento de seu funcionamento; aprovar as alterações estatutárias do Onserp, ONR, ON-RCPN e ON-RTDPJ; elaborar e aprovar o Regimento Interno do Agente Regulador; e responder consultas concernentes à adequada interpretação do Estatuto do Onserp, ONR, ON-RCPN e ON-RTDPJ.

Também a fiscalização do Onserp, ONR, ON-RCPN e ON-RTDPJ será exercida diretamente pela Corregedoria Nacional de Justiça, a quem caberá fiscalizar a gestão administrativa e financeira dos Operadores, buscando sempre assegurar a sua sustentabilidade e o cumprimento de seus fins estatutários e exercer a atividade correcional, por meio de visitas, inspeções, correições ordinárias e extraordinárias, inclusive intervenções previstas na Lei 8.935/1994, com vistas a assegurar o estrito respeito às finalidades do Onserp, ONR, ON-RCPN e ON-RTDPJ, podendo atuar de ofício.

O que se vislumbra em um futuro próximo e promissor é uma grande conquista do sistema registral brasileiro, com o necessário desenvolvimento em meio eletrônico, a ser utilizado por cada unidade dos serviços delegados registrais, atuando de forma padronizada nacionalmente, com diminuição de custos e ganho de eficiência para o cidadão, tendo como consequência a profunda melhoria de coleta e disseminação dos dados registrais, trazendo segurança jurídica aos atos e negócios praticados nesse âmbito, o que reflete no incremento da circulação de riquezas no país e em evidentes ganhos socioeconômicos.

7. CONCLUSÃO

A par das funções correcionais, a Corregedoria Nacional de Justiça exerce uma importante função reguladora, editando atos normativos sobre diversas matérias das áreas judicial e extrajudicial. Além disso, também desempenha a função de Agente Regulador do ONR, fiscalizando e zelando pela boa atuação do Operador na implantação e na manutenção do Sistema de Registro Eletrônico de Imóveis (SREI). Com a promulgação da Lei 14.382/2022, essa atuação da Corregedoria foi ampliada para abarcar também a regulação do Sistema Eletrônico dos Registros Públicos (Serp) e do Operador Nacional do Serp (Onserp), nos quais o SREI e o ONR estão inseridos. Assim, atuando como Agente Regulador, a Corregedoria Nacional tem a capacidade de verificar se os operadores encarregados de implantar o Sistema Eletrônico dos Registros Públicos estão cumprindo o seu papel e fornecendo um serviço de qualidade.

Conforme se verificou neste breve arrazoado, em respeito ao sistema constitucional de delegação dos serviços de notas e registros e de regulação e fiscalização de suas atividades pelo Poder Judiciário, a Corregedoria Nacional de Justiça, por seu importante papel de liderança e de orquestração de políticas públicas voltadas ao Serviço Extrajudicial, com dinamismo e participação plural e democrática dos operadores do Direito, delegatários e sociedade, assumindo a função de Agente Regulador dos Operadores Nacionais dos Registros Públicos, passa a ter um engajamento histórico na regulamentação de serviços e plataformas eletrônicas de registros públicos. Essa atuação assegura que os operadores nacionais não se afastarão do objetivo principal que justificou a sua criação, qual seja, de atendimento adequado ao interesse público.

REFERÊNCIAS

AYRES, Ian; BRAITHWAITE, John. **Responsive regulation**: transcending the deregulation debate. Nova Iorque: Oxford University Press, 1992.

DI PIETRO, Maria Sylvia Zanella. **Parcerias na administração pública**. 5. ed. São Paulo: Atlas, 2006.

GODINHO, André; PETER, Leonardo; RIBEIRO, Orman. Conselho Nacional de Justiça: um novo modelo de gestão do Poder Judiciário. *In*: TOFFOLI, Dias; CRUZ, Felipe Santa; GODINHO, André (org.). **Emenda constitucional 45/2004**: 15 anos do novo Poder Judiciário. Brasília: OAB, 2019.

MARQUES NETO, Floriano Peixoto de Azevedo. **Agências reguladoras independentes**: fundamentos e seu regime jurídico. Belo Horizonte: Fórum, 2005.

MARTINS, Humberto Eustáquio Soares. A importância do Conselho Nacional de Justiça para o desenvolvimento social e econômico: uma avaliação nos 30 anos da Constituição Federal de 1988. *In*: BRASIL. Tribunal Superior de Justiça. **Doutrina**: edição comemorativa, 30 anos. Brasília: Superior Tribunal de Justiça, 2019.

MARTINS, Humberto Eustáquio Soares; MAÇÃS, Fernanda. **Autoridades reguladoras independentes**: estudo e projecto de lei-quadro. Coimbra, Portugal: Coimbra, 2003.

MENDES, Gilmar Ferreira. A criação do CNJ pela Emenda Constitucional n. 45 e a consolidação do Judiciário como poder nacional. *In*: TOFFOLI, Dias; CRUZ, Felipe Santa; GODINHO, André (org.). **Emenda constitucional n. 45/2004**: 15 anos do novo Poder Judiciário. Brasília: OAB, 2019.

MOREIRA, Vital. **Autorregulação profissional e administração pública**. Coimbra, Portugal: Almedina, 1997.

RIBEIRO, Luís Paulo Aliende. **A regulação da função pública notarial e de registro**. São Paulo: Saraiva, 2009.

RIBEIRO, Luís Paulo Aliende. A regulação do Operador Nacional do Registro Eletrônico de Imóveis – ONR pela Corregedoria Nacional de Justiça. *In*: PEDROSO, Alberto Gentil de Almeida. **O direito e o extrajudicial**: direito administrativo. São Paulo: RT, 2021. Cap. 20.

Capítulo 2

A ATUAÇÃO DAS CORREGEDORIAS ESTADUAIS NO SISTEMA ELETRÔNICO DE REGISTROS PÚBLICOS

Denise Oliveira Cezar

1. INTRODUÇÃO

A instituição do Sistema Eletrônico de Registros Públicos (Serp), por meio da Lei 14.382/2022,[1] ao tempo em que modernizou e simplificou os procedimentos relativos aos registros públicos de atos e negócios jurídicos, conferiu inúmeras competências à Corregedoria Nacional de Justiça e às Corregedorias dos Tribunais dos estados e do Distrito Federal – que chamaremos de Corregedorias Estaduais – atribuiu a competência de autorizar, de modo excepcional e com expressa comunicação ao público, a aplicação de prazos maiores para a emissão das certidões de registros de imóveis de que trata a lei, nas localidades em que haja dificuldade de comunicação eletrônica (art. 11, que acrescenta o § 12 ao art. 19 da Lei 6.015/1973)[2].

Entretanto, a instituição do Serp repercute significativamente na atuação das Corregedorias Estaduais, muito além dessa competência que lhes foi conferida.

O art. 236 da Constituição da República (CRFB)[3] atribui ao Poder Judiciário a função de fiscalizar os atos dos delegatários dos serviços notariais e de registro na

---

[1] BRASIL. Lei 14.382, de 27 de junho de 2022. Dispõe sobre o Sistema Eletrônico dos Registros Públicos (SERP). **Diário Oficial da União**, Brasília, DF, 28 jun. 2022. p. 4.
[2] BRASIL. Lei 6.015, de 31 de dezembro de 1973. Dispõe sobre os registros públicos, e dá outras providências. **Diário Oficial da União**, Brasília, DF, 31 dez. 1973, p. 13528.
[3] BRASIL. Constituição (1988). Constituição da República Federativa do Brasil. **Diário Oficial da União**, Brasília, DF, 5 jun. 1998, p. 1.

forma da lei. Essa função ou competência tem sua origem histórica em uma longa tradição do Direito brasileiro, em que inicialmente se reuniam organicamente as funções judiciais e extrajudiciais, como serviços típicos do Poder Judiciário, e "apesar da ruptura com a oficialização, retirando os notários e registradores da estrutura interna estrita do Poder Judiciário, a *esse Poder permanecem as funções de fiscalização (supervisão) e normatização (orientação e estruturação) destas atividades*".[4]

A competência correcional dos Tribunais Estaduais está disciplinada na Lei 8.935/1994,[5] que regulamenta o art. 236 da CRFB, especificamente nos arts. 37 e 38. Nessas normas, a Lei determina que a fiscalização dos atos praticados nos serviços extrajudiciais seja exercida pelo *juízo definido na órbita local* e, também, que a fiscalização abranja a prestação do serviço como *atividade*, por meio da sugestão de planos de trabalho e outras ações destinadas à *prestação rápida, com qualidade satisfatória e eficiente.*

Por fim, ao criar o Conselho Nacional de Justiça (CNJ), a CRFB atribuiu competência correicional a este órgão, inclusive em relação aos serviços notariais e de registro, como está disposto no art. 103-B, § 4º, III: ao CNJ compete, *sem prejuízo da competência disciplinar e correicional dos tribunais*, "receber e conhecer as reclamações contra membros ou órgão do poder Judiciário, inclusive contra seus serviços auxiliares, serventias e órgãos prestadores de serviços notariais e de registro que atuem por delegação do poder público ou oficializados".

Dessa forma, *incumbindo às Corregedorias Estaduais a fiscalização de atos e da atividade realizada nos serviços extrajudiciais, a instituição do Serp naturalmente repercute na atividade correcional em relação a estes serviços.* O objetivo deste artigo é o de analisar *exclusivamente* a atuação das Corregedorias Estaduais no que diz respeito ao Serp, especificamente o contorno correcional de fiscalização e orientação destas atividades, uma vez que a estruturação é feita no âmbito federal.

A atividade correcional, que é de grande relevância para a sociedade e de complexidade no exercício institucional, não tem sido objeto de publicações, o que se constatou na pesquisa bibliográfica para a elaboração deste estudo. Portanto, a existência de um texto sobre o tema poderá ser útil para reflexão não apenas de Juízes de comarca e Juízes-Corregedores que exercem na prática tais funções, mas também para Registradores.

Não serão tratadas as questões relativas à função disciplinar, porque sua amplitude e relevância exigiriam um estudo específico.

---

[4]   TAVARES, André Ramos. Um operador nacional do sistema de registro eletrônico de imóveis; análise constitucional de sua criação, modelagem e atribuições. **Revista Brasileira de Estudos Constitucionais – RBEC**, Belo Horizonte, ano 10, n. 36, p. 163-188, set./dez. 2016.

[5]   BRASIL. Lei 8.935, de 18 de novembro de 1994. Regulamenta o art. 236 da Constituição Federal, dispondo sobre serviços notariais e de registro (Lei dos Cartórios). **Diário Oficial da União**, Brasília, DF, 21 nov. 1994, p. 17500.

Cap. 2 • A ATUAÇÃO DAS CORREGEDORIAS ESTADUAIS NO SISTEMA ELETRÔNICO DE REGISTROS

O artigo está dividido em duas partes. Na primeira, procurou-se oferecer um panorama da função correcional exercida nas Corregedorias Estaduais, seus objetivos e métodos, e, em *especial*, de suas características na esfera dos serviços extrajudiciais. Na segunda parte, analisamos o Serp sob o ângulo de um serviço *objeto de correição*, especialmente os desafios específicos na compatibilização das normas de organização local dos serviços com as regras padronizadas nacionalmente e no exercício correcional dessa nova forma de prestação do serviço.

2. AS CORREGEDORIAS ESTADUAIS E OS SERVIÇOS EXTRAJUDICIAIS

Assentar no que consiste a atuação das Corregedorias Estaduais, pressuposto para compreender como ela se dará no Serp, nos conduz a enunciar seus contornos normativos, a natureza da atividade, seus objetivos e a forma como é exercida.

A compreensão dessa atividade, que se cumpre no âmbito dos serviços extrajudiciais e particularmente nos serviços de registros públicos, exige fazer distinções entre a atividade correcional dos serviços judiciais e dos extrajudiciais.

Faremos uma abordagem a respeito desses tópicos para a seguir analisarmos o escopo precípuo do artigo.

A) AS CORREGEDORIAS ESTADUAIS NOS SERVIÇOS JUDICIAIS

O Judiciário como Poder de Estado, além de suas funções típicas, as jurisdicionais, também exerce funções normativas e administrativas, dado que é dotado de prerrogativa de autogoverno.

Entre as funções normativas exercidas pelo Judiciário, no âmbito correcional, estão as de *planejamento* e *organização de seus próprios serviços*. O planejamento pode ser feito por metas, projetos destinados a áreas sensíveis, distribuição de tarefas, entre outros. Já a organização é feita por normas de organização judiciária e por normas de procedimento. As metas podem ser nacionais ou estaduais; os projetos podem ter como propósito a celeridade de uma área específica, ou mesmo o incremento de resultados mais vigorosos; e os procedimentos envolvem a padronização de comportamentos para conferir maior eficácia ao serviço, como ocorre nas normas de orientação que integram as consolidações normativas.

Em relação às funções administrativas, nela se compreendem as de caráter disciplinar em sentido estrito, as disciplinares sancionatórias e as disciplinares em sentido amplo, basicamente *a administração dos recursos humanos e das unidades, o acompanhamento,* a *orientação e a fiscalização das atividades judiciárias e dos servidores.*

Essas funções são exercidas, no que diz respeito à justiça de primeiro grau, por unidades de natureza administrativa internas dos tribunais, as corregedorias. Os serviços, depois de planejados, organizados e dotados de regras de procedimento, a par de administradas as necessidades dos recursos humanos e das unidades judiciais, devem ser objeto de acompanhamento, controle e fiscalização pelo órgão

SISTEMA ELETRÔNICO DO REGISTRO PÚBLICO E SUA REGULAMENTAÇÃO

competente, as corregedorias, diante de seu poder/dever de zelar pela excelência dos serviços judiciários.

A Lei Orgânica da Magistratura, Lei Complementar 35/1979 (Loman)[6], além de impor a *criação de órgão com funções disciplinares* nos Estados (art. 127), estabelece que a lei *deverá estabelecer o número mínimo de comarcas a serem visitadas anualmente, em correição geral ordinária, sem prejuízo das extraordinárias que se fizerem necessárias* (art. 105). A existência de corregedorias e a realização das *inspeções ou correições, ordinárias ou extraordinárias, são obrigatórias* e por meio destas é exercida a função correcional de fiscalização e orientação, sem prejuízo de outras ações que sejam realizadas com esse propósito.[7]

Assim, a atuação das Corregedorias decorre de imposição legal, tem natureza disciplinar, seu objetivo é o de contribuir para que a prestação dos serviços judiciários seja rápida, eficiente e dotada de qualidade, e, necessariamente, deve compreender o exercício de fiscalização por meio de inspeções locais.

Essa definição é deliberadamente reducionista, pois, ao se tomar contato as corregedorias Estaduais, pode-se verificar a amplitude do trabalho que é realizado para se chegar a um serviço "rápido, eficaz e de qualidade", o que envolve todas as comarcas; a movimentação de juízes e servidores por licenças, férias e promoções; compreende avaliar e quantificar a necessidade de alterações na força de trabalho das unidades; nas competências para melhor distribuí-las, sempre tendendo ao princípio da especialidade; o acompanhamento da produtividade das unidades; a observância da frequência; o regular atendimento aos advogados, cotejando-os com os resultados da ouvidoria; entre tantas outras atividades que compõem o gerenciamento da atividade judicial. O exame dessas funções, porém, não seria apropriado neste momento.

B) AS CORREGEDORIAS ESTADUAIS NO SERVIÇO EXTRAJUDICIAL

Os marcos normativos da atuação correcional nos serviços extrajudiciais estão na própria CRFB/1988[8] e na Lei 8.935/1994,[9] em especial no capítulo VII, que trata "Da Fiscalização pelo Poder Judiciário":

---

[6] BRASIL. Lei Complementar 35, de 14 de março de 1979. **Diário Oficial da União**, Brasília, DF, 14 mar. 1979.

[7] Tem sido considerada uma boa prática a autoinspeção prévia nas unidades e, também, o envio de questionários prévios de inspeção. Essas ferramentas auxiliam a gestão das unidades por atividade saneadora das irregularidades e servem de roteiro para ações regulares de controle por parte das chefias. Por exemplo, o Modelo de Maturidade correcional da Corregedoria-Geral da União (BRITO *et al.*, 2022).

[8] BRASIL. Constituição (1988). Constituição da República Federativa do Brasil. **Diário Oficial da União**, Brasília, DF, 5 jun. 1998.

[9] BRASIL. Lei 8.935, de 18 de novembro de 1994. Regulamenta o art. 236 da Constituição Federal, dispondo sobre serviços notariais e de registro (Lei dos Cartórios). **Diário Oficial da União**, Brasília, DF, 21 nov. 1994.

Cap. 2 • A ATUAÇÃO DAS CORREGEDORIAS ESTADUAIS NO SISTEMA ELETRÔNICO DE REGISTROS | 23

> *Art. 37. A fiscalização judiciária dos atos notariais e de registro, mencionados nos artigos 6º a 13, será exercida pelo juízo competente, assim definido na órbita estadual e do Distrito Federal, sempre que necessário, ou mediante representação de qualquer interessado, quando da inobservância de obrigação legal por parte de notário ou de oficial de registro, ou de seus prepostos.*
>
> *Parágrafo único. Quando, em autos ou papéis de que conhecer, o Juiz verificar a existência de crime de ação pública, remeterá ao Ministério Público as cópias e os documentos necessários ao oferecimento da denúncia.*
>
> *Art. 38. O juízo competente zelará para que os serviços notariais e de registro sejam prestados com rapidez, qualidade satisfatória e de modo eficiente, podendo sugerir à autoridade competente a elaboração de planos de adequada e melhor prestação desses serviços, observados, também, critérios populacionais e socioeconômicos, publicados regularmente pela Fundação Instituto Brasileiro de Geografia e Estatística.*

O Juízo competente referido na lei é o *juiz da Comarca* onde está sediada a unidade, ou a quem a lei conferir esta função, quando houver mais de um, o que recai com alguma frequência sobre o juiz que exerça a Direção do Foro.

Ocorre que os magistrados de primeiro grau, em razão das suas múltiplas competências e por não disporem de pessoal com conhecimento específico da área, realizam as inspeções com o auxílio de servidores especializados em matéria extrajudicial e com atuação nas Corregedorias Estaduais, em roteiro publicados e datas definidas previamente. Para tanto, é aplicada a regra da Loman, que impõe a realização de inspeções anuais em todas as comarcas, entendendo-se que deva ser feita também em todas as serventias extrajudiciais que na comarca estão compreendidas, em prazo razoável de forma ordinária ou extraordinariamente sempre que necessário, no caso de reclamações, inclusive as encaminhadas por meio das ouvidorias, ou havendo outro indício de irregularidade.

O objeto da inspeção, como no caso das unidades judiciais, é o de verificar a rapidez, a eficiência e a boa qualidade na prestação dos serviços públicos delegados ou oficializados, conforme for o caso. Para isso, além do cumprimento dos deveres indicados na Lei 8.935/1994,[10] na Lei 10.169/2000[11] e na lei de emolumentos local, deve ser inspecionada a observância das leis que dispõem sobre as condições de validade dos atos e dos negócios jurídicos sob responsabilidade do delegatário, ou oficial designado, das normas trabalhistas, tributárias e de organização dos servi-

---

[10] BRASIL. Lei 8.935, de 18 de novembro de 1994. Regulamenta o art. 236 da Constituição Federal, dispondo sobre serviços notariais e de registro (Lei dos Cartórios). **Diário Oficial da União**, Brasília, DF, 21 nov. 1994.

[11] BRASIL. Lei 10.169, de 29 de dezembro de 2000. Regula o § 2º do art. 236 da Constituição Federal, mediante o estabelecimento de normas gerais para a fixação de emolumentos relativos aos atos praticados pelos serviços notariais e de registro. **Diário Oficial da União**, Brasília, DF, 29 dez. 2000.

ços, estabelecidas em leis, atos normativos do CNJ, em especial da Corregedoria Nacional, e nos atos normativos da Corregedoria local.

As inspeções dos serviços extrajudiciais podem ser precedidas do envio de questionário, que servirá de roteiro para a inspeção, e se caracterizam pela *verificação física*, que é feita por amostragem no local da serventia; sendo lavrada ata de inspeção em que são apontados os achados e onde constarão as orientações e os prazos de cumprimento dados para a correção do que se fizer necessário, assim como todo o apontamento que se entender conveniente registrar.

Diferentemente do que ocorre nos serviços judiciais, em que a interligação dos sistemas de dados permite a prévia avaliação da unidade e, até mesmo, atividades saneadoras on-line, nas inspeções dos serviços extrajudiciais, o acesso aos sistemas de dados das serventias extrajudiciais para o controle do atendimento das regras legais, da correção dos atos e negócios e demais verificações é feito na data das inspeções, no espaço físico da serventia, por meio de manuseio de livros e dos sistemas informatizados em uso. A exceção é o controle do recolhimento de emolumentos, porque estão instituídos sistemas automatizados de controle on-line, como é o caso do selo eletrônico de fiscalização extrajudicial.

Evidentemente, há diferença entre os limites da atuação correcional dos serviços judiciais e dos extrajudiciais porque, ainda que ambos sejam serviços públicos, o judicial é exercido por servidores do Poder Judiciário e o extrajudicial é executado em caráter privado pelo delegatário que, portanto, detém *autonomia gerencial*.

No entanto, nos dois casos, o escopo da inspeção essencialmente é o mesmo, a verificação da observância das normas legais e regulamentares nos atos praticados e na organização administrativa e os atributos desejáveis na prestação do serviço sob o ponto de vista das instalações e sua aptidão para o adequado atendimento do cidadão; e também quanto à eficiência, qualidade e rapidez dos serviços, verificação que abrange a *avaliação técnica dos serviços*, que, conquanto ínsito na atividade judicial, no serviço extrajudicial está expressamente previsto em na lei.[12] Ou seja, a autonomia gerencial não é absoluta.

3. O SISTEMA ELETRÔNICO DE SERVIÇO PÚBLICO E AS CORREGEDORIAS ESTADUAIS

Premissas postas, cumpre analisar o impacto da instituição do Sistema Eletrônico de Registros Públicos na atuação das Corregedorias Estaduais, ou seja, compreender o novo sistema e antecipar os desafios que poderão surgir para o exercício da fiscalização deste serviço.

---

[12] "Art. 30. São deveres dos notários e dos oficiais de registro: [...] XIV – observar as normas técnicas estabelecidas pelo juízo competente;".

A) O NOVO MODELO DO REGISTRO PÚBLICO: UMA COMPARAÇÃO POSSÍVEL E PECULIARIDADES DOS SERP

O Sistema Eletrônico dos Registros Públicos foi previsto na redação original do art. 37,[13] da Lei 11.977/2009,[14] mas sem maior detalhamento, o que permitiu que diversos Estados organizassem seus sistemas, até então não interligados, gerando frustração de expectativas aos usuários do serviço, notadamente aos que lidam com as incorporações imobiliárias. Com a edição da Lei 14.382/2022,[15] o sistema recebeu normatização compatível com a pretensão de uma verdadeira *mudança de paradigma,* uma mudança profunda no modelo fundamental de funcionamento desses serviços.

O registro público tem como característica básica a promessa da segurança jurídica de ter-se a prova da existência de um ato ou negócio jurídico válido, eficaz e oponível a terceiros, consubstanciado em um documento sob a guarda do titular; que, sendo autêntico, goza de fé pública, impondo a quem quer confrontá-lo a via anulatória judicial.

Com o incremento da virtualização das relações jurídicas e da velocidade que as acompanham, o documento físico deixa de ter esses atributos, porque a conferência da autenticidade não pode ser feita on-line e sua digitalização pode ocultar adulterações. Assim, a lógica da segurança em documentos com autenticação aferível por meio on-line tornou-se definitiva a partir da instituição do processo judicial eletrônico, hoje, realidade em todo o país. A presunção de segurança de assinaturas e timbres em documentos cedeu espaço para a autenticação on-line.

Além de o documento dispor de autenticação aferível por meio on-line, é desejável, e até mesmo necessário, facilitar o tráfego jurídico de dados relevantes aos atos e negócios jurídicos, por meio do acesso às informações e com a instauração e o processamento dos serviços de registros e correlatos sem a necessidade de deslocamento físico. E é fundamental que os bancos de dados eletrônicos sejam acessíveis nacionalmente e os procedimentos sejam realizados integralmente on-line. Esse é o escopo do Serp e essa nova forma de prestar os serviços tem a aptidão de promover a mudança do modelo da atuação dos serviços de registro, incrementando a rapidez e a eficiência, sem prejuízo da qualidade.

---

[13] "Art. 37. Os serviços de registros públicos de que trata a Lei nº 6.015, de 31 de dezembro de 1973, observados os prazos e as condições previstas em regulamento, instituirão sistema de registro eletrônico".

[14] BRASIL. Lei 11.977, de 7 de julho de 2009. Dispõe sobre o Programa Minha Casa, Minha Vida – PMCMV e a regularização fundiária de assentamentos localizados em áreas urbanas. **Diário Oficial da União**, Brasília, DF, 8 jul. 2009. p. 2.

[15] BRASIL. Lei 14.382, de 27 de junho de 2022. Dispõe sobre o Sistema Eletrônico dos Registros Públicos (SERP). **Diário Oficial da União**, Brasília, DF, 28 jun. 2022.

O Serp está em processo de implantação, nos termos em que definido na legislação[16] e provimentos e, assim que superados os desafios que são inerentes a essa mudança, a tendência inevitavelmente será a preferência desse novo sistema sobre o físico, como ocorreu com o processo eletrônico judicial, porque imprime celeridade, segurança e economicidade.

A Lei 14.382/2022[17] elaborou um modelo que supera as dificuldades de um sistema nacional e se compatibiliza a complexidade da existência de modelos regionais extremamente funcionais, eficientes e céleres, estabelecidos a partir da autonomia gerencial das unidades. Por meio da *interoperabilidade das bases de dados das serventias do país*, o Serp propõe-se a oferecer o *serviço de registro público de atos e negócios jurídicos por meio da internet*, com as funcionalidades que o meio físico oferece, sendo realizadas por meio eletrônico e ainda outras inerentes ao sistema eletrônico, que estão elencadas *exemplificativamente* no art. 3º.

A tarefa exige trabalho de desenvolvimento da ferramenta tecnológica e investimentos para implantação e, como o Serp *é* o serviço de registros públicos na modalidade eletrônica, o trabalho e os investimentos são realizados pelos titulares das delegações, que passam a integrar uma pessoa jurídica de direito privado, sem fins lucrativos, que é o Operador Nacional de Registros, e contribuem para um Fundo de Implementação e Custeio do Serp (FIC).

A regulamentação do cronograma de implantação do Serp, dos padrões tecnológicos a serem utilizados, incluindo os das certificações eletrônicas e das assinaturas eletrônicas, da definição do extrato eletrônico a ser utilizado no registro ou averbação de fatos, de atos e de negócios jurídicos, além de todas as demais definições relativas à integração dos serviços e da sua especificação de outros serviços passíveis de serem prestados, ficou a cargo da Corregedoria Nacional de Justiça do Conselho Nacional de Justiça. Já foram editados diversos regramentos constantes do Provimento 149/2023 do CNJ,[18] que permitiram o início dos trabalhos no módulo Ofício Eletrônico, além dos módulos de averbação de indisponibilidade de bens e de penhora on-line.[19]

---

[16]   BRASIL. Lei 11.977, de 7 de julho de 2009. Dispõe sobre o Programa Minha Casa, Minha Vida – PMCMV e a regularização fundiária de assentamentos localizados em áreas urbanas. **Diário Oficial da União**, Brasília, DF, 8 jul. 2009. "Art. 45. Regulamento disporá sobre as condições e as etapas mínimas, bem como sobre os prazos máximos, a serem cumpridos pelos serviços de registros públicos, com vistas na efetiva implementação do sistema de registro eletrônico de que trata o art. 37".

[17]   BRASIL. Lei 14.382, de 27 de junho de 2022. Dispõe sobre o Sistema Eletrônico dos Registros Públicos (SERP). **Diário Oficial da União**, Brasília, DF, 28 jun. 2022.

[18]   BRASIL. Provimento 149, de 30 de agosto de 2023. **Diário de Justiça Eletrônico**, Brasília, n. 207, 4 set. 2023, p. 7-242.

[19]   Cita-se, por exemplo, os arts. 320 e 321 do Provimento n.º 149/2023, que dispõem sobre a Central Nacional de Indisponibilidade de Bens (CNIB), o Sistema de Registro Eletrônico de Imóveis (SREI) e o Operador Nacional do Sistema de Registro Eletrônico (ONR).

Assim, o Serp já é uma realidade nos serviços de registros públicos e a fiscalização dos atos por intermédio do sistema deverá ser espelhada na forma atualmente existente, porém aprimorada, e as Corregedorias Estaduais terão de fiscalizar não apenas a observância dos requisitos técnicos dos atos e negócios jurídicos e das condições de exercício da atividade, mas também a efetiva implantação adequada dos serviços nas diversas unidades, segundo os critérios estabelecidos nas leis e provimentos do CNJ; além de autorizar, de modo excepcional e com expressa comunicação ao público, a aplicação de prazos maiores para a emissão das certidões de registros de imóveis de que trata a lei, nas localidades em que haja dificuldade de comunicação eletrônica.

B) AS CORREGEDORIAS ESTADUAIS E SUAS FUNÇÕES JUNTO AO SERP

A Lei 14.382/2022 definiu o conteúdo mínimo de serviços que obrigatoriamente deverão ser oferecidos no Serp, e facultou à Corregedoria Nacional de Justiça do CNJ estabelecer outros.[20] Além disso, a lei atribuiu a esse órgão diversas competências regulamentares e a de fiscalizar o recolhimento das cotas de participação dos oficiais dos registros públicos ao FIC.

Considerando que o Serp é um sistema nacional, não haverá espaço para regulamentação estadual no que diz respeito à *formatação do modelo do sistema* ou aos seus elementos, sob pena de comprometer o seu funcionamento, ainda que isso implique eventual alteração na estrutura, na organização, na regra ou na orientação local. Sendo a formatação nacional do sistema a opção adotada pelo legislador para conferir a melhor funcionalidade ao cidadão; sendo o CNJ o órgão do Poder Judiciário a quem a Lei atribuiu esta competência; e estando a Lei amparada no já mencionado art. 236, § 1º, da CRFB,[21] a competência normativa estadual está afastada nesta matéria.

Dessa forma, competirá às Corregedorias locais realizar a conformação das regras locais ao novo sistema nacional, tendo presente o risco de perda de uma das principais características do sistema, a unicidade, que a manutenção de normas locais conflitantes geraria. Comunicar à Corregedoria Nacional os pontos conflitantes que possam refletir dificuldades na prestação dos serviços em prejuízo dos cidadãos, entretanto, será imprescindível para assim subsidiar reflexão sobre o modelo, que sendo novo, estará mais sujeito ao erro. Nesse aspecto, a colaboração das corregedorias locais é relevante.

---

[20] Art. 3º O Serp tem o objetivo de viabilizar: "(…) XI – outros serviços, nos termos estabelecidos pela Corregedoria Nacional de Justiça do Conselho Nacional de Justiça.".

[21] BRASIL. Constituição (1988). Constituição da República Federativa do Brasil. **Diário Oficial da União**, Brasília, DF, 5 jun. 1998.

A competência especificamente atribuída em lei às Corregedorias Estaduais é a de autorizar, de modo excepcional e com expressa comunicação ao público, a aplicação de prazos maiores para a emissão das certidões de registros de imóveis de que trata a lei, nas localidades em que haja dificuldade de comunicação eletrônica. A interpretação da disposição naturalmente deverá ser restritiva, dado o caráter excepcional da disposição e por restringir direitos dos usuários do serviço. Ela será aplicada caso a caso, mediante comprovação das dificuldades técnicas na circunscrição territorial da serventia e os prazos não poderão ser maiores que os estabelecidos na legislação para a emissão de certidões requeridas pessoalmente ou por carta.

Da mesma forma, estão afetas à Corregedoria Nacional a organização das estruturas necessárias à implantação do Serp, a regulamentação e a implementação do ONR e demais operadores dos serviços eletrônicos e do Fundo de Implementação e Custeio do Serp e, também, o controle, o acompanhamento e a fiscalização dessas organizações. Os fundos locais, destinados ao custeio dos atos gratuitos, não deverá ser utilizado para implementar o Serp, não sendo tampouco atribuição das Corregedorias locais a obtenção de recursos para isso, mesmo que se trate de unidades deficitárias oficializadas ou não, porque esses custos devem ser absorvidos pelos recursos carreados ao FIC.

De modo igual, conquanto as Corregedorias devam comunicar à Corregedoria Nacional a eventual ausência de meios tecnológicos para a implementação nas serventias deficitárias e nas demais, deve ser fiscalizado e exigido que os serviços tenham condições de funcionamento, inclusive os serviços que devem ser oferecidos pelo Serp, e salvo existente prazo vigente em regra da Corregedoria Nacional, será da esfera local a competência para cobrar a implantação do serviço, fixando prazo razoável e eventualmente verificando a possibilidade de abertura de procedimento para a apuração de responsabilidades, no caso de descumprimento injustificado.

Quanto aos recolhimentos ao FIC, a competência para a sua fiscalização é atribuída à Corregedoria Nacional,[22] porém, ao menos até o momento em que possam ser estabelecidos controles semelhantes ao do selo eletrônico também para esse fim, deve ser verificada quando das inspeções a regularidade deste recolhimento e registrado em ata.

O Provimento 149/2023[23] do CNJ determina ao Onserp a implementação de sistema de apoio às atividades das Corregedorias-Gerais de Justiça e do CNJ

---

[22] "Art. 5º Fica criado o Fundo para a Implementação e Custeio do Sistema Eletrônico dos Registros Públicos (Fics), subvencionado pelos oficiais dos registros públicos, respeitado o disposto no § 9º do art. 76 da Lei nº 13.465, de 11 de julho de 2017. § 1º Caberá à Corregedoria Nacional de Justiça do Conselho Nacional de Justiça: (...) III – fiscalizar o recolhimento das cotas de participação dos oficiais dos registros públicos; (...)".

[23] BRASIL. Provimento 149, de 30 de agosto de 2023. **Diário de Justiça Eletrônico**, Brasília, n. 207, 4 set. 2023.

que permitam a inspeção remota (art. 212, § 4º, IV). Com a implementação desse sistema, se alcançará agilidade e celeridade na fiscalização dos serviços, sem prejuízo da necessária inspeção física. Sendo a plataforma do Serp um instrumento de interoperabilidade, parte significativa dos serviços será executada fora dela, nos sistemas próprios das serventias, informatizados ou não, que deverão ser inspecionados. E também a inspeção local é necessária para a fiscalização das instalações e dos equipamentos da serventia, regras relativas ao horário de atendimento, além da fiscalização de registros administrativos, como tributários e trabalhistas, já referidos.

4. CONCLUSÃO

Ao concluir este artigo, convém ressaltar não ser de hoje que os serviços registrais brasileiros têm se modernizado e digitalizado. Nada é mais falso do que a visão dos serviços de registro como herança de uma tradição "cartorial", no sentido pejorativo do termo, e depositários de sistemas burocratizados e retrógrados, com seus balcões e carimbos. Muito pelo contrário, ao passo que o sistema registral brasileiro é exemplo de segurança jurídica e simplicidade[24] para o mundo, também tem ele acompanhado a revolução tecnológica destes tempos. Quem os observa com alguma proximidade tem percebido que os serviços registrais têm sido muito mais agentes de *desburocratização* – e de *desjudicialização* – nos últimos anos do que o oposto.

As próprias características do modelo de delegação e autogestão dos serviços registrais estabelecidos na CRFB proporcionam uma capacidade de investimento em novas tecnologias por grande parte das serventias e organizações de delegatários. O outro lado da moeda da autogestão, porém, é o risco de fragmentação dos serviços em inúmeros sistemas digitais particularizados que não dialogam entre si, com prejuízos evidentes aos usuários – públicos e privados – desses serviços.

Institui-se o Serp, assim, com o propósito de assegurar, de um lado, que se aproveite as virtudes da gestão privada e da consequente liberdade de desenvolvimento e implantação de tecnologias, e, de outro, que isso se dê em um espaço de interoperabilidade e integração. Não um sistema único e imposto verticalmente, mas um ambiente de convivência entre sistemas diversos, mutáveis e adaptáveis.

As Corregedorias-Gerais dos Estados, antes mesmo de assumir deveres para com a implantação do sistema eletrônico, têm interesse direto na sua funcionalidade e eficácia. Os Tribunais, no exercício próprio da jurisdição, demandam muito dos serviços registrais, bastando-se pensar na quantidade de buscas, requisições de certidões, mandados de registros e averbações, entre tantas outras comunicações indispensáveis que são realizadas diariamente no âmbito dos processos judiciais em todo o país. A digitalização dos dados e do fluxo de comunicação entre os sistemas

---

[24] Basta pensar, a este propósito, na elegância e singeleza do sistema de matrículas introduzido no Registro de Imóveis pela Lei 6.015/1973.

30 | SISTEMA ELETRÔNICO DO REGISTRO PÚBLICO E SUA REGULAMENTAÇÃO

judicial e extrajudicial já tem gerado frutos inestimáveis em termos de simplificação de procedimentos, celeridade e segurança das informações, contribuindo enfim para a qualidade da prestação jurisdicional. O mesmo se dá, naturalmente, com as demais esferas do poder público.

Para muito além disso, é preciso garantir a todos os usuários dos sistemas o acesso simplificado, rápido e confiável aos acervos das serventias registrais e a seus serviços. Há interesse público tanto na facilitação do acesso do cidadão à certidão de seu nascimento registrado em outro Estado quanto no fomento de atividades econômicas que dependam diretamente dos serviços registrais, como as incorporações imobiliárias.

O novo Sistema Eletrônico só terá seus propósitos integralmente satisfeitos, porém, se for assegurada a participação integral de todas as serventias registrais a ele, na forma da lei federal e da regulamentação da autoridade nacional. Como procuramos expor, a competência regulamentar do Serp não é das Corregedorias-Gerais locais, mas da Corregedoria Nacional de Justiça. As Corregedorias Estaduais, entretanto, são as responsáveis pelo contato regular e cotidiano da fiscalização dos serviços extrajudiciais, e também são a principal porta de entrada e a antena de captação de reclamações de usuários e comunicações de dificuldades com os serviços registrais como um todo. A relevância das Corregedorias para o Sistema Eletrônico, portanto, está associada a essa capilarização de sua atuação.

Nesses termos, a própria competência que é atribuída em lei às Corregedorias locais, a autorização de aplicação de prazos maiores para a emissão das certidões de registros nas localidades em que haja dificuldade de comunicação eletrônica (art. 19, § 12, da Lei 6.015/1973), está ligada a este papel. Como já pudemos expor acima, a interpretação desse dispositivo haverá de ser restritiva e atenta à situação concreta de cada caso, para o que o conhecimento da realidade local é imprescindível.

Ao lado dessa competência legalmente prevista, procuramos demonstrar que ainda há outras responsabilidades das Corregedorias Estaduais para com o Serp, intrínsecas a seu papel de fiscalização local, que podem ser assim sumarizadas: a) assegurar a conformidade das regras locais ao novo sistema nacional; b) comunicar à Corregedoria Nacional os pontos que possam produzir dificuldades na prestação dos serviços em prejuízo dos cidadãos, para assim subsidiar reflexão sobre o modelo; c) comunicar à Corregedoria Nacional a eventual ausência de meios tecnológicos para a implementação do Sistema; d) fiscalizar e exigir que os serviços tenham condições de funcionamento, inclusive os serviços que devem ser oferecidos pelo Serp; e) salvo existente prazo vigente em regra da Corregedoria Nacional, cobrar a implantação do serviço, fixando prazo razoável e eventualmente verificando a possibilidade de abertura de procedimento para a apuração de responsabilidades, no caso de descumprimento injustificado; f) ao menos até o momento em que possa ser estabelecido controle específico, verificar quando das inspeções às serventias a regularidade dos recolhimentos ao Fundo para a Implementação e Custeio do Serp (FIC), registrando-se em ata.

Este é, enfim, um novo paradigma na prestação de serviços extrajudiciais e também de sua fiscalização pelo Poder Judiciário. A sua correta implementação dependerá de esforços conjuntos dos diversos agentes públicos e privados envolvidos, cada um com sua função própria e seu papel institucional, sempre com o objetivo comum de aprimorar os serviços e o acesso a eles.

REFERÊNCIAS

BRITO, Eveline Martins; ARZABE, Jorge; ROSÁRIO, Pedro Crisóstomo; ARÊDE, Carla Cristina Gomes. Modelo de maturidade: um avanço na gestão correcional. **Cadernos Técnicos da CGU**, Brasília, ano 1, v. 3, p. 135-143, 29 nov. 2022. (Artigos Correcionais: Coletânea)

TAVARES, André Ramos. Um operador nacional do sistema de registro eletrônico de imóveis; análise constitucional de sua criação, modelagem e atribuições. **Revista Brasileira de estudos Constitucionais – RBEC**, Belo Horizonte, ano 10, n. 36, p. 163-188, set./dez. 2016.

PARTE 2

SERP: IMPLEMENTAÇÃO E OPERACIONALIDADE

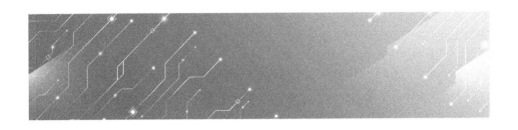

Capítulo 3

O NOVO SISTEMA ELETRÔNICO DO REGISTRO PÚBLICO (SERP): GESTAÇÃO DA LEI E SEU REGULAMENTO

Luiz Fernando Bandeira de Mello Filho
Juliana Silva Menino Alencastro Veiga
Bruno Crasnek Luz

1. INTRODUÇÃO

Este estudo propõe-se a analisar a implementação do Sistema Eletrônico de Registros Públicos (Serp) no Brasil, conforme estabelecido pela Lei 14.382/2022. O Serp representa, na visão quase unânime dos especialistas, um importante passo na modernização dos serviços de registros públicos no país, com impacto direto na agilidade e na eficiência de diversos processos burocráticos. A pesquisa é dividida em cinco partes, abordando desde o contexto histórico e legal que culminou na promulgação da Lei até as principais ações tomadas para sua implementação.

Na primeira parte, examinamos o contexto e a importância da implementação do Serp, em linha com a crescente digitalização de serviços públicos e privados no Brasil. Discutimos a evolução das práticas de registro público no país, a importância desses registros na vida civil e as vantagens potenciais de um sistema eletrônico de registro, como maior eficiência, segurança e transparência.

Na segunda parte, analisamos o desenvolvimento legal que resultou na Lei 14.382/2022. Verificamos o conteúdo da lei e como ela estabelece os princípios e as diretrizes para a criação do Serp. Essa ação é essencial para entender a estrutura legal do novo sistema de registro público e as implicações práticas da lei.

Em seguida, na terceira parte, detalhamos a atuação do Conselho Nacional de Justiça (CNJ) e da Corregedoria Nacional de Justiça, órgãos que desempenham um papel central na implementação do Serp. Além disso, exploramos as funções desses órgãos e como eles estão preparados para gerenciar o projeto.

A quarta parte se concentra nas ações tomadas pelo Congresso Nacional na tramitação da Medida Provisória 1.085/2021, enviada pelo Poder Executivo com alterações legislativas de relevante impacto para o sistema registral nacional.

Finalmente, na quinta parte, apresentamos um panorama do esforço da Corregedoria Nacional de Justiça para implementar o Serp seguindo as diretrizes estabelecidas pela Lei 14.382/2022. Discutimos os desafios enfrentados nesse processo, como a criação de um grupo de trabalho, a realização de uma audiência pública e a definição de um cronograma de implementação. Concluímos nosso estudo examinando os próximos passos para a implementação do Serp, que envolve a execução da segunda fase do projeto, com foco na infraestrutura do sistema e na segurança das informações.

O estudo apresenta uma análise multidimensional do Serp com as dificuldades e as limitações inerentes de se discutir um projeto ainda em fase embrionária, destacando os desafios e as oportunidades que esse sistema traz para a prática de registros públicos no Brasil. Espera-se que os *insights* derivados deste trabalho forneçam uma compreensão clara do contexto que envolveu a criação do Serp, bem como contribuam para discussões futuras sobre a modernização dos serviços públicos no país.

2. PRECEDENTES

A iniciativa de digitalização da atividade de registro de imóveis no Brasil tem primeiro impulso legislativo destacado com a promulgação da Lei 11.977/2009.

A legislação em questão, que dispõe sobre o denominado Programa Minha Casa, Minha Vida (PMCMV), impôs profunda alteração no sistema de registro de imóveis até então vigente – cujas disposições principais se mantiveram sem mais profunda revisão desde a promulgação da Lei 6.015/1973 (Lei de Registros Públicos – LRP).

A Lei do PMCMV determinava, em seus arts. 37 e seguintes, a instituição do sistema de registro eletrônico pelos ofícios de registro de imóveis (RI), com o oferecimento dos serviços de recepção de títulos e fornecimento de informações e certidões em meio eletrônico. A citada norma possibilitou ainda, ao alterar a LRP de 1973, o acesso ou envio de informações aos registros públicos pela internet, exigindo para tanto a competente certificação digital.

O comando legislativo era ambicioso e com destacado efeito retrospectivo: os atos praticados a partir de 1º de janeiro de 1976, data de entrada em vigor da Lei de Registros Públicos, deveriam ser registrados no sistema eletrônico no prazo de até cinco anos, a contar da publicação da nova regulamentação, ou seja, até 2014.[1]

A regra que autoriza a migração do tombamento de registros públicos para o meio eletrônico sucede, em pouco mais de dois anos, a entrada em vigor de dispositivo semelhante voltado ao armazenamento dos livros cartorários e repositórios do foro judicial. A possibilidade de geração e armazenamento de documentos de órgãos do Poder Judiciário integra a Lei 11.419/2006, que trata da informatização do processo judicial.

Ainda que não se possa negar a importância do tema, a determinação somente encontrou terreno fértil para ser regulamentada anos depois, em razão do surgimento de um contexto social fortemente marcado pela modernização do Poder Judiciário e pela evolução da utilização da tecnologia nos cartórios. Nesse tempo, a firme atuação da Corregedoria Nacional de Justiça na fiscalização e no controle dos serviços de notas e de registro no Brasil – em que se destaca a edição das Resoluções 80 e 81, ambas de 9 de junho de 2009 – foi tributária do incremento da moralidade, transparência, responsabilidade e eficiência na investidura e na condução do foro extrajudicial por todo o Brasil.

Diversas iniciativas do CNJ ao longo dos anos, em especial a partir da década de 2010, tinham por desiderato fomentar a adoção de ferramentas tecnológicas para contribuir com a desburocratização dos serviços cartoriais.[2] Destas, a primeira tende a regulamentar um mecanismo de intercâmbio de informações entre ofícios de registro de imóveis foi o Provimento 47/2015.[3]

O Conselho Nacional debruçou-se sobre o sistema registral imobiliário com maior afinco a partir de 2010, com a criação do Fórum de Assuntos Fundiários, por meio da Resolução 110/2010.[4] Suas múltiplas competências, que tinham por objetivo prestar contribuição para a pacificação no campo e no acesso à moradia digna, incluíam a de promover: "o estudo, a regulação, a organização, a modernização e o monitoramento da atividade dos cartórios de registro de imóveis de questões relacionadas à ocupação do solo rural e urbano, inclusive a proposição de medidas e de normatização da atividade de registro sujeita à fiscalização do Poder Judiciário, sempre que isso se fizer necessário ao aprimoramento dos serviços para assegurar a segurança jurídica". O Fórum foi extinto pela Resolução 384/2021, e suas atribuições passaram a ser exercidas diretamente pelo Plenário e pela Corregedoria Nacional de Justiça.

---

[1]   Art. 39 da Lei 11.977/2009.

[2]   PEIXOTO, Renata Cortez Vieira. As novas tecnologias e a atividade notarial e registral no Brasil. **Humanidades e inovação**, Palmas, v. 9, n. 19, p. 54-69, 2022. Disponível em: https://revista. unitins.br/index.php/humanidadeseinovacao/article/view/7844/4466. Acesso em: 28 jul. 2023. p. 59-61.

[3]   Ato revogado pelo Provimento 89/2019, que atualmente disciplina a matéria.

[4]   Ato revogado pela Resolução 384/2021.

Recentemente, em cumprimento à decisão proferida pelo Supremo Tribunal Federal na Arguição de Descumprimento de Preceito Fundamental de autos n. 828, o Plenário aprovou a Resolução 510/2023, que determinou a criação da Comissão Nacional de Soluções Fundiárias. Referido colegiado foi efetivamente instituído pela Portaria 205/2023.

A partir da modificação do marco legislativo promovida em 2009 e com a contribuição dos profissionais ao longo das sucessivas composições do Fórum de Assuntos Fundiários, a Corregedoria Nacional editou o referido Provimento 47/2015. Esse instrumento deflagrou o Sistema de Registro Eletrônico de Imóveis (SREI) a interligar centrais de serviços eletrônicos compartilhados a serem criados pelos Estados e pelo Distrito Federal. Quatro eram os objetivos principais do serviço: a) intercâmbio de documentos e informações entre registros, o Judiciário, a administração pública e o público em geral; b) recepção e envio de títulos, expedição de certidões e prestação de informações eletronicamente; e c) repositórios registrais eletrônicos.

Em 2017, a promulgação da Lei 13.465/2017 retira eventuais questionamentos a respeito da atribuição da Corregedoria Nacional de Justiça para atuar como polo articulador do sistema de registros públicos.

O órgão correcional nacional ganha a atribuição de agente regulador do Operador Nacional do Sistema de Registro Eletrônico de Imóveis (ONR), pessoa jurídica de direito privado, sem fins econômicos, e outorgou-lhe as necessárias competências para a implementação e manutenção do SREI. A implementação do Fundo para Implementação e Custeio do SREI (FIC/SREI), criado pela Lei 13.465/2017, viabilizou sob o prisma material a empreitada.

Erigido o marco legislativo e seguindo o movimento de expansão e consolidação da justiça digital que já se estabelecia no Poder Judiciário, acelerado pelo enfrentamento da pandemia da Covid-19 no âmbito mundial, montou-se o cenário para a efetivação do Sistema Eletrônico de Registros Públicos.

A Lei 14.382/2022 divide-se em quatro capítulos: disposições gerais, do sistema eletrônico de registros públicos, da alteração da legislação correlata e disposições transitórias e finais.

A estrutura dorsal do Sistema Eletrônico de Registros Públicos está descrita em seu Capítulo II (Do Sistema Eletrônico de Registros Públicos), que se subdivide em cinco seções: Dos Objetivos e das Responsabilidades, Do Fundo para a Implementação e Custeio do Sistema Eletrônico dos Registros Públicos, Dos Extratos Eletrônicos para Registro ou Averbação, Da Competência da Corregedoria Nacional de Justiça, Do Acesso a Bases de Dados de Identificação.

O Serviço Eletrônico do Registros Públicos, como disciplinado pela Lei 14.382/2022, tem como principais objetivos modernizar e integrar o registro público eletrônico dos atos e negócios jurídicos, bem como promover o acesso remoto pelo público geral e entre serventias, entidades públicas e instituições financeiras.

A exposição de motivos da Medida Provisória 1.085/2021, que deu origem à mencionada Lei 14.382/2022, subscrita pelos então Ministros da Economia, da Secretaria de Governo da Presidência e da Justiça,[5] destaca o escopo da iniciativa:

> A proposta denomina o sistema de registro eletrônico previsto na Lei nº 11.977, de 2009, de Sistema Eletrônico dos Registros Públicos (SERP) e especifica o que deverá ser por ele viabilizado. Dentre os principais pontos, destacam-se: criação de um sistema público eletrônico de atos e negócios jurídicos, a interconexão das serventias dos registros públicos, a interoperabilidade das bases de dados entre as serventias e destas com o SERP, o atendimento remoto dos usuários de todas as serventias por meio de acesso à internet, a recepção e o envio de documentos e títulos, bem como a expedição de certidões e de informações em formato eletrônico, inclusive de forma centralizada, para intercâmbio com as serventias competentes, com o Poder Público e com os usuários do sistema.[6]

Além disso, a Lei 14.382/2022 promoveu alterações em diversas leis especiais, como Lei 4.591/1964 (Lei do Condomínio), Lei 6.766/1979 (Lei de Parcelamento do Solo Urbano), Lei 8.935/1994 (Lei dos Cartórios) e Lei 10.406/2002 (Código Civil), cujos efeitos, positivos ou negativos, têm sido reiteradamente discutidos pela comunidade jurídica em razão da sua contemporaneidade.

Nessa visão preliminar, compreendemos que o desenvolvimento de ferramentas de virtualização das atividades do sistema de justiça é maneira de concretizar o exercício democrático da cidadania:

> A adoção de regras uniformes em todo o território nacional para a realização de atos notariais eletrônicos atende aos reclamos de uma sociedade que se acostumou, passo a passo, à tecnologia. O cidadão, que consegue consultar sua previdência pelo computador e fazer transferências de dinheiro pelo celular, vai-se obrigado a ir pessoalmente aos cartórios e tabelionatos brasileiros e, muitas vezes, a enfrentar filas para ser atendido. A burocracia é instrumento de organização das atividades administrativas do setor público, mas seu excesso gera custos e até mesmo injustiças, na medida em que dificulta o acesso dos cidadãos aos

---

[5] Com a edição da Medida Provisória 1.154/2023, convertida na Lei 14.600/2023, o Ministério da Economia foi desmembrado em quatro outros (Ministérios da Fazenda, da Gestão e da Inovação em Serviços Públicos, do Planejamento e Orçamento e do Desenvolvimento, Indústria, Comércio e Serviços) e a Secretaria de Governo foi transformada na Secretaria de Relações Institucionais.

[6] BRASIL. **Provisória 1.085**, de 19 de novembro de 2021. Disponível em: https://www.planalto. gov.br/ccivil_03/_ato2019-2022/2021/Exm/Exm-MP-1085-21.pdf. Acesso em: 9 nov. 2023.

serviços. Não se pode admitir que um desvio na prestação de serviços públicos que impede seu gozo pelos cidadãos seja apontado e aceito como traço cultural.[7]

A uniformização do sistema eletrônico de registros públicos, por meio de cartórios interconectados e bases de dados integradas, com rápida expedição de certidões eletrônicas e desburocratização dos serviços, pode ser classificada como avanço cultural e econômico.

3. O MARCO LEGAL DA MODERNIZAÇÃO DOS CARTÓRIOS E O SISTEMA ELETRÔNICO DE REGISTROS PÚBLICOS

O Sistema Eletrônico de Registros Públicos comporta-se como instrumento de modernização e simplificação de procedimentos registrais previstos nas Leis 6.015/1973 e 4.591/1964, conforme preconizado no art. 1º, da Lei 14.382/2022.

A plataforma consiste em marco legal e tecnológico que propiciará eficiência ao sistema de registros e à contratação de créditos, auxiliando no crescimento econômico do Brasil, reduzindo tempo de espera do cidadão, filas e custos para obtenção, por exemplo, de simples certidões. No futuro, ela poderá integrar-se a sistemas de reconhecimento de identidade por biometria e permitir uma validação de identidade para atos notariais e registrais presencialmente ou a distância.

Oliveira e Tartuce[8] lecionam:

> O SERP pode ser entendido como uma espécie de central eletrônica nacional de todos os serviços notariais e registrais, que permite a prestação remota dos serviços. Quis o legislador disponibilizar um espaço único – como um *site* –, ao qual o cidadão poderia acorrer para buscar qualquer serviço notarial e registral de qualquer serventia do País. Objetivou também conectar operacionalmente todas as serventias extrajudiciais brasileiras para a prestação dos serviços de modo concentrado.

Com efeito, sua implementação, embora desafiadora, impactará diretamente na redução de excessiva burocracia na prestação do serviço extrajudicial ao cidadão. Trata-se de oferecer uma solução para fortalecer integração de regiões do país que se encontram em graus distintos de desenvolvimento econômico e acesso aos meios de comunicação.

---

[7] VALÉRIO, Marco Aurélio Gumieri. Atos notariais por meios eletrônicos: a quarentena trouxe o futuro aos cartórios e tabelionatos. **Revista de Informação Legislativa**, Brasília, v. 58, n. 231, p. 201-211, jul./set. 2021. Disponível em: https://www12.senado.leg.br/ril/edicoes/ 58/231/ ril_v58_n231_p201. Acesso em: 25 jul. 2023. p. 208-209.

[8] OLIVEIRA, Carlos E. Elias; TARTUCE, Flávio. **Lei do Sistema Eletrônico de Registros Públicos**. São Paulo: Forense, 2023.

Sua grande inovação ao sistema registral pode ser traduzida, em termos de experiência para o usuário, na instalação de único portal para integração e operabilidade das diversas centrais e sistemas de registros públicos já existentes, padronizando documentos digitais.[9]

Mas o ponto fulcral no qual o Serp inova é fazer com que todas essas centrais e sistemas de registros públicos operem por meio de um único portal, além de se estabelecer padrões para os documentos digitais.

Há estudiosos que externam preocupações sobre a implementação de um sistema eletrônico de registros públicos, como as ponderações realizadas por Sérgio Jacomino, transcritas a seguir:

> A consequência direta do fenômeno de desinstitucionalização dos registros públicos, após sucessivas quebras disruptivas, é que tanto as operações eletrônicas de registro, quanto os dados albergados nas serventias, como consectário lógico do sistema de informações, migrarão do seu locus tradicional (art. 22 e ss. da Lei 6.015/1973 c.c. art. 46 da Lei 8.935/1994) para o ventre de entidades para-registrais, onde serão centralizados e processados por máquinas coadjuvadas por amanuenses.[10]

Embora existam debates sobre a eventual fragilidade da segurança da informação, perfilhamos do entendimento de que a plataforma trará mais transparência e celeridade aos registros públicos; comungamos do pensamento de Havrenne (2023) de que, sob o aspecto social, o sistema eletrônico fortalecerá o intercâmbio de informações registrais e, consequentemente, sua fiscalização.

> O intercâmbio de informações entre os cartórios e entre eles e os entes públicos irá produzir um aperfeiçoamento na realização dos registros públicos, já que o compartilhamento de informações aumenta a precisão deles.
>
> Tem-se ainda um fortalecimento da segurança jurídica, um dos princípios fundamentais do direito. Isto decorre da maior quantidade de informações, com alto grau de precisão, à disposição dos titulares de cartórios, dos usuários de serviços prestados, dos entes públicos e de toda a população. Há assim um aumento da fiscalização sobre os atos praticados, já que se facilita o acesso à informação.
>
> Em consequência, melhora-se o ambiente econômico, uma vez que as pessoas têm mais certeza na realização dos negócios jurídicos. (...)

---

[9] FERREIRA, Leonardo Sanches. Cartórios digitais segundo a Lei 14.382/22. **Conjur**, 13 out. 2022. Disponível em: https://www.conjur.com.br/2022-out-13/leonardo-ferreira-cartorios-digitais-lei-1438222. Acesso em: 28 jul. 2023.

[10] JACOMINO, Sérgio. MP 1.085/21 – O vinho e a água chilra. **Migalhas**, 30 mar. 2022. Disponível em: https://www.migalhas.com.br/coluna/migalhas-notariais-e-registrais/362724/mp-1-085-21--o-vinho-e-a-agua-chilra. Acesso em: 28 jul. 2023.

Enfim, a efetiva implementação do Serp irá contribuir fortemente para o desenvolvimento econômico do país, fortalecimento da soberania nacional, preservação do meio ambiente e proteção dos direitos das minorias.[11]

O art. 3º da Lei 14.382/2022 enumera os principais objetivos do sistema eletrônico e evidencia, de modo expresso, os benefícios que a plataforma eletrônica proporcionará ao sistema registral brasileiro e aos seus usuários, motivos pelos quais a nova lei é conhecida como marco legal de modernização dos cartórios.[12]

O § 4º do art. 3º da legislação determina que o Serp será dirigido por um Operador Nacional, constituído sob a forma de pessoa jurídica de direito privado,

---

[11] HAVRENNE, Michel François Drizul. Papel social do Serviço Eletrônico de Registros Públicos. **Conjur**, 20 mar. 2023. Disponível em: https://www.conjur.com.br/2023-mar-20/michel-havrenne-papel-social-serp. Acesso em: 28 jul. 2023.

[12] "Art. 3º O Serp tem o objetivo de viabilizar:

I – o registro público eletrônico dos atos e negócios jurídicos;

II – a interconexão das serventias dos registros públicos;

III – a interoperabilidade das bases de dados entre as serventias dos registros públicos e entre as serventias dos registros públicos e o Serp;

IV – o atendimento remoto aos usuários de todas as serventias dos registros públicos, por meio da internet;

V – a recepção e o envio de documentos e títulos, a expedição de certidões e a prestação de informações, em formato eletrônico, inclusive de forma centralizada, para distribuição posterior às serventias dos registros públicos competentes;

VI – a visualização eletrônica dos atos transcritos, registrados ou averbados nas serventias dos registros públicos;

VII – o intercâmbio de documentos eletrônicos e de informações entre as serventias dos registros públicos e:

a) os entes públicos, inclusive por meio do Sistema Integrado de Recuperação de Ativos (Sira), de que trata o Capítulo V da Lei nº 14.195, de 26 de agosto de 2021; e

b) os usuários em geral, inclusive as instituições financeiras e as demais instituições autorizadas a funcionar pelo Banco Central do Brasil e os tabeliães;

VIII – o armazenamento de documentos eletrônicos para dar suporte aos atos registrais;

IX – a divulgação de índices e de indicadores estatísticos apurados a partir de dados fornecidos pelos oficiais dos registros públicos, observado o disposto no inciso VII do caput do art. 7º desta Lei;

X – a consulta:

a) às indisponibilidades de bens decretadas pelo Poder Judiciário ou por entes públicos;

b) às restrições e aos gravames de origem legal, convencional ou processual incidentes sobre bens móveis e imóveis registrados ou averbados nos registros públicos; e

c) aos atos em que a pessoa pesquisada conste como:

1. devedora de título protestado e não pago;

2. garantidora real;

3. cedente convencional de crédito; ou

4. titular de direito sobre bem objeto de constrição processual ou administrativa; e

XI – outros serviços, nos termos estabelecidos pela Corregedoria Nacional de Justiça do Conselho Nacional de Justiça."

na forma de associação ou fundação, na modalidade de entidade civil sem fins lucrativos, nos termos estabelecidos pela Corregedoria Nacional de Justiça.

O custeio da plataforma será operacionalizado pelo Fundo para Implementação e Custeio do Sistema Eletrônico de Registros Públicos (FIC), expressamente previsto no art. 5º da referida lei.

Nesse contexto, Sanches Ferreira registra que o sistema:

> [...] será subvencionado por oficiais de registros públicos, cujas cotas de participação serão estabelecidas e fiscalizadas pela Corregedoria Nacional de Justiça. Apesar de, como afirmado anteriormente, a adesão ao Serp ser obrigatória, o § 2º do artigo 5º isenta da subvenção ao Fundo os oficiais que desenvolverem e utilizarem seus próprios sistemas e plataformas, desde que sejam plenamente interoperáveis e integráveis ao SERP, nos termos que serão estabelecidos pela Corregedoria Nacional.[13]

À primeira vista, a Lei do Serp demandará mudanças e inovações no sistema registral imobiliário que não se limitarão à esfera de influência desta modalidade de registro público em sentido amplo. Naturalmente, as novidades alcançarão o registro civil das pessoas naturais, o registro civil e de títulos e documentos das pessoas jurídicas, os tabelionatos de notas, regularização fundiária urbana, incorporação imobiliária, parcelamento do solo urbano, prescrição intercorrente, direito real de laje e ajustes nas regras de proteção do terceiro de boa-fé adquirente de imóvel.[14]

Inúmeros têm sido os debates sobre "marcos desburocratizatórios que enaltecem o sistema registral em sua objetividade de resultados e de eficácia imediata", como afirmou em trabalho doutrinário o desembargador Jones Figueiredo Alves,[15] do Tribunal de Justiça do Estado de Pernambuco. As mudanças, exemplifica, podem vir com rapidez na dispensa de intervenção judicial para determinados atos registrais afetos ao registro civil.

Outras modificações podem sofrer substancial redução no modo, na velocidade ou no custo em comparação ao que se pratica hoje, em temas como atos relacionados a nome e estado civil ou adjudicação compulsória da promessa de compra e venda, de forma extrajudicial. As inovações podem incluir o pagamento de emolumentos por meio eletrônico, consultas pelos Oficiais de Imóveis à situação das partes, ganhos de segurança (identificação do cidadão por reconhecimento

---

[13] FERREIRA, Leonardo Sanches. Cartórios digitais segundo a Lei 14.382/22. **Conjur**, 13 out. 2022. Disponível em: https://www.conjur.com.br/2022-out-13/leonardo-ferreira-cartorios-digitais--lei-1438222. Acesso em: 28 jul. 2023.

[14] OLIVEIRA, Carlos E. Elias; TARTUCE, Flávio. **Lei do Sistema Eletrônico de Registros Públicos**. São Paulo: Forense, 2023.

[15] ALVES, Jones Figueirêdo. Novo regime jurídico do nome civil e outros avanços do direito registral. **Conjur**, 11 jul. 2022. Disponível em: https://www.conjur.com.br/2022-jul-11/processo-familiar--regime-juridico-nome-civil-outros-avancos-direito-registral. Acesso em: 28 jul. 2023.

SISTEMA ELETRÔNICO DO REGISTRO PÚBLICO E SUA REGULAMENTAÇÃO

facial e leitura biométrica), tramitação do registro por meio de extratos, maior transparência e agilidade na contagem e cumprimento de prazos, alterações em medidas de retificação de área, usucapião extrajudicial, incorporações imobiliárias e loteamentos, entre outras tantas que apenas o efetivo funcionamento da ferramenta desvelarão.[16]

Segundo Carlos Eduardo Elias Oliveira e Flávio Tartuce, a Lei do Serp encontrou no Congresso Nacional rápida tramitação, ainda que tenha efetivado complexas e profundas alterações no sistema registral. Alguns pontos, considerados abertos ou dúbios, atrairão a intervenção da doutrina, das normas infralegais e da jurisprudência, o que pode encontrar parcial justificativa na celeridade do processo legislativo – compatível, vale o registro, com o rito constitucional imposto às Medidas Provisórias.[17] É o que se verá.

4. PANORAMA DE TRAMITAÇÃO LEGISLATIVA DA MEDIDA PROVISÓRIA QUE CRIA O SISTEMA ELETRÔNICO DE REGISTROS PÚBLICOS (SERP)

Nesta seção, trataremos da tramitação da Medida Provisória convertida em Lei que criou o Sistema Eletrônico de Registros Públicos. Em 28 de dezembro de 2021, foi publicada no Diário Oficial da União, a Medida Provisória 1.085/2021, que criava o Sistema Eletrônico de Registros Públicos (Serp) e tinha como objetivo desburocratizar o ambiente de negócios no país,[18] elaborada através da interlocução do Ministério da Economia com outros órgãos do governo, representantes do Conselho Nacional de Justiça, associações representativas de entidades do sistema cartorial e do setor privado.

A Câmara dos Deputados aprovou, em 5 de maio de 2022, o texto original da Medida Provisória 1.085/2021, com parecer favorável do Deputado Federal Isnaldo Bulhões, após acordo de plenário sugerido pelo Presidente Arthur Lira, que destinava ao Senado Federal a análise dos temas propostos nas emendas, como publicado pela Agência Câmara de Notícias.[19]

---

[16] CHEZZI, Bernardo. A nova legislação de registros públicos pela Lei Federal n.º 14.382 – Saiba o que está valendo. **Migalhas**, 8 jul. 2023. Disponível em: https://www.migalhas.com.br/depeso/369278/a-nova-legislacao-de-registros-publicos-pela-lei-federal-14-382. Acesso em: 27 jul. 2023.

[17] OLIVEIRA, Carlos E. Elias; TARTUCE, Flávio. **Lei do Sistema Eletrônico de Registros Públicos**. São Paulo: Forense, 2023.

[18] MP CRIA Sistema Eletrônico de Registros Públicos. **Agência Senado Notícias**, 28 dez. 2021. Disponível em: https://www12.senado.leg.br/noticias/materias/2021/12/28/mp-cria-sistema--eletronico-de-registros-publicos. Acesso em: 22 jul. 2023.

[19] CÂMARA aprova medida provisória que cria sistema eletrônico de registros públicos. **Agência Câmara de Notícias**, 5 maio 2022. Disponível em: https://www.camara.leg.br/noticias/872020--camara-aprova-medida-provisoria-que-cria-sistema-eletronico-de-registros-publicos/. Acesso em: 20 de jul. 2023.

Sob a relatoria do Senador Weverton Rocha, após análise de mais de quatrocentas emendas parlamentares apresentadas por Deputados Federais e Senadores, que ensejaram alterações no texto original da medida provisória, o ato foi submetido ao plenário.

Em 31 de maio de 2022, o Senado Federal aprovou, com ajustes, o texto final da Medida Provisória 1.085/2021, motivo pelo qual os autos foram encaminhados à Câmara dos Deputados; que, na mesma data, aprovou as modificações no texto implementadas pelo Senado Federal e o remeteu para sanção presidencial.[20]

O então presidente, Jair Bolsonaro, sancionou a Lei 14.382/2022, que efetivou o Sistema Eletrônico dos Registros Públicos (Serp), contudo, vetou onze itens do projeto de lei de conversão,[21] que foram derrubados em parte pelo Congresso Nacional.

> Foram derrubados pelo Congresso Nacional na sessão desta quinta-feira (22) os quatro vetos que restava apreciar da Medida Provisória (MP) 1.085, transformada na Lei 14.382, de 27 de junho deste ano. A norma criou o Sistema Eletrônico dos Registros Públicos (Serp). Liberados dos vetos, os dispositivos vão a promulgação.
>
> No Senado, foram 64 votos pela derrubada dos vetos, e dois contrários. Na Câmara, o placar foi de 391 a 25. Por acordo de líderes, a votação do veto, que recebeu o 37/2022, ocorreu em conjunto com dispositivos destacados do Veto nº 45/2022. Onze dispositivos da MP haviam sido vetados, sendo que sete foram apreciados na sessão do Congresso de 15 de dezembro (seis mantidos e um rejeitado).[22]

A Lei 14.382/2022 estabeleceu um sistema de registro público eletrônico dos atos e negócios jurídicos, prevendo a interconexão e a interoperabilidade das bases de dados de todos os tipos de serventias extrajudiciais (notas, protestos, registros de imóveis, registros de títulos e documentos, registro civil das pessoas naturais e registro de pessoas jurídicas).

---

[20] MP QUE cria sistema eletrônico de cartórios vai à sanção. **Agência Senado Notícias**, 31 maio 2022. Disponível em: https://www12.senado.leg.br/noticias/materias/2022/05/31/mp-que-cria--sistema-eletronico-de-cartorios-volta-para-a-camara. Acesso em: 25 jul. 2023.

[21] SANCIONADA com vetos lei sobre modernização de cartórios. **Agência Senado Notícias**, 28 jun. 2022. Disponível em: https://www12.senado.leg.br/noticias/materias/2022/06/28/sancionada-com-vetos-lei-sobre-modernizacao-de-cartorios#:~:text=O%20presidente%20Jair%20Bolsonaro%20sancionou,registros%20e%20consultas%20pela%20internet. Acesso em: 25 jul. 2023.

[22] CONGRESSO derruba últimos vetos à MP do registro de imóveis. **Agência Senado Notícias**, 22 dez. 2022. Disponível em: https://www12.senado.leg.br/noticias/materias/2022/12/22/congresso--derruba-ultimos-vetos-a-mp-do-registro-de-imoveis. Acesso em: 25 jul. 2023.

5. BREVES CONSIDERAÇÕES SOBRE A IMPLEMENTAÇÃO DO SISTEMA ELETRÔNICO DE REGISTROS PÚBLICOS PELA CORREGEDORIA NACIONAL DE JUSTIÇA

A Lei 14.382/2022 atribuiu expressamente ao Conselho Nacional de Justiça, por meio da Corregedoria Nacional de Justiça, o planejamento e a implementação, em nível nacional, do Sistema Eletrônico de Registros Públicos, bem como a regulamentação da pessoa jurídica de direito privado a ser encarregada das operações do sistema, fixando como termo final para execução das ações a data de 31 de janeiro de 2023.

O novo diploma legal estabeleceu as competências da Corregedoria Nacional de Justiça, entre as quais a de disciplinar o disposto nos arts. 37 a 41 e 45 da Lei 11.977/2009 e a própria execução da Lei 14.382/2022, com o fim de planejar e implantar o Sistema de Registros Públicos e disciplinar a pessoa jurídica de direito privado a ser encarregada das operações do Sistema.

Art. 3º O Serp tem o objetivo de viabilizar:

(...)

XI – outros serviços, nos termos estabelecidos pela Corregedoria Nacional de Justiça do Conselho Nacional de Justiça.

(...)

§ 3º O Serp deverá:

I – observar os padrões e os requisitos de documentos, de conexão e de funcionamento estabelecidos pela **Corregedoria Nacional de Justiça do Conselho Nacional de Justiça**; e

II – garantir a segurança da informação e a continuidade da prestação do serviço dos registros públicos.

§ 4º O Serp terá operador nacional, sob a forma de pessoa jurídica de direito privado, na forma prevista nos incisos I ou III do caput do art. 44 da Lei nº 10.406, de 10 de janeiro de 2002 (Código Civil), na modalidade de entidade civil sem fins lucrativos, nos termos estabelecidos pela **Corregedoria Nacional de Justiça do Conselho Nacional de Justiça**.

Art. 4º Compete aos oficiais dos registros públicos promover a implantação e o funcionamento adequado do Serp, com a disponibilização das informações necessárias, **nos termos estabelecidos pela Corregedoria Nacional de Justiça do Conselho Nacional de Justiça,** especialmente das informações relativas:

(...)

§ 2º O descumprimento do disposto neste artigo ensejará a aplicação das penas previstas no art. 32 da Lei nº 8.935, de 18 de novembro de 1994, **nos termos estabelecidos pela Corregedoria Nacional de Justiça do Conselho Nacional de Justiça.**

Cumprindo a incumbência prevista em lei, a Corregedoria Nacional de Justiça iniciou o projeto denominado Implantação do Serp, no âmbito do Conselho Nacional de Justiça, além de incluir a proposta de projeto no universo de ações relacionadas ao Programa Cartório Digital, que integra o plano de trabalho para o biênio 2022-2024.

Considerando que o projeto se alinhava ao Planejamento Estratégico do CNJ 2021-2026 e à Estratégia Nacional do Poder Judiciário, notadamente, ao objetivo estratégico "Fomentar a melhoria dos serviços extrajudiciais" e ao macrodesafio "Agilidade e produtividade na prestação jurisdicional", seu planejamento se estruturou em três vertentes: regulamentação, implementação do sistema e implementação do fundo previsto na lei de regência.[23]

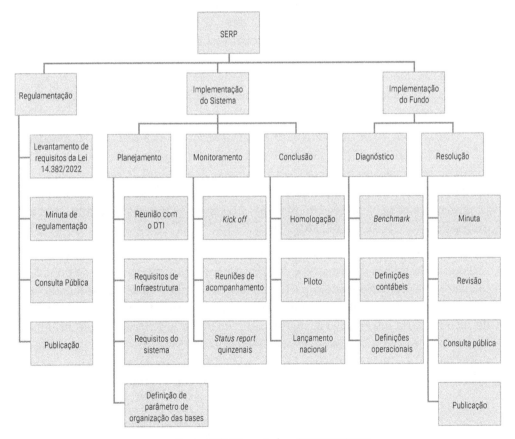

Fonte: CNJ. Disponível no SEI 08286/2022.

Inaugurando a execução da primeira etapa do projeto – Regulamentação –, o Corregedor Nacional de Justiça, Ministro Luís Felipe Salomão, determinou a

---

[23] CNJ. Disponível no SEI 08286/2022.

48 | SISTEMA ELETRÔNICO DO REGISTRO PÚBLICO E SUA REGULAMENTAÇÃO

formação de um Grupo de Trabalho encarregado da elaboração de estudos, propostas e análises de impacto regulatório destinadas ao planejamento, à implantação e ao funcionamento do Sistema Eletrônico de Registros Públicos, criado pela Lei 14.382/2022.

Sob a coordenação das Juízas Auxiliares da Corregedoria Nacional Daniela Pereira Madeira e Carolina Ranzolin Nerbass, o Grupo de Trabalho destinado à implementação do Serp foi criado, por meio da Portaria 90/2022.[24]

O avanço técnico prometido com a instalação do Grupo de Trabalho veio acompanhado de firme deliberação política dos órgãos diretamente responsáveis pelo sistema de controle e fiscalização do serviço de registro público.

No 16º Encontro Nacional do Poder Judiciário, ocorrido em 21 e 22 de novembro de 2022, em Brasília, 91 representantes de tribunais do Brasil aprovaram as metas nacionais e específicas do Judiciário para 2023.[25] Durante o evento, o Corregedor Nacional de Justiça, Ministro Luis Felipe Salomão, e o corpo diretivo das cortes submetidas ao controle administrativo e à coordenação de governança do CNJ aprovaram, por unanimidade, as metas e as diretrizes das Corregedorias de Justiça para 2023.

Destacamos, entre os objetivos prioritários aprovados naquela oportunidade, a Diretriz Estratégica 1, que consiste em "assegurar a implementação do Sistema Eletrônico de Registros Públicos (Serp) em todas as unidades do território nacional, objetivando a interoperabilidade e a interconexão entre os diversos sistemas já existentes nas serventias extrajudiciais, atentando-se para as determinações e prazos previstos na Lei 14.382/2022".[26]

O comando, dirigido simultaneamente à Corregedoria Nacional e às Corregedorias da Justiça de Estados e do Distrito Federal, confere *status* de política pública judiciária prioritária a partir de conceitos como "interoperabilidade" e "interconexão". Tal deliberação alinha-se com as diretrizes da Estratégia Nacional de Tecnologia da Informação e Comunicação do Poder Judiciário (Entic-Jud) e da política de governança e gestão do processo judicial eletrônico, centrada na Plataforma Digital do Poder Judiciário Brasileiro (PDPJ-Br), que passa a mobilizar seus esforços no desenvolvimento colaborativo de soluções convergentes e interoperáveis.

---

[24] CNJ. **Portaria 90**, de 31 de outubro de 2022. Disponível em: atos.cnj.jus.br/atos/detalhar/4809. Acesso em: 31 jul. 2023.

[25] CNJ. **16º Encontro Nacional do Poder Judiciário**. [s. d.]. Disponível em: https://www.cnj.jus. br/gestao-estrategica-e-planejamento/encontros-nacionais/16o-encontro-nacional-do-poder- -judiciario/. Acesso em: 25 jul. 2023.

[26] SALOMÃO, Luis Felipe; MADEIRA, Daniela Pereira. O marco digital dos cartórios e o sistema eletrônico de registros públicos. **Conjur**, São Paulo, 19 jan. 2023. Disponível em: https://www. conjur.com.br/2023-jan-19/salomao-madeira-marco-digital-cartorios-serp. Acesso em: 25 jul. 2023.

Extrai-se do histórico do processo SEI 10495/2022, que, após a realização de inúmeras reuniões, o Grupo de Trabalho cumpriu a primeira etapa do projeto destinado à hermenêutica do tema e apresentou proposta de minuta de ato normativo que, em linhas gerais, estabeleceu diretrizes para a organização do Serp, dos operadores nacionais de registros e seus respectivos fundos de implementação e custeio. A definição de padrões tecnológicos, forma de certificação eletrônica, formas de integração e modelo de extrato eletrônico seriam objeto de regulamentação posterior, após a estruturação das pessoas jurídicas encarregadas das operações do sistema.

Como forma de permitir amplo diálogo entre os atores envolvidos no processo, como conselheiros, entidades registrais e serventias, a proposta de minuta do ato normativo foi submetida a audiência pública realizada pela Corregedoria Nacional de Justiça, em 31 de janeiro de 2023, ocasião em que se debateram questões afetas ao custeio e à segurança do sistema.

Após análise das críticas e sugestões colhidas durante a audiência pública, o Grupo de Trabalho apresentou o produto de suas atividades: o texto final do ato normativo que regulamentaria a plataforma eletrônica.

Nesse contexto, a Corregedoria Nacional de Justiça, por meio da publicação do Provimento 139/2023, regulamentou o Sistema Eletrônico de Registros Públicos, definindo que a implantação, a manutenção e o funcionamento da plataforma serão promovidos pelo Operador Nacional do Sistema Eletrônico de Registros Públicos (Onserp) – que, por sua vez, será integrado pelo Operador Nacional do Sistema de Registro Eletrônico de Imóveis (ONR), que já atua desde 2020, pelo Operador Nacional do Registro Civil de Pessoas Naturais (ON-RCPN) e pelo Operador Nacional do Registro de Títulos e Documentos e Civil das Pessoas Jurídicas (ON-RTDPJ).

Com a entrada em vigor do Provimento 149/2023, que promoveu a consolidação de regras esparsas sobre a atividade notarial e de registro no Código Nacional de Normas da Corregedoria Nacional de Justiça do Conselho Nacional de Justiça – Foro Extrajudicial (CNN/CN/CNJ-Extra), o tema passou a ser regulamentado pelo Capítulo II do Título II do Livro IV da Parte Geral da nova codificação.

O citado ato normativo ainda disciplinou o custeio da plataforma, que será realizado pelo Fundo para a Implementação e o Custeio do Sistema Eletrônico de Registros Públicos (FIC-Onserp), subvencionado mediante o repasse de percentual das rendas do Fundo para a Implementação e Custeio do Sistema Eletrônico do Registro Civil de Pessoas Naturais (FIC-RCPN), do Fundo para a Implementação e Custeio do Sistema Eletrônico do Registro de Títulos e Documentos e Civil de Pessoas Jurídicas (FIC-RTDPJ) e do Fundo para a Implementação e Custeio do Serviço de Registro Eletrônico de Imóveis (FIC/SREI).

Ultrapassada a primeira etapa do projeto, o Conselho Nacional de Justiça avançará na execução da segunda fase, relacionada à implantação da plataforma, para definição de requisitos de infraestrutura, requisitos de sistemas e parâmetros de organização das bases, encontrando, talvez, nesse ponto, o grande desafio de resguardar a segurança das informações, realizar interoperabilidade, entre outros serviços.

6. CONCLUSÃO

Ao longo deste estudo, exploramos brevemente a criação e a implementação do Sistema Eletrônico de Registros Públicos (Serp) no Brasil, um marco significativo na modernização dos serviços de registros públicos no país. Ao considerar o desenvolvimento legal e prático que resultou na Lei 14.382/2022, bem como os esforços subsequentes para implementar o Serp, pudemos perceber que se trata de um processo complexo e intrincado que demanda coordenação e comprometimento de diversos setores da sociedade.

Em primeiro lugar, a pesquisa mostrou que a digitalização dos serviços de registro público está em consonância com uma tendência global de adotar soluções digitais para melhorar a eficiência, a transparência e a segurança dos serviços públicos. Além disso, o Serp representa uma transformação fundamental na maneira como os registros públicos são gerenciados no Brasil, com potencial para tornar o serviço público registral mais permeável às alterações sociais e tecnológicas, tornando-os mais acessíveis, ágeis e seguros para a população. E, mais do que isso, o Serp poderá ser a base para que em poucos anos exista um sistema de autenticação de identidade que, associando mecanismos de biometria aos registros civis, possa facilitar a realização de cadastros, validações e inclusive atos registrais ou notariais presencial ou remotamente, sem que o cidadão precise sequer portar um documento físico ou digital.

Analisando a Lei 14.382/2022, observamos que a legislação estabelece os princípios e as diretrizes para a criação do Serp, proporcionando assim uma estrutura legal para a modernização do sistema de registros públicos. Nesse contexto, destaca-se a atuação da Corregedoria Nacional de Justiça, órgão a quem foram atribuídas funções para coordenar e supervisionar a implementação do Serp, diligentemente comandada pelo Ministro Luís Felipe Salomão nesse período de implantação do sistema.

Ainda existem desafios significativos a serem enfrentados, incluindo questões técnicas e de infraestrutura, bem como a necessidade de garantir a segurança das informações registradas, com especial atenção para a necessária compatibilização entre o Serp e os dispositivos da Lei Geral de Proteção de Dados, estatuto da cidadania digital.

Olhando para o futuro, vemos que a implementação completa do Serp envolverá a execução da segunda fase do projeto, com foco na infraestrutura do sistema e na segurança das informações. Esse desafio exige não apenas esforços técnicos, mas também a cooperação contínua de diversas partes interessadas, incluindo agências governamentais, profissionais da área de registros e a população em geral.

Em arremate, o Serp representa um avanço significativo na modernização dos serviços de registros públicos no Brasil, com potencial para melhorar a eficiência e a transparência dos processos burocráticos. No entanto, sua implementação completa será um processo complexo e desafiador, que exigirá a coordenação e o compromisso contínuo de várias partes interessadas.

REFERÊNCIAS

ALVES, Jones Figueirêdo. Novo regime jurídico do nome civil e outros avanços do direito registral. **Conjur**, 11 jul. 2022. Disponível em: https://www.conjur.com.br/2022-jul-11/processo-familiar-regime-juridico-nome-civil-outros-avancos-direito-registral. Acesso em: 28 jul. 2023.

BRASIL. Ministério da Economia. 10 benefícios da modernização do sistema de cartórios no Brasil (MP nº 1.085, de 27 de dezembro de 2021). **Nota Informativa**, de 4 de maio de 2022. Disponível em: https://www.gov.br/economia/pt-br/centrais-de-conteudo/publicacoes/notas-informativas/2022/maio/ni-serp-10-exemplos-praticos.pdf. Acesso em: 20 jul. 2023.

CÂMARA aprova medida provisória que cria sistema eletrônico de registros públicos. **Agência Câmara de Notícias**, 5 maio 2022. Disponível em: https://www.camara.leg.br/noticias/872020-camara-aprova-medida-provisoria-que-cria-sistema-eletronico-de-registros-publicos/. Acesso em: 20 de jul. 2023.

CHEZZI, Bernardo. A nova legislação de registros públicos pela Lei Federal n.º 14.382 – Saiba o que está valendo. **Migalhas**, 8 jul. 2023. Disponível em: https://www.migalhas.com.br/depeso/369278/a-nova-legislacao-de-registros-publicos-pela-lei-federal-14-382. Acesso em: 27 jul. 2023.

CNJ. **16º Encontro Nacional do Poder Judiciário**. [s. d.]. Disponível em: https://www.cnj.jus.br/gestao-estrategica-e-planejamento/encontros-nacionais/16o-encontro-nacional-do-poder-judiciario/. Acesso em: 25 jul. 2023.

CNJ. **Aprovadas metas e diretrizes para corregedorias de Justiça em 2023**. 22 nov. 2022. Disponível em: https://www.cnj.jus.br/aprovadas-metas-e-diretrizes-para-corregedorias-de-justica-em-2023. Acesso em: 25 jul. 2023.

CNJ. **Serp**: entidades destacam questões de custeio e segurança em audiência pública. 31 jan. 2023. Disponível em: https://www.cnj.jus.br/serp-entidades-destacam-questoes-de-custeio-e-seguranca-em-audiencia-publica/. Acesso em: 26 jul. 2023.

CONGRESSO derruba últimos vetos à MP do registro de imóveis. **Agência Senado Notícias**, 22 dez. 2022. Disponível em: https://www12.senado.leg.br/noticias/materias/2022/12/22/congresso-derruba-ultimos-vetos-a-mp-do-registro-de-imoveis. Acesso em: 25 jul. 2023.

CONGRESSO NACIONAL. **Entenda a tramitação da Medida Provisória**. [s. d.]. Disponível em: https://www.congressonacional.leg.br/materias/medidas-provisorias/entenda-a-tramitacao-da-medida-provisoria. Acesso em: 21 jul. 2023.

FERREIRA, Leonardo Sanches. Cartórios digitais segundo a Lei 14.382/22. **Conjur**, 13 out. 2022. Disponível em: https://www.conjur.com.br/2022-out-13/leonardo-ferreira-cartorios-digitais-lei-1438222. Acesso em: 28 jul. 2023.

HAVRENNE, Michel François Drizul. Papel Social do Serviço Eletrônico de Registros Públicos. **Conjur**, 20 mar. 2023. Disponível em: https://www.conjur.com.br/2023-mar-20/michel-havrenne-papel-social-serp. Acesso em: 28 jul. 2023.

JACOMINO, Sérgio. MP 1.085/21 – O vinho e a água chilra. **Migalhas**, 30 mar. 2022. Disponível em: https://www.migalhas.com.br/coluna/migalhas-notariais-e-registrais/362724/mp-1-085-21--o-vinho-e-a-agua-chilra. Acesso em: 28 jul. 2023.

MASSON, Nathalia. **Manual de Direito Constitucional**. 7. ed. rev. ampl. e atual. Salvador: Juspodivm, 2019.

MP CRIA Sistema Eletrônico de Registros Públicos. **Agência Senado Notícias**, 28 dez. 2021. Disponível em: https://www12.senado.leg.br/noticias/materias/2021/12/28/mp-cria--sistema-eletronico-de-registros-publicos. Acesso em: 22 jul. 2023.

MP QUE cria sistema eletrônico de cartórios vai à sanção. **Agência Senado Notícias,** 31 maio 2022. Disponível em: https://www12.senado.leg.br/noticias/materias/2022/05/31/mp--que-cria-sistema-eletronico-de-cartorios-volta-para-a-camara. Acesso em: 25 jul. 2023.

OLIVEIRA, Carlos E. Elias; TARTUCE, Flávio. **Lei do Sistema Eletrônico de Registros Públicos**. São Paulo: Forense, 2023.

PEIXOTO, Renata Cortez Vieira. As novas tecnologias e a atividade notarial e registral no Brasil. **Humanidades e inovação**, Palmas, v. 9, n. 19, p. 54-69, 2022. Disponível em: https://revista.unitins.br/index.php/humanidadeseinovacao/article/view/7844/4466. Acesso em: 28 jul. 2023.

SANCIONADA com vetos lei sobre modernização de cartórios. **Agência Senado Notícias**, 28 jun. 2022. Disponível em: https://www12.senado.leg.br/noticias/materias/2022/06/28/sancionada-com-vetos-lei-sobre-modernizacao-de-cartorios#:~:text=O%20presidente%20Jair%20Bolsonaro%20sancionou,registros%20e%20consultas%20pela%20internet. Acesso em: 25 jul. 2023.

SALOMÃO, Luis Felipe; MADEIRA, Daniela Pereira. O marco digital dos cartórios e o sistema eletrônico de registros públicos. **Conjur**, São Paulo, 19 jan. 2023. Disponível em: https://www.conjur.com.br/2023-jan-19/salomao-madeira-marco-digital-cartorios-serp. Acesso em: 25 jul. 2023.

VALÉRIO, Marco Aurélio Gumieri. Atos notariais por meios eletrônicos: a quarentena trouxe o futuro aos cartórios e tabelionatos. **Revista de Informação Legislativa**, Brasília, v. 58, n. 231, p. 201-211, jul./set. 2021. Disponível em: https://www12.senado.leg.br/ril/edicoes/58/231/ril_v58_n231_p201. Acesso em: 25 jul. 2023.

Capítulo 4

A ORTODOXIA DO CARIMBO E O PARADOXO DE TESEU

Rafael Maas dos Anjos
Lucas Paes Koch

1. INTRODUÇÃO

A história associada às tradições dominiais se contrapõe às necessidades de dinamismo social e econômico em tempos de tecnologias emergentes e inteligência artificial. Em um período em que os imóveis, para além de constituírem o abrigo que dá conforto, tornaram-se ativos financeiros, exige-se um tratamento das relações jurídicas patrimoniais mais célere e de fácil acesso, que emane publicidade e segurança jurídica com exatidão sem precedentes.

Os serviços registrais imobiliários não são "um fim em si mesmo". Logo, eles devem evoluir e acompanhar o dinamismo das mudanças sociais e da própria vida pós-moderna. Ora, a atuação registral na seara imobiliária tem contribuído para a evolução do ordenamento jurídico e o desenvolvimento econômico dos estados modernos, sendo que no Brasil apresentam-se como fonte de dados confiável, notadamente pelo vigor da qualificação realizada por Registradores na análise dos títulos, norteados em seu mister pela espada da segurança jurídica.[1]

Da dedicação de grandes operadores do direito com protagonismo na entrega da paz social,[2] construiu-se, ao longo da história, um cenário em que as transações imobiliárias prosperaram, com importante estímulo ao mercado e criando ambiente negocial pacificado, com relações sociais estabilizadas e capazes de fomentar desenvolvimento econômico saudável, desconhecendo-se crises imobiliárias voltadas

---

[1] DIP, Ricardo. **Registro de imóveis**: princípios. Tomo III. São Paulo: Lepando, 2019, p. 259.
[2] CASTÁN TOBAÑES, José. **Función Notarial y Elaboración Notarial des Derecho**. Madri, Espanha: Instituto Editorial Reus, 1946, p. 141.

às garantias, as quais, em outros rincões e em dias não tão distantes, abalaram as estruturas econômicas de vários países.[3]

A importante atuação dos registros de imóveis, contudo, não tem o condão de apagar ou ofuscar uma inescondível crise que enfrenta o direito no cenário pós-moderno. Mas crises oferecem oportunidades. E a classe registral é chamada a oferecer alternativas e respostas estatais, o que pode ser facilitado a partir do rompimento de algumas tradições.

Ao inserir os serviços registrais em um cenário digital, com interconexão de dados e ao alcance das mãos, poder-se-ia colocar em dúvidas o futuro de princípios estruturantes da atividade registral, como o da territorialidade, que confere a uma determinada serventia a competência conservatória das informações prediais sobre uma circunscrição geográfica. Entretanto, o que se propõe no presente artigo é justamente demonstrar que as transformações digitais na seara registral imobiliária são possíveis, viáveis e altamente recomendáveis para contribuir com soluções jurídicas em um ambiente de crise do direito.

A Lei do Sistema Eletrônico de Registros Públicos (Serp) consolida um movimento de correção de rota do sistema registral brasileiro ao modernizar os serviços prestados e facilitar o acesso às informações registrais, permitindo com que o tráfego de dados entre serventias/serventia e usuário/serventia atenda às necessidades da vida pós-moderna, com ganhos inegáveis na esfera jurídica ao permitir maior segurança para o ambiente negocial, afastando-se conflitos que poderiam ser represados nos balcões dos edifícios forenses ou nas mesas – virtuais – de magistrados e servidores do Poder Judiciário. Neste texto, portanto, busca-se ofertar inspirações e promover reflexões que contribuam para afastar algumas dúvidas sobre o porvir, desenhando um bom caminho para os próximos passos na direção de uma sociedade 5.0 – além daquilo que já se trabalha como 4.0.

Dessa forma, a pretensão – humilde, mas ousada – do presente artigo é a análise do controle da territorialidade sob o viés do sistema eletrônico de registros públicos, frente à necessidade de novas respostas da ciência do direito e do próprio sistema de justiça no escopo de melhor atender as necessidades de transformação social e de adequação da atividade registral imobiliária, com o foco nas novas formas e comportamentos das relações jurídicas e sociais.

2. REFLEXÕES SOBRE A ATIVIDADE REGISTRAL IMOBILIÁRIA NOS NOVOS TEMPOS

Concebido sobre os bradares de uma sociedade órfã da segurança jurídica propiciada por um sistema virtuoso de controle do tráfego imobiliário, o registro

---

[3] CINTRA, Marcos Antonio Macedo; FARHI, Maryse. A crise financeira e o global shadow banking system. **Novos Estudos**, [s. l.], n. 82, nov. 2008. Disponível em: https://www.scielo.br/j/nec/a/LmpCkTY8sQxXq5Fp4MxQDPz. Acesso em: 21 jul. 2023.

de imóveis do Brasil superou as barreiras do tempo e se adaptou às necessidades sociais, mantendo sua essência fundamental e se destacando como um braço do Estado capaz de precaver infortúnios no momento de sua concepção, atuando sobre o viés da justiça preventiva.

Constituído por um material humano tecnicamente qualificado e especializado, vigilante às evoluções e às necessidades sociais, mostrou-se ao longo das décadas de sua história ser um organismo pronto para concentrar, de forma ordenada, atualizada e sistematizada, informações que vão muito além da cadeia dominial de um imóvel, servindo como verdadeira base estabilizadora para a harmonia social.

Porém, os novos tempos se mostram desafiadores!

O mercado e a sociedade cada vez mais fluidos destes tempos líquidos[4] impõem uma adaptação veloz, atenta às novas tecnologias, capaz de entregar segurança jurídica e publicidade de forma célere e eficiente. A ortodoxia do carimbo – representação de um saudosismo demasiado e romântico da gênese de nosso sistema registral – não pode reger esse processo de transformação, que deve ser contínuo e assistido da melhor tecnologia possível, como ferramenta de apoio à Registradora e ao Registrador no exercício de seu mister.

As barreiras e as limitações físicas das serventias extrajudiciais precisam ser transpostas, de tal forma a democratizar o acesso à informação que repousa sobre o fólio real, potencializando os efeitos da publicidade e servindo como salvaguarda que vai da propriedade privada à tutela coletiva do meio ambiente.

Os ventos, nem sempre favoráveis, conduziram o barco registral imobiliário no curso de seus 180 anos – marco histórico relevante que merece registro e aplausos no ano de 2023.[5] Muito embora venha se ajustando e se adaptando, substituindo procedimentos e ampliando funções, mantém sua essência primária no desempenho do papel preponderante de moderador do tráfego imobiliário, o qual hodiernamente vai além, ao servir como centro gravitacional e centralizador das informações afetas aos bens de raiz e atuando como uma porta de auxílio ao judiciário na resolução e prevenção de conflitos.

Os desafios que se apresentam nesse processo contínuo de modernização impõem a utilização de melhores ferramentas em uma sociedade que vive tempos de quinta revolução industrial e necessita de informações confiáveis, céleres e de fácil acesso. A globalização, as mudanças climáticas e uma nova ordem mundial que se avizinha rompem as fronteiras políticas e concretizam a existência de um Estado cada vez mais transnacional e um Direito em crise, que reclama por novas

---

4   BAUMAN, Zygmunt. **Modernidade líquida**. Rio de Janeiro: Zahar, 2001, p. 34.

5   Em 21 de outubro de 2023, completa-se 180 anos da Lei Orçamentária 317, de 21 de outubro de 1843, a qual criou o Registro Geral de Hipotecas, o qual é considerado o primeiro marco normativo no país sobre registro de propriedade.

56 | SISTEMA ELETRÔNICO DO REGISTRO PÚBLICO E SUA REGULAMENTAÇÃO

providências frente ao esvaziamento da capacidade do instrumento jurídico para acompanhar a nova configuração dos poderes sociais.[6]

Interoperabilidade, inovação, acessibilidade, segurança, rapidez e eficiência são palavras que precisam estar na ordem do dia da atividade registral imobiliária. A metamorfose do sistema não se apresenta como um *fiat lux*, mas é resultado de uma construção que transpõe anos e até mesmo décadas de adaptação, conduzida pelo esforço e pela dedicação de grandes juristas e pensadores do sistema registral, que teve como um de seus principais momentos a Lei de Registros Públicos de 1973, norma que agora passa por importante e necessária revisão.

> Esta magestosa lentidão, com que avança ao través dos tempos e das revoluções a sociedade civil, a solidez monumental de suas instituições, será talvez o correctivo que a omnipotente sabedoria poz ao arranjo da ambição humana. Sem essa formidável barreira, quem sabe a que abysmo seriam a cada momento arrastados os povos impelidos na carreira vertiginosa das paixões políticas![7]

Certo é que, se a modernização que se apresenta não atende plenamente a todas as necessidades sociais de adaptação de nosso sistema de registros públicos, e não foi suficientemente maturada por um debate mais vigoroso sobre todos os seus impactos para o sistema, ao menos por seu fim entrega a concretude de um serviço registral eletrônico e integrado, que se apresenta estruturado e concentrado, o qual é devidamente regulamentado por um órgão público com competência nacional, tal e qual o ínclito Conselho Nacional de Justiça (CNJ), que se preocupou em colocar à mesa do debate todos os atores envolvidos nesta pequena, mas significativa revolução.

Passamos por um momento de aguda transformação social. Em um cenário em que a modernização e a virtualização não são mais uma promessa, e sim uma realidade, o sistema de registros públicos precisa se ajustar às necessidades do hoje e se preparar para os desafios do amanhã, atento às tecnologias emergentes e à inteligência artificial.

Dessa forma, inserir a tecnologia como uma ferramenta de apoio ao Registrador, conduzindo as informações e o acesso aos serviços extrajudiciais de forma mais democrática, não nos parece ser uma opção, mas uma necessidade, a qual vai ao encontro da meta 16.6 da ODS 16, elaborada pela Organização das Nações Unidas (ONU) para o desenvolvimento sustentável, que propõe "Desenvolver instituições eficazes, responsáveis e transparentes em todos os níveis".

Porém, a observação social deve ser um dos pressupostos do legislador nesse processo evolutivo, para que ao mesmo passo em que se modernize a atividade

---

[6] CATANIA, Alfonso. **Metamorfosi del diritto**: decisione e norma nellétà globale. Roma, Itália: Laterza, 2015, p. 3.

[7] ALENCAR, José de. **A propriedade**. Rio de Janeiro: B. L. Garnier, 1883, p. 2.

registral imobiliária, não se perca nas linhas do tempo sua função precípua de proteção e de harmonia social. Por intermédio de um adequado asilo das informações, precedido da qualificação dos títulos que acessam o fólio real, têm-se no cenário jurídico nacional uma ferramenta confiável de consulta, que disponibiliza à coletividade todos os instrumentos necessários e convenientes para evitar fraudes e prejuízos nas relações patrimoniais.

A matéria registral demonstrou-se, ao longo do tempo, ser uma das mais importantes para a manutenção da paz social, pois sempre que as relações patrimoniais são afetadas, sejam elas associadas aos bens móveis ou imóveis, seus efeitos repercutem sobre as transações e sobre a maneira com que são constituídas e tratadas, gerando positivos movimentos econômicos ou estagnação e ruína.[8]

Em um cenário jurídico em que advogados se assistem da inteligência artificial para avaliarem os critérios de julgamento de um determinado tribunal; forças policiais utilizam sistemas para programarem rondas preventivas baseadas na leitura de um algoritmo que pode antecipar as zonas geográficas que estão mais propícias a ocorrerem delitos, servindo-se de critérios de comportamento dos delinquentes; em que juízes e tribunais dispõem de ferramentas tecnológicas para construção de decisões;[9] não podem os Registradores estarem adstritos aos carimbos, selos e livros físicos, alheios às inovações tecnológicas, pela simples ideia de que, ao final e ao cabo, elas poderão conduzir a atividade para sua obsolescência.

Caneta-tinteiro, livros de transcrição, máquina de escrever, caixas de arquivo e fichas de indicadores desempenharam um papel fundamental na prestação do serviço, mas cada um pertence a seu tempo e por lá deve permanecer. A regência contemporânea é pautada no acesso remoto, nas plataformas digitais, no atendimento eletrônico, nas assinaturas digitais e na inteligência artificial. A ausência de ajustes e correções de rota tornarão o sistema registral brasileiro obsoleto, reclamando por novas alternativas.

A retórica conservadora não se mostra juvenil. Bramares de resistência ao novo foram ouvidos em outros períodos de transformação do registro de imóveis brasileiro, como o ocorrido com a adoção do sistema de fichas[10] – inovação trazida pelo art. 3º, § 2º, da Lei 6.015/1973 –, o qual possibilitou aos serviços registrais de todo país a adoção de máquina de escrever na prática dos atos, fato que agilizou o processo de registro dos títulos.

Protestos são válidos e necessitam de espaço para que se ajuste o que precisa ser ajustado, reflita-se sobre todos os impactos que a inovação possa causar, tendo

---

[8] BRAVO Y TUDELA, Antonio; DE LAS CASAS, Jose Gonzala. **Ley hipotecaria**: comentários, formulários e concordâncias com los códigos estranjeros. Madri, Espanha: Centro del Notariado, 1861, p. XI-XII.

[9] DANESI, Cecilia Celeste. **Inteligencia artificial, tecnologias emergentes y derecho**. Buenos Aires, Argentina: Hammurabi, 2021, p. 63-71.

[10] CARVALHO, Afrânio de. **Registro de imóveis**. 3. ed. Rio de Janeiro: Forense, 1982, p. 14-15.

SISTEMA ELETRÔNICO DO REGISTRO PÚBLICO E SUA REGULAMENTAÇÃO

como efeito a continuidade do processo transformador com a cautela e vigilância que ele merece, sob uma perspectiva multifocal. Contudo, o receio pelo novo e o apego a algumas tradições não podem frear o ímpeto desse processo evolutivo, que deve ser ininterrupto, frente a um Estado em crise, que enfrenta riscos e perigos diferentes de outrora.

A ausência de resposta tornará a atividade vã, prescindível e fatalmente substituída por outras instituições que melhor se adaptem aos novos tempos e necessidades, mesmo que isso represente a criação de estruturas distantes do eixo público, que acabem por se afastar do alcance regulamentar do Estado, trazendo sérios efeitos colaterais, a exemplo do que ocorre atualmente com as criptomoedas e a *tokenização* de ativos financeiros.

Verdade seja dita! A atividade extrajudicial necessita passar por reformulação, abandonando antigas práticas que não mais atendem às necessidades sociais e de mercado e que pouco se demonstram contemporâneas aos novos tempos. Contudo, já refletia José de Alencar, "A lei não póde crear males, á pretexto de necessidade, sob pena de mentir á sua origem, e aviltar-se. Ella é a expressão da justiça, o princípio da harmonia, o equilíbrio de todos os direitos".[11]

3. A CRISE DO DIREITO

Na pós-modernidade, vive-se uma era de paradoxos. Fala-se em fartura de alimento, mas a comida é de baixa qualidade e a fome persiste; grandes distâncias são percorridas em menos tempo, aproximando pessoas que cada vez mais se isolam; as condições para locomoção são inúmeras, com meios de transportes avançados e elevado número de veículos em circulação, mas há pouca mobilidade urbana e dificuldades para ir e vir; os avanços da ciência e as respostas que ela oferece criam menos soluções e mais situações de incertezas e de danos, como demonstrou a recente pandemia de efeitos globais; há mais conforto e bem-estar para a sociedade ao custo da exploração de recursos naturais e de mão de obra humana que compromete a presente e as futuras gerações; mais profissionais do direito a cada ano no mercado, com mais demandas ajuizadas e menos entrega da Justiça, que sofre com suas limitações estruturais.

É uma era de absurdos, como bem pontua o ilustre Des. Pedro Manoel Abreu:

> O nosso tempo, de todo modo, é uma era de absurdos, de contradições. De avanços sociais, políticos, econômicos, culturais, científicos e tecnológicos, mas contraditoriamente de exclusão, de miséria, de desigualdade social e política, que

---

[11] ALENCAR, José de. **A propriedade**. Rio de Janeiro: B. L. Garnier, 1883, p. 83.

parece abandonar a parcela mais significativa da humanidade a uma condição de subcidadania.[12]

Segundo Boaventura de Sousa Santos, na sociedade atual, se encontram reunidas as condições técnicas para cumprir as promessas da modernidade. Antagonicamente, o referido autor afirma ser cada vez mais evidente que tais promessas nunca estiveram tão longe de serem cumpridas.[13]

As vitórias e as conquistas destes tempos pós-modernos trouxeram de arrasto uma série de novos problemas – riscos, incertezas e ameaças –, muitos deles pouco percebidos ou conhecidos pelo homem. Testemunha-se o fenômeno da judicialização, transformando-se em processo judicial ou transferindo-se ao Judiciário os mais diversos temas, desde questões triviais cotidianas até grandes e complexas discussões da vida pós-moderna.

Fala-se em crise do direito, notadamente quando se percebe a existência de um sistema de justiça moroso e burocratizado, com excesso de demandas, baixa resolutividade de conflitos, flagrante desarmonia social em cenários de polarização e *fake news*, decisões não efetivas, sentimento de impunidade e desrespeito à lei.

A existência de um sistema jurídico desautorizado socialmente traz um cenário preocupante. Quando os jurisdicionados percebem que o direito não é aplicado a tempo e modo, de forma equitativa, a confiança na justiça é abalada. A realidade atual revela o ajuizamento excessivo de ações que desembocam em um Poder Judiciário com limitações materiais e humanas para o devido enfrentamento das demandas que lhe são postas. A percepção de inércia, de incapacidade de oferecer respostas ou soluções, de impunidade e de desigualdade pode minar os fundamentos democráticos e comprometer a estabilidade social.

Nesse contexto, a cultura jurídica moderna precisa de adaptação e adequação à evolução humana. Wolkmer discorre a respeito:

> A moderna cultura jurídica, nascida na Europa Ocidental entre os séculos XVII e XIX, foi engendrada por longo processo interativo de fatores, como: o modo produtivo capitalista, a organização social burguesa, a projeção doutrinária liberal-individualista e a consolidação política da centralização estatal. Essa dinâmica expressa o fenômeno histórico de que cada época reproduz uma prática jurídica específica vinculada às relações sociais e às necessidades humanas.[14]

---

[12] ABREU, Pedro Manoel. **Processo e democracia**: o processo jurisdicional como um locus da democracia participativa e da cidadania inclusiva no estado democrático de direito. São Paulo: Conceito, 2011, v. 3, p. 231.

[13] SANTOS, Boaventura de Sousa. **Democratizar a democracia**: os caminhos da democracia participativa. Rio de Janeiro: Civilização Brasileira, 2002, p. 29.

[14] WOLKMER, Antonio Carlos. Introdução aos fundamentos de uma teoria geral dos "novos" direitos. *In*: WOLKMER, Antonio Carlos; LEITE, José Rubens Morato. **Os "novos" direitos no**

60 | SISTEMA ELETRÔNICO DO REGISTRO PÚBLICO E SUA REGULAMENTAÇÃO

Testemunha-se, na sociedade pós-moderna, a utilização da massificação de forma predatória. A vida social contemporânea tem sofrido mudanças, desde a modificação dos padrões familiares tradicionais até as transformações nas atividades laborais e nos critérios de empregos. Nas palavras de Bauman, as instituições existentes foram afetadas, "[...] tudo isso foi posto a derreter no cadinho, para ser depois novamente moldado e refeito"[15], de modo fluído e líquido.

A sociedade tornou-se consumista, superficial e fugaz, encontrando prazer por meio da aquisição dos diversos produtos lançados a todo instante no mercado. A respeito do consumismo, Bauman elucida:

> O consumismo é um produto social [...]. Não basta consumir para continuar vivo se você quer viver e agir de acordo com as regras do consumismo. Ele é mais, muito mais que o mero consumo. Serve a muitos propósitos; é um fenômeno polivalente e multifuncional, uma espécie de chave mestra que abre todas as fechaduras, um dispositivo verdadeiramente universal. Acima de tudo, o consumismo tem o significado de transformar seres humanos em consumidores e rebaixar todos os outros aspectos a um plano inferior, secundário, derivado.[16]

É preciso refletir sobre os rumos do sistema de justiça para uma adequada convivência social. Hoje, os riscos são globais. Ameaças e incertezas passaram a ser vistas como inerentes à condição geral da existência humana.

Fala-se em produção em massa, consumo de massa, comunicação de massa, contrato de massa; tudo para demonstrar que a sociedade global atingiu um nível de interdependência entre os homens como jamais existiu antes. No âmbito do Judiciário, as ações de massa ampliam o volume de demandas aguardando decisão.

Cabe à ciência do direito apresentar mecanismos de administração de conflitos, responder aos anseios sociais com soluções adequadas ao jurisdicionado individualmente e à sociedade como um todo. O direito deve oferecer discurso apto a legitimar o papel do Estado, razão pela qual não pode ficar alheio à realidade social, devendo aperfeiçoar seus instrumentos jurídicos a fim de ampliar a segurança e o sentimento de confiança nas instituições.

Na lição de Ihering, o direito "[...] não é mero pensamento, mas sim força viva [...], é um labor contínuo, não apenas dos governantes, mas de todo o povo".[17] Não se trata de uma ciência estática, que não sofre transformações com o avanço

---

Brasil: natureza e perspectivas: uma visão básica das novas conflituosidades jurídicas. 3. ed. São Paulo: Saraiva, 2016, p. 17-18.

[15] BAUMAN, Zygmunt. **Modernidade líquida**. Rio de Janeiro: Zahar, 2001, p. 14.

[16] BAUMAN, Zygmunt. **44 cartas do mundo líquido moderno**. Tradução: Vera Pereira. Rio de Janeiro: Zahar, 2011, p. 83.

[17] IHERING, Rudolf von. **A luta pelo direito**. 7 ed. rev. Tradução: J. Cretella Jr. e Agnes Cretella. São Paulo: Revista dos Tribunais, 2013, p. 35.

Cap. 4 · A ORTODOXIA DO CARIMBO E O PARADOXO DE TESEU | **61**

da humanidade. Nas palavras de Eros Roberto Grau, o "[...] Direito é produto histórico, cultural, está em contínua evolução".[18]

Nesse cenário de riscos e de conflito permanente, o sistema de justiça precisa reassumir o seu protagonismo para um sistema judicial eficiente, eficaz e efetivo, alcançando o justo de forma independente. Boaventura de Sousa Santos adverte que "[...] as sociedades assentam no primado do Direito, de que não funcionam eficazmente sem um sistema judicial eficiente, eficaz, justo e independente" [19]. É preciso investir na "dignificação das profissões jurídicas e judiciárias, na criação de modelos organizativos que tornem o sistema judiciário mais eficiente, nas reformas processuais ou na formação de magistrados e funcionários".[20]

Pedro Manoel Abreu observa que o "fortalecimento do Judiciário, bem como das demais instituições do sistema de justiça, tais como Ministério Público, Defensoria Pública e Advocacia, deu-lhes maior visibilidade social e política".[21]

Demonstrando conhecimento da realidade brasileira, Boaventura Santos arremata:

> O protagonismo dos tribunais emerge desta mudança política por duas vias: por um lado, o novo modelo de desenvolvimento assenta nas regras de mercado e nos contratos privados e, para que estes sejam cumpridos e os negócios tenham estabilidade, é necessário um judiciário eficaz, rápido e independente; por outro lado, a precarização dos direitos econômicos e sociais passa a ser um motivo de procura do judiciário. Muito da litigação que hoje chega aos tribunais deve-se ao desmantelamento do Estado social [...]. O que significa que a litigação tem a ver com culturas jurídicas e políticas, mas tem a ver, também, com um nível de efetividade da aplicação dos direitos e com a existência de estruturas administrativas que sustentam essa aplicação.[22]

Faz-se necessário repensar o foco de concentração da atuação do Poder Judiciário. É possível refletir sobre a divisão dos segmentos de atuação. A ideia de um sistema de justiça multiportas merece exame. A parceria com a atuação de outros atores para a entrega de mais prestação jurisdicional é um caminho a ser mais bem explorado.

---

[18] GRAU, Eros Roberto. **O direito posto e o direito pressuposto**. 8 ed. rev. e ampl. São Paulo: Malheiros, 2011, p. 24.

[19] SANTOS, Boaventura de Sousa. **Para uma revolução democrática da justiça**. 2. ed. São Paulo: Cortez, 2008, p. 15.

[20] SANTOS, Boaventura de Sousa. **Para uma revolução democrática da justiça**. 2. ed. São Paulo: Cortez, 2008, p. 15.

[21] ABREU, Pedro Manoel. **Jurisdição e processo**: desafios políticos do sistema de justiça na cena contemporânea. Florianópolis: Conceito, 2016, p. 52.

[22] SANTOS, Boaventura de Sousa. **Para uma revolução democrática da justiça**. 2. ed. São Paulo: Cortez, 2008, p. 16-17.

Oferecer boas alternativas para melhorar a dinâmica de acesso à justiça é restabelecer aos cidadãos a oportunidade de pleitear direitos ignorados ou violados. Dessa forma, é primordial que o sistema de justiça seja capaz de ofertar meios alternativos de solução dos conflitos, configurando-se não apenas em instrumento de ingresso aos palcos tradicionais de jurisdição, mas também fomentando uma cultura social e jurídica de alcance de cenários extrajudiciais de resolução de contendas.

Para Cappelletti e Garth, a expressão acesso à justiça aponta para duas finalidades básicas do sistema jurídico, quais sejam: "primeiro, o sistema deve ser igualmente acessível a todos; segundo, ele deve produzir resultados, que sejam individual e socialmente justos".[23]

Os estudos do projeto florentino, conforme Marcellino Jr., "[...] envolveram, sobretudo, os litigantes, as leis vigentes, os sujeitos coletivos, os interesses difusos, as disparidades socioeconômicas, as reformas judiciais, as reformas em outras instituições da sociedade, etc.".[24] O objeto desses estudos foi delimitado no acesso efetivo ao Judiciário, sem deixar de considerar a necessidade de que o sistema jurídico preste a jurisdição com a entrega de soluções justas e resultados efetivos, não excluindo, portanto, vias alternativas de soluções de conflitos.

Pedro Manoel Abreu ressalta que não basta simplesmente existir um Poder Judiciário, é necessário haver Judiciário que decida. Também não basta haver decisão judicial, sendo necessário que a decisão judicial seja justa. Por fim, não basta existir um sistema judiciário que produza decisão judicial justa sem que o jurisdicionado tenha, efetivamente, acesso à decisão judicial justa.[25]

Conforme Marcellino Jr., o refinamento desse enfoque acerca da efetividade na entrega da jurisdição se deu com o trabalho do observatório permanente da justiça portuguesa, formado pelo departamento de pesquisas pertencente ao centro de estudos sociais da faculdade de economia de Coimbra e coordenado pelo já citado Boaventura de Sousa Santos, cuja equipe diferenciava acesso à justiça de acesso ao direito, indo além da simples questão do ingresso no sistema de justiça, focando-se, como já dito, nas soluções justas.[26]

Nesse mister, Boaventura Santos fala da necessidade de uma justiça democrática de proximidade. No contexto brasileiro, o referido autor exemplifica:

---

[23] CAPPELLETTI, Mauro; GARTH, Bryant. **Acesso à justiça.** Tradução de Ellen Gracie Northfleet. Porto Alegre: Fabris, 1988, p. 8.

[24] MARCELLINO JR., Julio Cesar. **Análise econômica do acesso à justiça**: a tragédia dos custos e a questão do acesso inautêntico. Rio de Janeiro: Lumen Juris, 2016, p. 107.

[25] ABREU, Pedro Manoel. **Acesso à justiça e juizados especiais**: o desafio histórico da consolidação de uma justiça cidadã no Brasil. Florianópolis: Conceito Editorial, 2008, p. 38-39.

[26] MARCELLINO JR., Julio Cesar. **Análise econômica do acesso à justiça**: a tragédia dos custos e a questão do acesso inautêntico. Rio de Janeiro: Lumen Juris, 2016, p. 107-108.

Cap. 4 · A ORTODOXIA DO CARIMBO E O PARADOXO DE TESEU | 63

No novo marco institucional brasileiro salientam-se a experiência da justiça itinerante, da justiça comunitária, dos meios alternativos de resolução de litígios, da mediação, da conciliação judicial e extrajudicial, da justiça restaurativa e, sobretudo, dos juizados especiais.[27]

Santos acrescenta:

> Neste sentido, propomos, designadamente, a extensão a todo o país de uma justiça especializada para determinadas matérias, uma organização judiciária que trate separadamente os litígios, não permitindo, por exemplo, que as ações de dívida tramitem ao lado de outras ações cíveis declarativas, a criação de um sistema de justiça itinerante e de uma rede de serviços de justiça multifacetada com pessoal altamente qualificado, que integra tribunais e outras unidades polivalentes, ligados em rede.[28]

Todas essas experiências e medidas supracitadas fortalecem a visão de que não se alcança o produto justiça pela única via de ingresso ao Judiciário, mas também por outras opções de atendimento e tratamento numa visão mais ampla do sistema de justiça, oportunizando-se o alcance efetivo do bem da vida tutelado.

Para Abreu, tratando de crise do direito e acesso à justiça em sentido amplo, o Poder Judiciário "[...] deveria voltar-se para a sociedade na perspectiva de conscientizar os cidadãos quanto aos seus direitos, favorecendo o cumprimento espontâneo da lei e conferindo maior vitalidade à ordem jurídica".[29] O autor acrescenta ainda que formas mais democráticas, simples e rápidas de acesso à justiça devem ser implementadas. E arremata:

> A fertilidade dos modelos de juizados, a criatividade do operador jurídico, a sensibilidade do juiz, a construção da democracia participativa, a humanização do direito, a visão de justiça numa perspectiva da cidadania, não serão suficientes para transformar as instituições, se o homem pós-moderno não recuperar [...] os seus vínculos afetivos e o respeito pelo outro.[30]

Então, reconhecer o cenário de crise do direito pode auxiliar numa perspectiva de considerar soluções que não se resumam ao tradicional ingresso no sistema

---

[27] SANTOS, Boaventura de Sousa. **Para uma revolução democrática da justiça**. 2. ed. São Paulo: Cortez, 2008, p. 58.

[28] SANTOS, Boaventura de Sousa. **Para uma revolução democrática da justiça**. 2. ed. São Paulo: Cortez, 2008, p. 65.

[29] ABREU, Pedro Manoel. **Acesso à justiça e juizados especiais**: o desafio histórico da consolidação de uma justiça cidadã no Brasil. Florianópolis: Conceito Editorial, 2008, p. 99.

[30] ABREU, Pedro Manoel. **Acesso à justiça e juizados especiais**: o desafio histórico da consolidação de uma justiça cidadã no Brasil. Florianópolis: Conceito Editorial, 2008, p. 251.

judiciário oficial, mas fundamentalmente na concretização de direitos da realidade social contemporânea.

A via da desjudicialização se encaixa no modelo de justiça multiportas, pois transfere para outros atores do sistema judicial a legitimidade e a responsabilidade para buscar solução de conflitos sociais.

Falando-se em desjudicialização, cada vez mais a atuação extrajudicial por meio da atividade registral e notarial ganha protagonismo neste cenário de crise de direito e justiça. Contendas em que haja um viés de consensualidade, ainda que com fiscalização pelo próprio Poder Judiciário, devem ser delegadas para as serventias extrajudiciais a fim de melhorar o acesso dos cidadãos aos seus direitos. Isto já ocorre atualmente, por exemplo, em retificações de registro imobiliário, inventários, partilhas, separações e divórcios, usucapião extrajudicial, adjudicação compulsória, mediação e conciliação.

A onda de desjudicialização direcionada para os serviços extrajudiciais já vem sendo chamada de fenômeno da extrajudicialização. Em síntese, a extrajudicialização refere-se ao deslocamento de determinadas questões e disputas do sistema judicial para a esfera de atuação de Ne Registradores. Isso implica a busca de espaços de resolução de conflitos fora do ambiente do sistema judiciário, em que as partes podem encontrar soluções por meio de atos notariais e registrais, acordos ou mediação.

A extrajudicialização acaba por promover a diminuição da carga de trabalho dos Tribunais, ofertando celeridade na resolução de disputas, fornecendo alternativas ágeis e flexíveis, com economia de tempo, de recursos e efetiva resolução do litígio. Trata-se de alternativa de resposta ágil para o cidadão usuário do sistema (extra)judicial, oportunizando, noutro viés, ao Poder Judiciário direcionamento de esforços para o exame de questões mais complexas.

Feitas essas necessárias e relevantes considerações, cabe agora destacar o papel mais que secular do Registrador de imóveis como figura de estabilização social. Ora, a ciência jurídica ao procurar alternativas de tutela dos dilemas e conflitos sociais, na busca pela concretização de direitos, de forma mais rápida, acessível e flexível, tem no Oficial Registrador uma figura de protagonismo na dinâmica da vida na pós-modernidade.

Por concentrar dados e informações fiéis à individualização, titularidade e situação real dos imóveis, o registro imobiliário alcança ainda mais importância como instrumento de proteção ambiental, igualdade social e eficiência econômica. A evolução dos sistemas de registros públicos para a modalidade eletrônica, com o advento da Lei 14.382/2022, apenas reacende a transcendência da atuação registral na vida pós-moderna, sem prejuízo ao princípio da territorialidade, reflexão esta que se quer oportunizar.

4. CONTROLE DA TERRITORIALIDADE E O SISTEMA ELETRÔNICO

Os avanços trazidos pela Lei 14.382/2022 não são o fim, e tão pouco o início, de uma transformação digital, a qual teve como marco primário a Lei 11.977/2009, em seu art. 37. Amparado pelo poder de uma norma, a lei do Programa Minha Casa, Minha Vida, alvoreceu a modernização digital do sistema registral pátrio e pavimentou o caminho para que, de qualquer lugar e horário, o cidadão tenha acesso ao serviço de registros públicos.

Com efeito, foram criadas centrais das diferentes especialidades, como o Sistema Eletrônico de Registro de Imóveis (SREI – art. 76 da Lei 13.465/2017 e Provimento CNJ 89/2019); Central Nacional de Registro de Títulos e Documentos e Registro Civil das Pessoas Jurídicas (Provimento CNJ 149/2023 e art. 3º, § 2º, da Lei 13.775/2018); Central de Informações do Registro Civil (CRC – Provimento CNJ 149/2023), as quais se encarregaram de estruturar os serviços nesse novo cenário digital.

Já o Sistema Eletrônico de Registros Públicos (Serp) foi além, dando passos no sentido de sistematizar as centrais eletrônicas já existentes em uma única plataforma, concentrando-as e coordenando-as, franqueando ao usuário um local único em que se disponibiliza acesso a todos os serviços registrais do país, operacionalmente conectados e interligados para melhor atenderem aos interesses do cidadão e do Estado.

Contudo, corolário a essa transformação digital, surgem vozes dissonantes que precisam ser ouvidas. Essa outra ótica do acesso à informação sem fronteiras, da facilitação para o protocolo dos títulos sem uma tônica demasiadamente burocrática, da interconexão das informações dos bancos de dados das serventias registrais de todo o país, não pode ser ignorada. Os efeitos colaterais da mudança precisam ser racionalizados e estudados, para que os próximos passos não sejam conduzidos pelo mero afã da modernização, com rompantes tecnológicos.

Com a humilde pretensão de tranquilizar os ânimos daqueles que pensam de forma diversa, ousa-se sustentar uma perspectiva harmonizadora, destacando-se que com o surgimento de um serviço centralizado, a territorialidade registral não conflita com o registro eletrônico, em franca e importante expansão. Além disso, não se vê riscos, com o Serp, de se colocar termo final no sistema de registros públicos descentralizado, independente e imparcial, tampouco acredita-se que o fundamental papel do Registrador Imobiliário seja transferido ou substituído por nova entidade pública ou privada assistida pela (ir)racionalidade dos algoritmos.

> Cumpre, todavia, a todos que se angustiam com o cenário que se descortina, adotar posturas que possam garantir horizontes promissores e não plúmbeos, como alguns costumem vaticinar. Algo é certo e inquestionável. O mundo está imerso nas profundas mutações propiciadas pelas tecnologias desenvolvidas

pela Quarta Revolução Industrial e a Quinta Revolução Industrial já está em pleno curso.[31]

O respeito à atribuição do Registrador Natural é uma realidade e está inexoravelmente associado a diversos outros princípios estruturantes do registro de imóveis do Brasil que, somados, entregam paz, com segurança e publicidade, para as relações patrimoniais.

Com raízes históricas que remontam ao Decreto n. 482, de 1846, art. 2º, o qual estabelecia que as hipotecas deveriam ser registradas no cartório da situação do bem objeto da garantia, o corolário do Registrador Natural e o respeito à territorialidade acompanhou a evolução dos registros públicos no Brasil e exerce papel preponderante para o direito, uma vez que a atração universal dos títulos imobiliários ao cartório zonal[32] dialoga diretamente com outros pilares do arcabouço jurídico registral, como o da publicidade, legalidade e segurança jurídica.

> Tão evidente é a correção do critério adotado no nosso país que dispensa até dizer que merecer ser mantido. A descentralização, colocando o registro onde se situam os imóveis, de um lado facilita às partes a publicidade dos atos a eles atinentes e, de outro, dá a conhecer ao público o lugar certo em que devem ser apresentadas as informações sobre esses atos.[33]

Sua observância foi fundamental para que um sistema de registros públicos que se iniciou sob as inspirações de um sistema francês[34], aproximou-se do germânico[35], por fim, tomando fôlego e independência, transformando-se em um dos mais modernos e eficientes do mundo, sendo inclusive mais célere, seguro e menos custoso que o sistema norte-americano.[36]

Da cognição de sua regência, a função delegada ao Registrador se encontra subordinada aos limites geográficos da circunscrição, estabelecida por lei, a qual confere competência exclusiva para a prática de atos registrais envolvendo imóveis

---

[31] NALINI, José Renato. Delegações extrajudiciais: o que ainda está por vir? *In*: ABELHA, André; CHALHUB, Melhim; VITALE, Olivar (orgs.). **Sistema Eletrônico de Registros Públicos**: comentado por notários, registradores, magistrados e profissionais. Rio de Janeiro: Forense, 2023, p. 185.

[32] CARVALHO, Afrânio de. **Registro de imóveis**. 3. ed. Rio de Janeiro: Forense, 1982, p. 464.

[33] CARVALHO, Afrânio de. **Registro de imóveis**. 3. ed. Rio de Janeiro: Forense, 1982, p. 463.

[34] GARCIA, Lysippo. **Registros públicos e registro de imóveis**. Rio de Janeiro: Casa Vallelle, 1929, p. 11.

[35] BEVILAQUA, Clovis. **Direito das coisas**. 3. ed. Rio de Janeiro: Freitas Bastos, 1951, v. 2, p. 362.

[36] FARIAS, Bianca Castellar de. **Análise constitucional e econômica do sistema registral imobiliário do Brasil e dos Estados Unidos**: segurança jurídica, eficiência e custo. 2022. Tese (Doutorado em Ciência Jurídica) – Univali, Itajaí, 2022.

situados dentro de um determinado espaço territorial previamente estabelecido (art. 12 da Lei 8.935/1994).[37]

Ao delimitar a atuação do oficial de registro de imóveis, o ordenamento jurídico igualmente definiu como regra geral que o título deverá ser aportado para registro no local da situação do bem de raiz (art. 169, *caput*, da Lei 6.015/1973), sob pena de nulidade,[38] garantindo assim uma vinculação direta entre a propriedade e a circunscrição onde o imóvel está inserido.[39]

A observância da territorialidade integra fundamentalmente vários sistemas registrais e é consagrada pelos registros prediais europeus.[40] No Brasil, ao delimitar e racionalizar a distribuição dos serviços – utilizando-se de parâmetros técnicos previamente estabelecidos por cada Tribunal de Justiça –, impossibilita, àquele a quem se irradiam os efeitos do aporte tabular, a escolha do responsável pela qualificação de seu título, garantindo isonomia, independência e imparcialidade na condução do processo registral.[41]

---

[37] CAMPOS, Antonio Macedo de. **Comentários à Lei de Registros Públicos**. Bauru: Jalovi, 1977, v. 3, p. 256.

[38] ORLANDI NETO, Narciso. **Retificação do registro de imóveis**. São Paulo: Oliveira Mendes, 1997, p. 190.

[39] A regra aplicada à territorialidade comporta exceções. A norma estabelece a competência residual da serventia de origem e a solução a ser adotada na ocorrência de conflito de competência territorial entre duas ou mais serventias. A primeira das exceções (art. 169, I, da Lei 6.015/1973), relacionada à competência residual, ocorre quando há a mudança de competência territorial de uma serventia. Por ela, estabelece-se que os atos de averbação deverão ser realizados na matrícula ou à margem do registro, ainda que o imóvel tenha passado a integrar a circunscrição de outro ofício imobiliário. Caso o imóvel esteja sujeito ao sistema de transcrição, prescindível a abertura de matrícula para a prática exclusiva de atos considerados requisitos da matrícula. A segunda exceção legal (art. 169, II, §§ 1º e 2º, da Lei 6.015/1973) vincula-se ao conflito de competência entre duas ou mais serventias, quando o imóvel cuja extensão esteja sob a competência territorial de mais de um ofício imobiliário, situação em que o legislador estabeleceu a abertura de um fólio real em cada circunscrição de abrangência, com remissões recíprocas, de tal forma a permitir que terceiros interessados tenham ciência da existência de múltiplas matrículas para o mesmo imóvel. Nesse caso, para a prática dos atos, uma das matrículas será considerada a principal e as demais acessórias, sendo que esta(s) receberá(ão) por averbação os atos praticados naquela. (OLIVEIRA, Carlos E. Elias de; TARTUCE, Flávio. **Lei do Sistema Eletrônico de Registros Públicos**. Rio de Janeiro: Forense, 2023, p. 172.)

Cabe destacar que a serventia que possuir a maior parte do imóvel dentro de sua circunscrição será a que receberá os atos registrais, sendo considerada sua matrícula a principal. Caso a área do imóvel esteja igualmente dividida entre todas as circunscrições, caberá ao interessado eleger uma delas. Sendo a gleba objeto de parcelamento do solo, o ato registral deverá ser praticado na matrícula principal, em que as matrículas filhas, decorrentes do fracionamento do solo, deverão ser abertas na serventia a que estão inseridas.

[40] JARDIM, Mônica. A delimitação de jurisdição – territorial e na matéria: reflexos nos efeitos registrais. **Revista de Direito Imobiliário**, São Paulo, n. 72, jan./jun. 2012, p. 307.

[41] JARDIM, Mônica. O sistema registral português e as alterações que, directa ou indirectamente, lhe introduziram fragilidades. *In*: JARDIM, Mônica. **Escritos de Direito Notarial e Direito Registral**. Coimbra: Almedina, 2014, p. 251.

Mesmo diante das premissas supracitadas, há respeitáveis Registradores que preconizam que, ao promover modificações na relação do usuário e entes públicos com os serviços, de tal sorte a concentrar em uma única plataforma acesso e interconexão da base de dados de todos os serviços registrais do país, o Sistema Eletrônico de Registros Públicos (Serp) poderá conduzir a atividade registral imobiliária a um trágico fim, rompendo com princípios estruturantes, como a territorialidade, tal qual ocorreu no sistema registral português,[42] ou até mesmo substituindo a figura do Registrador pela inteligência artificial.

Contudo, quer-se tranquilizar, parece-nos outro o caminho a que a atividade está fadada. Ora, o Brasil é um país de dimensões continentais, com características territoriais, econômicas e culturais diversas em cada uma de suas regiões. Ao eleger o Registrador natural como uma das bases estruturantes do serviço registral, o legislador brasileiro privilegia a análise especializada e familiarizada dos títulos, associada aos aspectos geográficos dos bens de raiz e democratiza a publicidade registral, atingindo aqueles que não possuem acesso ou entendimento sobre as novas tecnologias.

O Registrador Zonal está familiarizado com a legislação municipal e estadual que afeta ao imóvel e à atividade registral imobiliária, conhecendo as peculiaridades locais e a realidade da circunscrição a qual está vinculado em seus vários aspectos, com proximidade das partes em atuação capilarizada, podendo melhor as orientar e, com efeito, qualificar os títulos.

> Para muito além de meramente recepcionar e arquivar 'contratos de compra e venda', cabe ao registrador imobiliário a crucial tarefa de 'qualificar' os títulos que lhe são apresentados, pretendendo promover mudanças jurídico-reais nos direitos inscritos em seus álbuns. É dizer: o registrador realiza tarefa de natureza intelectual, perscrutando os títulos confeccionados pelos mais diversos atores sociais, para conferir se estes foram feitos com obediência aos comandos imperativos oriundos do sistema jurídico vigente.[43]

O tratamento isonômico na análise de documentos, a independência e a imparcialidade no desempenho do papel qualificador são fundamentais para a garantia da legalidade e da segurança jurídica. O Registrador não pode ter interesse nos atos que pratica e tão pouco estar hierarquicamente vinculado à Administração Pública e ao Poder Judiciário – salvo no aspecto administrativo/fiscalizatório –, não sendo permitida interferência na função qualificadora, ressalvadas aquelas realizadas pelas vias ordinárias.

---

[42] TORRES, Marcelo Krug Fachin. **A competência territorial no registro predial**. 2016, p. 4-5. Disponível em: www.academia.edu/29443369/A_COMPET%C3%8ANCIA_TERRITORIAL_NO_REGISTO_PREDIAL. Acesso em: 21 jul. 2023.

[43] PASSARELI, Luciano Lopes. **Teoria Geral da Certidão Registral-Imobiliária**: o princípio da publicidade na era do registro de imóveis eletrônico. São Paulo: Quinta, 2010, p. 369.

A prevenção jurídica é elemento importante e eficiente na outorga da segurança jurídica aos indivíduos, ao passo que o Registrador, ao exercer sua função qualificadora e franquear acesso e cognoscibilidade coletiva aos atos afetos ao imóvel, figura como um preventor jurídico por definição.

Com efeito, um dos desafios organizativos de qualquer sistema registral consiste em impedir que interessados em influenciar na decisão do Registrador consigam fazê-lo. Isto ocorre em decorrência da necessidade de se tutelar os terceiros, que embora não participem da decisão, são atingidos por ela. Por essa razão, compete ao Estado estabelecer um eficiente mecanismo de distribuição de competências dos Registradores, de tal forma a impossibilitar a livre eleição pela parte interessada do contrato,[44] como ocorre no Brasil.

O Registrador transita por vários campos do Direito, abordando, em seu papel moderador do tráfego imobiliário, as relações jurídicas sobre aspectos que vão do Direito Civil ao Ambiental. Não está a atividade registral imobiliária reduzida a meros procedimentos cartesianos, lógico-formais. Ao contrário, há um intenso trabalho intelectual, de construção de posicionamentos jurídicos, pautado em critérios axiológicos, teleológicos e sociológicos, que fornecem segurança jurídica, harmonia social e servem como segura fonte de consulta ao Poder Público, auxiliando na construção de políticas públicas.[45]

O emprego de novas tecnologias, a digitalização do acervo, a interconexão de dados em uma central que disponibiliza fácil acesso a todas as serventias registrais do país, franqueando informações eficientes inclusive ao Estado, corrige rotas e molda o sistema de registros públicos brasileiro "aos novos valores emergentes da 'sociedade digital'"[46], preservando a essência da atividade extrajudicial.

Como o paradoxo do navio de Teseu,[47] as tábuas da proa registral imobiliária estão sendo substituídas ao longo da jornada por pranchas mais robustas; a vela e seu mastro estão no mesmo processo de conversão por mais vistosos e vigorosos. A adaptação se faz acompanhar do crescimento, ainda que a essência da atividade permaneça igual. O registro de hipotecas de outrora se transformou em um vir-

---

[44] TORRES, Marcelo Krug Fachin. **A competência territorial no registro predial**. 2016, p. 20. Disponível em: www.academia.edu/29443369/A_COMPET%C3%8ANCIA_TERRITORIAL_NO_REGISTO_PREDIAL. Acesso em: 21 jul. 2023.

[45] PASSARELI, Luciano Lopes. **Teoria Geral da Certidão Registral-Imobiliária**: o princípio da publicidade na era do registro de imóveis eletrônico. São Paulo: Quinta, 2010, p. 368-370.

[46] PASSARELI, Luciano Lopes. **Teoria Geral da Certidão Registral-Imobiliária**: o princípio da publicidade na era do registro de imóveis eletrônico. São Paulo: Quinta, 2010, p. 377.

[47] Teseu é um importante personagem da mitologia grega. Sua história mais conhecida é a derrota de Minotauro. "O navio em que Teseu fez a travessia com os jovens e em que regressou são e salvo era uma embarcação de trinta remos que os Atenienses conservaram. [...] Retiravam o madeiramento envelhecido e substituíam-no por pranchas robustas, que ajustavam às outras, de tal modo que, para os filósofos, este navio representava um exemplo adequado à discussão sobre o 'argumento do crescimento'". PLUTARCO. **Vidas paralelas**: Teseu e Rômulo. Coimbra, Portugal: Centro de Estudos Clássicos e Humanísticos, 2008, p. 68-69.

tuoso e eficiente sistema de publicidade em prol da segurança jurídica, precedido por uma qualificação registral vigorosa e tutelado por princípios que o norteiam, pronto para receber novas competências e auxiliar o direito a se adequar às relações jurídicas e sociais da sociedade pós-moderna.

Com essas breves considerações, ressalta-se a importância do Serp como importante ferramenta para adequar os serviços registrais imobiliários à dinâmica social e negocial pós-moderna, sem prejuízo das prerrogativas de Registradores de Imóveis no tocante à sua atuação zonal, e fomentando-se alternativas extrajudiciais seguras, mais acessíveis, capazes de ofertar efetividade ao sistema de justiça.

5. CONCLUSÃO

Um sistema registral que propicie segurança jurídica, auxiliando na prevenção e redução de litígios e na manutenção da paz social com a celeridade e a publicidade que as relações da vida pós-moderna necessitam, é o fim a ser alcançado por países democráticos e suas instituições.

Sendo assim, os comandos normativos e legais dedicados ao tema devem estar em constante aperfeiçoamento, com atenção para os demais campos de conhecimento, como a filosofia, a economia, a estatística, a administração, a tecnologia, todos aliando-se ao Direito para alcançar, em visão multidisciplinar, o dinamismo exigido na contemporaneidade para dar maior proteção à propriedade.

Ao se estabelecer um sistema que comporte todas as características necessárias para a fluidez e a segurança da atividade imobiliária, que acompanhe a evolução social e se alie a melhor tecnologia disponível, resolvem-se questões primordiais para as relações privadas, tais como a segurança dominial e a solidez nas relações contratuais, as quais não estão mais submetidas – como ocorria anteriormente ao surgimento dos sistemas que tutelam a propriedade – às mazelas da ignorância e da incerteza, quando se sujeitavam às partes contratantes a uma aventura negocial com clareza míope.

Guardião do direito fundamental à propriedade, o Registrador torna-se um importante aliado do Estado na solução da crise que enfrenta o Direito ao se mostrar um caminho viável e eficiente para combater os problemas que a sociedade pós-moderna impôs às relações jurídicas e sociais, servindo como uma porta de auxílio ao judiciário em sua resposta à crise enfrentada pelo Direito.

Dito isso, acredita-se que, por meio do Serp, consolida-se um movimento de transformação digital, rompendo-se as fronteiras físicas da prestação do serviço, oportunizando-se acessibilidade, com autenticidade e segurança, ao usuário do sistema registral, com efetividade suficiente para evitar que esse usuário se transforme em jurisdicionado, titular de ação judicial que tenha por objeto a discussão sobre posse ou propriedade.

A territorialidade aplicada ao registro de imóveis, muito embora passe por um período de incertezas e questionamentos após a inserção dos registros públicos no meio digital, mantém sua higidez e se afigura como respeitável ferramenta de alcance de justiça.

São essas as reflexões que se apresentam, certos de que assim como a pena já foi e a caneta o é, as ferramentas digitais contribuirão para a perpetuação da quase bicentenária atividade registral imobiliária no Brasil.

REFERÊNCIAS

ABREU, Pedro Manoel. **Acesso à justiça e juizados especiais**: o desafio histórico da consolidação de uma justiça cidadã no Brasil. Florianópolis: Conceito, 2008.

ABREU, Pedro Manoel. **Processo e democracia**: o processo jurisdicional como um locus da democracia participativa e da cidadania inclusiva no estado democrático de direito. São Paulo: Conceito, 2011. v. 3.

ABREU, Pedro Manoel. **Jurisdição e processo**: desafios políticos do sistema de justiça na cena contemporânea. Florianópolis: Conceito, 2016.

ALENCAR, José de. **A propriedade**. Rio de Janeiro: B. L. Garnier, 1883

BAUMAN, Zygmunt. **Modernidade líquida**. Rio de Janeiro: Zahar, 2001.

BAUMAN, Zygmunt. **44 cartas do mundo líquido moderno**. Rio de Janeiro: Zahar, 2011.

BEVILAQUA, Clovis. **Direito das coisas**. 3. ed. Rio de Janeiro: Freitas Bastos, 1951. v. 2.

BRAVO Y TUDELA, Antonio; DE LAS CASAS, Jose Gonzalo. **Ley hipotecaria**: comentários, formulários e concordâncias com los códigos estranjeros. Madri, Espanha: Centro del Notariado, 1861.

CAMPOS, Antonio Macedo de. **Comentários à Lei de Registros Públicos**. Bauru: Jalovi, 1977. v. 3.

CAPPELLETTI, Mauro; GARTH, Bryant. **Acesso à justiça**. Tradução: Ellen Gracie Northfleet. Porto Alegre: Fabris, 1988.

CARVALHO, Afrânio de. **Registro de imóveis**. 3. ed. Rio de Janeiro: Forense, 1982.

CASTÁN TOBAÑES, José. **Función Notarial y Elaboración Notarial des Derecho**. Madri, Espanha: Instituto Editorial Reus, 1946.

CATANIA, Alfonso. **Metamorfosi del diritto**: decisione e norma nellétà globale. Roma, Itália: Laterza, 2015.

CINTRA, Marcos Antonio Macedo; FARHI, Maryse. A crise financeira e o global shadow banking system. **Novos Estudos**, [s. l.], n. 82, nov. 2008. Disponível em: https://www.scielo.br/j/nec/a/LmpCkTY8sQxXq5Fp4MxQDPz. Acesso em: 21 jul. 2023.

DANESI, Cecilia Celeste. **Inteligencia artificial, tecnologias emergentes y derecho**. Buenos Aires, Argentina: Hamurabi, 2021.

DIP, Ricardo. **Registro de imóveis**: princípios. Tomo III. São Paulo: Lepando, 2019.

FARIAS, Bianca Castellar de. **Análise constitucional e econômica do sistema registral imobiliário do Brasil e dos Estados Unidos**: segurança jurídica, eficiência e custo. 2022. Tese (Doutorado em Ciência Jurídica) – Univali, Itajaí, 2022.

GARCIA, Lysippo. **Registros públicos e registro de imóveis**. Rio de Janeiro: Casa Vallelle, 1929.

GRAU, Eros Roberto. **O direito posto e o direito pressuposto**. 8. ed. rev. e ampl. São Paulo: Malheiros, 2011.

IHERING, Rudolf von. **A luta pelo direito**. 7. ed. rev. da tradução de J. Cretella Jr. e Agnes Cretella. São Paulo: Revista dos Tribunais, 2013.

JARDIM, Mônica. A delimitação de jurisdição – territorial e na matéria: reflexos nos efeitos registrais. **Revista de Direito Imobiliário**, São Paulo, n. 72, jan./jun. 2012.

JARDIM, Mônica. O sistema registral português e as alterações que, directa ou indirectamente, lhe introduziram fragilidades. *In*: JARDIM, Mônica. **Escritos de Direito Notarial e Direito Registral**. Coimbra, Portugal: Almedina, 2014.

MARCELLINO JR., Julio Cesar. **Análise econômica do acesso à justiça**: a tragédia dos custos e a questão do acesso inautêntico. Rio de Janeiro: Lumen Juris, 2016.

NALINI, José Renato. Delegações extrajudiciais: o que ainda está por vir? *In*: ABELHA, André; CHALHUB, Melhim; VITALE, Olivar (orgs.). **Sistema Eletrônico de Registros Públicos**: comentado por notários, registradores, magistrados e profissionais. Rio de Janeiro: Forense, 2023.

OLIVEIRA, Carlos E. Elias de; TARTUCE, Flávio. **Lei do Sistema Eletrônico de Registros Públicos**. Rio de Janeiro: Forense, 2023.

ORLANDI NETO, Narciso. **Retificação do registro de imóveis**. São Paulo: Oliveira Mendes, 1997.

PASSARELI, Luciano Lopes. **Teoria geral da certidão registral-imobiliária**: o princípio da publicidade na era do registro de imóveis eletrônico. São Paulo: Quinta Editorial, 2010.

PLUTARCO. **Vidas paralelas**: Teseu e Rômulo. Coimbra, Portugal: Centro de Estudos Clássicos e Humanísticos, 2008.

SANTOS, Boaventura de Sousa. **Democratizar a democracia**: os caminhos da democracia participativa. Rio de Janeiro: Civilização Brasileira, 2002.

SANTOS, Boaventura de Sousa. **Para uma revolução democrática da justiça**. 2. ed. São Paulo: Cortez, 2008.

TORRES, Marcelo Krug Fachin. **A competência territorial no registro predial**. Disponível em: www.academia.edu/29443369/A_COMPET%C3%8ANCIA_TERRITORIAL_NO_REGISTO_PREDIAL. Acesso em: 21 jul. 2023.

WOLKMER, Antonio Carlos. Introdução aos fundamentos de uma teoria geral dos "novos" direitos. *In*: WOLKMER, Antonio Carlos; LEITE, José Rubens Morato. **Os "novos" direitos no Brasil**: natureza e perspectivas: uma visão básica das novas conflituosidades jurídicas. 3. ed. São Paulo: Saraiva, 2016.

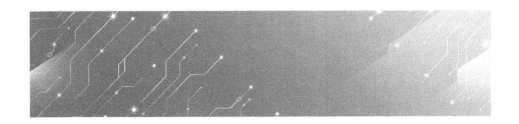

Capítulo 5

EXTRATOS ELETRÔNICOS PARA REGISTRO E AVERBAÇÃO

Flauzilino Araújo dos Santos

1. INTRODUÇÃO

Atualmente é difícil imaginar o gerenciamento da cadeia produtiva imobiliária e sua interação com outros agentes de mercado, poderes públicos e consumidores, sendo executada de maneira eficaz, sem depender de intercâmbio eletrônico de dados, de forma rápida e segura.

As tecnologias emergentes e a mudança demográfica dos compradores de imóveis têm influenciado todos os aspectos das transações imobiliárias tradicionais, desde a forma como as propriedades são ofertadas até o tempo médio de fechamento de negócios e sua formalização. Isto tem deixado vários *players* dos setores públicos e privados se perguntando para onde está indo o futuro do setor imobiliário e como se adaptar a essas mudanças para não ficar fora do jogo, a fim de não se tornar um gargalo nesse processo.

O setor imobiliário está passando por mudanças rápidas devido à aplicação de novas tecnologias e influxo de capital. Tal aumento de capital, decorrente de transformações, fusões, aquisições, constituição de *joint ventures*, consórcios, sociedades de propósito específico (SPE) e sociedades em conta de participação (SCP), demonstra que o setor imobiliário está respondendo positivamente aos quesitos da economia digital. Esse comportamento, inclusive, fez exsurgir várias *startups* focadas nesse mercado. Diante desse cenário, as empresas capazes de criar um ecossistema tecnológico e de geração de insumos comportamentais – orientados por dados que permitam escalar e expandir seus negócios – são as mais valorizadas no setor imobiliário.

Mais notavelmente, Loteadores, Incorporadores, Corretores de Imóveis, Notários e Registradores devem estar preparados para as formas com as quais as

SISTEMA ELETRÔNICO DO REGISTRO PÚBLICO E SUA REGULAMENTAÇÃO

plataformas de ofertas on-line de propriedades, *marketplaces*, *proptechs*, *construtechs*, aplicativos de *smartphone*, realidade virtual, inteligência artificial, contratos inteligentes (*smart contracts*) e tecnologia *blockchain* afetarão todos os aspectos das transações imobiliárias, resultando em compradores mais informados (eles fazem uma busca no Google antes de tomar qualquer decisão); entre eles, as novas faixas etárias compostas pelos *Millennials* e Geração Z, nascidos em meio a grande aceleração na tecnologia digital, que estão entrando no mercado imobiliário e optam por transações on-line.

2. A TRANSIÇÃO DIGITAL É IRREVERSÍVEL E SE MANTÉM EM ACELERAÇÃO

Atentos à realidade de que a transição digital é condição de competitividade de mercado, há um visível esforço das empresas e dos profissionais da cadeia imobiliária em investir na aceleração digital para adoção de soluções e tecnologias emergentes, com o objetivo de otimizar processos e aumentar a eficiência operacional. Isto fará com que quase todas as fases do ciclo de vida de um empreendimento imobiliário sejam gerenciadas digitalmente: inteligência de mercado, prospecção de área, concepção do produto, lançamento, construção, publicidade, vendas, contratação, financiamento, seguro, mobiliário, entrega das chaves, pós-vendas e manutenção.

Não é exercício de futurologia sem evidências afirmar que somente ficarão ativos no setor imobiliário os *players* que aprenderem a se mover nesse ecossistema digital; os retardatários que, por este ou aquele motivo, não adotarem as novas tecnologias, serão prejudicados e poderão ser forçados a abandonar o setor; os recalcitrantes serão empurrados à falência.

Bem disse Manuel Matos, em palestra realizada aos Registradores de Imóveis da capital de São Paulo, no Colégio São Bento, em 2005:

> Desconhecer o que é a "economia digital" e seus efeitos na continuidade dos negócios de qualquer segmento não deve ser motivo de vergonha para ninguém, pois se trata de um conceito verdadeiramente revolucionário, que exige olhar para as coisas por um novo ângulo. Insistir em desconsiderá-la, no entanto, pode ser um erro estratégico crucial.

A transformação digital não é um conceito para o futuro, e sim algo pelo qual as empresas e os profissionais de hoje têm de dar o máximo de atenção para continuarem vivos. Por isso, para garantir um lugar no futuro da economia, é preciso compreender exatamente o que significa transformação digital, qual o seu impacto na sociedade e como aplicá-la, de forma favorável, nos processos de negócios que surgiram na velha economia.

Há quem afirme que a transformação que vivemos hoje não é mais digital, que não se trata mais de uma opção adotar a tecnologia ou não adotar a tecnologia, que

Cap. 5 • EXTRATOS ELETRÔNICOS PARA REGISTRO E AVERBAÇÃO | 75

se trata de usá-la e redefinir o propósito e o valor para sobreviver e se diferenciar, e que falar em transformação digital soa como afirmar que precisamos "subir para cima" ou "entrar para dentro".[1]

De fato, muitas das regras que orientavam a dinâmica das contratações de negócios imobiliários na era pré-digital não serão compreendidas pelas novas gerações de líderes de mercado e governo e, realmente, não se justificam ser mantidas incólumes como foram concebidas em séculos passados. Até mesmo as estratégias financeiras, como custas e emolumentos, devem ser realinhadas, como acertadamente disse Gerd Leonard (2010): "Na economia digital, as empresas não poderão mais fazer as pessoas aceitarem uma barreira para que faturem mais".

A má notícia é que a transformação digital é induzida por tecnologias disruptivas, que exigem que quebremos paradigmas culturalmente por nós amados para sua compreensão. Por outro lado, a boa notícia é que o sistema de registro de imóveis brasileiro sempre se manteve na vanguarda da tecnologia. O Registro de Imóveis pode se ufanar, porque tem a primazia de ser o primeiro serviço público oferecido pela internet, antecedendo aos demais serviços públicos federais, estaduais e municipais. Essa precedência está garantida, pois, desde 1997, os cartórios de Registro de Imóveis de São Paulo oferecem um serviço de pedidos de certidões pela internet; desde 2005, um sistema inteligente de pesquisas para localização de propriedades imobiliárias e emissão de certidões digitais; desde 2007, a penhora eletrônica de imóveis; e, desde 2012, a indisponibilidade em formato eletrônico por meio da Central Nacional de Indisponibilidade de Bens (CNIB).

Detentor do monopólio de controle da propriedade imobiliária e de sua função social, o Estado brasileiro, desde a edição da Lei 11.977/2009, sinalizou que a informatização dos cartórios de registros públicos, de todos os portes e de todas as regiões do país, era uma tarefa urgente a ser realizada pelos agentes aos quais esses serviços foram delegados.

De forma mais afirmativa, a Lei 13.465/2017 instituiu o Operador Nacional do Sistema de Registro Eletrônico de Imóveis (ONR), convergindo, *ope legis*, todas as unidades de Registro de Imóveis do país ao Sistema de Registro Eletrônico de Imóveis (SREI), com a finalidade de compor uma rede nacional de dados e, por meio das novas tecnologias, consolidar procedimentos internos orientados ao cumprimento de padrões e níveis de serviços *standards*.

Recentemente, para todas as especialidades de registros públicos, a Lei 14.382/2022, resultado da conversão da Medida Provisória 1.085/2021, dispôs sobre o Sistema Eletrônico de Registros Públicos (Serp), dedicando a seção III para lançar as linhas gerais "dos extratos eletrônicos para registro e averbação" (art. 6º),

---

[1] YUJI S., Rodrigo. Transformação Digital – parte 1. **LinkedIn**, 1 jul. 2020. Disponível em: https://bit.ly/extrato-eletronico. Acesso em: 5 ago. 2023.

3. DO EXTRATO ELETRÔNICO COM SUPORTE NORMATIVO AO EXTRATO ELETRÔNICO DA LEI 14.382/2022

A) COMPREENSÃO HISTÓRICA DO EXTRATO

A figura do extrato foi introduzida no ordenamento jurídico nacional pelo Decreto 482/1846, que, em seu art. 10, previa o imediato lançamento do título de hipoteca no Livro Protocolo, por "extracto". Correspondia a um pré-registro, seguindo-se o registro que seria feito no Livro do Registro Geral, com a transcrição literal do título, *verbo ad verbum*.

Com a Lei 1.237/1864, houve uma reforma da legislação hipotecária e a regra previu que a escrituração da transcrição da transmissão entre vivos por título oneroso ou gratuito dos bens susceptíveis de hipotecas, assim como a instituição dos ônus reais, seria feita por extrato (art. 8º, § 1º). Foi dispensada a transcrição integral do título, cabendo, portanto, ao Registrador extrair e registrar apenas os elementos essenciais do título. Essa lei foi regulamentada pelo Decreto 3.453/1865, que previu, em seu art. 53, que os títulos apresentados ao Oficial do Registro viriam acompanhados do extrato do mesmo título em duplicata, contendo todos os requisitos para inscrição e transcrição exigidos pelo regulamento na mesma ordem em que eram exigidos. Por sua vez, esses extratos seriam elaborados e assinados pela parte ou por seu advogado ou procurador (§§ 2º e 3º).

O Decreto 18.542/1928, que regulamentou a execução dos serviços concernentes nos registros públicos estabelecidos pelo Código Civil de 1916, na esteira do art. 838, estabeleceu, em seu art. 202, que o registro seria feito pela simples exibição do título, sem dependência de extratos, cuja regra ainda está vigente no art. 193 da Lei 6.015/1973. Porém, esse decreto estabeleceu, em seu art. 217, que o Oficial de Registro deveria fazer um lançamento resumido em livro talão de todos os atos, em duas vias, sendo a parte destacável entregue juntamente com o título ao interessado, servindo como certidão, e o canhoto, depois de completo o livro, remetido para o arquivo público do Estado. Idêntica norma foi mantida no Decreto 4.857/1939 até a vigência da Lei 6.015/1973, quando, então, foi abolida.

B) O EXTRATO ELETRÔNICO COMO REPRESENTANTE DIGITAL DO TÍTULO

O extrato criado pelo Decreto 3.453/1865, elaborado em duplicata pela parte ou por seu advogado, ou por seu procurador, tinha ingresso acessório ao Registro de Imóveis, pois somente poderia ser apresentado juntamente com o título, e cabia ao Oficial de Registro verificar se as duas vias estavam conformes entre si, e se os dados declarados eram suficientes. O pressuposto legal era no sentido de que, em caso de divergência ou insuficiência, o Oficial faria o registro, suprindo, pelo título, o que fosse omisso ou divergente no extrato, porque aquele se sobrepunha a este (arts. 55 e 56).

Há, aqui, um ponto de atenção porque, a despeito de o extrato ser elaborado e assinado pela parte ou seu advogado, ou por seu procurador, a responsabilidade final era do Oficial de Registro, que deveria conferir a conformidade dos textos do extrato em duplicata, bem como sua conformidade com os dados do título. Assim, ao fixar a responsabilidade dos Oficiais do Registro entre os principais deveres, foi elencada a "Conferencia dos extractos entre si e com o titulo" (art. 98, § 2º).

O extrato com vocação para, de forma autônoma, ingressar no Registro de Imóveis surgiu com a Lei 4.380/1964, que previu o registro por meio de resumo do contrato celebrado no âmbito do Sistema Financeiro da Habitação (SFH – arts. 60 e 61), por escritura pública ou por instrumento particular com caráter de escritura pública que apenas se buscavam simplificar. Porém, nessa hipótese, o resumo (leia-se, extrato), além das cláusulas que caracterizam sua força executiva para transmissão e oneração do imóvel, contém as assinaturas das partes contratantes e, eventualmente, de intervenientes e testemunhas, salvo se fosse celebrado por escritura pública, cujo traslado ou certidão seria subscrito apenas pelo tabelião ou seu proposto.

Já o "extrato eletrônico" surgiu no cenário extrajudicial, na onda da transformação digital, para propiciar o intercâmbio eletrônico de dados que pudessem acessar o Registro de Imóveis, com força de mutação jurídico-real ou oneração imobiliária. Para esse fim, o autor apresentou instância junto à Corregedoria Geral da Justiça do Estado de São Paulo (CGJSP), em 5 de outubro de 2012, na condição de presidente da Associação dos Registradores Imobiliários de São Paulo (Arisp).[2]

A proposta foi assimilada pela CGJSP, tendo sido editado o Provimento 11/2013, que autorizou aos Oficiais de Registro de Imóveis receber, para fins do procedimento registral, dos agentes financeiros autorizados pelo Banco Central do Brasil (Bacen) a funcionar no âmbito do Sistema Financeiro da Habitação (SFH), do Sistema Financeiro Imobiliário (SFI) e das companhias de habitação integrantes da administração, Extrato de Instrumento Particular com Efeitos de Escritura Pública (Extrato) e Extrato de Cédula de Crédito (ECC), desde que apresentados, sob a forma de documento eletrônico estruturado em XML (*eXtensible Markup Language*), em conformidade com modelos definidos por Portaria da CGJSP. Seguiram-se idênticas regulamentações pelos códigos de normas extrajudiciais do Rio de Janeiro, Bahia e Pernambuco, entre outros estados.

---

[2] SANTOS, Flauzilino Araújo dos. NSCGJSP – proposta de reforma – 2012. **Observatório do Registro**, São Paulo, 5 out. 2012. Disponível em: https://wp.me/p6rdW-3fV. Acesso em: 8 ago. 2023.

Em 28 de março de 2020, a Corregedoria Nacional de Justiça editou o Provimento 94 para assegurar a continuidade da prestação do serviço público de Registros de Imóveis, logo no início da pandemia de Covid-19. Nesse provimento de abrangência nacional, foi regulada a recepção de título por meio de "extrato eletrônico", com o *status* de título nativamente digital, *verbis*:

> Art. 4º Todos os oficiais dos Registros de Imóveis deverão recepcionar os títulos nato-digitais e digitalizados com padrões técnicos, que forem encaminhados eletronicamente para a unidade a seu cargo, por meio das centrais de serviços eletrônicos compartilhados ou do Operador Nacional do Sistema de Registro Eletrônico de Imóveis (ONR), e processá-los para os fins do art. 182 e §§ da Lei n. 6.015, de 31 de dezembro de 1973. (redação dada pelo Provimento n. 136, de 30.9.2022)
>
> § 1º Considera-se um título nativamente digital:
>
> [...]
>
> III – o resumo de instrumento particular com força de escritura pública, celebrado por agentes financeiros autorizados a funcionar no âmbito do SFH/SFI, pelo Banco Central do Brasil, referido no art. 61, "caput" e parágrafo 4º da Lei n. 4.380, de 21 de agosto de 1.964, assinado pelo representante legal do agente financeiro.

Diante das disposições do Provimento 94/2020, o ONR, por meio de seu Comitê de Normas Técnicas, editou a Instrução Técnica de Normalização ITN/ ONR 001-18/11/2021, que regulamenta os modelos de extratos eletrônicos com dados estruturados de títulos a serem encaminhados por intermédio do Serviço de Atendimento Eletrônico Compartilhado (Saec/ONR) às unidades de Registro de Imóveis, homologada pela Corregedoria Nacional de Justiça e publicada no Diário da Justiça Eletrônico (DJe) do CNJ, em sua última versão.[3]

Foi nesse cenário que sobreveio a edição da MP 1.085/2021, convertida na Lei 14.382/2022. Em seu art. 1º, enuncia como seu objeto o Sistema Eletrônico de Registros Públicos (Serp), a modernização e a simplificação dos procedimentos relativos aos registros públicos de atos e negócios jurídicos de que trata a Lei 6.015/1973 – Lei de Registros Públicos (LRP) – e a Lei 4.591/1964 – Lei do Condomínio e Incorporações –, bem como dá outras providências, alterando outros diplomas normativos, consoante enuncia sua ementa.

A nova legislação, que não se destoou dos provimentos administrativos pretéritos, permite aos oficiais de registro a recepção de extratos eletrônicos, por meio do Serp, para registro ou averbação de fatos, atos e negócios jurídicos, facultando ao requerente solicitar o arquivamento de cópia simples do instrumento contratual que deu origem ao extrato eletrônico, ou mantê-lo arquivado na instituição financeira (art. 6º, § 1º, IV). Os extratos eletrônicos poderão também ser produzidos e

---

[3] *DJe*, 24.02.2022, Edição n. 48/2022, Seção Corregedoria, p. 27.

apresentados por tabelião de notas, hipótese em que este arquivará o instrumento contratual em pasta própria (III).

Diferentemente da função registral do extrato na legislação pretérita, que era apenas acessória ao contrato, na Lei 14.382/2022, o extrato assume o protagonismo registral de título, por representação digital, e o contrato originário passa a ter caráter secundário e dispensável; de sorte que, em sede de qualificação, o oficial "qualificará o título pelos elementos, pelas cláusulas e pelas condições constantes do extrato eletrônico" (art. 6º, § 1º, I, *a*). A cópia simples do contrato, eventualmente encaminhada, destina-se para mero arquivamento no registro. Bem ou mal, mal ou bem, essa foi a opção do legislador que postergou para futura análise judiciária eventual deficiência formal do título, ordinariamente, aferida de antemão na qualificação registral, em seu papel preventivo público-administrativo de litígios.

A despeito de importantes vozes que proclamaram a obrigatoriedade de arquivamento de cópia do contrato no Registro de Imóveis – salvo quando o extrato fosse apresentado por tabelião de notas –, parece-nos que salta aos olhos que nessa nova lei o legislador quis privilegiar o requerente com a faculdade de simples arquivamento de cópia simples do contrato no cartório extrajudicial, por ocasião do encaminhamento do extrato, se assim o desejasse, podendo fazê-lo no Registro de Imóveis ou no Tabelionato de Notas, sem prejuízo da suficiência do extrato para realização de todos os atos registrais.

Ademais, mesmo se o encaminhamento de cópia do contrato não fosse opcional, qual seria o prejuízo de seu não encaminhamento para a inscrição? A não apresentação caracterizaria vício a ponto de eivar de nulidade eventual ato praticado se a cláusula legal é que o Oficial de Registro "qualificará o título pelos elementos, pelas cláusulas e pelas condições constantes do extrato eletrônico?". Parece ser fácil concluir que, como a função registral é regida pela legalidade estrita e a publicidade registral decorre de ato lançado por força do extrato eletrônico, ela permanecerá válida e eficaz, mesmo para os atos realizados antes da MP 1.162/2023, convertida na Lei 14.620/2023, para os quais não foram encaminhadas cópias dos instrumentos particulares originadores.

Porém, para espancar eventual dúvida, a MP 1.162/2023, incluiu o inciso IV ao § 1º do art. 6º da Lei n. 14.382/2022, mantido na lei de conversão, do seguinte teor:

> Os extratos eletrônicos relativos a bens imóveis produzidos pelas instituições financeiras que atuem com crédito imobiliário autorizadas a celebrar instrumentos particulares com caráter de escritura pública, bem como os relativos a garantias de crédito rural em cédulas e títulos de crédito do agronegócio, poderão ser apresentados ao registro eletrônico de imóveis, e as referidas instituições financeiras arquivarão o instrumento contratual ou título em pasta própria.

Da mesma forma, essa discussão sobre arquivamento das cópias do contrato não permeou esse tema no Registro de Títulos e Documentos, ante a expressa previsão na Lei do Serp de que "o requerente poderá, a seu critério, solicitar o arquivamento da íntegra do instrumento contratual que deu origem ao extrato eletrônico relativo a bens móveis" (art. 6º, § 1º, II).

Os extratos eletrônicos para registro ou averbação de atos e negócios jurídicos sobre imóveis dispensam a atualização prévia da matrícula, quanto aos dados objetivos ou subjetivos previstos no art. 176 da LRP, com exceção quando imprescindíveis para comprovar a subsunção do objeto e das partes aos dados constantes do título (art. 6º, § 2º, da Lei 14.382/2022). A dispensa está condicionada à correspondência, no título e na matrícula, dos dados descritivos do imóvel e da titularidade.

Ainda no âmbito do Registro de Imóveis, dispensa-se a apresentação da escritura de pacto antenupcial quando os dados forem indicados no extrato eletrônico (art. 6º, § 3º).

Em correlação, as informações disponibilizadas pelo Oficial de Registro ao requerente, relativas à certificação dos atos realizados em decorrência do extrato, serão feitas em formato eletrônico (art. 6º, § 1º, I, *b*). Afinal, seria contraproducente receber informações em dados estruturados e devolver certificação em papel ou simples PDF. Assim, como orientação aos Oficiais de Registro de Imóveis na elaboração dessa certificação estruturada, o ONR disponibilizou o modelo, no anexo IV da ITN/ONR 001, com as especificações técnicas dos dados que devem ser importados.

Considerando que a especificação desse complexo envolve elementos de ordem jurídica e tecnológica, de altíssimas indagações, com repercussões em termos de segurança jurídica, percucientemente, o legislador de 2023 atribuiu à Corregedoria Nacional de Justiça disciplinar, entre outras competências: (1) aos sistemas eletrônicos integrados ao Serp; (2) ao cronograma de implementação do Serp e do registro eletrônico; (3) aos padrões tecnológicos de escrituração, indexação, publicidade, segurança, redundância e conservação de atos registrais, de recepção e comprovação da autoria, e da integridade de documentos; (4) à forma de certificação de data e hora de protocolo de títulos; (5) à forma de integração com o SREI e da Central de Registro de Títulos e Documentos ao Serp; (6) aos índices e indicadores estatísticos produzidos a partir do Serp; (7) à definição do extrato eletrônico e os tipos de documentos que poderão ser recepcionados dessa forma; (8) ao "formato eletrônico" de que trata o art. 6º, § 1º, I, *b*; além de (9) outros serviços prestados por meio do Serp; e (10) à definição dos tipos de documentos que serão, prioritariamente, recepcionados por extrato eletrônico, no caso dos atos e negócios relativos a bens móveis (art. 8º).

A expectativa é que a norma administrativa a ser editada oriente a elaboração e a aceitação do extrato eletrônico, como representante digital do título, mas que atenda, de forma essencial, ao sentido formal e material deste, com o mesmo nível de segurança que ostentam os títulos aptos a ingressar no registro.

4. EXTRATOS ELETRÔNICOS ELABORADOS POR TABELIÃES DE NOTAS

Por força da fé pública notarial, o tabelião de notas pode elaborar e encaminhar extratos dos atos notariais que pratica, bem como de instrumentos particulares que lhe forem apresentados para elaboração e encaminhamento dos respectivos extratos, hipótese em que o original do instrumento particular deverá ficar arquivado em pasta própria do tabelionato (art. 6º, § 1º, III).

O documento lavrado pelo notário, no âmbito da sua competência, tem o valor de documento autêntico, nos termos do art. 215 do CC de 2002, e a presunção legal só pode ser elidida mediante provas robustas em sentido contrário, produzida pelo opositor (art. 373, I, do CPC), para que seja abalada sua posição *juris tantum* de veracidade.

Embora a atividade tabelioa não transmute o instrumento particular em instrumento público, o seu labor vai exigir verdadeira "qualificação registral", abarcando a totalidade dos aspectos formais e extrínsecos do título, e alguns aspectos intrínsecos, a fim de gerar um extrato eletrônico de um título, pelo menos, aparentemente válido, e com força suficiente para encetar a mutação jurídico-real, pena de macular o seu prestígio ao dar o tom notarial em um negócio juridicamente inválido.

A propósito, calha a advertência de Sérgio Jacomino:

> O extrato pode ser considerado um transunto do título formal, resumo aparelhado com as forças do título, mas não é independente do título, não existe sem o suporte que lhe dá origem e o projeta nas plataformas eletrônicas. Tanto o instrumento público (requisito formal *ad substantiam* – art. 108 do CC e art. 406 do CPC) como o particular (com determinados requisitos formais legalmente obrigatórios – art. 221 do CC e inc. II do art. 221 da LRP) são os títulos propriamente ditos. 'Quando cabível', o extrato será apenas um epifenômeno, produto acidental e acessório do título em sentido formal próprio.[4]

Como abordarei adiante, seria incomparavelmente muito mais seguro e com menores despesas para o consumidor final ser atendido por um notário, que é um profissional do Direito especializado na matéria, cuja principal função é identificar as partes, verificar a capacidade civil e volitiva, as aconselhar de maneira imparcial e confeccionar o contrato de maneira a prevenir litígios e garantir segurança jurídica, e, tudo isso, da forma menos onerosa juridicamente disponível, mesmo contratos no formato particular, nas hipóteses previstas em lei.

---

[4] JACOMINO, Sérgio. Extratos, títulos e outras notícias: pequenas digressões acerca da reforma da LRP (lei 14.382/22). **Migalhas**, 1 jul. 2022. Disponível em: bit.ly/3OiXDqg. Acesso em: 6 ago. 2023.

5. EXTRATOS ELETRÔNICOS DE INSTRUMENTOS PARTICULARES

O extrato eletrônico de instrumentos particulares tem sido objeto de discussões díspares no âmbito do parlamento, de segmentos jurídicos e do mercado, com um "quê" de paixão e de outros interesses. Seu ingresso no Registro de Imóveis, todavia, passa pelo entendimento da admissibilidade desse tipo de contratação para negócios jurídicos que visem à constituição, transferência, modificação ou renúncia de direitos reais sobre imóveis.

É curial que o Direito brasileiro, em diversas hipóteses, admite a contratação por documento particular, versando sobre direitos reais imobiliários acessíveis ao Registro de Imóveis, a fim de produzir seus devidos efeitos legais.

A própria LRP (Lei 6.015/1973), em seu art. 221, expressamente admite o registro de título particular, desde que autorizado por lei.

O CC/2002, em seus arts. 108, 221, 288, 320, 541, 1.334, 1.417, 1.438, 1.448 e 2.015, trata da contratação por documentos particulares e que podem acessar o Registro de Imóveis.

O citado art. 108, ao estabelecer a regra de exigibilidade do instrumento público, admite a utilização do documento particular para transações de valor igual ou inferior a 30 salários-mínimos, e outras exceções, "não dispondo a lei em contrário".

O Decreto-lei 167/1967, que trata do financiamento rural; o Decreto-lei 413/1969, que trata do financiamento industrial; a Lei 6.313/1975, de incentivo à exportação; a Lei 6.840/1980, que trata do financiamento comercial; e a Lei 8.929/1994, que trata da Cédula de Produto Rural (CPR), destinada a garantir financiamento e venda da produção rural no mercado de futuros, determinam que os financiamentos concedidos por instituições financeiras à pessoa física ou jurídica, que se dediquem a essas atividades, poderá efetuar-se por meio das cédulas, que são títulos de crédito feitos por documentos particulares e que podem ser garantidos por penhor, alienação fiduciária ou hipoteca.

No quadro a seguir, indicamos outras leis que admitem o uso de instrumento particular para contratação que redunda em mutação jurídico-real:

Lei 8.934/1994	Determina, em seu art. 64, que os atos de constituição e alteração de sociedades mercantis, desde que certificados pelas juntas comerciais são documentos hábeis para a transferência dos bens com que o subscritor houver contribuído para a formação ou aumento do capital social.
Lei 6.404/1976	Lei das Sociedades Anônimas (LSA), em seu art. 98, autoriza o instrumento particular como título hábil para se promover o registro da transmissão da propriedade da empresa, em casos de incorporação, fusão ou cisão.

Decreto-lei 58/1937	Referente ao loteamento de imóveis não urbanos; prevê, em seu art. 22, o registro de contratos de promessa de compra e venda de lotes e suas cessões, de qualquer valor.
Lei 6.766/1979	Trata dos loteamentos urbanos e prevê os registros de contratos de promessa de compra e venda por instrumentos particulares, cujos títulos, comprovada a quitação e o recolhimento dos tributos, torna-se hábil à transmissão de domínio, dispensada a escritura pública notarial (art. 26, § 6º).
Art. 1.332 Código Civil e Lei 4.591/1964 (art. 7º)	Autorizam a incorporação imobiliária e a instituição e especificação de condomínio por instrumentos particulares.
Decreto 59.566/1966	Regulamenta o Estatuto da Terra e, em seu art. 73, prevê a possibilidade do contrato agrário ser celebrado por instrumento particular.
Lei 9.307/1996	Trata da Arbitragem e autoriza o título particular para acessar ao registro (art. 9º, § 2º).
Lei 10.188/2001	Trata do Arrendamento Residencial com opção de compra e autoriza tal contratação por documento particular (art. 8º).
Lei 10.931/2004	Dispõe sobre o patrimônio de afetação de incorporações imobiliárias, Letra de Crédito Imobiliário, Cédula de Crédito Imobiliário e Cédula de Crédito Bancário que são negócios jurídicos autorizados por documentos particulares, inclusive quando tenham hipoteca, *v.g.*, art. 18, § 4º.
Lei 10.998/2004	Trata do Programa de Subsídio à Habitação de Interesse Social (PSH) e autoriza, em seu art. 5º, o título particular para tal programa.
Lei 4.380/1964	A chamada lei do SFH, em seu art. 61, § 5º, previu o instrumento particular com caráter de escritura pública.
Decreto-lei 70/1966	Trata das Associações de Poupança e Empréstimo, no art. 26 diz que: "Todos os atos previstos neste decreto-lei, poderão ser feitos por instrumento particular". Diz ainda que poderá ser expedida carta de arrematação em procedimento de execução extrajudicial, que é título hábil para o registro da propriedade em nome do adquirente/arrematante.
Lei 9.514/1997	Criou o Sistema de Financiamento Imobiliário (SFI) e trata da alienação fiduciária de bem imóvel, em seu artigo art. 38 diz: *"Os atos e contratos referidos nesta lei ou resultantes da sua aplicação, mesmo aqueles que visem à constituição, transferência, modificação ou renúncia de direitos reais sobre imóveis, poderão ser celebrados por escritura pública ou por instrumento particular com efeitos de escritura pública".*

SISTEMA ELETRÔNICO DO REGISTRO PÚBLICO E SUA REGULAMENTAÇÃO

Conclui-se, portanto, que na legislação brasileira, o instrumento público é a regra e é essencial a validade dos negócios jurídicos que visem à constituição, transferência, modificação ou renúncia de direitos reais sobre imóveis de valor superior a 30 vezes o maior salário-mínimo vigente no país (art. 108 do CC/2002). Contudo, o instrumento particular vem sendo utilizado nas hipóteses em que a lei o admite, excepcionalmente, convivendo com o instrumento público.

A) O EXTRATO ELETRÔNICO DO INSTRUMENTO PARTICULAR COM CARÁTER DE ESCRITURA PÚBLICA DO SISTEMA FINANCEIRO DA HABITAÇÃO (SFH)

A Lei 4.380/1964, que criou o Banco Nacional de Habitação (BNH) e outros instrumentos, visando estimular a construção de habitações de interesse social e o financiamento de aquisição da casa própria, especialmente pelas classes da população de menor renda (art. 1º), adotou procedimentos privilegiados para os contratos celebrados no âmbito do SFH, dispondo expressamente no § 5º do art. 61, que:

> Os contratos de que forem parte o Banco Nacional de Habitação ou entidades que integrem o Sistema Financeiro da Habitação, bem como as operações efetuadas por determinação da presente Lei, poderão ser celebrados por instrumento particular, os quais poderão ser impressos, não se aplicando aos mesmos as disposições do art. 134, II, do Código Civil[5], atribuindo-se o caráter de escritura pública, para todos os fins de direito, aos contratos particulares firmados pelas entidades acima citados até a data da publicação desta Lei.

Em conformidade com o art. 60 de referido diploma legal, a aplicação dessa lei, pelo seu sentido social, far-se-ia de modo a que fossem simplificados todos os processos e métodos pertinentes às respectivas transações, objetivando principalmente: (i) o maior rendimento dos serviços e a segurança, a rapidez na tramitação dos processos e os papéis de financiamento imobiliário; (ii) economia de tempo e de emolumentos devidos aos cartórios; e (iii) simplificação das escrituras e dos critérios para efeito do Registro de Imóveis.

Outras disposições dessa lei, por exemplo, o art. 61 e seu § 1º, indicam simplificação dos trâmites contratuais e registrais, visando à celeridade dos negócios de financiamento imobiliário, *in verbis*:

> Art. 61. Para plena consecução do disposto no artigo anterior, as escrituras deverão consignar exclusivamente as cláusulas, termos ou condições variáveis ou específicas.

---

[5] O dispositivo refere-se ao Código Civil de 1916, correspondente no atual Código Civil ao art. 108.

§ 1º As cláusulas legais, regulamentares, regimentais ou, ainda, quaisquer normas administrativas ou técnicas e, portanto, comuns a todos os mutuários não figurarão expressamente nas respectivas escrituras.

Não parece crível que decorridos quase sessenta anos da edição da Lei 4.380/1964, ainda gravitamos em torno dos mesmos problemas registrais que àquela época se procurava, senão eliminá-los, pelo menos, minimizá-los, visando ao incremento da construção civil, geradora de empregos, bem como atender à população mais carente de nosso país na realização do sonho da casa própria.

Evidentemente que se pode afirmar que muitos avanços foram implementados na política habitacional nacional, bem como por políticas públicas estaduais e municipais, todavia, parece-nos que ainda podemos avançar no quesito simplificação das escrituras e dos critérios para efeito do Registro de Imóveis.

Assim, aparenta-nos que, necessário se faz, em primeiríssimo lugar, uma definição de papéis, pois o legislador outorgou ao agente financeiro, que intervêm em contrato de compra e venda e financiamento imobiliário, ou apenas de financiamento, um papel de autoridade e responsabilidade, em substituição ao notário, já que os contratos que elabora tem o *status* de "escritura pública", a saber:

(1) identificação e qualificação das partes contratantes;

(2) verificação da regularidade de eventual representação das partes contratantes, seja pelo exame de estatuto ou contrato social, seja pela verificação da regularidade e validade de eventual instrumento de procuração ou Alvará Judicial, especialmente se o representante tem poderes bastantes para tal;

(3) pela aferição da capacidade civil das partes contratantes e intervenientes, bem como sobre eventual necessidade de Alvará Judicial e assistência do Ministério Público;

(4) pela verificação da atuação volitiva das partes contratantes, visando prevenir a ocorrência de defeitos do negócio jurídico pelos chamados vícios do consentimento, como o erro, o dolo e a coação;

(5) pela verificação quanto à disponibilidade do imóvel e se existem limitações contratuais ou legais (*v.g.*, penhora, hipoteca, usufruto, aforamento, inalienabilidade, fideicomisso, indisponibilidade, entre outras cláusulas);

(6) pela exigibilidade e conferência das certidões exigidas para transmissão e oneração de imóveis (certidões imobiliárias, de distribuidores da Justiça, da Receita Federal, de Protesto etc.);

(7) formalizar, juridicamente, a vontade das partes, elaborando os atos e instrumentos adequados aos negócios jurídicos em todas as suas cláusulas e condições, com forma legal e autenticidade, inclusive colhendo

e transcrevendo no título as declarações dos contratantes, prestadas na forma da lei;

(8) verificação do cumprimento dos requisitos legais e fiscais inerentes à transmissão e oneração de imóveis, inclusive quanto à isenção ou incidência de Imposto sobre a Transmissão de Bens Imóveis (ITBI), foros e laudêmios;

(9) colheita das assinaturas das partes contratantes e testemunhas, *dispensado o reconhecimento das firmas dos signatários*, visto que são firmados em presença de representantes do agente financeiro responsável pela formalização do negócio jurídico contratado.

Ordinariamente, todas essas atividades são típicas e legalmente atribuídas ao notário (art. 236 da CF/1988; art. 6º e ss. da Lei 8.935/1994). O notário é um profissional do Direito de alta qualificação, comprovada idoneidade, e que acede a essa atividade depois de diversas provas, exames e práticas. O exercício da atividade está sujeito às regras disciplinares estritas, tabelas de emolumentos fixadas por lei, responsabilidade civil, administrativa e criminal, tudo sob o controle administrativo permanente do Poder Judiciário, que normatiza e fiscaliza a atividade, por distintivo constitucional.

Nesse contexto, como já afirmado, é incomparavelmente muito mais seguro e com menores despesas para o usuário final que seu contrato de compra e venda e financiamento seja lavrado por um notário, pois pela elaboração desses instrumentos particulares são cobrados preços altíssimos. E, ainda, em prejuízo da especialização na matéria e da imparcialidade, características básicas da atividade notarial, porque da lavratura à coleta de assinaturas das partes nos instrumentos particulares é, em sua maioria, entregue a terceiros.

Pela vulnerabilidade desse tipo de contratação realizada pelo agente financeiro, perde, em primeiríssimo lugar, o consumidor, que seria atendido com imparcialidade pelo tabelião, um agente estatal, não vinculado como empregado de uma das partes; perde o agente financeiro, visto que algumas cláusulas de seu contrato não resistem a um filtro mais denso se forem contestadas perante o Poder Judiciário, na esteira de direitos do consumidor. E, em última análise, perde a sociedade: primeiro, por impingir tratamento desigual ao mutuário, a parte mais frágil na contratação; e, em segundo lugar, por suportar prejuízos de várias contratações fraudadas, com efeitos além do Judiciário, na esfera pessoal do consumidor.

Não seria necessário dizer que o agente financeiro, além de ordinariamente apresentar minuta contratual que não comporta discussão de suas cláusulas, normalmente, tem na retaguarda grandes bancas de advogados.

Sendo o notário um profissional do Direito, especializado no ramo imobiliário, parece-nos que não há vedação legal para a lavratura de instrumentos particulares, sejam ou não com força de escritura pública, nas hipóteses previstas em lei. Pelo contrário, como um agente delegado do serviço público notarial, corresponde-lhe o ônus de apresentar ao usuário o modo menos oneroso para que possa atingir o desiderato desejado, com segurança jurídica.

Ora, se o Estado dispôs que em hipóteses definidas em lei, não haverá cobrança dos costumeiros acréscimos aos emolumentos do tabelião, a título de custas e contribuições destinadas a órgãos públicos, para realização de políticas públicas, típicas de serem financiadas por impostos; parece-me que labora contrariamente ao espírito da lei o tabelião sugerir lavratura de escritura pública, quando o instrumento particular atinge a mesma finalidade.

Assim, é de sua responsabilidade apresentar ao cidadão todas as opções jurídicas disponíveis para formalização do negócio imobiliário, aconselhando-o ao modo menos oneroso, pena de infração aos deveres inerentes aos delegados do serviço público notarial, como previsto no art. 31, II, da Lei 8.935/1994.

As exceções contempladas em relação à escritura pública são, portanto, e como já afirmado, especialíssimas, e trazem em seu bojo uma carga de atribuições e responsabilização legal. O agente financeiro, ao outorgar ao seu funcionário poderes para elaborar um instrumento particular com efeitos de escritura pública – capaz de regular acesso ao fólio real, consubstanciando um negócio jurídico que visa constituição, transferência, modificação ou renúncia de direitos reais sobre imóveis –, chama para si a reponsabilidade direta total pela lisura da contratação, da qual é parte. Eis que poderia fazê-lo por ato notarial, em que a responsabilidade é absorvida pelo tabelião de notas e, subsidiariamente, pelo Estado; porém, optou-se em assumir integralmente os riscos inerentes a presidir a celebração contratual.

Nesse tipo de contratação com a interveniência do agente financeiro, além das cláusulas relativas à transmissão imobiliária, e sua oneração por hipoteca ou sua alienação fiduciária do imóvel em garantia ao agente financeiro, são inseridas várias outras cláusulas relacionadas com seguros, renegociação contratual, regras de relacionamento do mutuário com o banco e outras disposições de caráter iminentemente pessoais; assim, restando, no interesse do Registro de Imóveis, apenas as cláusulas que dizem respeito direto à alienação do imóvel e sua oneração.

Diante desse plexo de atribuições e responsabilidades dos agentes que funcionam no âmbito do SFH e do SFI, bem como das companhias de habitação integrantes da Administração Pública, na elaboração de contratos imobiliários, em que figura como parte, não soa irrazoável afirmar que o Poder Público, como pleno detentor da fé pública, lhe outorga uma parcela dessa fé, não irrestrita como a outorgada ao notário, mediante o instituto administrativo da delegação, porém delimitada e exclusiva para o fim que se destina, por força da lei.

Parece-nos que, a exemplo do tabelião de notas – que ordinariamente encaminha para o Registro de Imóveis certidões, traslados e extratos eletrônicos de instrumentos públicos que lavrou, em que constam somente seu sinal público e assinatura, certificando mediante fé pública que o original se encontra devida-

88 SISTEMA ELETRÔNICO DO REGISTRO PÚBLICO E SUA REGULAMENTAÇÃO

mente assinado pelas partes contratantes, *mutatis mutantis* –, o agente financeiro autorizado a elaborar instrumentos particulares com força de escritura pública poderá formalizar um extrato eletrônico, contendo as cláusulas que dizem respeito diretamente aos negócios imobiliários celebrados.

O referido extrato eletrônico será assinado digitalmente somente pelo representante legal do agente financeiro, com poderes especiais e específicos outorgados por procuração pública, para ser transmitido eletronicamente, portando, o subscritor, por exclusiva responsabilidade do agente que representa que as cláusulas transcritas estão contidas no contrato que se encontra em seu arquivo.

B) O EXTRATO ELETRÔNICO DO INSTRUMENTO PARTICULAR COM EFEITOS DE ESCRITURA PÚBLICA

Em paralelo, trafegam os atos e os contratos referidos na Lei 9.514/1997 ou resultantes da sua aplicação, mesmo aqueles que visem à constituição, transferência, modificação ou renúncia de direitos reais sobre imóveis, que também podem ser celebrados por instrumento particular, com efeitos de escritura pública, por qualquer pessoa física ou jurídica. Esses instrumentos, quando firmados por entidades não autorizadas a funcionar pelo Bacen, a despeito dos "efeitos de escritura pública", se sujeitam aos requisitos de reconhecimento de firmas das assinaturas das partes e testemunhas, na forma do art. 221, da LRP, para que haja segurança jurídica.

Como para a inscrição registral, qualquer interessado tem legitimidade para apresentar um título ao Registro de Imóveis, fica evidenciado que não foi intenção do legislador admitir uma indiscriminada autenticação de veracidade, permitindo que qualquer pessoa possa elaborar e assinar um extrato eletrônico, como se fé pública tivesse. Se assim fora, a informalidade seria a regra, no entanto, traria, por certo, prejuízos conhecidos, ainda que seja possível futura desconstituição do registro pelo reconhecimento da fraude ou vício na vontade da contratação.

Situação que merece ser apreciada com deferência, à vista de sua posição jurídica, diz respeito às empresas loteadoras e incorporadoras, que poderão encaminhar extratos eletrônicos das contratações em que figuram, como outorgantes, vendedoras ou promitentes. Embora essas empresas trafeguem em ambientes em que não há alguma regulação externa, como aqueloutras autorizadas a funcionar e fiscalizadas pelo Bacen, em que há, pelo menos, uma maior certeza da responsabilização do agente em caso de fraude, má-fé etc.; as loteadoras e as incorporadoras, por sua vez, cumprem requisitos específicos que atestam a idoneidade do empreendedor e o habilita a anunciar e vender unidades que apenas existem no plano virtual, entre os quais, o contrato-padrão (art. 1º, III, do Decreto-lei 58/1937; art. 18, VI, da Lei 6.766/1979; art. 67, da Lei 4.591/1964).

Como antevisto, os contratos de promessa de compra e venda celebrados por instrumentos particulares, e suas respectivas cessões, são títulos que, comprovada a quitação e o recolhimento dos tributos, tornam-se hábeis ao registro da transmissão de domínio, ficando dispensada a escritura pública notarial (art. 26, § 6º, da Lei 6.766/1979).

Como afirmei em outra oportunidade, aquele que adquirir unidades imobiliárias do incorporador terá assegurado o direito à obtenção compulsória do contrato correspondente (art. 35, § 4º, da Lei 4.591/1964) e, posteriormente, do título definitivo de transmissão de domínio. Por imperativo legal decorrente de política legislativa, a cessão ou promessa de cessão de unidades autônomas está equiparada à promessa de compra e venda (art. 69, da Lei 4.380/1964), sendo ambas irretratáveis, conforme prevê o art. 32, § 2º, da Lei 4.591/1964, na redação da Lei 10.931/2004.[6]

No que tange aos contratos celebrados no âmbito de incorporação imobiliária ou condomínio edilício, como tem sido entendido rotineiramente que não há exigência legal explícita de arquivamento de minuta de contrato-padrão no Registro de Imóveis, podendo, no entanto, o empreendedor fazê-lo facultativamente, na esteira do entendimento advindo da Lei do SFH (art. 61, § 5º, da Lei 4.380/1964), somente as empresas que tenham previamente depositado o padrão poderiam emitir os extratos eletrônicos dos contratos firmados de unidades imobiliárias por elas produzidas.

A Lei de Condomínios e Incorporações (Lei 4.591/1964) prevê que arquivada a minuta do contrato-padrão no processo de incorporação ou de instituição e especificação de condomínio, o contrato poderá "consignar exclusivamente às cláusulas, termo ou condições variáveis ou específicas" (art. 67, *caput*, da Lei 4.591/1964), o que consubstancia o agora "extrato eletrônico" de que trata a Lei 14.382/2022.

Esse arquivamento poderá dar-se por ocasião do depósito do memorial de incorporação, ou a qualquer tempo, mediante requerimento do incorporador, certo de que, nesse caso, as disposições do contrato-padrão arquivado no Registro de Imóveis terão efeito *ex-nunc*, com exceção de aquilo em que forem mais benéficas em relação aos antigos pactos, porque lançado de forma espontânea pelo incorporador, abarcando todo o empreendimento.

Assim, restam os extratos eletrônicos dos instrumentos particulares com efeitos de escritura pública, celebrados no âmbito do SFI, sem a participação de agentes financeiros, e os extratos dos instrumentos particulares em geral. Destes, em razão de fé pública, os extratos eletrônicos somente poderão ser produzidos por tabeliães de notas, na forma prevista no inciso III, do § 1º, do art. 6º da Lei 14.382/2022.

C) O EXTRATO ELETRÔNICO DE TÍTULOS DO AGRONEGÓCIO

A política de crédito rural, entendida como um mecanismo de concessão de crédito à agropecuária a taxas de juros e condições de pagamentos diferenciados,

---

[6] SANTOS, Flauzilino Araújo dos. **Condomínios e Incorporações no Registro de Imóveis**: teoria e prática. São Paulo: Mirante, 2012, p. 219.

é um dos alicerces da política agrícola brasileira e constitui um dos principais instrumentos de apoio ao setor.

Diante do esgotamento das fontes oficiais de crédito, modalidades alternativas têm sido criadas para ampliar a participação dos agentes privados no financiamento das atividades do agronegócio. Como o agronegócio está em constante crescimento e goza da confiança nacional, atualmente há mais variedades de oferta de crédito rural. Logo, os títulos de crédito do agronegócio se apresentam de forma diversificada.

Todavia, os principais títulos de crédito do agronegócio encaminhados para os cartórios de registro de imóveis e de registro de títulos e documentos são os seguintes: Cédula de Crédito Rural (CCR), Cédula de Produto Rural (CPR), Cédula de Produto Rural Financeiro (CPRF), Cédula de Crédito Industrial (CCInd), Cédula de Crédito Comercial (CCC), Cédula Rural Pignoratícia (CRP), Cédula Rural Hipotecária (CRH), Cédula Rural Pignoratícia e Hipotecária (CRPH), Nota de Crédito Rural (NCR) e Cédula de Crédito Bancário (CCB), bem como seus aditamentos e rerratificações.

Sobre a elaboração e o encaminhamento de extratos eletrônicos de títulos do agronegócio pelos entes autorizados a funcionar pelo Bacen, o entendimento é o mesmo já comentado. Remanescem, todavia, o questionamento quanto aos demais *players* financiadores do agronegócio, tais como cooperativas, indústrias, distribuidores de insumos, *tradings*, cerealistas etc.

Na esteira das inovações no campo das relações jurídicas trazidas pela Lei do Agro (Lei 13.986/2020) e pela Lei 14.382/2022, afigura-se razoável propor-se que na futura regulação a ser feita pela Corregedoria Nacional de Justiça possa ser ponderado sobre a possibilidade desses *players* financiadores do agronegócio serem credenciados pelo Serp/ONR, mediante critérios estabelecidos em ITN, devidamente homologada, para encaminhamento de extrato eletrônico de cédulas e títulos do agro em que figuram como credores. Talvez, nessa hipótese, a cópia do título originador possa ser de encaminhamento compulsório, como anexo.

Depois de mais de dez anos de utilização do extrato eletrônico, poder-se-á cogitar, de forma mais ousada, sobre uma segunda geração de encaminhamento de dados estruturados para o Saec, mais avançada, via Intercâmbio Eletrônico de Dados (EDI), transmitidos por meio de aplicativo de computador de uma organização, devidamente credenciada pelo ONR, mediante conexões ponto a ponto ou diretas, sem intermediários na internet, usando protocolos seguros. Essa é uma solução que, inclusive, poderá ser utilizada como um livro compartilhado para recuperação do registro público das cédulas de crédito, que ora desaguam em registros privados.

6. CONCLUSÃO

Frente a esse panorama, fica a pergunta: que passos os oficiais de Registro de Imóveis estão dando para aplicar novas tecnologias combinadas com segurança jurídica?

A resposta, tendo como parâmetro o extrato eletrônico, longe de ser uma referência para sentir que os Cartórios de Registros de Imóveis estão distantes das metas em expectação pelos poderes públicos, mercado e cidadãos, se apresenta como um elemento probatório de que toda a infraestrutura jurídica, tecnológica e de conhecimento está devidamente desenvolvida, madura, estabelecida, e é utilizada regularmente há mais de uma década por diversas unidades de Registro de Imóveis do território nacional.

A oportunidade de sua inserção no ordenamento jurídico brasileiro e de regulação abrangente pela Corregedoria Nacional de Justiça abriu caminho para a universalização desse serviço em todas as unidades de Registro de Imóveis, de todos os portes e de todas as regiões do país.

REFERÊNCIAS

JACOMINO, Sérgio. Extratos, títulos e outras notícias: pequenas digressões acerca da reforma da LRP (lei 14.382/22). **Migalhas**, 1 jul. 2022. Disponível em: bit.ly/3OiXDqg. Acesso em: 6 ago. 2023.

SANTOS, Flauzilino Araújo dos. **Condomínios e incorporações no registro de imóveis**: teoria e prática. São Paulo: Mirante, 2012.

SANTOS, Flauzilino Araújo dos. NSCGJSP – proposta de reforma – 2012. **Observatório do Registro**, São Paulo, 5 out. 2012. Disponível em: https://wp.me/p6rdW-3fV. Acesso em: 8 ago. 2023.

YUJI S., Rodrigo. Transformação Digital – parte 1. **LinkedIn**, 1 jul. 2020. Disponível em: https://bit.ly/extrato-eletronico. Acesso em: 5 ago. 2023.

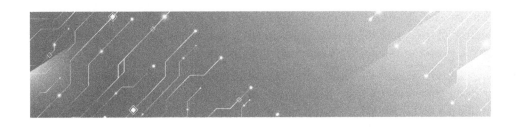

Capítulo 6

A INTERCONEXÃO DAS SERVENTIAS DE REGISTROS PÚBLICOS, A INTEROPERABILIDADE DE SUAS BASES DE DADOS E O INTERCÂMBIO DE DOCUMENTOS ELETRÔNICOS NO SERP

Fernando Cerqueira Chagas

1. INTRODUÇÃO

A digitalização constitui, hoje, uma das mais corajosas empreitadas do Microssistema Registral brasileiro. As dimensões continentais do país, unidas à imensa diversidade de situações e práticas dos cartoriais, tornam-na mais do que nunca necessária para a realização do princípio da eficiência e o oferecimento do melhor serviço à população. Nesse espírito, o legislador produziu a Lei 14.382/2022, fruto de intensos debates junto ao Poder Executivo, ao Poder Judiciário e à opinião pública. Além disso, essa mencionada lei é resultado de um longo processo antecedente, capitaneado por iniciativas vanguardistas do Conselho Nacional de Justiça (CNJ), além dos próprios Registradores.

Nesse contexto, três grandes eixos se destacam: a interconexão das serventias de Registros Públicos, a interoperatividade das suas bases de dados e o intercâmbio de documentos eletrônicos. A multitude de agentes envolvidos no acompanhamento da vida civil dos brasileiros, somada à escala continental dos dados, em um país com mais de 200 milhões de habitantes e com imensa disparidade de realidades sociais e regionais, torna obrigatória a adoção dessas medidas para concretização de um registro público eficaz, à altura dos desafios nacionais. Trata-se de uma obra ainda em realização, mas na qual se observa a opção por um sistema interoperativo, que evita os excessos de uma centralização sufocante e uma descentralização pulveri-zadora. O sucesso nas etapas já percorridas, por sua vez, deve servir de estímulo para o prosseguimento nesse acertado caminho.

Dessa forma, o presente artigo objetiva explicitar como esses três conceitos se desenvolveram no Brasil e qual a sua atual configuração, no contexto da pro-mulgação da Lei 14.382/2022. Iniciar-se-á a análise com uma breve definição das modalidades do registro público brasileiro, a fim de que se possa entender como a interconexão, a interoperabilidade e o intercâmbio aplicar-se-á a cada especialidade registral. Em seguida, far-se-á um resumido histórico do desenvolvimento desses conceitos no Brasil, a culminar na Lei 14.382/2022. Por fim, analisar-se-á essa lei propriamente dita, nos seus artigos concernentes e o impacto que ess93as previsões deverão ter na sociedade e no direito brasileiro.

2. DEFINIÇÕES

No Brasil, os serviços registrais subdividem-se em cinco espécies: o Registro Civil de Pessoas Naturais, de Pessoas Jurídicas, de Títulos e Documentos, de Imóveis e de Contratos Marítimos.

A primeira forma de contato dos brasileiros com o mundo registral costuma ser junto ao Registro Civil de Pessoas Naturais e de Interdições de Tutela (RCPN). Conforme a lição de Luiz Guilherme Loureiro,[1] o seu objetivo é dar publicidade do estado civil ou de família da pessoa natural, por meio da prova de seu nome, filiação, idade, nacionalidade e capacidade para os atos da vida civil. Nesse sentido, prevê o art. 29, da Lei 6.015/1973,[2] que ao Registro Civil de Pessoas Naturais cabe o registro dos nascimentos, casamentos, das uniões estáveis, das interdições, das adoções, das opções de nacionalidade e dos óbitos; além da averbação das sentenças de nulidade e anulação, separação e restabelecimento da sociedade conjugal, de declaração de reconhecimento dos filhos e as alterações e abreviações de sobrenome.

---

[1] LOUREIRO, Luiz Guilherme. **Registros Públicos**: teoria e prática. 5. ed. ver., atual e ampl. Rio de Janeiro: Forense; São Paulo: Método, 2014, p. 32.

[2] "Art. 29. Serão registrados no registro civil de pessoas naturais: I – os nascimentos; II – os casa-mentos; III – os óbitos; IV – as emancipações; V – as interdições; VI – as sentenças declaratórias de ausência; VII – as opções de nacionalidade; VIII – as sentenças que deferirem a legitimação adotiva. § 1º Serão averbados: I – as sentenças que decidirem a nulidade ou anulação do casamento, o desquite e o restabelecimento da sociedade conjugal; II – as sentenças que julgarem ilegítimos os filhos concebidos na constância do casamento e as que declararem a filiação legítima; III – os casamentos de que resultar a legitimação de filhos havidos ou concebidos anteriormente; IV – os atos judiciais ou extrajudiciais de reconhecimento de filhos ilegítimos; V – as escrituras de adoção e os atos que a dissolverem; VI – as alterações ou abreviaturas de nomes. § 2º É competente para a inscrição da opção de nacionalidade o cartório da residência do optante, ou de seus pais. Se forem residentes no estrangeiro, far-se-á o registro no Distrito Federal".

Já o Registro Civil de Pessoas Jurídicas, pela letra do art. 114, incisos I, II e III,[3] do citado Diploma legal, realiza função semelhante às pessoas jurídicas, ao inscrever os atos constitutivos, os estatutos ou os compromissos das sociedades simples, religiosas, pias, morais, científicas ou literárias, fundações e associações de utilidade pública e partidos políticos. Além disso, de acordo com o parágrafo único do referido artigo, ao Registro Civil de Pessoas Jurídicas cabe o registro de jornais, periódicos, oficinas impressoras, empresas de radiodifusão e agências de notícias.

O Registro de Imóveis, por sua vez, resguarda a publicidade, a autenticidade, a segurança jurídica e a eficácia *erga omnes* dos títulos e atos jurídicos relacionados a imóveis, por meio de seu registro e averbação, conforme disposto no art. 172 da Lei 6.015/1973.[4] Consequentemente, ele também é o responsável pelo registro de direitos pessoais, ônus, gravames e encargos relacionados aos imóveis.

Segue-se o Registro de Títulos e Documentos, ao qual o art. 127 da Lei 6.015/1973[5] prevê a transcrição de instrumentos particulares; do penhor sobre coisas móveis; da caução de títulos de crédito pessoal e da dívida pública federal, estadual ou municipal, ou de bolsa; de parceira agrícola ou pecuniária; do mandado judicial de renovação do contrato de arrendamento; ou de qualquer outro documento, para fins de sua conservação. Adiciona-se o parágrafo único que ao Registro de Títulos e Documentos compete a função residual relativa a qualquer outro registro não previsto em lei.

---

[3] "Art. 114. No Registro Civil de Pessoas Jurídicas serão inscritos: I – os contratos, os atos constitutivos, o estatuto ou compromissos das sociedades civis, religiosas, pias, morais, científicas ou literárias, bem como o das fundações e das associações de utilidade pública; II – as sociedades civis que revestirem as formas estabelecidas nas leis comerciais, salvo as anônimas. III – os atos constitutivos e os estatutos dos partidos políticos. Parágrafo único. No mesmo cartório será feito o registro dos jornais, periódicos, oficinas impressoras, empresas de radiodifusão e agências de notícias a que se refere o art. 8º da Lei nº 5.250, de 9-2-1967".

[4] "Art. 172. No Registro de Imóveis serão feitos, nos termos desta Lei, o registro e a averbação dos títulos ou atos constitutivos, declaratórios, translativos e extintos de direitos reais sobre imóveis reconhecidos em lei, 'inter vivos' ou 'mortis causa' quer para sua constituição, transferência e extinção, quer para sua validade em relação a terceiros, quer para a sua disponibilidade".

[5] "Art. 127. No Registro de Títulos e Documentos será feita a transcrição: I – dos instrumentos particulares, para a prova das obrigações convencionais de qualquer valor; II – do penhor comum sobre coisas móveis; III – da caução de títulos de crédito pessoal e da dívida pública federal, estadual ou municipal, ou de Bolsa ao portador; IV – (revogado); V – do contrato de parceria agrícola ou pecuária; VI – do mandado judicial de renovação do contrato de arrendamento para sua vigência, quer entre as partes contratantes, quer em face de terceiros (artigo 19, § 2º do Decreto n. 24.150, de 20 de abril de 1934); VII – facultativo, de quaisquer documentos, para sua conservação. Parágrafo único. Caberá ao Registro de Títulos e Documentos a realização de quaisquer registros não atribuídos expressamente a outro ofício".

96 | SISTEMA ELETRÔNICO DO REGISTRO PÚBLICO E SUA REGULAMENTAÇÃO

Menos comum na vida do cidadão são os Registros de Contratos Marítimos, responsáveis pelo registro dos atos, contratos e instrumentos referentes a transações de embarcações, na letra do art. 10 da Lei 8.935/1994.[6]

Atualmente, o Brasil tem mais de 13.540 serventias extrajudiciais, das quais 7.305 são registros civis de pessoas naturais, segundo dados do portal de estatísticas do CNJ.[7] Conclui-se que 55% dos serviços extrajudiciais são registros civis de pessoas naturais.

A Constituição da República prevê, em seu art. 236,[8] que os serviços de registro, assim como os notariais, possuem caráter privado, transferido por meio de delegação do Poder Público. Desse ato de delegação dispõem-se duas das grandes vantagens do modelo privado, a dizer: a gestão privada, com as suas vantagens associadas à eficiência, e o seu regime de responsabilidade, também associada à garantia de maior eficiência no serviço.

A opção do legislador pelo caráter privado coaduna-se, portanto, com outra das previsões constitucionais concernentes ao registro público. Isso porque Notários e Registradores são praticantes de serviço de interesse público, conforme pressupõe a sua dotação de fé pública, na Lei 8.935/1994.[9] O seu caráter privado não retira a sua natureza jurídica de serviço público, como leciona Eduardo Pacheco Ribeiro de Sousa.[10] Submetem-se, por consequência, aos princípios da administração pública, que constam do art. 37, *caput*, da CF/1988,[11] e, sobretudo, do princípio da

---

[6] "Art. 10. Aos tabeliães e oficiais de registro de contratos marítimos compete:
I – lavrar os atos, contratos e instrumentos relativos a transações de embarcações a que as partes devam ou queiram dar forma legal de escritura pública;
II – registrar os documentos da mesma natureza;
III – reconhecer firmas em documentos destinados a fins de direito marítimo;
IV – expedir traslados e certidões".

[7] CNJ. **Painel de dados estatísticos de serviços extrajudiciais**, c2023. Disponível em: https://painei-sanalytics.cnj.jus.br/single/?appid=6ae52b4b-f6fb-4e06-8f8a-19c0656b1408&sheet=8413120e-2be0-4713-ae80-8152be891d36&lang=pt-BR&opt=ctxmenu,currsel. Acesso em: 28 jun. 2023.

[8] "Art. 236. Os serviços notariais e de registro são exercidos em caráter privado, por delegação do Poder Público.
§ 1º Lei regulará as atividades, disciplinará a responsabilidade civil e criminal dos notários, dos oficiais de registro e de seus prepostos, e definirá a fiscalização de seus atos pelo Poder Judiciário.
§ 2º Lei federal estabelecerá normas gerais para fixação de emolumentos relativos aos atos praticados pelos serviços notariais e de registro.
§ 3º O ingresso na atividade notarial e de registro depende de concurso público de provas e títulos, não se permitindo que qualquer serventia fique vaga, sem abertura de concurso de provimento ou de remoção, por mais de seis meses".

[9] "Art. 3º Notário, ou tabelião, e oficial de registro, ou registrador, são profissionais do direito, dotados de fé pública, a quem é delegado o exercício da atividade notarial e de registro".

[10] SOUSA, Eduardo Pacheco Ribeiro de. **Noções fundamentais de Direito Registral e Notarial**. 2. ed. São Paulo: Saraiva, 2017, p. 26.

[11] "Art. 37. A administração pública direta e indireta de qualquer dos Poderes da União, dos Estados, do Distrito Federal e dos Municípios obedecerá aos princípios de legalidade, impessoalidade,

Cap. 6 • A INTERCONEXÃO DAS SERVENTIAS DE REGISTROS PÚBLICOS | 97

eficiência, incluído com a EC 19/1998. Ele torna ainda mais necessário a aplicação de tecnologias ao serviço público de maneira a tornar os seus serviços os mais céleres e com melhor resultado possível.

3. HISTÓRICO DA MODERNIZAÇÃO DO REGISTRO PÚBLICO

O registro público, como atividade, possui uma relação simbiótica com a tecnologia. Por um lado, ao buscar oferecer o melhor serviço a uma sociedade em constante transformação, o mundo registral deve estar sempre atualizado e aberto a empregar as novas tecnologias. Conforme explica Paulo Roberto Ferreira: *"notários já lavraram seus atos em tábuas, papiros, pergaminhos [...] Hoje, lavram em papel. Já não escrevem a mão como há décadas atrás; usam o editor de textos e imprimem os atos. A troca de suporte do ato não é realmente grande novidade"*.[12] Por outro lado, as suas demandas singulares são, elas mesmas, incentivo para o avanço da técnica e da ciência e produtora de novos meios de organizá-las e utilizá-las em prol do bem comum.

Desde as primeiras luzes da civilização, a atividade registral tem estado na vanguarda do desenvolvimento científico e a sua prática no Brasil Moderno não pode ser diferente. Segundo a mitologia suméria, a própria escrita foi um presente dos deuses para facilitar o registro das atividades governamentais e, de pronto, o elogio à nova tecnologia centrou-se na capacidade registral e sua utilidade para o Estado.[13] Os antigos desenvolveram línguas inteiras com o propósito de servir à facilitação do registro, tais como o Linear B, língua dos micênicos dos épicos homéricos, e do qual descende o Grego Antigo e muitos dos elementos do nosso português. As primeiras grandes bibliotecas, no poderoso Império Assírio, surgiram para melhor guardar o vasto acúmulo de registros e notas escriturárias. Nelas, certas tabuletas registrais eram tratadas como verdadeiras obras de arte, guardadas com a mesma referência de clássicos da literatura e tratados diplomáticos. A história do serviço registral, portanto, está intrinsecamente relacionada ao uso de novas tecnologias.

No Brasil, essa relação não se deu de forma diferente. Os cartórios, especialmente os de registro, vêm estado na vanguarda do emprego de novas tecnologias, inclusive quando comparados ao restante da administração pública.

O mero emprego dos arquivos físicos tornou-se ultrapassado. O crescimento da população brasileira, acompanhado pela complexidade da vida social e econômica, provoca um condizente aumento da demanda sobre os serviços cartoriais, em especial pela grande quantidade de dados acumulados. Uma maior densidade

---

moralidade, publicidade e eficiência e, também, ao seguinte:".

[12] FERREIRA, Paulo Roberto Gaiger. O papel está morto. **Revista de Direito Imobiliário**, [*s. l.*], ano 24, n. 50, p. 21-50, jan./jun. 2001.

[13] O épico sumério *Enmercar e o Senhor de Arata*, no qual relata-se o nascimento da escrita, permanece sem tradução direta para o português. Tradução para o inglês disponível em: https://etcsl.orinst.ox.ac.uk/section1/tr1823.htm. Acesso em: 27 jun. 2023.

de intercâmbios e velocidade nas trocas se fazem necessárias para garantir o gerenciamento dos dados e das informações. Torna-se necessário, assim, a apropriação dos meios tecnológicos, em particular a digitalização, para aprimorar os serviços cartoriais. No decorrer da última década, essa necessidade tornou-se evidente *in situ*, como se observa na constituição orgânica de iniciativas de modernização pelos serviços registrais, assim como pelo CNJ, ao capitanear esse processo em diversos momentos, além de ordenar as iniciativas em curso lançadas pelos cartórios.

O primeiro grande marco da digitalização, todavia, originou-se no legislativo, com a Lei 11.977/2009, que, em seu art. 37,[14] determinou a instituição de um sistema de registro eletrônico para todos os serviços de registro público. O art. 38, § 1º, estipulou a disponibilização de serviços de recepção de títulos e de fornecimento de informações e certidões em meio eletrônico. A referida lei, todavia, deixou a efetiva realização dessas previsões sob a incumbência de regulação futura, em particular, a definição dos requisitos relativos às cópias de segurança de documentos e de livros escriturados de forma eletrônica.

Em 2012, com o Provimento 18/2012, o CNJ desempenhou um papel de vanguarda na instituição da interoperabilidade dos bancos de dados, ao criar a Central Notarial de Serviços Eletrônicos Compartilhados (Censec).[15] Atualmente, a responsabilidade da referida central é o gerenciamento de banco de dados, a congregar informações sobre existência de testamentos, procurações e escrituras públicas de qualquer natureza, inclusive separações, divórcios e inventários, lavradas em todos os cartórios do Brasil. O desenvolvimento, a manutenção e a operação do Censec, por sua vez, ficou sob a responsabilidade do próprio Colégio Notarial do Brasil – Conselho Federal (CNB/CF).

No mesmo ano, o campo registral assistiu ao desenvolvimento orgânico de sua interconectividade, quando a assembleia geral do Instituto de Registro de Títulos e Documentos e Civil de Pessoas Jurídicas do Brasil (IRTDPJBrasil) criou a Central Nacional dos Registradores de Títulos e Documentos e Civil das Pessoas Jurídicas do Brasil (Central RTDPJBBrasil).[16] A sua instituição foi complementada pelo Provimento CNJ 48/2016, que regulamentou o funcionamento do sistema eletrônico, em nível nacional, dos Cartórios de Registro de Títulos, de Documentos e Civil de Pessoas Jurídicas.

Em 2014, o CNJ, por meio do Provimento CNJ 38/2014, depois suplementado pelo Provimento CNJ 46/2015, e incorporado ao recente Provimento CNJ 149/2023

---

[14] Os serviços de registros públicos de que trata a Lei 6.015/1973 (Lei de Registros Públicos) promoverão a implantação e o funcionamento adequado do Sistema Eletrônico dos Registros Públicos (Serp), nos termos da Medida Provisória 1.085/2021. (Redação dada pela Lei 14.382/2022).

[15] CENSEC. **Bem-vindo à CENSEC**, c2023. Disponível em: https://censec.org.br/. Acesso em: 27 jun. 2023.

[16] RTDPJBrasil. **RTDPJBrasil**, c2023. Disponível em: https://www.rtdbrasil.org.br/. Acesso em: 27 jun. 2023.

que instituiu o Código Nacional de Normas da Corregedoria Nacional de Justiça do Conselho Nacional de Justiça (CNN/CN/CNJ-Extra), implantou a Central de Informações de Registro Civil das Pessoas Naturais (CRC). A finalidade do órgão é a promoção da interligação entre as serventias de Registro Civil das Pessoas Naturais, o Poder Judiciário e os órgãos da administração pública, além da disponibilização de serviços ao público em geral. Tratou-se, assim, de passo decisivo rumo à interconexão entre serventias e à interoperatividade entre os órgãos da administração.

Paralelamente, constituíam-se centrais estaduais de serviços eletrônicas, com diversos formatos, em diferentes estados. Particular atenção merece a Corregedoria Geral do Estado de São Paulo (CGJ/SP), devido ao seu trabalho em abrir centrais estaduais e a sua coordenação e esforços. O próprio Censec e o CRC foram frutos de desenvolvimentos prévios nas centrais paulistas. Esse processo endógeno também seria observado em outros estados da federação, em especial, no Tocantins, Mato Grosso e Ceará.

Nesse sentido, em 2015, o CNJ estabeleceu outro grande marco do processo de informatização dos registros públicos: o antigo Provimento 47/2015 deu o primeiro avanço, ao estabelecer diretrizes gerais para implantação e integração do Registro Eletrônico de Imóveis (SREI) de todos os estados e do Distrito Federal. Buscou-se, assim, estabelecer um portal de integração dos Registradores de Imóveis Brasileiros.

João Paulo Baltazar Júnior (informação verbal)[17] enquadra esse momento como a primeira fase no processo de formação do fundo de um sistema integrado de registro de imóveis. Nessa fase, as diferentes centrais digitais estaduais eram mantidas pelas respectivas associações de classe e financiadas pela cobrança de uma taxa diretamente sobre os usuários.

Essa realidade mudou com os Provimentos 107 e 109 do CNJ, ambos de 2020 – sendo o último incorporado ao Código de Nacional de Normas da Corregedoria Nacional de Justiça –, que vedaram a realização dessa cobrança. A partir desse momento, criou-se o Operador Nacional do Registro Eletrônico de Imóveis (ONR), mantido pela contribuição compulsória dos delegatários, articulada em um Fundo de Implementação e Custeio (FIC). Sua previsão foi estabelecida por meio da Lei 13.465/2017.

A última fase, por fim, está por se instaurar com a implementação da Lei 14.382/2022, a partir da qual todos os registros passarão a contar com um único operador nacional, conforme o art. 3º, § 4º,[18] dessa mesma lei. Tratar-se-á do Operador Nacional do Serviço Eletrônico de Registro Público (Onserp) e prevê-se que

---

[17] Conforme esquema apresentado no Seminário Sistema Eletrônico de Registros Públicos (Serp), CNJ, 22.09.2022.

[18] "§ 4º O Serp terá operador nacional, sob a forma de pessoa jurídica de direito privado, na forma prevista nos incisos I ou III do caput do art. 44 da Lei nº 10.406, de 10 de janeiro de 2002 (Código Civil), na modalidade de entidade civil sem fins lucrativos, nos termos estabelecidos pela Corregedoria Nacional de Justiça do Conselho Nacional de Justiça".

ela será pessoa jurídica de direito privado sem fins lucrativos, e será financiado pelo Fundo para a Implementação e Custeio do Sistema Eletrônico dos Registros Públicos, conforme o art. 5º, também da Lei 14.382/2022.[19]

4. LEI 14.382/2022

A Lei 14.382/2022, originalmente Medida Provisória 1.085/2021, foi objeto de grande debate no Poder Legislativo, antes de sua aprovação. O contexto da pandemia da Covid-19 já havia motivado os Provimentos CNJ 89 e 94, responsáveis por acelerar a implementação do SREI em 2020.[20] Deve-se ainda rememorar a publicação do Provimento 109/2020, responsável pelo ONR, e do Provimento CNJ 100/2020, relativo aos Atos Notariais Eletrônicos, ambos do mesmo contexto.

Apelidada no decorrer do processo legislativo de "MP da Modernização dos Serviços Públicos", essa MP foi responsável por uma série de alterações na legislação prévia do microssistema de registros públicos, que, desde o princípio, arrancaram elogios da comunidade acadêmica.[21] Mesmo assim, a mencionada medida não deixou de receber uma miríade de emendas em ambas as casas, com todas rejeitadas na câmara, e apenas quinze aprovadas no Senado.[22]

O projeto de lei foi sancionado, com vetos, em 27 de julho de 2022, e a nova lei foi publicada em 28 de julho de 2022. Em 31 de outubro de 2022, estabeleceu-se um grupo de trabalho, no CNJ, conforme a Portaria CNJ 90/2022, para estabelecer

---

[19] "Art. 5º Fica criado o Fundo para a Implementação e Custeio do Sistema Eletrônico dos Registros Públicos (Fics), subvencionado pelos oficiais dos registros públicos, respeitado o disposto no § 9º do art. 76 da Lei nº 13.465, de 11 de julho de 2017.
§ 1º Caberá à Corregedoria Nacional de Justiça do Conselho Nacional de Justiça:
I – disciplinar a instituição da receita do Fics;
II – estabelecer as cotas de participação dos oficiais dos registros públicos;
III – fiscalizar o recolhimento das cotas de participação dos oficiais dos registros públicos; e
IV – supervisionar a aplicação dos recursos e as despesas incorridas".

[20] ROCHA, Débora Cristina de Castro da. Provimento CNJ 89/19 – Registro Eletrônico de Imóveis no combate à corrupção e lavagem de dinheiro. **Dcradvocacia**, 20 jun. 2020. Disponível em: https://www.dcradvocacia.com.br/post/provimento-cnj-89-19-registro-eletr%C3%B4nico-de--im%C3%B3veis-no-combate-%C3%A0-corrup%C3%A7%C3%A3o-e-lavagem-de-dinheiro. Acesso em: Acesso em: 27 jun. 2023.

[21] OLIVEIRA, Carlos E. Elias de. Análise detalhada da Medida Provisória nº 1.085/2021 e Sugestões de Ajustes: cartório eletrônico e ajustes em negócios imobiliários. **Jusbrasil**, 2022. Disponível em: https://www.jusbrasil.com.br/artigos/analise-detalhada-da-medida-provisoria-n-1085-2021-e--sugestoes-de-ajustes/1347518553. Acesso em: 25 nov. 2023.
SIQUEIRA, Graciano Pinheiro de. Primeiras impressões sobre a Medida Provisória nº 1.085, de 27 de dezembro de 2021. **Migalhas**, 2022. Disponível em: https://www.migalhas.com.br/arquivos/2022/1/71CC9B1423C569_PrimeirasimpressoessobreaMedid.pdf. Acesso em: 27 jun. 2023.

[22] BACELAR, Pedro Ítalo da Costa. Novidades da Lei n. 14.382/2022 em relação à Medida Provisória n. 1.085/2021. **Migalhas**, 4 jul. 2022. Disponível em: https://www.migalhas.com.br/arquivos/2022/7/8A21A401B3517E_NovidadesdaLei14.382.pdf. Acesso em: 27 jun. 2023.

a sua aplicação. O Provimento CNJ 139/2023, atualmente incorporado no Provimento CNJ 149/2023 (CNN/CN/CNJ-Extra), regularizou o Serviço Eletrônico de Registros Públicos (Serp), assim como o Onserp, o Fundo para a Implementação e Custeio do Sistema Eletrônico de Registros Públicos (Ficonserp), o Fundo para a Implementação e Custeio do Sistema Eletrônico do Registro Civil de Pessoas Naturais (FIC-RCPN) e o Fundo para a Implementação e Custeio do Sistema Eletrônico do Registro de Títulos e Documentos e Civil de Pessoas Jurídicas (FIC-RTDPJ); além de instituir institui o Operador Nacional do Registro Civil de Pessoas Naturais (ON-RCPN) e o Operador Nacional do Registro de Títulos e Documentos e Civil de Pessoas Jurídicas (ON-RTDPJ), entre outras providencias. O lançamento do portal do Serp ficou previsto para 1 de julho de 2023, segundo o cronograma do anexo da Portaria 8/2023, da Corregedoria Nacional de Justiça.

Entre as numerosas previsões de seus dezesseis artigos, são mais pertinentes para a presente análise o art. 3º da referida lei, em seus incisos II, III e VII, que incluem entre os objetivos a serem alcançados no Serp a interconexão, a interoperabilidade das bases de dados e o intercâmbio de documentos entre as serventias de registros públicos e o Serp.[23] Além disso, em meio as previsões para essa base de dados, encontra-se a no art. 4º, II,[24] da prestação de informações para a produção de índices e de indicadores estatísticos. Nesse sentido, prossegue-se na linha dos excelentes avanços já realizados pelo CNJ, em especial pela sua plataforma on-line *Justiça Aberta*,[25] que fornece informações acerca de todas as serventias extrajudiciais, de imensa utilidade para os profissionais de Direito, os pesquisadores e o grande

---

[23] "Art. 3º O Serp tem o objetivo de viabilizar:
[...]
II – a interconexão das serventias dos registros públicos;
III – a interoperabilidade das bases de dados entre as serventias dos registros públicos e entre as serventias dos registros públicos e o Serp;
[...]
VII – o intercâmbio de documentos eletrônicos e de informações entre as serventias dos registros públicos e:
a) os entes públicos, inclusive por meio do Sistema Integrado de Recuperação de Ativos (Sira), de que trata o Capítulo V da Lei nº 14.195, de 26 de agosto de 2021; e
b) os usuários em geral, inclusive as instituições financeiras e as demais instituições autorizadas a funcionar pelo Banco Central do Brasil e os tabeliães;".

[24] "Art. 4º Compete aos oficiais dos registros públicos promover a implantação e o funcionamento adequado do Serp, com a disponibilização das informações necessárias, nos termos estabelecidos pela Corregedoria Nacional de Justiça do Conselho Nacional de Justiça, especialmente das informações relativas:
I – às garantias de origem legal, convencional ou processual, aos contratos de arrendamento mercantil financeiro e às cessões convencionais de crédito, constituídos no âmbito da sua competência; e
II – aos dados necessários à produção de índices e de indicadores estatísticos".

[25] CNJ. **Justiça aberta**, c2023. Disponível em: https://www.cnj.jus.br/corregedoria/justica_aberta/. Acesso em: 27 jun. 2023.

público. Espera-se que a interoperabilidade promovida pelo Serp promova ainda mais os avanços da produção de estatísticas jurídicas no país.

O Serp não extinguirá, mas sim abarcará os sistemas já existentes para o Registro de Imóveis, Títulos e Documentos de Pessoas jurídicas e o Registro Civil de Pessoas Naturais. Constituirá, dessa forma, um portal único, no qual o cidadão terá acesso a dados referentes a todas as serventias extrajudiciais do país. Agora, também, os três contarão com um operador único, a permitir a interconexão, a interoperabilidade e o intercâmbio entre eles. Até então, as centrais de registros públicos, com seus respectivos bancos de dados, subdividiam-se pelo ONR, responsável pelos Registros de Imóveis ao operar o SREI, a incluir o Sistema de Atendimento Eletrônico Compartilhado (Saec), os centros estaduais e os oficiais; pelo IRTDPJ, responsável pelos Títulos e Documentos de Pessoas jurídicas e o operador do CN-RTD; pelo Arpen, responsável pelo Registro Civil de Pessoas Naturais por meio do CRC.

Os impactos positivos da interconexão, da interoperabilidade e do intercâmbio promovidos pelo Serp vão muito além, todavia, da seara estatística; uma das principais áreas afetadas pelo novo sistema é a econômica. A maior facilidade de obtenção de informações tem impactos diretos na vida financeira do país, acelera, por exemplo, a verificação de quem possui a maioria do capital social em uma sociedade. O procurador da República, Michel Havrenne, acusa que essa medida, além de trazer maior segurança jurídica aos negócios no país, por consequência, melhora a proteção ao estrangeiro adquirente de imóvel rural.[26] Aponta, igualmente, a maior capacidade de controle e proteção a comunidades quilombolas e indígenas, permitida pela ampliação das trocas de dados.[27]

Outro campo afetado é o próprio controle do Poder Judiciário sobre as serventias extrajudiciais. A facilidade de obtenção de informações alia-se à capacidade de acompanhar em tempo real e on-line as suas atividades.[28] A interconexão e o intercâmbio também auxiliam no combate à corrupção, à lavagem de dinheiro e ao terrorismo, por permitir maior acesso a dados financeiros e relativos a imóveis no país. Dessa maneira, prossegue-se no espírito do Provimento CNJ 89/2019 e se facilita o atendimento, pelo Brasil, das exigências de *compliance* do Grupo de

---

[26] Tal aquisição de imóvel rural por estrangeiro, na forma do art. 190 da Constituição da República Federativa do Brasil, dependerá, em regra, de autorização governamental, nos moldes da Lei 5.709/1971, que regula a aquisição de imóvel rural por estrangeiro residente no país, ou pessoa jurídica estrangeira autorizada a funcionar no Brasil, ressalvados os casos em que a própria legislação de regência dispensa a necessidade de pedir-se a autorização do Poder Executivo.

[27] HAVRENNE, Michel François Druizil. Papel social do Sistema Eletrônico de Registros Públicos. **Conjur**, 20 mar. 2023. Disponível em: https://www.conjur.com.br/2023-mar-20/michel-havrenne--papel-social-serp/. Acesso em: 27 jun. 2023.

[28] SALOMÃO, Luís Felipe; MADEIRA, Daniela Pereira. O marco digital dos cartórios e o sistema eletrônico de registros públicos. **Conjur**, 19 jan. 2023. Disponível em: https://www.conjur.com. br/2023-jan-19/salomao-madeira-marco-digital-cartorios-serp/. Acesso em: 27 jun. 2023.

Ação Financeira contra a Lavagem de Dinheiro e o Financiamento do Terrorismo (GAFI/FAFT).[29] Ainda no campo internacional, crescem os debates acerca da interoperabilidade entre cartórios e consulados, por meio da inclusão das repartições consulares nos sistemas integrados de registro público, a propósito como já é realizado em projeto piloto no consulado brasileiro na Bélgica.[30]

5. CONCLUSÃO

No clássico de Dostoievski *Memórias do Subsolo*, o torpe protagonista-narrador é um burocrata que se diverte com sua posição em uma repartição pública, sempre a enrolar para entregar qualquer documento requerido por quem viesse ao seu balcão. Franz Kafka, famoso amante das obras do existencialista russo, também se dedicou a escrever obras de ficção como *O Processo*, que denunciam os males causados pelo excesso de burocracia.

Com a nova Lei 14.382/2022, os cenários dostoievskianos e kafkaescos tornam-se impossíveis. O cidadão que se depare com os empecilhos absurdos do personagem de *Memórias* pode agora, simplesmente, requerer o documento a partir de outro cartório, virtualmente, nem poderia ele correr o risco de emaranhar-se numa rede infindável de burocracia como em *O Processo*: poderia obter o documento que desejasse de qualquer cartório do Brasil, novamente pela via virtual. Graças a interconexão e o intercâmbio de documentos entre serventias previstas, no Brasil, os horrores descritos pelos dois autores permanecerão apenas na ficção.

Por interagir diretamente com as diversas etapas da vida civil, toda melhora no Registro Público resulta em amplos impactos positivos na sociedade. Ao afastar os pesadelos burocráticos e estimular a facilidade de acesso a documentos, a Lei 14.382/2022 representa um dos maiores avanços recentes do Brasil na busca de aprimoramento dos serviços públicos. Há muito tempo, já se apercebia a necessidade de mudanças nas práticas registrais, para adaptá-las às necessidades da vida moderna, eminentemente digital. Então, a interconexão, a interoperabilidade e o intercâmbio entre serventias deve servir para agilizar a troca de informações e, assim, reduzir custos e ampliar o conhecimento da realidade nacional.

Se a sociedade se virtualiza, os meios registrais devem se virtualizar, sob o risco de perderem a conexão com a sociedade que buscam retratar. E, ao fazê-lo, o

---

[29] ROCHA, Débora Cristina de Castro da. Provimento CNJ 89/19 – Registro Eletrônico de Imóveis no combate à corrupção e lavagem de dinheiro. **Dcradvocacia**, 20 jun. 2020. Disponível em: https://www.dcradvocacia.com.br/post/provimento-cnj-89-19-registro-eletr%C3%B4nico-de--im%C3%B3veis-no-combate-%C3%A0-corrup%C3%A7%C3%A3o-e-lavagem-de-dinheiro. Acesso em: Acesso em: 27 jun. 2023.

[30] REPRESENTANTES dos Cartórios de Registro Civil brasileiros discutem interoperabilidade entre consulados e cartórios com o embaixador do Brasil em Lisboa, Ministro Wladimir Waller. **CNR**, 19 maio. 2023. Disponível em: https://cnr.org.br/site/representantes-dos-cartorios-de--registro-civil-brasileiros-discutem-interoperabilidade-entre-consulados-e-cartorios-com-o--embaixador-do-brasil-em-lisboa-ministro-wladimir-waller/. Acesso em: 27 jun. 2023.

próprio sistema registral é transformado pelo novo meio, adquirindo a agilidade e a eficiência que lhe é característica. Essa adaptação aos meios tecnológicos, todavia, não é nova para os meios registrais, como se observa em sua história, sempre com resultados propícios para a toda sociedade. Não surpreende, portanto, que o nome desse autor venha sendo evocado no decorrer desse processo renovador.[31]

O CNJ e os serviços registrais exerceram um papel fundamental em capitanear essas mudanças, que culminaram na nova lei. Agora, resta-lhes o papel de levar a cabo as transformações introduzidas no ordenamento jurídico. A experiência acumulada na última década e o histórico vanguardista que os precede, porém, sinalizam aos cidadãos brasileiros bons indícios de que esse projeto seguirá seguramente para a sua melhor fruição.

REFERÊNCIAS

BACELAR, Pedro Ítalo da Costa. Novidades da Lei n. 14.382/2022 em relação à Medida Provisória n. 1.085/2021. **Migalhas**, 4 jul. 2022. Disponível em: https://www.migalhas.com.br/arquivos/2022/7/8A21A401B3517E_NovidadesdaLei14.382.pdf. Acesso em: 27 jun. 2023.

CENSEC. **Bem-vindo à CENSEC**, c2023. Disponível em: https://censec.org.br/. Acesso em: 27 jun. 2023.

CHAVES, Carlos Fernando Brasil; REZENDE, Afonso Celso F. **Tabelionato de Notas e Notário perfeito**. 7. ed. São Paulo: Saraiva, 2013.

CNJ. **Justiça aberta**, c2023. Disponível em: https://www.cnj.jus.br/corregedoria/justica_aberta/. Acesso em: 27 jun. 2023.

CNJ. **Painel de dados estatísticos de serviços extrajudiciais**, c2023. Disponível em: https://paineisanalytics.cnj.jus.br/single/?appid=6ae52b4b-f6fb-4e06-8f8a-19c0656b1408&sheet=8413120e-2be0-4713-ae80-8152be891d36&lang=pt-BR&opt=ctxmenu,currsel. Acesso em: 28 jun. 2023.

FERREIRA, Paulo Roberto Gaiger. O papel está morto. **Revista de Direito Imobiliário**, [s. l.], ano 24, n. 50, p. 21-50, jan./jun. 2001.

HAVRENNE, Michel François Druizil. Papel social do Sistema Eletrônico de Registros Públicos. **Conjur**, 20 mar. 2023. Disponível em: https://www.conjur.com.br/2023-mar-20/michel-havrenne-papel-social-serp/. Acesso em: 27 jun. 2023.

JACOMINO, Sérgio. IBRADIM entrevista presidente do IRIB. **Observatório do Registro**, 2020. Disponível em: https://cartorios.org/2020/03/28/ibradim/#more-9194. Acesso em: 27 jun. 2023.

LOUREIRO, Luiz Guilherme. **Registros Públicos**: teoria e prática. 5. ed. ver., atual e ampl. Rio de Janeiro: Forense; São Paulo: Método, 2014.

OLIVEIRA, Carlos E. Elias de. Análise detalhada da Medida Provisória nº 1.085/2021 e Sugestões de Ajustes: cartório eletrônico e ajustes em negócios imobiliários. **Jusbrasil**, 2022. Disponível em: https://www.jusbrasil.com.br/artigos/analise-detalhada-da-medida-provisoria-n-1085-2021-e-sugestoes-de-ajustes/1347518553. Acesso em: 25 nov. 2023.

PEDROSO, Regina; LAMANAUSKAS, Milton Fernando. **Direito Notarial e Registral**. Rio de Janeiro: Elsevier, 2013.

---

[31] JACOMINO, Sérgio. IBRADIM entrevista presidente do IRIB. **Observatório do Registro**, 2020. Disponível em: https://cartorios.org/2020/03/28/ibradim/#more-9194. Acesso em: 27 jun. 2023.

REPRESENTANTES dos Cartórios de Registro Civil brasileiros discutem interoperabilidade entre consulados e cartórios com o embaixador do Brasil em Lisboa, Ministro Wladimir Waller. **CNR**, 19 maio. 2023. Disponível em: https://cnr.org.br/site/representantes-dos--cartorios-de-registro-civil-brasileiros-discutem-interoperabilidade-entre-consulados--e-cartorios-com-o-embaixador-do-brasil-em-lisboa-ministro-wladimir-waller/. Acesso em: 27 jun. 2023.

ROCHA, Débora Cristina de Castro da. Provimento CNJ 89/19 – Registro Eletrônico de Imóveis no combate à corrupção e lavagem de dinheiro. **Dcradvocacia**, 20 jun. 2020. Disponível em: https://www.dcradvocacia.com.br/post/provimento-cnj-89-19-registro-eletr%C3%B4nico--de-im%C3%B3veis-no-combate-%C3%A0-corrup%C3%A7%C3%A3o-e-lavagem-de--dinheiro. Acesso em: Acesso em: 27 jun. 2023.

RTDPJBrasil. **RTDPJBrasil**, c2023. Disponível em: https://www.rtdbrasil.org.br/. Acesso em: 27 jun. 2023.

SALOMÃO, Luis Felipe; MADEIRA, Daniela Pereira. O marco digital dos cartórios e o sistema eletrônico de registros públicos. **Conjur**, 19 jan. 2023. Disponível em: https://www.conjur. com.br/2023-jan-19/salomao-madeira-marco-digital-cartorios-serp/. Acesso em: 27 jun. 2023.

SIQUEIRA, Graciano Pinheiro de. Primeiras impressões sobre a Medida Provisória nº 1.085, de 27 de dezembro de 2021. **Migalhas**, 2022. Disponível em: https://www.migalhas.com. br/arquivos/2022/1/71CC9B1423C569_PrimeirasimpressoessobreaMedid.pdf. Acesso em: 27 jun. 2023.

SOUSA, Eduardo Pacheco Ribeiro de. **Noções fundamentais de Direito Registral e Notarial.** 2. ed. São Paulo: Saraiva, 2017.

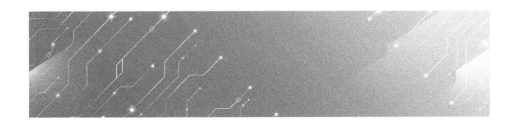

Capítulo 7

TABELIONATO DE NOTAS E O INTERCÂMBIO ELETRÔNICO DE DOCUMENTOS E INFORMAÇÕES

Allan Nunes Guerra

1. A ESSÊNCIA DA ATIVIDADE NOTARIAL

A atividade notarial existe desde o surgimento da civilização. A partir do momento em que as relações humanas se tornaram mais complexas, tornou-se imperiosa a intervenção de um agente confiável, que assegurasse legitimidade e estabilidade às convenções e aos contratos.

Segundo Brandelli: o "embrião da atividade notarial, ou seja, o embrião do tabelião, nasceu do clamor social, para que, num mundo massivamente iletrado, houvesse um agente confiável que pudesse instrumentalizar, redigir o que fosse manifestado pelas partes contratantes, a fim de perpetuar o negócio jurídico, tornando menos penosa a sua prova, uma vez que as palavras voam ao vento".[1]

Ao longo da evolução da civilização, a atividade notarial consolidou-se e fortaleceu-se como elemento indispensável a dar ao cidadão segurança e proteção nos atos e negócios mais relevantes da vida civil, resguardando a segurança jurídica preventiva, a justiça, a verdade; garantindo eficácia *erga omnes*, atuando, em suma, para consolidar e preservar a paz social.[2]

No Brasil, a legislação atual define o serviço notarial como o de organização técnica e administrativa destinado a garantir a publicidade, autenticidade, segurança

---

[1] BRANDELLI, Leonardo. **Teoria Geral do Direito Notarial**. 4. ed. São Paulo: Saraiva, 2011, p. 26.

[2] ARMELLA, Cristina N. La función notarial telemática o a distancia. Presupuestos esenciales de su existencia. **Revista Jurídica Argentina La Ley**, [*s. l.*], v. 114, 2020.

108 | SISTEMA ELETRÔNICO DO REGISTRO PÚBLICO E SUA REGULAMENTAÇÃO

e eficácia dos atos jurídicos (art. 1º da Lei 8.935/1994). No exercício de sua função jurídica e social, cabe ao notário assegurar o atributo essencial do ato ou negócio jurídico o seu valor autêntico.[3]

Tradicionalmente, nos atos e negócios a que era chamado a intervir, a participação do Notário sempre se deu pessoalmente, de forma presencial. A isso, os países de língua espanhola chamam de *principio de inmediación*, no qual é necessária a presença do operador do Direito, em especial o Notário, em relação direta com a pessoa ou objeto de sua atuação.

A noção tradicional da autenticidade do ato notarial é baseada na qualificação e na identificação das pessoas, como também, sobretudo, na experiência sensorial do Notário, participando direta, pessoalmente e presencialmente do ato que será reduzido a termo em suas notas.

Além de certificar a identificação das pessoas que participam do ato, cabe ao Notário verificar e certificar o consentimento expresso e a real manifestação de vontade das partes. Essa é a essência da atividade notarial, pilar sobre o qual se assenta o caráter autêntico dos atos notariais.

Presente desde os primórdios da civilização, a atividade notarial tem evoluído ao lado da própria evolução da humanidade. Para exercer a função de preservação da paz social, é imperioso que o serviço notarial responda aos anseios e às necessidades das atividades humanas, sejam elas negociais ou de qualquer ato da vida civil.

Assistimos, nos últimos anos, a "digitalização" da sociedade. Cada vez mais atividades corriqueiras e, até mesmo, o exercício da cidadania e dos direitos da personalidade se dão em ambientes digitais. Talvez até uma revolução. Hoje, um aparelho de telefone celular carrega praticamente tudo que um ser humano precisa para se identificar e se relacionar comercialmente, civilmente e institucionalmente, seja com outro particular ou com pessoa de direito público. Por sua vez, seus documentos de identificação, sua moeda digital e seus dados de saúde estão disponíveis no ambiente digital.

A digitalização mudou drasticamente os conceitos e as limitações impostas pelo espaço e tempo nas relações humanas. O espaço físico em que nos encontramos, onde estão nossos interlocutores, ou onde estão localizadas nossas demandas, pouco importa, pois estão sempre acessíveis de forma digital. Dessa forma, o mundo digital encurtou o tempo e extinguiu a noção de espaço como entrave para as relações humanas.

Como enfatizam Calos Oliveira e Hercules Benício, a "evolução tecnológica contemporânea condena veemente que o Direito continue a exigir dos indivíduos

---

[3]   CHIKOC BARREDA, Naivi. De la COVID-19 à l'acte électronique à distance: réflexions sur les enjeux de l'authenticité démateérialisée. **Revue générale de droit**, [*s. l.*], v. 51, n. 1, p. 97-133, 2021. p. 107.

solenidades fisicamente presenciais para a prática de atos jurídicos quando as relações sociais e comerciais migraram substancialmente para formas de comunicação remotas. O Direito não pode esquecer de sua origem e vocação e caminhar em descompasso com a realidade: o Direito nasce dos fatos, como ensinavam os romanos *(ex facto oritur jus)*".[4]

Quando pensamos em escritura ou certidão notarial eletrônica, precisamos diferenciar duas situações diversas. Primeiro, temos os atos praticados perante o Notário, podendo este assegurar a veracidade e a autenticidade por sua presença e experiência sensorial. Ao fim, o ato é simplesmente transportado para o suporte digital, e não mais o suporte tradicional do papel.

No Brasil, desde a instituição da Infraestrutura de Chaves Públicas Brasileiras (ICP/Brasil), com a edição da Medida Provisória 2.200-2/2001, os Notários podem emitir escritura – de compra e venda, doação, união estável, declaratória, divórcio, inventário... –, testamento, ata notarial, procuração e certidão em formato eletrônico, com assinatura eletrônica por intermédio de um certificado digital emitido no âmbito da ICP/Brasil. E sequer há suscitação ou mesmo debate acerca da salvaguarda de autenticidade e segurança. Isso porque em nada se diferenciam dos atos notariais praticados ao longo dos séculos, à exceção do suporte de mídia receptor do ato, que já foi a pele de cordeiro, o papiro, o papel e, agora, os *bytes* eletrônicos. Aqui, tratamos exclusivamente do recipiente da declaração de vontade, que pode ser recebida pelo Notário em papel ou por via eletrônica.[5]

No entanto, a questão se torna mais delicada e espinhosa quando passamos para o segundo nível de atos notariais eletrônicos. Agora, referimo-nos aos atos praticados integralmente de forma eletrônica, sem a presença física do Notário ou das pessoas partícipes do ato. Assim, é preciso refletir e reinterpretar a própria essência da atividade notarial; assegurar meios tecnológicos e procedimentais capazes de assegurar a certificação pelo notário da autenticidade do ato.

A par das inovações tecnológicas, o Notário é instado a reinventar-se, desenvolver novas habilidades sensoriais, capazes de perceber o mundo por meio de lentes tecnológicas, e assegurar a fiel transcrição da vontade manifestada e do livre consentimento. Do notariado é exigido evoluir sem perder a essência, como destacou a Presidente da União Internacional do Notariado Latino, Dra. Cristina N. Armella.[6]

---

[4] OLIVEIRA, Carlos E. Elias; BENÍCIO, Hérculos Alexandre da Costa. Assinatura eletrônica nos contratos e em outros atos jurídicos. **Migalhas**, 20 jul. 2020. Disponível em: https://www. migalhas.com.br/amp/coluna/migalhas-contratuais/330879/assinatura-eletronica-nos-contratos- -e-em-outros-atos-juridicos. Acesso em: 25 nov. 2023.

[5] CHIKOC BARREDA, Naivi. De la COVID-19 à l'acte électronique à distance: réflexions sur les enjeux de l'authenticité dématérialisée. **Revue générale de droit**, [*s. l.*], v. 51, n. 1, p. 97-133, 2021. p. 109.

[6] Palestra de encerramento da Universidade Mundial do Notariado "Jean-Paul Decorps", em 27 de outubro de 2021. Disponível em: https://www.uinl.org/-/-on-paper-electronic-or-remote-the-

2. O NOTARIADO ELETRÔNICO NO BRASIL – E-NOTARIADO

A recente pandemia de Covid-19 impôs ao mundo uma série de privações e desafios, notadamente pela necessidade de distanciamento social entre as pessoas. Diversas legislações mundo afora passaram a admitir a prática de atos notariais a distância. Em primeiro lugar, há o firme reconhecimento do caráter essencial dos serviços notariais, que não poderiam deixar de ser prestados à sociedade durante o período pandêmico.

A grande maioria dos países, principalmente da União Europeia (como França, Bélgica, Holanda, Áustria), editaram normas provisórias válidas para o enfrentamento das restrições impostas pela pandemia. O Brasil mostrou-se na vanguarda desse movimento mundial, na medida em que desenvolveu um arcabouço normativo e tecnológico permanente, conforme o Provimento CNJ 100/2020, editado pela Corregedoria Nacional de Justiça, atualmente incorporado no Provimento CNJ 149/2023 – CNN/CN/CNJ-Extra).

O pioneirismo e o avanço do antigo Provimento CNJ 100/2020 mereceram destaque da doutrina mundial, conforme apontado pela Professora de Direito Civil da Universidade de Ottawa, Dra. Naivi Chikoc Barreda:

> Le Brésil est un autre exemple où l'acte électronique à distance a été adopté, pour l'ensemble des actes juridiques et sans restriction quant à la présence des parties sur le territoire national, avec la particularité qu'il a été érigé en solution permanente. L'acte électronique à distance est institué par le Provimento no 100 du 26 mai 2020 du Corregedor Nacional de Justiça, qui met en place une plateforme unique sécurisée (e-Notariado) pour la réception des actes et dont la maintenance est assurée par le conseil fédéral du Colégio Notarial do Brasil.[7]

Conforme disposto no seu art. 1º, o antigo Provimento CNJ 100 estabeleceu normas gerais sobre a prática de atos notariais eletrônicos em todos os tabelionatos de notas do país. Criou-se a plataforma eletrônica do e-Notariado, que será mantida e gerenciada pelo Colégio Notarial do Brasil – Conselho Federal, sem nenhum custo ou ônus para o Estado brasileiro.

O e-Notariado é uma plataforma completa de integração digital dos notários brasileiros, que permite a prática completa dos atos notariais de forma eletrônica e a distância, com destaque para escritura, procuração, ata notarial e autorização de viagem de menor.

-notarial-authentic-instrument-is-one-and-indivisible-a-look-back-at-the-closing-seminars-of-the-2021-world-notariat#p_73_INSTANCE_g4QgRSEIbf0Q. Acesso em: 25 nov. 2023.

[7] CHIKOC BARREDA, Naivi. De la COVID-19 à l'acte électronique à distance: réflexions sur les enjeux de l'authenticité dématérialisée. **Revue générale de droit**, [s. l.], v. 51, n. 1, p. 97-133, 2021. p. 105.

Cap. 7 • TABELIONATO DE NOTAS E O INTERCÂMBIO ELETRÔNICO DE DOCUMENTOS E INFORMAÇÕES | 111

Todos os Notários devem obrigatoriamente integrar-se à plataforma e--Notariado. Por sua vez, os órgãos públicos, segundo a pertinência de seu serviço, podem acessar informações nela contidas.

O e-Notariado possibilita o acesso e a popularização do certificado digital no Brasil, pois prevê a distribuição gratuita do certificado digital notarizado, que permite a prática de todos os atos notariais no âmbito da plataforma, sem prejuízo de utilização dos certificados digitais emitidos no âmbito da ICP/Brasil, a critério do interessado.

O sistema de notariado eletrônico implementado no Brasil, nos termos do Provimento CNJ 100/2020, incorporado integralmente ao CNN/CN/CNJ-Extra nos arts. 284 a 319, permitiu a inserção dos serviços notariais no ambiente digital, sem se descuidar da essência dos atos notariais, salvaguardando a autenticidade e a segurança.

A aferição da identidade dos partícipes dá-se em duas etapas complementares: primeiro, todos participam do ato mediante aposição de assinatura digital qualificada, por meio de certificado digital emitido pela ICP/Brasil ou pelo certificado digital notarizado, emitido por um notário no âmbito do e-Notariado; depois, é realizada videoconferência, gravada, em que as partes ratificam, oralmente, o ato já assinado.

Assim, a identidade do emissor do certificado digital é garantida pelos requisitos e critérios rígidos de emissão desses certificados. Não obstante, é inegável que o certificado digital de uma pessoa pode vir a ser utilizado por outra pessoa de sua confiança, que detenha a senha de autenticação, o que é muito comum, por exemplo, nas relações conjugais e entre empresários e profissionais liberais e seu contador.

Esse problema é contornado pela segunda etapa de identificação dos participantes do ato notarial, por meio de videoconferência a distância, como previsto no art. 10, § 3º, do antigo Provimento CNJ 100, atual art. 292, § 3º, do CNN/CN/CNJ-Extra:

> § 3º Para a assinatura de atos notariais eletrônicos é imprescindível a realização de videoconferência notarial para captação do consentimento das partes sobre os termos do ato jurídico, a concordância com o ato notarial, a utilização da assinatura digital e a assinatura do Tabelião de Notas com o uso de certificado digital, segundo a Infraestrutura de Chaves Públicas Brasileira – ICP.

Para garantir a essência do ato notarial no ambiente integralmente digital, entra em cena a videoconferência obrigatória. O Notário, no ato da videoconferência, confirmará a identificação dos partícipes, podendo utilizar ainda outros meios de identificação, como biométricos, nos termos do art. 18 do antigo Provimento e atual art. 301 do CNN/CN/CNJ-Extra:

> Art. 301. A identificação, o reconhecimento e a qualificação das partes, de forma remota, será feita pela apresentação da via original de identidade eletrônica e pelo conjunto de informações a que o tabelião teve acesso, podendo utilizar-se, em especial, do sistema de identificação do e-Notariado, de documentos digitalizados, cartões de assinatura abertos por outros notários, bases biométricas públicas ou próprias, bem como, a seu critério, de outros instrumentos de segurança.

Além da certeza da identificação, o Notário colherá a verdade e a pureza da manifestação de vontade, do livre consentimento e da capacidade das partes. O Tabelião e o professor Hercules Benício explicam que o ato notarial eletrônico "viabiliza o que se pode chamar de presencialidade mediada pela tecnologia".[8]

É fundamental que o Notário dedique especial cuidado na realização da videoconferência, desenvolvendo novos sentidos e percepções sensoriais, diferentes das sensações colhidas presencialmente. A habilidade notarial, desenvolvida desde os primórdios da civilização humana, certamente será capaz de adaptar-se ao ambiente digital, mantendo-se fiel na sua função de assegurar a autenticidade, a verdade e a segurança dos atos produzidos eletronicamente com sua intervenção.

O sistema do notariado eletrônico, desenhado pelo antigo Provimento CNJ 100/2020 e incorporado integralmente no CNN/CN/CNJ-Extra, não se descuidou de outro importante pilar da atividade notarial, que é a perpetuidade de seus atos. Além do arquivamento dos atos em si, a norma prevê o arquivamento da videoconferência, que estará disponível para eventual checagem e confirmação.

O e-Notariado prevê a utilização de formatos de documentos de longa duração, bem como a constante atualização da base de dados, mantendo seus arquivos acessíveis ao longo dos anos. Não se negligencia, no mundo digital, com a perpetuidade dos atos notariais, já manifestada no Codex Justiniano (7.52.6): "gesta, quae sunt translata in publica monumenta, habere volumus perpetuam firmitatem. Neque enim morte cognitoris perire debet publica fides".[9]

3. O INTERCÂMBIO ELETRÔNICO DE DOCUMENTOS NOTARIAIS

Estamos na era da informação, em que tudo deve estar acessível a qualquer momento, em qualquer lugar. Em um mundo fluido, as fronteiras físicas perdem importância. Não há mais oportunidade para limitação de espaço e distância. Igualmente, quando se trata de tráfego de informações, o tempo é o agora e o imediato.

---

[8] BENÍCIO, Hercules Alexandre da Costa. A Responsabilidade Civil do Tabelião e a Prática de Atos Eletrônicos. **Migalhas**, 3 mar. 2021. Disponível em: https://www.migalhas.com.br/amp/coluna/migalhas-notariais-e-registrais/341027/a-responsabilidade-civil-do-tabeliao-e-a-pratica--de-atos-eletronicos. Acesso em: 25 nov. 2023.

[9] Em tradução livre: Queremos que tenham força perpétua os atos que foram transcritos em documentos públicos. Porque não deve perecer a fé pública com a morte de um conhecedor.

Cap. 7 • TABELIONATO DE NOTAS E O INTERCÂMBIO ELETRÔNICO DE DOCUMENTOS E INFORMAÇÕES | **113**

A inserção do notariado no mundo eletrônico, permitindo a prática dos seus atos a distância, em qualquer lugar e tempo, com a mesma segurança, autenticidade e confiabilidade, permite que se insiram no universo das informações, em tempo real, os atos e os documentos notariais.

A plataforma e-Notariado permite a confecção dos atos notariais em meio cem por cento digital, mantendo-se a essência e os pilares sagrados dessa instituição milenar. Uma vez inseridos no meio eletrônico, as informações e atos notariais podem transitar em tempo real, sem limite de distância.

Obtida uma certidão, ou uma escritura, ela pode ser encaminhada diretamente para um ou mais destinatários, de forma imediata. Igualmente, um pai, em qualquer ponto do planeta, pode instantaneamente autorizar que seu filho viaje acompanhado só da mãe, e essa informação torna-se imediatamente disponível à companhia aérea e à Polícia Federal.

Os notários brasileiros estão aptos a integrar diretamente seus atos ao do Serp, instituído pela Lei 14.382/2022. Conforme disciplina a alínea *b,* do inciso VII, do art. 3.º, da Lei 14.382/2022, o Serp tem o objetivo de viabilizar o intercâmbio de documentos eletrônicos e de informações entre as serventias de registros públicos e os usuários em geral e os tabeliães.

A confecção e a emissão eletrônica dos diversos atos notariais permitem seu intercâmbio com as demais serventias de registros públicos, notadamente os registros de imóveis, por meio do Serviço de Atendimento Eletrônico Compartilhado (Saec).

O sistema do notariado eletrônico permite ainda que o documento confeccionado originalmente na forma tradicional, impresso em papel, possa ser "desmaterializado" com a autenticidade notarial, permitindo, a partir daí, o trânsito e o intercâmbio de forma eletrônica, qualquer que seja seu destinatário.

O antigo Provimento CNJ 100 criou a Central Notarial de Autenticação Digital (Cenad), que permite justamente a desmaterialização de documentos em papel e sua transformação em documento digital com a autenticação notarial. Tais documentos podem ser conferidos por seus destinatários no âmbito da Cenad, conferindo ainda mais segurança à tradicional autenticidade notarial.

O caminho inverso também é possível: a materialização em papel, de forma autenticada, de documento originalmente eletrônico.

Abre-se, portanto, um campo praticamente infinito de possibilidades, de forma a corresponder às necessidades e aos anseios de uma sociedade digital. O notariado brasileiro, em conjunto com o Poder Judiciário, a quem cabe constitucionalmente sua fiscalização, representado pelo CNJ e pelas corregedorias de justiça dos estados e do Distrito Federal, cumpre mais uma vez seu papel, inova, para acompanhar as demandas sociais, mantendo-se fiel a sua essência de garantidor da segurança, da autenticidade, da verdade e promotor da paz social.

4. O EXERCÍCIO PRÁTICO DO NOTARIADO ELETRÔNICO

O Provimento CNJ 100/2020 (atualmente revogado pelo CNN/CN/CN-Extra) instituiu o e-Notariado e concedeu prazo de seis meses para sua implementação, de acordo com cronograma técnico.

Os atos notariais eletrônicos, presencialmente ou a distância, já são uma realidade na sociedade brasileira. Hoje, temos mais de 1 milhão de certificados digitais notarizados ativos, emitidos pelo e-Notariado. A título de comparação, a ICP/Brasil, instituída pela MP 2.200/2001, precisou de vinte anos (em 2021) para alcançar a marca de 1 milhão de certificados digitais ativos, somando-se todas as certificadoras digitais do país.

A capilaridade e a credibilidade dos cartórios no Brasil permitiram alcançar a importante marca de 1 milhão de certificados digitais ativos em apenas três anos. Vale destacar, ainda, que os certificados digitais notarizados são emitidos gratuitamente, permitindo a inserção de todos os brasileiros no mundo digital.

O notariado brasileiro contribui efetivamente para a diminuição da vulnerabilidade digital. A segurança jurídica notarial caminha junto com a justiça social, fomentando uma sociedade mais igualitária e promovendo paz social.

Foram emitidos nestes três anos, cerca de 2 milhões de atos notariais eletrônicos, sendo quase 700 mil escrituras públicas eletrônicas lavradas a distância, por videoconferência.

Mais de 20 mil documentos foram desmaterializados e autenticados de forma digital, permitindo sua circulação e intercâmbio de forma eletrônica em tempo real.

O serviço de Autorização Eletrônica de Viagem (AEV), fruto de um convênio do e-Notariado com a Polícia Federal, permite a emissão da autorização de viagem para menor de idade de forma totalmente eletrônica, por videoconferência. A Polícia Federal tem acesso ao sistema e pode conferir a autenticidade da autorização de viagem, tornando o documento ainda mais seguro e imune a falsificação. Iniciado em fevereiro de 2023, em apenas seis meses, cerca de 10 mil autorizações de viagens de menores já foram emitidas no âmbito do e-Notariado.

5. CONCLUSÃO

De tradição milenar, o notariado do tipo latino contribui para garantir a segurança, a autenticidade, a perpetuidade, a publicidade e a confiabilidade dos atos jurídicos, assegurando e promovendo a paz social. Sua origem se confunde com o surgimento da própria civilização. Ao longo dos séculos, o notariado tem evoluído e se adaptado para atender as demandas da sociedade.

Recentemente, impôs-se ao notariado o desafio de adaptar suas tradições milenares ao mundo digital: garantir a mesma segurança e autenticidade de forma eletrônica, dispensando-se a presença física para a lavratura dos atos notariais.

O desafio foi aceito e enfrentado pelo notariado e pelo Poder Judiciário, fiscalizador constitucional dos serviços notariais e de registro brasileiros. Com o CNJ, o Brasil assumiu a vanguarda mundial do notariado eletrônico. Somos um dos primeiros países com regulamentação definitiva e permanente do ecossistema notarial eletrônico.

Pode-se concluir com tranquilidade que o sistema do e-Notariado, implementado inicialmente pelo Provimento CNJ 100/2020, é uma realidade prática presente no dia a dia do brasileiro. Fruto do esforço dos notários brasileiros, e brilhantemente normatizado e fiscalizado pela Corregedoria Nacional de Justiça, do Conselho Nacional de Justiça e pelas corregedorias de justiça dos estados e do Distrito Federal, garante a realização dos atos notariais eletrônicos, com a mesma higidez, segurança e autenticidade tradicionais.

Maria Rosa Braz aposentou-se como enfermeira no Hospital Regional de Brazlândia (DF) e mudou-se, com duas filhas, para os Estados Unidos da América. Recentemente, como *baby sitter*, comprou um imóvel no Guará (DF). A escritura de seu imóvel foi digital. O Cartório de Notas de Brazlândia (DF) emitiu certificado digital notarizado para os vendedores e para Maria Rosa; lavrou a escritura; e remeteu-lhes o link para assinatura. Vendedores e compradora assinaram o documento eletrônico, com uso do certificado digital. Em seguida, o cartório promoveu a videoconferência, a qual vendedores, compradora e tabelião substituto participaram. Nela, Maria Rosa deixou gravado, ao final: "Olha, meu filho, eu comprei imóvel aqui (nos Estados Unidos) e aí (no Brasil). Aí foi muito mais simples e rápido. Estou impressionada!". Ela ainda poderia ter dito que aqui, no Brasil, o custo do cartório foi também mais barato que o da *title company*, pois também seria verdade.

Após assinada com certificado digital por todas as partes e pelo tabelião e realizada a videoconferência, o cartório de notas expediu certidão do ato e a fez transitar pelo sistema eletrônico até o Cartório de Imóveis do Guará (DF), que registrou a compra e a venda, concluindo-se assim a transferência de propriedade do imóvel. Seguramente, Maria Rosa é alheia a esses critérios técnicos, à própria técnica e nomenclatura aqui citada e empregada, mas, do conforto de sua casa, nos Estados Unidos da América, concluiu todo o processo de compra de um imóvel no Brasil, com rapidez e segurança.

Assim como a de Maria Rosa, outras 672 mil escrituras digitais já haviam sido lavradas pelos cartórios do Brasil até julho de 2023.

Os atos de pioneirismo, boa técnica e segurança do Conselho Nacional de Justiça e dos cartórios do Brasil, consagrados na Lei do Sistema Eletrônico do Registro Público – Serp (Lei 14.382/2022) transformam para melhor a vida dos brasileiros.

REFERÊNCIAS

ARMELLA, Cristina N. La función notarial telemática o a distancia. Presupuestos esenciales de su existencia. **Revista Jurídica Argentina La Ley**, [*s. l.*], v. 114, 2020.

BENÍCIO, Hercules Alexandre da Costa. A Responsabilidade Civil do Tabelião e a Prática de Atos Eletrônicos. **Migalhas**, 3 mar. 2021. Disponível em: https://www.migalhas.com.br/amp/coluna/migalhas-notariais-e-registrais/341027/a-responsabilidade-civil-do-tabeliao--e-a-pratica-de-atos-eletronicos. Acesso em: 25 nov. 2023.

BRANDELLI, Leonardo. **Teoria Geral do Direito Notarial**. 4. ed. São Paulo: Saraiva, 2011.

CHIKOC BARREDA, Naivi. De la COVID-19 à l'acte électronique à distance: réflexions sur les enjeux de l'authenticité dématérialisée. **Revue générale de droit**, [*s. l.*], v. 51, n. 1, p. 97-133, 2021.

FRONTINI, Elba María de los Angeles; GATTI, Mariela. El ejercicio de la función notarial en la sociedad de la información. *In*: JORNADA NOTARIAL BONAERENSE, 42., 2022, São Pedro. **Anais** [...]. São Pedro: JNB, 2022. Disponível em: www.jnb.org.ar/42/images/42--trabajos/tema-1/1-FRONTINI-y-otros.pdf. Acesso em: 25 nov. 2023.

OLIVEIRA, Carlos E. Elias; BENÍCIO, Hérculos Alexandre da Costa. Assinatura eletrônica nos contratos e em outros atos jurídicos. **Migalhas**, 20 jul. 2020. Disponível em: https://www.migalhas.com.br/amp/coluna/migalhas-contratuais/330879/assinatura-eletronica-nos--contratos-e-em-outros-atos-juridicos. Acesso em: 25 nov. 2023.

SCHMIDT, Walter Cesar. El documento digital y la actuación notarial remota o a distancia. *In*: JORNADA NOTARIAL BONAERENSE, 42., 2022, São Pedro. **Anais** [...]. São Pedro: JNB, 2022. Disponível em: http://www.jnb.org.ar/42/images/42-trabajos/tema-1/1-SCHMIDT.pdf. Acesso em: 25 nov. 2023.

Capítulo 8

O PAPEL DOS TABELIÃES DE NOTAS E A CONSULTA A DADOS CONSTANTES NO SISTEMA ELETRÔNICO DOS REGISTROS PÚBLICOS (SERP)

Giselle Oliveira de Barros

1. INTRODUÇÃO

A Lei 14.382/2022, conhecida como Lei do Serp, traz inovação ao ordenamento jurídico brasileiro ao prever a criação do Sistema Eletrônico dos Registros Públicos (Serp), com foco na modernização e na simplificação dos serviços registrais. Neste artigo, veremos que a lei conferiu importante distinção em prol dos Tabeliães de protesto e de notas, que não terão obrigatoriamente que integrar o novo sistema, nem participar do seu subvencionamento, mas atuarão de maneira colaborativa na integração de suas páginas próprias com àquela do novo sistema.

A diferenciação legal, explicitada pela regulamentação editada pela Corregedoria Nacional de Justiça do Conselho Nacional de Justiça (CNJ), encontra razão de ser no modelo notarial adotado no Brasil, na independência legal conferida ao exercício da atividade e na liberdade de organização dos seus elementos estruturantes, gozada pelos profissionais de Direito que integram a categoria.

2. AS ESPECIALIDADES DELEGADAS E O SISTEMA ELETRÔNICO DOS REGISTROS PÚBLICOS (SERP)

As atividades delegadas de notas e registros públicos são serviços de organização técnica e administrativa, que estão ligadas a atributos de Direito formal e asseguram que atos de extrema importância disciplinados pelas leis civis e mercantis

118 | SISTEMA ELETRÔNICO DO REGISTRO PÚBLICO E SUA REGULAMENTAÇÃO

sejam revestidos de publicidade, autenticidade, segurança e eficácia jurídica, nos termos do art. 1º da Lei de Registros Públicos (LRP – Lei 6.015/1973), do artigo inaugural da Lei dos Cartórios (Lei 8.935/1994) e do art. 1º da Lei de Protestos e Títulos (Lei 9.492/1997).

A Lei do Serp foi editada com o intuito de modernizar e simplificar os procedimentos relativos aos registros públicos de atos e negócios jurídicos e de incorporações imobiliárias (art. 1º), aplicando-se às relações jurídicas que envolvam Oficiais de registros públicos e aos usuários dos serviços de registros públicos (art. 2º). A legislação em comento possui incidência mais ampla do que a sua redação pode levar a entender em uma primeira leitura, pois deve ser observada, igualmente, nas relações entre Oficiais de registro, entre eles e agentes públicos, como o Poder Judiciário, quando do exercício de atividade fiscalizatória sobre a atividade, e nas relações entre os oficiais e os usuários, pessoas físicas e jurídicas, de direito público e de direito privado.

A lei reitera a noção de que as unidades registrais integram um sistema que deve ser estruturado a partir de suas especialidades, que se interrelacionam para melhoria na oferta dos serviços delegados. Ao fazer referência direta à LRP, o legislador evidenciou que o novo sistema será composto pelo registro civil de pessoas naturais, pelo registro civil de pessoas jurídicas, pelo registro de títulos e documentos e pelo registro de imóveis, pois integram o conceito de registros públicos do art. 1º da LRP. Com isso, as atividades desempenhadas pelos Tabeliães de notas, de registro de contrato marítimos, de protesto de títulos e pelos Oficiais de registro de distribuição não estariam explicitamente abarcadas pela Lei do Serp e, consequentemente, não integrariam o novo sistema; estando os Tabeliães dispensados da adesão obrigatória e da aplicação de penalidades pelo não atendimento das determinações legais ali previstas, nos termos do art. 4º, §§ 1º e 2º.

A Lei do Serp delegou à Corregedoria Nacional de Justiça a tarefa de regulamentar aspectos centrais do novo sistema. Para tanto, foi conferida amplitude para o exercício de atividade legislativa regulatória pela corregedoria para questões delegadas variadas, como: incorporação futura de novos serviços que poderão ser oferecidos na nova plataforma, para além daqueles que já estão abarcados pelas previsões dos incisos I a X do art. 3º, da Lei do Serp; fixação dos padrões e dos requisitos de documentos, de conexão e funcionamento do sistema (art. 3º, § 3º, I); o regime de funcionamento do Operador Nacional do Serp; a instituição da receita do Fundo para Implementação e Custeio do Serp, denominado FICs (art. 5º, § 1º); a disciplina da integração do Serp com os sistemas eletrônicos já existentes (art. 7º), entre muitos outros.

Nas disposições transitórias e finais da lei, foi inserida previsão de cronograma de implementação do Serp e do registro público de atos jurídicos, com data final máxima para janeiro de 2023 (art. 18); o que fez com que, por meio da Portaria 90/2022 da Corregedoria Nacional, fosse instituído um grupo de trabalho para elaboração de estudos e propostas para efetivação dos pontos lacunosos da lei. O Provimento 139/2023 foi editado com esse intuito. E tal provimento foi posteriormente revogado pelo Provimento 149/2023 da Conselho Nacional de Justiça, que instituiu o Código de Normas da Corregedoria Nacional de Justiça – Foro Extrajudicial.

Importa apontar que nem todas as questões passíveis de regulamentação foram endereçadas naquela oportunidade, como o tema do extrato eletrônico e a necessidade de aclaramento de pontos sobre as espécies de documentos que poderão ser substituídos por extratos eletrônicos em atos e negócios jurídicos; versando sobre bens móveis (art. 8º), os elementos que o integram; bem como os documentos que poderão ser recepcionados dessa forma (art. 7º, VIII); e a modalidade de assinatura eletrônica utilizada para acesso e envio de informações aos registros públicos via internet (art. 11 e alteração do art. 17 da LRP). Não obstante, o provimento esmiuçou tópicos de extrema relevância para o início do funcionamento do Serp.

Para o ponto que aqui nos interessa, vale destacar as disposições que versam sobre o Operador Nacional, o Onserp, gestor do novo sistema. A nova pessoa jurídica será composta pelo Operador Nacional do Sistema de Registro Eletrônico de Imóveis (ONR), pelo Operador Nacional do Registro Civil de Pessoas Naturais (ON-RCPN) e pelo Operador Nacional do Registro de Títulos e Documentos e Civil das Pessoas Jurídicas (ON-RTDPJ); os dois últimos a serem constituídos formalmente por suas entidades representativas de caráter nacional já instituídas, conforme redação dos arts. 213 e 214 do Provimento 149/2023. Já os recursos financeiros para desenvolvimento, implantação, sustentação e evolução do Onserp advirão do subvencionamento indireto dos oficiais dos registros públicos, responsáveis interinos ou interventores, dos estados e do Distrito Federal; via repasse de percentual de rendas dos fundos de cada pessoa jurídica integrante, com valores a serem definidos em processo administrativo subsequente e que não poderão ser cobrados dos usuários do serviço público delegado (art. 217, parágrafo único e art. 220 do Provimento 149/2023). Os Tabeliães, por sua vez, não foram incluídos como componentes do Onserp.

Entretanto, a previsão do art. 4º, § 1º, da Lei do Serp, combinada com a independência que norteia o exercício das atribuições dos notários e dos oficiais de registro (art. 28 da Lei 8.935/1994), não implica ausência absoluta de participação das especialidades não explicitamente nominadas no art. 1º da Lei do Serp no novo sistema. Ainda que a lei sob análise faça referência aos serviços de registros públicos dos arts. 37 a 41 e 45 da Lei 11.977/2009, e consequentemente aos delegatários tutelados pela LRP, a participação das demais especialidades no novo sistema ficou a cargo e foi esclarecida pela Corregedoria Nacional de Justiça do Conselho Nacional de Justiça.

3. O SERP E OS TABELIÃES DE NOTAS: COOPERAÇÃO E INDEPENDÊNCIA

A fim de ilustrar o binômio cooperação e independência, presente na atuação dos tabeliães face ao Serp, tratemos da possibilidade de consulta aos atos em que a pessoa pesquisada conste como devedora de título protestado e não pago, uma das funcionalidades previstas para a nova plataforma na própria Lei do Serp (art. 3º, X, *c*, *1*). Foi previsto no art. 225, do Provimento 149 da Corregedoria Nacional, que a Central Nacional de Serviços Eletrônicos Compartilhados dos Tabeliães de Protesto (Cenprot), que não compõe o Onserp, será integrada ao Serp através da API (interface de programação de aplicação) – um software que realiza função diversa e que se comunicará com a página principal, por meio de solicitações e respostas.

O intercâmbio de documentos eletrônicos e informações entre serventias de registros públicos e tabeliães de notas igualmente será realizado via API. Ao estabelecer tal previsão, o art. 226 do Provimento 149/2023 fez referência direta ao art. 3º, VII, *b*, da Lei do Serp, o que é particularmente revelador sob o aspecto do enquadramento dos cartórios de notas dentro da estrutura do Serp. O supramencionado artigo informa que o Serp viabilizará a troca de documentos e informações em formato eletrônico entre as serventias e "os usuários em geral, inclusive as instituições financeiras e as demais instituições autorizadas a funcionar pelo Banco Central do Brasil e os tabeliães". A redação empregada não deixa margem para dúvidas: os tabeliães de notas são considerados sujeitos externos ao novo sistema e participarão do fluxo de intercâmbio de documentos e informações via Serp, mas dele não farão parte, tanto que sua entidade representativa, o Conselho Federal do Colégio Notarial do Brasil, não integrará o Onserp.

A especialidade, assim como os Tabeliães de protesto, somente terá uma interface de sua página eletrônica – o e-Notariado – na plataforma eletrônica do Serp, para facilitar as comunicações e as trocas documentais com as serventias registrais e com os usuários em geral, sem incorporação da sua página própria à do Serp. Isto porque inexiste tal previsão na legislação, que em nenhum momento dispôs que o acesso às páginas eletrônicas dos tabeliães de protesto e de notas se dará exclusivamente pela plataforma do Serp, apenas que as páginas das especialidades contarão com API na nova plataforma. Resta claro, portanto, que os Tabeliães de protesto e de notas atuarão em regime de parceria com o Serp, animados pelo espírito de cooperação na oferta de serviços públicos delegados na modalidade eletrônica.

A via escolhida pelo legislador em tudo se coaduna com a independência funcional, característica inerente aos serviços notariais e de registro. Afinal, não obstante tratar-se de exercício de atividade por delegação do Poder Público, com ingresso por concurso público de provas e títulos (arts. 236, *caput* e § 3º, da Constituição Federal); a profissão é desempenhada em caráter privado, com livre profissionalismo e autonomia, o que inclui a possibilidade de estabelecimento de governo e disciplina próprios, sem prejuízo da fiscalização contínua do Poder Judiciário, através dos juízos competentes, das Corregedorias Estaduais, do Distrito Federal e da Corregedoria Nacional, conforme art. 103-B, § 4º, III, da Constituição Federal.

A dualidade que permeia a atuação notarial decorre da junção incindível de funções públicas e privadas em uma mesma figura. A justificativa para tal amálgama pode ser encontrada em fatores históricos. O notariado brasileiro tem origem no notariado latino, modalidade em que o foco da atividade recai sobre a elaboração de documentos – os instrumentos notariais – que, por força legal, têm valor declarativo e grau de certeza e segurança elevados, decorrentes da fé-pública inerente aos notários. Nesse modelo, o exercício da função notarial fica à cargo de um profissional liberal do Direito, que atua também como oficial público independente e imparcial, que confecciona instrumentos públicos, dotados de fé-pública e presunção de legalidade, facultados ou impostos às partes em atos ou negócios jurídicos.[1]

Segundo Marcelo Rodrigues, sob a perspectiva do instrumento a ser elaborado, voltado à documentação de manifestações da vontade e contratos particulares, vinculando às partes e aos eventuais intervenientes, revestido de segurança jurídica; o Tabelião exerce função privada ao assessorar as partes, recolhendo e interpretando a sua vontade; auxiliando na formação, na sua adaptação ao ordenamento jurídico, na escolha sobre os meios jurídicos mais adequados para os fins pretendidos; oferendo conselhos nesse sentido, além de auxiliar na redação e na conformação do documento à lei; explicando para as partes o seu conteúdo e os efeitos do ato em questão. No que diz respeito ao documento e à sua faceta externa, a função é certificadora, traduzida na autenticação dos fatos e das declarações de vontade concernentes ao ato ou à relação jurídica ocorridos em sua presença, por ele formalizados.[2]

O modelo adotado é um dos possíveis dentro da organização notarial, cuja divisão didática encontra equivalência e paralelismo com àquela empregada em referência aos grandes sistemas jurídicos, usualmente de base latina/românica ou anglo-saxônica, com diferença da adição da modalidade administrativa. Dessa forma, a configuração nacional é influenciada pelo diálogo das fontes e pelo intercâmbio de ideias com associações e profissionais que exercem seus múnus em contextos diversos; além de estar em contato diuturno com relações plurilocalizadas, o que faz com que a experiência, como as dos demais sistemas, não possa passar incólume pelo influxo externo.

Ainda assim, o notariado brasileiro, como já visto, não se limita à identificação das partes subscritoras de um documento previamente confeccionado, reconhecen-

---

[1] RODRIGUES, Marcelo. **Tratado de Registros Públicos e Direito Notarial**. 4. ed. São Paulo: Juspodivm, 2022, p. 847.

[2] BRANDELLI, Leonardo. **Teoria Geral do Direito Notarial**. 2. ed. São Paulo: Saraiva, 2007, p. 292.

do as assinaturas apostas, como ocorre no modelo anglo-saxônico, sem zelo pela segurança das relações jurídicas e despreocupado com a prevenção de litígios.[3] Da mesma forma, os Tabeliães não fazem parte do Poder Público, como membros do Judiciário ou do Executivo, como ocorreu em alguns momentos da história, como em certos estados alemães ou durante o regime soviético.[4] Como bem sintetizado por Ana Paula Frontini, o notário brasileiro tem a função de *por meio do documento notarial, formalizar juridicamente a vontade das partes, atestando a autoria e integridade do conteúdo de determinado documento, além de sua validade e eficácia.*[5]

Dessa maneira, esse profissional encontra-se na linha de frente de variadas situações sociais, as quais, para serem adjetivadas de jurídicas com a segurança e a eficácia esperadas, passam pela atuação do tabelião, que muitas vezes precisa empregar seus conhecimentos com criatividade e destreza, desbravando temas jurídicos complexos, em muitos casos pouco detalhados pela legislação e pouco explorados pela doutrina. Não por outra razão, *não dispõe, por exemplo, do contraditório, nem do devido processo legal ao autorizar a confecção do documento notarial, limitação a impor também redobrada cautela em sua atuação profissional.*[6] Para além do aspecto técnico, sua atuação exige substrato ético, pois os instrumentos registrais e notariais têm por objeto aspectos relacionados aos direitos fundamentais, como início e o fim da vida, liberdade, igualdade, direito à propriedade e à segurança nas relações sociais, uma vez *sem alma, de nada valerão a tecnologia e os recursos materiais.*[7]

A intervenção ativa de profissional de direito altamente especializado e preparado durante o procedimento de confecção de instrumentos notariais é evidentemente vantajosa não somente para as partes, mas para a sociedade em geral, pois seu poder certificante faz prova plena dos direitos e deveres assumidos, estabelecendo presunção relativa de veracidade. Essa maneira de agir encontra entre os seus pressupostos a imparcialidade do tabelião, que prestará assessoramento jurídico especializado em prol da correta qualificação jurídica da vontade manifestada pelas partes, salvaguardando direitos e posições jurídicas titularizadas por

---

[3] LOUREIRO, Luiz Guilherme. Natureza da atividade notarial: breve reflexões em face da jurisprudência do Superior Tribunal de Justiça. **Genjuridico**, 21 jan. 2015. Disponível em: http://genjuridico.com.br/2015/01/21/natureza-da-atividade-notarial-breve-reflexoes-em-face--da--jurisprudencia-do-superior-tribunal-de-justica/. Acesso em: 7 jul. 2023.

[4] RODRIGUES, Marcelo. **Tratado de Registros Públicos e Direito Notarial**. 4. ed. São Paulo: Juspodivm, 2022, p. 848.

[5] FRONTINI, Ana Paula. A "notarização on-line" em perspectiva comparada. *In*: NALINI, José Renato (org.). **Sistema Eletrônico de Registros Públicos**: comentado por notários, registradores, magistrados e profissionais. Rio de Janeiro: Forense, 2023, p. 69.

[6] RODRIGUES, Marcelo. **Tratado de Registros Públicos e Direito Notarial**. 4. ed. São Paulo: Juspodivm, 2022, p. 909.

[7] LIMA, Rogério Medeiros Garcia. Sistema Eletrônico dos Registros Públicos: tecnologia e desjudicialização. *In*: NALINI, José Renato (org.). **Sistema Eletrônico de Registros Públicos**: comentado por notários, registradores, magistrados e profissionais. Rio de Janeiro: Forense, 2023, p. 353.

hipossuficientes, prevenindo litígios em prol da paz social com o poder certificante derivado de sua fé-pública, assumindo a responsabilidade pelos eventuais prejuízos derivados de falhas na prestação do serviço.

O extrajudicial, por atuar em caráter privado, teria se distanciado de várias das amarras que limitam o ambiente público, entre elas as questões burocráticas relacionadas com a necessidade de contratação de serviços e produtos via certame licitatório e a forma de ingresso nos quadros das carreiras públicas, ao mesmo tempo em que trabalha por sua própria conta e risco, com constante fiscalização correcional na esfera administrativa e dos usuários, do mercado e da sociedade em geral.[8] Um dos maiores desafios enfrentados atualmente pelo extrajudicial está relacionado com a necessidade de compatibilizar os serviços prestados, de delegação pública com origem centenária, com a digitalização da sociedade e das relações, o que exige não somente adaptação e revisitação constante das rotinas já existentes, como a criação de novas, adequadas às tecnologias emergentes e de acordo com os anseios sociais, finalidade maior da própria delegação, e que se encontra em constante mutação.

A prestação de serviços de tamanha relevância social exige a adoção de padrões técnicos que garantam que o cartório seja organizado e conte com escreventes e auxiliares qualificados e bem treinados, plenamente familiarizados com as diretrizes correcionais e as melhores práticas de gestão documental, incluindo expedientes de segurança de informações nato-digitais ou digitalizadas, além da estrita observância à rígida legislação de proteção de dados pessoais. Nesse sentido, destacam-se o Provimento 74/2018 e o Provimento 134/2022 da Corregedoria Nacional, que fixam as medidas a serem adotadas pelas serventias extrajudiciais, em âmbito nacional, para adequação à legislação protetiva.

A eficiência esperada advém do profissionalismo e dos recursos humanos, financeiros e materiais despendidos pelos titulares das serventias, que assumem em sua inteireza as responsabilidades legais decorrentes, como o fazem a generalidade dos agentes privados. O fato de os emolumentos cobrados terem a finalidade de gerar renda suficiente para o custeio de toda a infraestrutura colocada à disposição dos usuários, alinhada ao princípio que informa ser livre a escolha do tabelionato pelo usuário, independentemente do local de domicílio das partes ou o lugar de situação do bem objeto do ato (art. 8º, da Lei 8.935/1994), pois a preferência está atrelada à confiança na qualidade dos serviços prestados, faz com que a atividade tenha que ser desempenhada com profissionalismo e com base em critérios voltados à otimização dos recursos empregados, como o faz a iniciativa privada.

---

[8] NALINI, José Renato. Delegações extrajudiciais: o que ainda está por vir. *In*: NALINI, José Renato (org.). **Sistema Eletrônico de Registros Públicos**: comentado por notários, registradores, magistrados e profissionais. Rio de Janeiro: Forense, 2023, p. 306.

Mesmo que ainda haja um longo caminho a ser percorrido em busca da máxima eficiência em prol dos usuários, o salto de qualidade experimentado nos últimos anos nos serviços delegados não passa desapercebido. As especialidades, cada qual a sua maneira, se esmeraram em trazer suas atividades para o ambiente digital, integrando serventias e fazendo com que os usuários possam obter as informações e os serviços desejados com segurança, presteza e eficiência, independentemente de sua localização geográfica, ressignificando, em grande medida, a própria atividade. Existem diversos símbolos desse movimento.

Um deles é a criação da Central Notarial de Serviços Eletrônicos Compartilhados (Censec), oriunda de termo de acordo entre o Colégio Notarial do Brasil e o Conselho Nacional de Justiça, firmado em 2012, para aproximação da prestação dos serviços notariais aos cidadãos mediante oferta na modalidade on-line; disponibilizada, desenvolvida e mantida pelo Conselho Federal do Colégio Notarial do Brasil, sem ônus financeiro para o CNJ. Todos os Tabeliães de notas foram incluídos como responsáveis pela manutenção e atualização da base de dados on-line (art. 3º), dividida em: Registro Central de Testamentos Online (RCTO); Central de Escrituras de Separações, Divórcios e Inventários (CESDI) e Central de Escrituras e Procurações (CEP). A plataforma objetiva a interligação das serventias extrajudiciais notariais; a melhoria dos serviços, via oferta em ambiente eletrônico; e a criação de sistema nacional de administração de banco de dados, que possa ser acessado pelo Poder Público para obtenção de informações e dados correspondentes ao serviço notarial.

O Provimento CNJ 46/2015 instituiu previsões semelhantes para o registro de pessoas civis, criando as Centrais de Informações de Registros Civis (CRC), gerenciadas pela Associação Nacional dos Registradores das Pessoas Naturais (Arpen); enquanto o Provimento CNJ 48/2016 criou a Central Nacional de Registro de Títulos e Documentos e de Registro Civil de Pessoas Jurídicas (RTDPJ); ambos Provimentos incorporados no Código Nacional de Normas da Corregedoria Nacional de Justiça – Foro Extrajudicial (CNN/CN/CNJ-Extra). O registro de imóveis rumou em caminho semelhante com a previsão de abrangência nacional sobre o Sistema de Registro de Imóveis (SREI), implementado e operado pelo Operador Nacional do Sistema de Registro Eletrônico de Registro de Imóveis (ONR), pessoa jurídica de direito privado, na modalidade de associação civil, composta pelas unidades do serviço de registro de imóveis dos Estados e do Distrito Federal, nos termos no art. 76 da Lei 13.465/2017. Já ao ONR coube o arquivamento e a administração de dados eletrônicos geridos em plataforma eletrônica centralizada.

Em iniciativa voltada para a continuidade dos serviços delegados durante o período pandêmico, a Corregedoria Nacional editou diversos provimentos versando sobre o atendimento remoto aos usuários, entre eles o Provimento 100/2020, incorporado no CNN/CN/CNJ-Extra, não focado apenas no funcionamento dos cartórios de notas durante a emergência de saúde, mas com a fixação de diretrizes que fundaram a prestação eletrônica dos serviços desde então. De forma resumida, o Provimento estabeleceu "normas gerais sobre a prática de atos notariais eletrônicos em todos os tabelionatos de notas do País" (art. 1º), os elementos básicos para o ato notarial eletrônico, sua lavratura e registro (arts. 3º a 6). Considerando a relevância da compreensão das partes a respeito do ato jurídico a ser materializado no instrumento notarial e da correta manifestação da vontade para a validade do ato, o Provimento 100/2020 detalha os requisitos da videoconferência notarial, da aposição de assinatura eletrônica pelas partes, via plataforma e-Notariado, e da assinatura do Tabelião de notas, via certificado digital ICP-Brasil; além de versar sobre a gravação da videoconferência notarial e a preservação dos documentos eletrônicos à longo prazo (art. 3º, I a V, do Provimento 100/2020). O gerenciamento, a elaboração e a consulta aos atos notariais eletrônicos foram previstos para ocorrer via Sistema de Atos Notariais Eletrônicos, e-Notariado, disponibilizado e mantido pelo Conselho Federal do Colégio Notarial do Brasil. A plataforma interliga os notários, possibilitando a realização de atos notariais em ambiente eletrônico, o intercâmbio de documentos e o tráfego de informações e dados, além de aprimorar tecnologias e processos e implantar um sistema padronizado para os atos notariais eletrônicos, a ser observado por todos os cartórios de notas, em âmbito nacional (art. 7º, I a III), que faz uso da Matrícula Notarial Eletrônica (MNE), chave de identificação individualizada, que permite a rastreabilidade da operação eletrônica realizada (art. 12).

Como bem observado por José Renato Nalini, hoje, as delegações extrajudiciais são consideradas como paradigmas na prestação de serviços, tendo em vista a notável eficiência alcançada e servindo de exemplo para experiências estrangeiras, levando em conta a preocupação com a melhoria na oferta dos serviços e o constante aperfeiçoamento buscado pelas delegações, considerando as especificidades que norteiam cada uma das especialidades.[9]

Para que se continue a trilhar o caminho exitoso percorrido até o momento, se faz necessário observar a autonomia operacional e jurídica das especialidades, fruto do desenvolvimento histórico de cada modalidade.[10] No âmbito do Serp, sob a perspectiva dos notários, entende-se que esse ponto foi adequadamente observado pelo legislador nacional com a inserção dos Tabeliães na mesma categoria dos usuários da plataforma, das instituições financeiras e demais instituições autorizadas pelo Banco Central; permitindo que esses agentes realizem a troca de informações e documentos em formato eletrônico via Serp (art. 3º,

---

[9] NALINI, José Renato. Delegações extrajudiciais: o que ainda está por vir. *In*: NALINI, José Renato (org.). **Sistema Eletrônico de Registros Públicos**: comentado por notários, registradores, magistrados e profissionais. Rio de Janeiro: Forense, 2023, p. 206.

[10] OLIVEIRA, Carlos E. Elias de; TARTUCE, Flávio. **Lei do Sistema Eletrônico de Registros Públicos**: registro civil, cartórios eletrônicos, incorporação, loteamento e outras questões. Rio de Janeiro: Forense, 2023, p. 3.

VII, *b*). A implementação realizada pela Corregedoria Nacional foi ainda mais clara, indicando que os representantes dos tabeliães de notas e de protesto não participarão da composição do Onserp e do seu subvencionamento, o que não os impede de colaborar ativamente com a nova plataforma, via integração de suas páginas próprias à do Serp, no modelo API, possibilitando que o usuário localize na mesma página eletrônica informações sobre atos praticados por todas as especialidades delegadas.

4 CONCLUSÃO

O Serp é iniciativa que busca aprimorar a prestação remota de serviços delegados. Restou evidente que a criação do novo sistema tem como foco a modernização do registro público brasileiro, tanto que o operador nacional será integrado pelo Operador Nacional do Sistema de Registro Eletrônico de Imóveis (ONR), pelo Operador Nacional do Registro Civil de Pessoas Naturais (ON-RCPN) e pelo Operador Nacional do Registro de Títulos e Documentos e Civil das Pessoas Jurídicas (ON-RTDPJ). Os cartórios de notas e de protesto de título não foram excluídos do novo arranjo, mas participarão como colaboradores, no intercâmbio de dados e informações pertinentes às suas respectivas especialidades, que ocorrerá via integração de API na plataforma do Serp.

A justificativa para tanto está nas origens latinas do modelo notarial brasileiro, na autonomia que rege o exercício da atividade e na liberdade de escolha dos usuários. Mesmo a fiscalização correcional constante, necessária que é, não impede que as serventias tenham como foco a busca pela excelência nos serviços prestados, via adoção de melhores práticas de alocação de recursos humanos, financeiros e materiais, considerando o regime de responsabilidade civil incidente, que motiva os tabeliães a envidarem os maiores e os melhores esforços técnicos e éticos na prestação dos serviços ofertados.

REFERÊNCIAS

BRANDELLI, Leonardo. **Teoria Geral do Direito Notarial**. 2. ed. São Paulo: Saraiva, 2007.

FRONTINI, Ana Paula. A "notarização on-line" em perspectiva comparada. *In*: NALINI, José Renato (org.). **Sistema Eletrônico de Registros Públicos**: comentado por notários, registradores, magistrados e profissionais. Rio de Janeiro: Forense, 2023.

LIMA, Rogério Medeiros Garcia. Sistema Eletrônico dos Registros Públicos: tecnologia e desjudicialização. *In*: NALINI, José Renato (org.). **Sistema Eletrônico de Registros Públicos**: comentado por notários, registradores, magistrados e profissionais. Rio de Janeiro: Forense, 2023.

LOUREIRO, Luiz Guilherme. Natureza da Atividade Notarial: breve reflexões em face da jurisprudência do Superior Tribunal de Justiça. **Genjuridico**, 21 jan. 2015. Disponível em:

http://genjuridico.com.br/2015/01/21/natureza-da-atividade-notarial-breve-reflexoes-em-face--da-jurisprudencia-do-superior-tribunal-de-justica/. Acesso em: 7 jul. 2023.

NALINI, José Renato. Delegações extrajudiciais: o que ainda está por vir. *In*: NALINI, José Renato (org.). **Sistema Eletrônico de Registros Públicos**: comentado por notários, registradores, magistrados e profissionais. Rio de Janeiro: Forense, 2023.

OLIVEIRA, Carlos E. Elias de; TARTUCE, Flávio. **Lei do Sistema Eletrônico de Registros Públicos**: registro civil, cartórios eletrônicos, incorporação, loteamento e outras questões. Rio de Janeiro: Forense, 2023.

RODRIGUES, Marcelo. **Tratado de Registros Públicos e Direito Notarial**. 4. ed. São Paulo: Juspodivm, 2022.

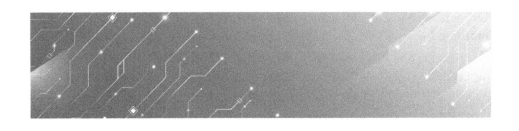

Capítulo 9

PROVA LEGAL, REGISTRO CIVIL E A LEI 14.382/2022 – NOVOS DESAFIOS PARA AS SERVENTIAS DE REGISTROS PÚBLICOS E PARA O CNJ

Rosa Maria Barreto Borriello de Andrade Nery

1. PROVA E FORMA DE ATOS E NEGÓCIOS JURÍDICOS NO CÓDIGO CIVIL

A exteriorização dos fenômenos jurídicos (*fatos, atos* e *negócios jurídicos*) e sua prova pode ser feita de diversas maneiras, mas, especificamente, os negócios jurídicos se exteriorizam pela *forma* de que eles se revestem, por meio da qual a vontade negocial (sua qualidade, conteúdo e extensão) se manifesta.

Entre *forma* e *prova* dos atos jurídicos há diferença.

A *forma* é parte integrante do negócio jurídico, fenômeno que se dá em tempo e espaço jurídico muitos distintos do questionamento sobre a *prova* do negócio jurídico. Na prática, a falta de uma e de outra, por vezes, retira do negócio sua validade ou eficácia jurídica: a falta da *forma* priva o negócio de um requisito essencial; a falta de *prova* torna incerta sua existência.[1]

A *forma* e o *conteúdo* são dois aspectos do elemento *declaração* do negócio jurídico: "A forma é o aspecto exterior que a declaração assume, o modo por que

---

[1] GIORGI, Giorgio. **Teoria delle obbligazioni nel diritto moderno italiano**. 7. ed. Florença, Itália: Fratelli Cammelli, 1907, p. 340-341.

130 | SISTEMA ELETRÔNICO DO REGISTRO PÚBLICO E SUA REGULAMENTAÇÃO

a vontade se revela. O conteúdo é o pensamento que a declaração objectivamente transmite".[2]

A forma dos atos é matéria do direito material (art. 104, III, do CC); a prova, que revela a verdade dos fatos, é matéria que pode – não necessariamente deve – avançar para a temática do Direito Processual.

Afirmamos que *não necessariamente* o assunto *prova* avança para a seara do processo civil, porque, constantemente, se há de fazer prova de fatos da vida civil para que se possam vivenciar corriqueiras situações jurídicas, de vantagem ou desvantagem, ainda quando as pessoas não estejam no campo dos conflitos judiciais.

Ninguém teria dúvida em reconhecer, por exemplo, que o pai que providencia, no clube onde ele é sócio, o direito de o filho frequentar o ambiente associativo, porque seu dependente ao exibir a certidão de nascimento que faz prova do alegado parentesco em linha reta, em primeiro grau, dispõe de um *meio de prova*, ao ensejo do exercício da vida civil, sem que nenhuma pretensão resistida esteja, efetivamente, a provocar impedimento à pretensão de ver seu filho exercer a posição jurídica de vantagem, de dependente de sócio, a que faz jus na agremiação.

Tampouco ter-se-ia dúvida sobre o direito de alguém fazer prova de que tem direito de receber como credor o valor de uma prestação, exibindo aos herdeiros do primitivo devedor falecido o contrato formalizado em instrumento (público ou privado), prova do crédito, então exigido por ocasião da cobrança.

Portanto, não causa nenhuma perplexidade a ninguém afirmar-se que *forma* e *prova* dos negócios jurídicos e dos atos e fatos jurídicos são temas de Direito Civil: a) a *forma* (solene, ou não), porque é elemento estrutural da declaração de vontade (art. 104, III, do CC), sem o qual o negócio jurídico não existe; b) a *prova*, porque é elemento demonstrativo do direito que se alega ter, na lida da vida civil, diante de posições jurídicas que os fatos, os atos e os negócios jurídicos criam para as pessoas.

Contudo, evidente e naturalmente, o tema é retomado no processo todas as vezes que a lide se instaura entre as partes e é necessário aguardar-se a decisão judicial para satisfação da pretensão que não foi civilmente acolhida: diante da lide instaurada, é necessário convencer o juiz sobre o acerto ou o desacerto de quantas alegações são feitas no processo; e, dessa forma, a prova assume o papel de elemento de que as partes hão de se valer para convencer o juiz de suas razões, na disputa do contraditório regular e do devido processo legal.

Pode-se dizer, então, que o regulamento legal da prova encontra sede nas duas disciplinas (Direito Civil e Direito Processual): em sede de Direito Civil, o tema está envolto na demonstração civil do *fenômeno causa* de posições jurídicas e de imputações; em sede de Direito Processual, o regulamento volta-se para estabele-

---

[2] MENDES, João de Castro. **Direito Civil**: teoria geral. Lisboa, Portugal: Associação Acadêmica Lisboa; Faculdade de Direito, 1979. v. 3. p. 93.

cer mecanismos seguros e regulares, pelos quais, no processo, as partes exercem o contraditório para fazer prevalecer seus argumentos, convencer o juiz e obter decisão capaz de lhes atender interesses jurídicos.

Essas considerações, entretanto, não são suficientes para conter a celeuma em torno do assunto, sobre se o tema *prova* interessa mais ao Direito Civil ou ao Direito Processual Civil.

O assunto tangencia também outros aspectos de sensível consideração dogmática, conectado com os direitos fundamentais, especificamente os de ampla defesa.

2. A PROVA SOB O PONTO DE VISTA DE CIVILISTAS E PROCESSUALISTAS

Duas visões muito distintas sobre *prova, sua funcionalidade e institucionalidade* contribuem para semear a discórdia entre os estudiosos: exatamente, qual a função e utilidade do instituto *prova* em Direito?

Seria, como querem os civilistas, o estabelecimento de regras atinentes *à identificação dos elementos de fato que concorrem para o nascimento do direito*[3] ou, dito de outra forma, *o conjunto dos meios empregados para demonstrar, legalmente, a existência de um ato jurídico*;[4] ou a função do instituto está conectada com a efetiva demonstração em juízo, com armas equivalentes entre as partes, sobre a veracidade dos argumentos de cada qual, ressalvado aos litigantes o direito de contradizer as provas deduzidas pela contraparte, ou determinadas *ex officio* pelo juiz?[5]

Moniz de Aragão, para quem as regras de *prova* pertencem ao Direito Processual, afirma que o Direito Civil deveria se ater a cuidar das regras de *forma* dos negócios jurídicos.[6]

Mesmo conhecendo a divisão que se faz na teoria dos negócios jurídicos sobre a existência de certos negócios solenes, ou de solenidade (*Solemnitätsakt*), distintos que são do ato probatório (*Beweisform*), a dificuldade de enquadramento doutrinário da natureza das regras sobre *prova* continua a criar perplexidades.

Os negócios jurídicos solenes somente *existem* se exibirem determinada forma com que se exprimam. Os segundos exibem certa forma para que sua prova posterior seja fácil de produzir. Nesse último caso, diz-se que a forma não é da essência do ato e a formalização do ato visa a atender eventual futura necessidade

---

[3] LACERDA, Paulo de; ESPÍNOLA, Eduardo. Manual do Código Civil brasileiro. *In*: SANTOS, Jacintho Ribeiro dos (ed.); LACERDA, Paulo de. (coord.). **Obra coletiva de comentários ao Código Civil**. Rio de Janeiro: [S. n.], 1916/1934, p. 263.

[4] BEVILÁQUA, Clóvis. **Código Civil dos Estados Unidos do Brasil Comentado**. 11. ed. Rio de Janeiro; São Paulo: Francisco Alves, 1956. v. I e II, p. 313.

[5] TARUFFO, Michele. La prova dei fatti giuridici. *In*: CICU, Antonio; MESSINEO, Francesco. **Trattato di diritto civile e commerciale**. Tomo II, Seção I. Milão, Itália: Giuffrè, 1992. v. 3.

[6] MONIZ DE ARAGÃO, Egas. **O Código de Processo Civil e a prova**, RF 176/44.

de prova (que, evidentemente, não será necessária apenas no processo, mas no exercício natural da vida civil).

A visão de Chiovenda sobre *prova* e as normas que regulam a matéria parece-nos muito lúcidas para demonstrar as razões pelas quais o tema apresenta dificuldade de dogmatização: em alguns pontos, há interesse do legislador em limitar o livre convencimento do juiz em matéria probatória, em casos que especifica. Por causa dessa percepção, Chiovenda dividia as normas probatórias em *gerais* e *particulares*.[7]

Para ele, as gerais são as que o legislador edita levando em conta as relações jurídicas em geral. Estas têm natureza *processual*. Já as normas probatórias particulares são as que o legislador edita levando em conta uma *determinada relação* ou *estado jurídico*. Estas têm natureza *material*.

Chiovenda aborda claramente que as normas probatórias *particulares* levam em consideração as relações jurídicas particulares, singulares – pode-se dizer que levam em conta posições jurídicas específicas das partes –, regulando-lhes a disciplina e a tutela. Essas normas são de direito material e põem limites à produção de prova no processo e, por causa disso, colocam limites ao convencimento do juiz.

A doutrina italiana considerou como concepção *tutora insuperabili* o estudo de Chiovenda, embora sobre ele muito tenham sido opiniões parciais ou totalmente divergentes.

A questão que interessa ao nosso estudo, especificamente, é a razão de ser das assim classificadas normas probatórias particulares. Chiovenda considera *norma probatória particular*: "aquela que o legislador dita não em vista de todas as relações jurídicas ou de grandes grupos de relações jurídicas de diversa natureza, como seriam em geral os contratos, mas em vista de uma determinada relação ou estado jurídico, como a compra e venda, a transação, o estado de filho legítimo, a posse a comunidade de muros e assim sucessivamente".[8]

As *normas probatórias particulares* têm, principalmente em vista a relação singular, a posição jurídica específica, "trata de sua disciplina e tutela, e se põe limites à prova e, por conseguinte, ao convencimento do juiz, não faz isto porque, sem aqueles limites, existiria maior probabilidade de errar do que nos outros casos, mas, sim porque se preocupa com a condição jurídica de uma determinada parte; porque o erro do juiz, embora tendo o mesmo grau de probabilidade que nas outras causas, produziria, ao verificar-se nesta, mais graves consequências; porque diminuindo a liberdade de prova o legislador entende diminuir a possibilidade

---

[7] CHIOVENDA, Giuseppe. La natura processuale delle norme sulla prova e l'efficacia dela legge processuale nel tempo. *In*: CHIOVENDA, Giuseppe. **Saggi di diritto Processuale Civile**. Milão, Itália: Sociedade Editrice del Foro Italiano, 1930.

[8] CHIOVENDA, Giuseppe. La natura processuale delle norme sulla prova e l'efficacia dela legge processuale nel tempo. *In*: CHIOVENDA, Giuseppe. **Saggi di diritto Processuale Civile**. Milão, Itália: Sociedade Editrice del Foro Italiano, 1930.

de discussões em prejuízo de quem se encontra em uma determinada posição jurídica; porque (o legislador) quer impedir que uma ação seja intentada antes de que demandado mesmo, com um ato próprio como a entrega de um documento, tenha demonstrado de algum modo seu fundamento, e assim sucessivamente".[9]

A questão posta – exatamente essa, atinente às *normas probatórias particulares*, que diminuem em muito a possibilidade de discussões em torno dos fatos que elas demonstram – está umbilicalmente posta em torno do "contraditório paritário", "caratteristico dell'interna struttura del processo civile dispositivo".[10]

3. PROVA LEGAL, SEGURANÇA JURÍDICA, AÇÕES DE ESTADO E PROPRIEDADE

Analisar a *prova legal* não torna menos difícil o enfrentamento do tema deste estudo. Pelo contrário, retoma-o agora para a análise de sua verdadeira amplitude: a conexão que as *normas probatórias particulares* (e a *prova legal*) têm com o devido processo legal, a igualdade de armas, a ampla defesa na Teoria Geral do Processo e, *fundamentalmente*, com a demonstração de certos fatos que o juiz deve necessariamente aceitar como verdadeiros.

Aqui reside a importância do tema **registros públicos**, sua formalidade e a formalidade dos dados arquivados, que desafiam a lógica do direito de certidão e nutre o interessado ao acesso de **prova legal**, em que o juiz há de aceitar como demonstração do fato que ela evidencia, com fé pública.

Os *negócios* e *atos jurídicos* levados a registro público exteriorizam requintada técnica jurídica da civilidade e de segurança jurídica e trazem à baila para todo o enfrentamento jurídico um ponto crucial de direito fundamental, alusivo ao *direito de certidão*, que obriga o Estado, os órgãos públicos e as serventias de registros públicos a reconhecerem a validade e a eficácia de seu conteúdo, na cadência dos temas que o Direito entende dever alçar a esse requinte institucional.

Além disso, não se pode deixar de considerar que os fundamentais e extraordinários direitos de *ampla defesa* e de *garantia do contraditório* são "*vizinhos de parede meia*" dessa garantia denominada "*direito de certidão*" (art. 5º, XXXIV, *b*, da CF), ainda mais agora sob o influxo das Leis 9051/1995, 13709/2021 e 14.382/2022.

---

[9] CHIOVENDA, Giuseppe. La natura processuale delle norme sulla prova e l'efficacia dela legge processuale nel tempo. *In*: CHIOVENDA, Giuseppe. **Saggi di diritto Processuale Civile**. Milão, Itália: Sociedade Editrice del Foro Italiano, 1930, p. 255. O texto traduzido foi extraído em parte de Hermenegildo de Souza Rego, em livro prefaciado pelo Professor José Manoel de Arruda Alvim Netto, intitulado *Natureza das normas sobre prova* (1985), que analisa com profundidade o tema.

[10] FURNO, Carlo. Contributo alla teoria della prova legale. *In*: FURNO, Carlo. **Studi di diritto processuale**. Pádua, Itália: CEDAM, 1940, p. 129.

E ainda mais: o direito de certidão integra outro mais amplo: o da *ampla defesa e da garantia do contraditório*, pois concede ao interessado a possibilidade de ter acesso à informações fundamentais para que possa tecnicamente deduzir ação (atual ou futura) em juízo (judicial, arbitral ou administrativo), alegar e provar fatos constitutivos do seu direito e, quanto ao réu, ser informado sobre a existência e o conteúdo do processo e poder reagir. É considerado direito da pessoa, elevado à categoria de *direito fundamental* (art. 5º, XXXIV, *b*, da CF).

A **prova legal**, cuja estipulação é exclusiva do direito material (Direito Civil e de Empresas), é importantíssima e, segundo o direito substancial, ela se torna não um elemento, como é o caso da *forma* dos negócios jurídicos, mas um *complemento* do fato na *fattispecie*.[11]

É legal a prova que junge o juiz ao disposto na letra da lei, obrigando-o a aceitar o fato que com a prova legal se comprova, uma vez que estabelece hierarquia entre os meios de prova e tolhem a consciência e o livre convencimento do juiz.[12]

É legal a prova, quando o sistema jurídico não admite que determinado fato jurídico seja provado por outra forma, que não aquela prevista expressamente pela lei.

O Direito Civil estabelece regras sobre a prova dos fatos jurídicos, bem como a forma desses atos.

Essas regras, contidas no CC/2022, evidenciam, *exemplificadamente*, alguns dos meios de prova permitidos pelo ordenamento: confissão, documento, testemunha, presunção, perícia. Para ser aceita, a prova deve possuir os seguintes requisitos: a) ser *admissível* (permitida ou não proibida em lei); b) ser *pertinente* (adequada à demonstração dos fatos); c) ser *concludente* (deve ter o potencial de trazer esclarecimentos sobre o ponto controvertido).[13]

Ao instituir a prova legal, o legislador buscou proteger certas relações jurídicas que reclamam maior proteção do Estado: a matéria é de ordem pública, não podendo as partes, ao seu talante, dispor de maneira diversa.

Aliás, essa é a função dos registros civis, comerciais, empresariais e reais: institucionalizar a forma de provar certos *fatos* para que os que vivenciam posições de vantagem e de desvantagem – por decorrência dos fatos que essas provas demonstram – possam sorver as benesses do sistema jurídico.

---

[11] SANTORO-PASSARELI, Francesco. **Dottrine generali del diritto civile**. 9. ed. Nápoles, Itália: Eugenio Jovene, 1977, p. 297.

[12] MAZEAUD, Henri Y Leon; MAZEAUD, Jean. **Lecciones de Derecho Civil**: parte primera. Buenos Aires, Argentina: Ejea, 1976, p. 573.

[13] MONTEIRO, Washington de Barros. **Curso de Direito Civil**. 37. ed. São Paulo: Saraiva, 2000, p. 255-256; FRANÇA, Rubens Limongi. **Manual de Direito Civil**. 3. ed. São Paulo: RT, 1975, p. 289-290; GONÇALVES, Luiz da Cunha. **Tratado de Direito Civil em comentário ao Código Civil Português**. 2. ed. Tomo II. São Paulo: Max Limonad, 1956, v. 13, p. 735.

Tal seria que a situação de quem sorve essa benesse institucional fosse igualmente reconhecida, se não vem demonstrada pelo complemento probatório que estabelece um vínculo particular entre a prova e a posição jurídica que se alega ter na vida de relações e no processo.

Assim se passa com os registros civis da pessoa física e jurídica e com os registros comerciais da empresa, bem como com aqueles que instituem o Direito Real. Dessa maneira, por exemplo, feito o registro, a empresa se individualiza, passa a ter um nome e pode ser identificada, para todos os efeitos, inclusive os de ordem subjetiva, para gozo de direitos e obrigações. O registro da empresa se põe como prova da existência e "filiação" da empresa, fixando a base da atividade e a identificação dos sócios. É a *certidão de nascimento* da empresa. Dessa prova, o juiz não pode se afastar, quanto a veracidade do fato que o registro estampa.

Aliás, nesse ponto, tratado pela doutrina como prova pré-constituída, **Laserra**[14] se referiu à prova legal como sendo de ordem *metaprocessual*; vale dizer, que extravasa o âmbito do processo no curso do qual deve ser realizada, para produzir efeitos que não são percebidos na lide posta em juízo. É, em outras palavras, independente do processo.

Imagine-se que conste de determinada certidão de nascimento que uma pessoa é filha de outra e que isso não seja verdade. Enquanto o interessado exibir essa *prova legal* de seu estado de filho (certidão de nascimento – art. 1.603, do CC), a verdade jurídica acerca dessa questão se define de acordo com o que consta da certidão. A ficção operaria, então, efeitos iguais aos que são provocados pelo fato verdadeiro (*tantum operatur fictio, quantum veritas in casu vero*).

Da mesma maneira, a força probante do registro de uma empresa cria para ela um direito – demonstrável por **prova legal** – de que tem direito exclusivo e precedente ao uso do nome e que não pode outra empresa se valer do mesmo nome, ou de caricatura desse nome para furtar a alguém o exercício dos direitos patrimoniais e empresariais que por esse registro conquistou.

Convém salientar que a forma solene da criação da empresa pode verificar-se de exigência da própria lei, sendo, neste caso, denominada de (a) *prova legal*, ou então ajustada pelas partes interessadas na produção do ato, quando é denominada de (b) *prova convencional*; mas em qualquer das duas hipóteses, "integra o suporte fático do ato jurídico, ficando, em consequência, sua prova subordinada à forma especial traçada a nível de direito substancial".[15]

Tal como o *registro de nascimento* da pessoa natural, e da correspondente *certidão* desse fato, emitida pelo oficial do registro civil, que faz prova legal do início da sua personalidade; o *registro da empresa* e a certidão desse registro são a

---

[14] LASERRA, Giorgio. **La prova civile**. Nápoles, Itália: Eugenio Jovene, 1957, p. 15.

[15] MACEDO, Ronaldo Porto. Prova dos atos jurídico. **Revista de Processo**, São Paulo, v. 4, n. 16, p. 59-68, out./dez. 1979.

prova legal de sua criação, com os consectários próprios de demarcação precisa do início de sua atividade e de precedência no tempo, relativamente ao exercício da empresa, com a finalidade proposta.

O nome se constitui no momento do registro da empresa, criando precedente impeditivo de que outras, do mesmo ramo, utilizem-se do mesmo nome.

Igualmente, a filiação, o estado de filho e todas as consequências que desse fato derivam, no direito de sucessões, por exemplo, decorrem da formalidade do registro, da prova legal que evidencia o estado individual (sexo, capacidade), familiar (casado, solteiro, divorciado) e político (naturalidade, nacionalidade).

Quando a lei material delimita a prova do ato à forma especial por ela imposta (como no caso do art. 108 do CC, ou seja, nos atos solenes), o ato, se não for assim celebrado, não tem o condão de produzir os efeitos pretendidos pelos contratantes.[16]

Convém salientar que a forma solene da criação da empresa pode verificar-se de exigência da própria lei, sendo, nesse caso, denominada de (a) *prova legal*; ou então ajustada pelas partes interessadas na produção do ato, quando é denominada de (b) *prova convencional*, mas em qualquer das duas hipóteses, "integra o suporte fático do ato jurídico, ficando, em consequência, sua prova subordinada à forma especial traçada a nível de direito substancial".[17]

4. O CONVENCIMENTO DO JUIZ NO PROCESSO E AS DECISÕES DO CNJ

Neste ponto, situa-se o cerne do ponto que queremos aqui realçar, o propósito da Lei 14.382/2022, que inaugura uma *forma nova* de **armazenamento e tratamento de dados de registros públicos**, jungindo as serventias a um comportamento padrão registrário e, ao mesmo tempo, estabelecendo – com a regulação do Serp – uma forma nova e mais eficiente de controle desses dados e de seu tratamento, padronizado para todo o país.

Como se sabe, é nos tabelionatos de notas, nos registros civis e nos de imóveis que o cidadão organiza juridicamente sua vida civil, familiar e empresarial; bem como estrutura com segurança seu patrimônio civil imobiliário **e faz movimentar direitos civis fundamentais**, como o de identificação pessoal, nacionalidade civil, associação civil, de iniciativa privada, empresarial, de propriedade, de garantia

---

[16] AMARAL SANTOS, Moacyr. **Prova judiciária no cível e comercial**. 5. ed. São Paulo: Saraiva, 1983, p. 43: "Assim, se a prova do ato jurídico é condição da existência da relação de direito, deve-se buscá-la segundo as prescrições do direito substantivo... considerada, porém, segundo o modo de produção, a prova é bem do direito formal. Não se deve, contudo, olvidar que o direito substancial e o formal se penetram e completam, de tal maneira que, conquanto distinto um do outro, não se sabe às vezes onde aquele termina e este começa. Fruto das relações imensas e intensas entre si".

[17] MACEDO, Ronaldo Porto. Prova dos atos jurídico. **Revista de Processo**, São Paulo, v. 4, n. 16, p. 59-68, out./dez. 1979.

patrimonial, de família, de sucessões, de agremiação religiosa, de atuação política e de lazer.

Toda essa matéria é tratada pela lei de registros públicos e concerne a certos fatos que se provam, por certidão de quem têm fé pública para atestar os fatos que os registros contêm.

O tema *registros públicos* envolve, portanto, a **garantia da prova de direitos fundamentais** em todas as províncias do Direito (Teoria Geral; Direito de Contratos; Direito de Obrigações; Direito de Família; Direito de Sucessões; Direito de Empresa; Direitos Reais; Responsabilidade Civil, Direito Internacional, Público e Privado) e também repercute vivamente em outras disciplinas jurídicas, principalmente nos sistemas de *provas*, em geral, de Direito Processual Civil, Penal, Previdenciário, Tributário e Constitucional.

Muito daquilo que interessa aos aspectos jurídicos da vida civil, de relações privadas e de segurança jurídica, encontra foro na formalidade do *direito registrário*, pois o acesso ao registro civil é *anseio* de segurança jurídica e contingência natural da civilidade: em muitos momentos da vida civil, por necessidade de segurança jurídica pessoal, ou patrimonial própria, de membros da família, ou de sociedades, ou associações de que se faz parte, a pessoa passa a ter necessidade de acesso à *institucionalização* de suas relações jurídicas privadas.

Por isso, a Lei de Registros Públicos é tão cheia de detalhes e de normas cogentes e, portanto, o advento da Lei 14.382/2022 atribui às serventias, sob rígido controle tecnológico que se estabeleceu no sistema registrário brasileiro, *um acréscimo significativo de responsabilidade civil,* tanto para as serventias, para o Serp, como ainda (e principalmente) para o CNJ, diante das funções públicas que assumiu ao longo de sua experiência administrativa e correicional, desde o advento da Carta de 1988.

Cabe ao CNJ o poder de fiscalizar o funcionamento dos serviços registrários e, agora, de fazer funcionar regularmente o Serp, determinando, com força cogente, que as serventias e os cartórios confeccionem documentos com fé pública, com critérios *rigorosamente* subordinados à lei.

O regimento interno do CNJ, por sua vez, lhe dá poder normativo/correicional – algo mais amplo do que aquele que a própria Constituição Federal fixou para esse órgão (de *controle externo da Magistratura*) – e ainda, com o advento do sistema Serp, que oferece ao CNJ um fantástico poder de observação de tudo quanto se passa no sistema, põe-se como fenômeno novo e dos mais delicados, que os atos que *vinculam* **obrigatoriamente** os cidadãos, com amarras que muitas vezes os surpreendem, pode levar os juízes – que apreciam as **provas legais** nos processos – a supor que eles, dentro do processo e no exercício do poder jurisdicional, estão jungidos a vinculações de ordens administrativas do CNJ, fato que seria de todo nefasto.

138 | SISTEMA ELETRÔNICO DO REGISTRO PÚBLICO E SUA REGULAMENTAÇÃO

Isto pode acontecer porque a confecção de certidões públicas (formas de escrita de testamento, registros de imóveis, registro de sociedades, fundações e associações, certidões de nascimento, de casamento, de óbito etc.) retrata a vontade civil dos sujeitos das relações privadas e, como dissemos, se estabelecem com força *probatória* de documentos que são considerados pela doutrina jurídica como **prova legal**; impedindo o Poder Judiciário de analisar os **fatos** que passam a ser considerados *legalmente* verdadeiros, têm ingresso no processo como *prova legal*, institucionalizados, com fé pública e interferem vivamente em **direitos fundamentais** das pessoas, repercutindo em relações contratuais, patrimoniais, de família, de sucessões, de liberdade civil de associação e de iniciativa privada, de seguros e de previdência pública e privada.

A nova etapa da organização registraria da vida civil no Brasil – que a criação do Serp prenuncia – exige que o poder fiscalizatório que o CNJ continuará a desempenhar, a par de suas outras importantes funções constitucionais, contribua para incentivar as casas legislativas a enfrentarem os desafios dos novos tempos (pauta de costumes, patrimônio privado, direito de sucessões, empresa, endividamento da população etc.), com a atualização jurídica criteriosa de institutos civis e a modernização cuidadosa do estatuto civil da sociedade, a fim de que o mecanismo jurídico central da sociedade civil, estampado no Código Civil, seja capaz de *nutrir* com absoluta segurança as relações jurídicas, retratadas nos registros e estes reflitam com segurança os movimentos da sociedade civil.

Afinal, a segurança jurídica é razão de ser da *ciência jurídica*.

REFERÊNCIAS

AMARAL SANTOS, Moacyr. **Prova judiciária no cível e comercial**. 5. ed. São Paulo: Saraiva, 1983.

BARBOSA MOREIRA, José Carlos. O novo Código Civil e o Direito Processual. **Revista Forense**, [s. l.], v. 364, p. 181-193, 2002.

BEVILÁQUA, Clóvis. **Código Civil dos Estados Unidos do Brasil Comentado**. 11. ed. Rio de Janeiro; São Paulo: Francisco Alves, 1956. v. I e II.

CHIOVENDA, Giuseppe. La natura processuale delle norme sulla prova e l'efficacia dela legge processuale nel tempo. *In*: CHIOVENDA, Giuseppe. **Saggi di diritto Processuale Civile**. Milão, Itália: Sociedade Editrice del Foro Italiano, 1930.

FRANÇA, Rubens Limongi. **Manual de Direito Civil**. 3. ed. São Paulo: RT, 1975.

FURNO, Carlo. Contributo alla teoria della prova legale. *In*: FURNO, Carlo. **Studi di diritto processuale**. Pádua, Itália: CEDAM, 1940.

GIORGI, Giorgio. **Teoria delle obbligazioni nel diritto moderno italiano**. 7. ed. Florença, Itália: Fratelli Cammelli, 1907.

GONÇALVES, Luiz da Cunha. **Tratado de Direito Civil em comentário ao Código Civil Português**. 2. ed. Tomo II. São Paulo: Max Limonad, 1956, v. 13.

IACOBINI, Alessandro. **Prova legale e libero convincimento del giudice**. Milão, Itália: Giuffrè, 2006.

LACERDA, Paulo de; ESPÍNOLA, Eduardo. Manual do Código Civil brasileiro. *In*: SANTOS, Jacintho Ribeiro dos (ed.); LACERDA, Paulo de. (coord.). **Obra coletiva de comentários ao Código Civil**. Rio de Janeiro: [S. n.], 1916/1934.

LASERRA, Giorgio. **La prova civile**. Nápoles, Itália: Eugenio Jovene, 1957.

MACEDO, Ronaldo Porto. Prova dos atos jurídico. **Revista de Processo**, São Paulo, v. 4, n. 16, p. 59-68, out./dez. 1979.

MAZEAUD, Henri Y Leon; MAZEAUD, Jean. **Lecciones de Derecho Civil**: parte primera. Buenos Aires, Argentina: Ejea, 1976.

MENDES, João de Castro. **Direito Civil**: teoria geral. Lisboa, Portugal: Associação Acadêmica Lisboa; Faculdade de Direito, 1979. v. 3.

MONIZ DE ARAGÃO, Egas. **O Código de Processo Civil e a prova**, RF 176/44.

MONTEIRO, Washington de Barros. **Curso de Direito Civil**. 37. ed. São Paulo: Saraiva, 2000.

REGO, Hermenegildo de Souza. **Natureza das normas sobre prova**. São Paulo: RT, 1885.

SANTORO-PASSARELI, Francesco. **Dottrine generali del diritto civile**. 9. ed. Nápoles, Itália: Eugenio Jovene, 1977.

TARUFFO, Michele. La prova dei fatti giuridici. *In*: CICU, Antonio; MESSINEO, Francesco. **Trattato di diritto civile e commerciale**. Tomo II, Seção I. Milão, Itália: Giuffrè, 1992. v. 3.

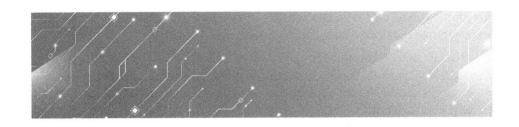

Capítulo 10

DA OBRIGATORIEDADE DA CONTINUIDADE DA PRESTAÇÃO DO SERVIÇO DOS REGISTROS PÚBLICOS E DA ADESÃO AO SERP

Flávio Tartuce
Carlos E. Elias de Oliveira

1. DA FUNDAMENTAÇÃO E DO OBJETO DA LEI 14.382/2022

Como temos sustentado em várias searas, a principal motivação da Lei 14.382/2022 – que instituiu o Serviço de Registros Públicos Eletrônicos (Serp) – é dar o respaldo jurídico adequado para a digitalização plena dos serviços notariais e registrais, o que há tempos é defendido para a redução de burocracias, a extrajudicialização e a efetividade do Direito Privado Brasileiro. Como escreveu o primeiro autor deste texto em coautoria com o Ministro Luis Felipe Salomão, coordenador desta obra, sobre os últimos fenômenos:

> [...] é bem de ver que, no segundo pós-guerra, surgiram inúmeros debates sobre as formas de democratização de acesso à Justiça em todo o mundo. É imprescindível, porém, que analisemos os métodos mais adequados para fazer com que o litígio não só ingresse no sistema de Justiça, mas efetivamente possa também sair dele, porque não adianta abrirmos portas e mais portas se não conseguimos fechá-las.[1]

Nesse contexto, a preocupação fundamental da nova lei é a de se aproveitar das vantagens da digitalização e dos avanços tecnológicos, percebidos de forma intensa

---

[1] SALOMÃO, Luis Felipe; TARTUCE, Flávio. A extrajudicialização e seus novos desafios. **Conjur**, 25 out. 2021. Disponível em: https://www.anoreg.org.br/site/conjur-artigo-a-extrajudicializacao-e-seus-novos-desafios-por-luis-felipe-salomao-e-flavio-tartuce/. Acesso em: 30 jun. 2023.

nos últimos anos, para desburocratizar a prestação de serviços pelos cartórios e propiciar uma maior *concretude* do Direito Privado.

Não se pode olvidar que a própria pandemia de Covid-19, com a busca do necessário distanciamento social, contribuiu de sobremaneira para esses incrementos, tendo surgido, sob a sua realidade fática, o Provimento CNJ 100/2020, que passou a possibilitar as escrituras públicas digitais, dispondo, nos seus próprios termos, "sobre a prática de atos notariais eletrônicos utilizando o sistema e-Notariado". Esse Provimento foi posteriormente incorporado ao Código Nacional de Normas do Conselho Nacional de Justiça (CNN-CNJ-Extra) – Provimento 149/2023 –, sem alteração de conteúdo.

Sem prejuízo desse objeto principal, a *Lei do Serp* – como é denominada no meio jurídico nacional – trouxe outras questões conexas, que comungam do mesmo espírito, qual seja o de desburocratizar o cotidiano dos cidadãos em todo o país, agilizando procedimentos e reduzindo custos. A título de ilustração, cite-se a previsão a respeito do prazo de prescrição intercorrente, mediante o acréscimo do art. 206-A ao Código Civil, a saber: "a prescrição intercorrente observará o mesmo prazo de prescrição da pretensão, observadas as causas de impedimento, de suspensão e de interrupção da prescrição previstas neste Código e observado o disposto no art. 921 da Lei n. 13.105, de 16 de março de 2015".

Apesar de entendermos que o comando traz obviedades, e que já estava em vigor desde a Lei 14.195/2021 – que trata da facilitação do Ambiente de Negócios, entre outros numerosos assuntos –, não se pode negar que o seu conteúdo vai além das práticas notariais e registrais.[2] No que diz respeito à sua vigência, existiam dúvidas diante das *trapalhadas* feitas nos vetos da lei anterior, razão pela qual se entendeu como melhor opção a confirmação do seu teor pela nova lei.

Nesse contexto, temos destacado a total impertinência do confuso e mal escrito art. 2º da Lei do Serp, no qual o novo diploma teria aplicação: "I – às relações jurídicas que envolvam oficiais dos registros públicos; e II – aos usuários dos serviços de registros públicos". Como se pode perceber, o dispositivo restringiria o âmbito normativo da Lei do Serp às relações jurídicas envolvendo os serviços notariais e registrais, sejam elas com o Estado ou os particulares.

Ora, já ficou claro pelo exemplo anterior que afirmar que todas as regras veiculadas pela Lei 14.382/2022 seriam restritas a questões relacionadas aos cartórios extrajudiciais é totalmente descabido. A regra da prescrição intercorrente,

---

[2] Por toda a doutrina que assim conclui sobre essa "inovação", pode-se destacar Pablo Stolze Gagliano e Salomão Viana, em texto a respeito da medida provisória que deu origem à Lei 14.195/2021.

GAGLIANO, Pablo Stolze; VIANA, Salomão. A prescrição intercorrente e a nova MP n. 1.040/21: medida provisória de "Ambiente de Negócios". **Jusbrasil**, 2020. Disponível em: https://direito-civilbrasileiro.jusbrasil.com.br/artigos/1186072938/a-prescricao-intercorrente-e-a-nova-mp--n-1040-21-medida-provisoria-de-ambiente-de-negocios. Acesso em: 30 jun. 2023.

aqui transcrita, aplica-se a qualquer caso de direito subjetivo sujeito à prescrição, presente ou não o envolvimento dos serviços notariais e registrais. O novo art. 206-A do Código Civil serve para completar os comandos que o antecedem sobre o instituto da prescrição e justamente por isso *fecha* o tratamento da matéria na Parte Geral da codificação privada de 2002.

Nesse contexto, considerando-se a fundamentação da Lei do Serp e mesmo o seu objeto, o art. 2º da Lei 14.382/2022 deve ser interpretado restritivamente, porque se aplica apenas aos dispositivos da norma que se remetam a relações jurídicas envolvendo os serviços notariais e registrais. Nesse aspecto, observa-se que o preceito nada de novo traz para o ordenamento jurídico, e que ele pode trazer mais confusão do que esclarecimentos.

Se o objetivo do art. 2º da Lei 14.382/2022 foi meramente didático, para apontar qual seria o seu objeto, acabou por se afastar da sua finalidade, podendo até causar uma indesejada confusão no intérprete e aplicador do Direito, que deve ter em mente que a Lei do Serp traz em seu conteúdo muito mais do que regulamentações a respeito das atividades notariais e registrais.

Em verdade, como temos afirmado em nossas aulas e palestras, a Lei do Serp é uma *norma revolucionária* e *transformadora*, que altera muitas das estruturas e das funções do Direito Privado Brasileiro, com impactos amplos em praticamente todos os livros do Código Civil, que serão sentidos muito intensamente nos próximos anos, como se pode perceber nesta obra coletiva.

2. A DIGITALIZAÇÃO E A CENTRALIZAÇÃO DOS SERVIÇOS NOTARIAIS E REGISTRAIS NA LEI DO SERP

Como já está claro, o *chamariz* da Lei 14.382/2022 é a criação do Sistema Eletrônico de Registros Públicos (Serp), o que justifica a denominação que já está cristalizada na realidade jurídica brasileira e que obviamente será utilizada neste livro.

O Serp deve ser compreendido como uma central eletrônica nacional de todos os serviços notariais e registrais, a permitir a prestação remota dos serviços. Assim, consoante a sua fundamentação e os seus objetivos, pretendeu o legislador da nova norma disponibilizar ao cidadão um espaço único – como um *site,* um portal ou um aplicativo de celular –, em que a pessoa poderá acessar para buscar qualquer serviço notarial e registral de qualquer serventia do país, o que inclui todos os Cartórios de Registro Civil das Pessoas Naturais e das Pessoas Jurídicas, bem como os Cartórios de Registro de Títulos e Documentos e de Imóveis.

Em princípio, os Tabelionatos de Protestos e os de Notas, apesar de não terem sido expressamente inseridos no Serp, precisam manter interoperabilidade eletrônica com este. Lembramos que essas especialidades já mantêm centrais próprias: a Cenprot Nacional,[3] no caso do Tabelionato de Protesto, por força da Lei das Duplicatas Eletrônicas,[4] que acresceu o art. 41-A à Lei 8.935/1994, e do então Provimento 87/2019 (posteriormente incorporado ao CNN-CNJ-Extra); e a Censec,[5] em virtude do Provimento 18/2012 (posteriormente incorporado ao CNN-CNJ-Extra). Há, também, o claro objetivo de conectar operacionalmente todas as serventias extrajudiciais brasileiras, para a prestação dos serviços de modo concentrado e sem maiores burocracias ou entraves.

O pleito da conexão e da interação total das serventias é antigo na realidade jurídica brasileira. Quantas vezes nos deparamos, em cartórios pelo Brasil, com cidadãos buscando orientações para resolver um problema prático, com as informações anotadas em um papel. E quando chegam, por exemplo, a um Cartório de Registro das Pessoas Naturais, são informados de que a questão deve ser resolvida em um Tabelionato de Notas, um Cartório de Registro de Imóveis ou, até mesmo, no Fórum, onde ainda corre o seu processo judicial. A Lei do Serp visa a afastar essa triste realidade, de uma verdadeira *peregrinação cartorária e formalista dos brasileiros*, incluindo todas as informações em um endereço eletrônico único, com todas as especialidades extrajudiciais, e mediante fácil acesso.

Nesse contexto de centralização dos serviços notariais e registrais em um *site* ou portal, temos igualmente defendido, desde a entrada em vigor da Lei do Serp, a necessidade de preservar cada especialidade desses serviços, quais sejam: Tabelionato de Notas, Tabelionato de Protestos, Registro de Imóveis, Registro de Títulos e Documentos, Registro Civil das Pessoas Naturais e Registro Civil das Pessoas Jurídicas.

Existe, nesse contexto e pela sua evolução histórica, uma autonomia operacional e jurídica entre esses serviços, apesar de, em comum, compartilharem a utilização da fé pública para os fatos, atos e negócios jurídicos em geral. Essa autonomia, com flexibilizações estritamente necessárias à centralização dos serviços perante o cidadão, deve ser preservada pela Lei do Serp e tem sido efetivada pelo Conselho Nacional de Justiça desde o surgimento da norma em estudo até o presente momento, quando destes comentários doutrinários.

A ideia é que, perante o cidadão, as diversas especialidades cartorárias sejam vistas como uma unidade. O cidadão acessará um *site* único para acessar os serviços registrais. Mas, atrás das cortinas, as especialidades manterão relativa autonomia operacional e financeira, realizando as atividades de sua incumbência, custeando-as com recursos de seus fundos específicos. Em poucas palavras, haverá unidade do muro para fora e pluralidade do muro para dentro. O Serp é o entrelaçamento dessa pluralidade de especialidades registrais perante o cidadão.

---

[3]   Central Nacional de Serviços Eletrônicos de Serviços Compartilhados.

[4]   Lei 13.775/2018.

[5]   Central Notarial de Serviços Eletrônicos Compartilhados.

Cap. 10 · DA OBRIGATORIEDADE DA CONTINUIDADE DA PRESTAÇÃO DO SERVIÇO | 145

É nesse contexto que, por meio do então Provimento 139/2023 (posteriormente incorporado ao CNN-CNJ-Extra), o CNJ estabeleceu que a implantação e o funcionamento do Serp serão realizados pelo Operador Nacional do Sistema Eletrônico dos Registros Públicos (Onserp), composto pelo Operador Nacional do Sistema de Registro Eletrônico de Imóveis (ONR) – que já existe e atua desde 2020 e de cujo Conselho Consultivo o primeiro coautor faz parte –, pelo Operador Nacional do Registro de Títulos e Documentos e Civil de Pessoas Jurídicas (ON-RTDPJ) e pelo Operador Nacional do Registro Civil de Pessoas Naturais (ON-RCPN); tendo sido os últimos criados e implantados no Brasil em 2023.

Nesse contexto, nota-se que cada especialidade se organiza para a prestação dos serviços digitais, de forma nacional e centralizada, sendo o Onserp o coordenador-geral dessas atuações, sob a gestão geral do Conselho Nacional de Justiça. Em verdade, o CNJ é o grande *protagonista* da Lei do Serp, tendo a função primordial de regulamentar a aplicação da nova norma de modo consolidado e unificado.

Como igualmente temos sustentado desde a emergência do novo diploma, a criação do Sistema Eletrônico dos Registros Públicos é de manutenção da coordenação dos trabalhos das centrais de cada especialidade extrajudicial, disponibilizando aos usuários dos serviços um portal único, um *site*, ou um aplicativo digital, que funcionará como um verdadeiro distribuidor dos serviços, uma vez que a pessoa será redirecionada ao *site* da central de cada uma das especialidades extrajudiciais mediante um clique no *link* indicativo do serviço que deseja.

Consoante pontuamos no início deste texto, a Lei 14.382/2022 representa apenas a continuação, com *passos profundos e determinantes*, de um processo que estava em curso há tempos, no sentido da digitalização dos serviços notariais e registrais. Um dos *passos fundamentais* nesse processo, sem dúvidas, foi a possibilidade das escrituras públicas digitais, em meio à primeira onda da pandemia de Covid-19, por meio do então Provimento 100/2020 do Conselho Nacional de Justiça (posteriormente incorporado ao CNN-CNJ-Extra). A propósito, se não fosse a gravíssima pandemia pela qual passamos, não se teria admitido essa ampla regulamentação a respeito de atos e negócios jurídicos relevantes por norma administrativa do CNJ; o que somente foi possível, juridicamente, sob o argumento da sobrevivência pandêmica, preservando-se a celebração dos negócios e a circulação de bens e riquezas em meio à profunda crise que enfrentamos.

Além disso, vale também lembrar que a Lei do Serp segue a linha de redução de burocracias percebida no âmbito do Direito Privado nos últimos anos, com normas jurídicas que buscam a efetivação dos atos notariais e registrais em prol da *extrajudicialização*. Em uma dessas normas anteriores, o *dever de virtualização dos registros públicos* existe desde o ano de 2009, por força do art. 37 da Lei 11.977/2009, conhecida como Lei *Minha Casa, Minha Vida*.

Em sua redação original, estava previsto que "os serviços de registros públicos de que trata a Lei 6.015, de 31 de dezembro de 1973, observados os prazos e

146 | SISTEMA ELETRÔNICO DO REGISTRO PÚBLICO E SUA REGULAMENTAÇÃO

condições previstas em regulamento, instituirão sistema de registro eletrônico". Na redação atual, na forma estabelecida pela Lei 14.382/2002, preceitua-se o seguinte:

> [...] os serviços de registros públicos de que trata a Lei n. 6.015, de 31 de dezembro de 1973 (Lei de Registros Públicos) promoverão a implantação e o funcionamento adequado do Sistema Eletrônico dos Registros Públicos (Serp), nos termos da Medida Provisória n. 1.085, de 27 de dezembro de 2021.

O Serp, portanto, já possuía suporte legislativo desde o ano de 2009, ainda que sem a devida repercussão prática, o que parece ter ocorrido com a nova lei de 2022, com as mudanças efetivadas na Lei de Registros Públicos (Lei 6.015/1973).

De todo modo, não se pode negar que o dever de digitalização era efetivado de forma paulatina pelas diferentes especialidades dos registros públicos, sobretudo por meio de centrais eletrônicas mantidas pelas respectivas entidades representativas.

No âmbito dos Cartórios de Registro de Imóveis, esse papel é desempenhado pelo Sistema de Registro Eletrônico de Imóveis (SREI), que foi disciplinado pelo art. 76 da *Lei da Regularização Fundiária Urbana* (Lei 13.465/2015 – Lei do REURB): "o Sistema de Registro Eletrônico de Imóveis (SREI) será implementado e operado, em âmbito nacional, pelo Operador Nacional do Sistema de Registro Eletrônico de Imóveis (ONR)". A questão também é tratada pelo Provimento CNJ 89/2019, sendo o SREI coordenado pelo respectivo Operador Nacional, que preserva a questão da especialidade, como ora se defende. Cada Estado, unidade da federação e as respectivas entidades representativas mantêm centrais locais e próprias para a prestação desse serviço.

No que diz respeito aos Cartórios de Registro de Títulos e Documentos (RTD) e do Registro Civil das Pessoas Jurídicas (RCPJ), a tarefa de digitalização é desempenhada pela Central Nacional de RTD e RCPJ, o que está fundamentado pelo então Provimento 48/2016, também da Corregedoria Geral de Justiça do CNJ (posteriormente incorporado ao CNN-CNJ-Extra). Quanto aos primeiros, a sua central também está amparada no § 2º do art. 3º da *Lei de Duplicata Eletrônica* (Lei 13.775/2018), "no caso da escrituração de que trata o *caput* deste artigo, feita por *Central Nacional* de Registro de Títulos e Documentos, após autorizada a exercer a atividade prevista no *caput* deste artigo, nos termos do § 1º deste artigo, a referida escrituração caberá ao oficial de registro do domicílio do emissor da duplicata". Essa central é mantida pelo Instituto de Registro de Títulos e Documentos e de Pessoas Jurídicas do Brasil (IRTDPJ-BRASIL).

Quanto aos Cartórios de Registro Civil das Pessoas Naturais (RCPN), a centralização é desempenhada pela Central de Informações do Registro Civil (CRC), conforme o então Provimento CNJ 46/2015 (posteriormente incorporado ao CNN-CNJ-Extra), sendo a sua respectiva central mantida pela Associação dos Registradores de Pessoas Naturais do Brasil (Arpen-BR). Com a criação do Operador

Nacional do Registro Civil de Pessoas Naturais (ON-RCPN), como antes exposto, pensamos que essa atuação deve ser muito incrementada.

Já em relação aos Tabelionatos de Protesto, a incumbência de digitalização recai sobre a Central Nacional de Serviços Eletrônicos Compartilhados dos Tabeliães de Protesto de Títulos (Cenprot), consoante o art. 41-A da *Lei de Protesto* (Lei 9.492/1997). Conforme essa norma, com as modificações efetivadas pela Lei 13.755/2018, os tabeliães de protesto manterão, em âmbito nacional, uma central nacional de serviços eletrônicos compartilhados que prestará, ao menos, os seguintes serviços: *a)* escrituração e emissão de duplicata sob a forma escritural, observado o disposto na legislação específica, inclusive quanto ao requisito de autorização prévia para o exercício da atividade de escrituração pelo órgão supervisor e aos demais requisitos previstos na regulamentação por ele editada; *b)* recepção e distribuição de títulos e documentos de dívida para protesto, desde que escriturais; *c)* consulta gratuita quanto a devedores inadimplentes e aos protestos realizados, aos dados desses protestos e dos tabelionatos aos quais foram distribuídos, ainda que os respectivos títulos e documentos de dívida não sejam escriturais; *d)* confirmação da autenticidade dos instrumentos de protesto em meio eletrônico; e *e)* anuência eletrônica para o cancelamento de protestos. Essa atuação é igualmente disciplinada pelo então Provimento CNJ 87/2019 (posteriormente incorporado ao CNN-CNJ-Extra), e a central é mantida pelo Instituto de Estudos de Protesto de Títulos do Brasil (IEPTB).

Por fim, no que interessa aos Tabelionatos de Notas, há a Central Notarial de Serviços Eletrônicos Compartilhados (Censec), com fundamento no Provimento CNJ 56/2016, sendo a sua respectiva central mantida pelo Colégio Notarial do Brasil (CNB). Vale a advertência de que apesar de o Serp não tratar diretamente dos atos notariais, existem muitos temas previstos na Lei 14.382/2022 que, pelo menos indiretamente, tratam desses atos; sendo imperiosa e mais do que necessária a busca de uma centralização de normas, o que tem sido feito pela Corregedoria Nacional de Justiça, a exemplo da edição do *Código Nacional de Normas* (CNN-CNJ-Extra).

Por todo o exposto, a Lei 14.382/2022 apenas cristaliza e encerra, pelo menos em parte, um movimento que estava em curso de modo avançado no sentido da digitalização e centralização dos serviços notariais e registrais. Pode-se dizer, assim, que a Lei do Serp é o *ponto de chegada* dos *passos determinantes* dados pelas leis e pelas normas do CNJ neste tópico citadas.

3. DA OBRIGATORIEDADE DA CONTINUIDADE DA PRESTAÇÃO DO SERVIÇO DOS REGISTROS PÚBLICOS E DA ADESÃO AO SERP. A REGULAMENTAÇÃO PELO CONSELHO NACIONAL DE JUSTIÇA

Sobre a obrigatoriedade da continuidade da prestação do serviço dos registros públicos, como da adesão do Serp, tema principal deste texto, a matéria está tratada pelo art. 4º da Lei 14.382/2002. Consoante o seu *caput*, compete aos oficiais dos registros públicos promover a implantação e o funcionamento adequado do sistema, com a disponibilização das informações necessárias, nos termos estabelecidos pela Corregedoria Nacional de Justiça do Conselho Nacional de Justiça.

Na sequência, a lei traz um rol exemplificativo ou *numerus apertus* dessas informações necessárias, relacionando-as: *a)* às garantias de origem legal, convencional ou processual, aos contratos de arrendamento mercantil financeiro e às cessões convencionais de crédito, constituídos no âmbito da sua competência; e *b)* aos dados necessários à produção de índices e de indicadores estatísticos.

Especificamente a respeito da *obrigatoriedade de adesão ao Serp*, está ela prevista no art. 4º, § 1º, da Lei 14.832/2022, ao enunciar de forma peremptória que "é obrigatória a adesão ao Serp dos oficiais dos registros públicos de que trata a Lei n. 6.015, de 31 de dezembro de 1973 (Lei de Registros Públicos), ou dos responsáveis interinos pelo expediente".

Acrescente-se que essa obrigatoriedade também consta do então art. 1º do Provimento CNJ 139/2023 (posteriormente incorporado ao CNN-CNJ-Extra), ao enunciar que o Serp será integrado tecnologicamente e de forma obrigatória pelos oficiais de registros públicos, responsáveis interinos ou interventores, que disponibilizarão, nos termos estabelecidos pela Corregedoria Nacional de Justiça, as informações necessárias para a sua adequada implantação e funcionamento. Além disso, essa norma administrativa tem o mérito de consagrar, em seu parágrafo único, os regramentos fundamentais que norteiam o Serp, sendo esses os princípios que regem a administração pública em geral e os serviços notariais e registrais, em especial os princípios da legalidade, integridade, impessoalidade, moralidade, razoabilidade, finalidade, motivação, interesse público, eficiência, segurança, adequação, regularidade, continuidade, atualidade, generalidade, publicidade, autenticidade e cortesia na prestação dos serviços.

O eventual descumprimento dessas previsões ensejará a aplicação das penas previstas no art. 32 da Lei 8.935/1994 (*Lei dos Cartórios*), nos termos estabelecidos pela Corregedoria Nacional de Justiça do Conselho Nacional de Justiça. É essa a dicção do art. 4º, § 2º, da Lei do Serp, com enorme repercussão prática.

Sobre tais penalidades, o art. 32 da *Lei dos Cartórios* prevê que os notários e os oficiais de registro estão sujeitos, pelas infrações que praticarem, sempre assegurado o amplo direito de defesa, às seguintes penas: *a)* repreensão; *b)* multa; *c)* suspensão por noventa dias, prorrogável por mais trinta; e *d)* perda da delegação, em casos excepcionais.

Essas penalidades serão aplicadas da seguinte forma: *a)* a de repreensão, no caso de falta leve; *b)* a de multa, em caso de reincidência ou de infração que não configure falta mais grave; e *c)* a de suspensão, em caso de reiterado descumprimento dos deveres ou de falta grave; sendo impostas pelo juízo competente, independentemente da ordem de gradação, conforme a gravidade do fato (arts. 33 e 34 da Lei 8.935/1994).

A demonstrar a excepcionalidade da pena de perda de delegação, ela dependerá: *a)* de sentença judicial transitada em julgado; ou *b)* de decisão decorrente de processo administrativo instaurado pelo juízo competente, assegurado amplo direito de defesa (art. 35 da Lei 8.935/1994). Eventualmente, quando o caso configurar a perda da delegação, o juízo competente suspenderá o notário ou oficial de registro até a decisão final, e designará interventor para o Cartório (§ 1º do art. 35).

Observa-se, portanto, que todas as serventias extrajudiciais – com a ressalva de que os Cartórios de Notas e de Protestos devem manter a interoperabilidade – são obrigadas a aderir ao Serp, sob pena de imposição das sanções disciplinares descritas, em que essa é a regra geral. Todavia, é fundamental que o Conselho Nacional de Justiça e as Corregedorias Gerais de Justiça dos Estados estejam atentas às particularidades de algumas serventias, em especial daquelas que tenham dificuldades de acesso à internet, bem como das que tenham limitações financeiras.

Para esses casos, entendemos que se deve buscar, no caso concreto, alternativas destinadas a viabilizar o ingresso da referida serventia no Serp, hipótese em que o CNJ e as Corregedorias locais terão liberdade para, por equidade, estabelecer a regra mais condizente com a realidade de cada local. Imagine-se, a título de exemplo, o caso de uma serventia de Registro Civil das Pessoas Naturais que se encontra em local inóspito, em um dos rincões do Brasil. Por óbvio que deverá haver uma flexibilização da regra do art. 4º da Lei 14.382/2022.

Ademais, entendemos que o uso de recursos de fundos locais de compensação de atos gratuitos é viável e cabível para custear a implementação da estrutura digital de uma serventia deficitária, ainda que sob a forma de um empréstimo a ser pago em prestações sucessivas compatíveis com o porte financeiro da serventia deficitária.

Caberá à corregedoria local agir, com bom senso e criatividade, para encontrar a solução mais *equitativa* para esses casos excepcionais. A própria Lei 14.382/2022, ao menos implicitamente, consagra suporte jurídico a essa normatização local excepcional.

Logo, entendemos que não se deve punir disciplinarmente os oficiais que, por causa dessas dificuldades estruturais e financeiras, não consigam implementar efetivamente as medidas necessárias à adesão ao Serp. Não se pode esquecer que as normas precisam ser interpretadas de acordo com a realidade concreta, o que remonta aos ideais da *Teoria Tridimensional do Direito*, de Miguel Reale, segundo a qual *o Direito é fato, valor e norma.*[6]

Como palavras finais sobre o tema, não se pode esquecer que, entre as competências do Conselho Nacional de Justiça no contexto da Lei do Serp, o

---

[6] REALE, Miguel. **Teoria tridimensional do direito**: situação atual. São Paulo: Saraiva, 2003.

seu art. 7º deixa claro que caberá a esse órgão disciplinar os seguintes aspectos fundamentais para a sua implementação, que deve ser observada por todas as serventias extrajudiciais do país: *a)* os sistemas eletrônicos integrados ao Serp, por tipo de registro público ou de serviço prestado; *b)* o cronograma de sua implantação e do registro público eletrônico dos atos jurídicos em todo o país, que poderá considerar as diferenças regionais e as características de cada registro público; *c)* os padrões tecnológicos de escrituração, indexação, publicidade, segurança, redundância e conservação de atos registrais, de recepção e comprovação da autoria e da integridade de documentos em formato eletrônico, a serem atendidos pelo Serp e pelas serventias dos registros públicos, observada a legislação; *d)* a forma de certificação eletrônica da data e da hora do protocolo dos títulos para assegurar a integridade da informação e a ordem de prioridade das garantias sobre bens móveis e imóveis, constituídas nos registros públicos; *e)* a forma de integração do Sistema de Registro Eletrônico de Imóveis (SREI) ao Serp; *f)* a forma de integração da Central Nacional de Registro de Títulos e Documentos ao Serp; *g)* os índices e os indicadores estatísticos que serão produzidos por meio do Serp, a forma de sua divulgação e o cronograma de implantação da obrigatoriedade de fornecimento de dados ao sistema eletrônico; *h)* a definição do extrato eletrônico, cuja regulamentação tem gerado muitos debates jurídicos, e os tipos de documentos que poderão ser recepcionados dessa forma; *i)* o formato eletrônico desse extrato; e *j)* outros serviços a serem prestados por meio do Serp.

Como antes pontuado, o CNJ é o grande protagonista da Lei do Serp, tendo ampla competência normativa para regulamentar as mais variadas questões trazidas pela norma jurídica emergente, que ocasionou uma ampliação considerável do seu papel, inclusive com atuação legislativa, no nosso entender.

Em suma, a tarefa de regulamentar o Serp será do Conselho Nacional de Justiça, especificamente por meio da Corregedoria Nacional de Justiça, que se manifesta por meio de provimentos da lavra do Corregedor Nacional de Justiça, o que tem fundamento nos arts. 3º, § 3º, I, e 7º da Lei 14.382/2022; e nos §§ 3º e 4º do art. 1º da Lei n. 6.015/1973.

Ora, como o Serp tem atuação nacional, realmente o órgão mais adequado para a sua regulamentação é o CNJ, que exerce papel normativo e fiscalizador sobre os serviços notariais e registrais de todo o país. Assim, pensamos que os tribunais locais – por meio de suas Corregedorias dos Estados – devem se abster de editar normas que contrariem a disciplina geral dada pelo CNJ relativamente ao Serp.

Nesse poder regulamentar, o CNJ deverá esmiuçar o modo de funcionamento, as exigências mínimas dos serviços e, inclusive, o modo de custeio, conforme os arts. 5º e 7º da Lei 14.382/2022, que são comentados a seguir, por outros autores desta obra coletiva. E esse modo de custeio poderá influenciar diretamente na questão da obrigatoriedade de adesão ao Serp, como antes pontuamos. De uma certa forma, o CNJ já caminha nesse sentido, a exemplo da edição do então Provimento CNJ 139/2023 (posteriormente incorporado ao CNN-CNJ-Extra), o qual tratou dos fundos que serão utilizados para o custeio do Serp.

4. DO CRONOGRAMA PARA A INSTALAÇÃO DO SERP

Como último tema a ser tratado nestes comentários, entre as suas disposições transitórias e finais, o art. 18 da Lei do Serp estabeleceu como data final do cronograma para a implantação do sistema e do registro público eletrônico dos atos jurídicos em todo o país: 31 de janeiro de 2023.

Essa data foi fixada diante do fato de a implementação do novo sistema demandar dificultosas providências operacionais, tecnológicas e técnicas, conforme cronograma definido pelo Conselho Nacional de Justiça. A Lei 14.382 é de junho de 2022; logo, foi concedido cerca de um semestre para a implantação do novo sistema.

Sucessivamente, mediante a Portaria 8/2023, foram fixadas *cinco etapas* para a primeira fase de implementação do Serp. Nas *três primeiras*, foi determinada a criação dos operadores nacionais das especialidades, como antes aduzido e consoante o então Provimento 139/2023 (posteriormente incorporado ao CNN--CNJ-Extra), o que já se efetivou. Na *quarta etapa*, estabeleceu-se a apresentação do plano estratégico de implantação e funcionamento do Serp, de 20 de maio a 30 de junho de 2023.

Por fim, como *quinta etapa*, a implementação do *site* do sistema – na linha do que foi aduzido neste texto – tem como datas fixadas os dias 1º e 31 de julho de 2023, devendo estar em funcionamento em agosto do mesmo ano. Esclareça--se, para os devidos fins, que este artigo foi escrito entre o fim do mês de junho e o início do mês de julho, quando esses últimos cronogramas ainda estavam sendo atendidos.

Está clara neste texto a nossa posição doutrinária, no sentido de que o novo sistema eletrônico de registros públicos deverá ser concebido de modo a respeitar a autonomia operacional e jurídica historicamente consolidada de cada especialidade notarial e registral. O Serp deve apenas coordenar as centrais de cada especialidade, disponibilizando um canal digital de prestação de serviços aos usuários. Reitere-se que deve ele consistir na disponibilização de um *site,* de um portal e, até mesmo, de um aplicativo, que servirá como um verdadeiro distribuidor e que encaminhará o cidadão ao *site* da central da especialidade pertinente.

Como palavras derradeiras, até o presente momento, quando da elaboração deste texto de comentários, essas orientações parecem que estão sendo efetivamente cumpridas pelo CNJ, na implementação que ora se desenvolve do novo sistema; que, como se disse, deve transformar de forma considerável o Direito Privado Brasileiro, em passos firmes para a desburocratização e a extrajudicialização.

REFERÊNCIAS

GAGLIANO, Pablo Stolze; VIANA, Salomão. A prescrição intercorrente e a nova MP n. 1.040/21: medida provisória de "Ambiente de Negócios". **Jusbrasil**, 2020. Disponível em: https://direitocivilbrasileiro.jusbrasil.com.br/artigos/1186072938/a-prescricao-intercorrente-e-a-nova--mp-n-1040-21-medida-provisoria-de-ambiente-de-negocios. Acesso em: 30 jun. 2023.

OLIVEIRA, Carlos Eduardo Elias de; TARTUCE, Flávio. **Lei do Sistema Eletrônico de Registros Públicos**. Rio de Janeiro: Forense, 2022.

REALE, Miguel. **Teoria tridimensional do direito**: situação atual. São Paulo: Saraiva, 2003.

SALOMÃO, Luis Felipe; TARTUCE, Flávio. A extrajudicialização e seus novos desafios. **Conjur**, 25 out. 2021. Disponível em: https://www.anoreg.org.br/site/conjur-artigo-a--extrajudicializacao-e-seus-novos-desafios-por-luis-felipe-salomao-e-flavio-tartuce/. Acesso em: 30 jun. 2023.

TARTUCE, Flávio. **Direito civil**: Lei de Introdução e Parte Geral. 19. ed. Rio de Janeiro: Forense, 2023.

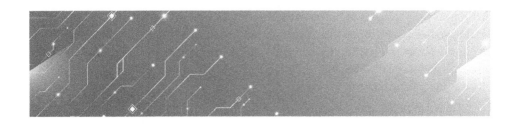

Capítulo 11

A IMPORTÂNCIA DA PUBLICIDADE REAL DO SERP PARA A EFICÁCIA E SEGURANÇA JURÍDICA DAS GARANTIAS E PENHORAS JUDICIAIS SOBRE BENS MÓVEIS

Robson de Alvarenga

1. INTRODUÇÃO

O Sistema Eletrônico dos Registros Públicos (Serp), criado pela Lei 14.382/2022, trouxe importantíssimos aprimoramentos ao Sistema de Registros Públicos, em especial ao Registro de Títulos e Documentos (RTD).

No mundo analógico do papel, os registros sempre foram feitos de forma avulsa, em que a publicidade do RTD está restrita à localidade do domicílio da parte, demandando enorme esforço para se tornar efetiva, pois os interessados tinham que se dirigir presencialmente a um cartório para solicitar buscas com a finalidade de encontrar eventuais registros efetivados naquela localidade específica.

Com o desenvolvimento da tecnologia digital, houve uma profunda reengenharia do fluxo procedimental da atividade registral, visando disponibilizar à sociedade acesso a um serviço público registral apto a garantir a segurança jurídica com máxima eficiência, agilidade e comodidade para os usuários.

No âmbito do RTD, foi elaborado um novo desenho estrutural para a atuação dos Oficiais de Registro, focado na integração e na aplicação de tecnologias eletrônicas com alto nível de confiabilidade e grande facilidade de acesso e uso pela internet.

A publicidade fictícia restrita ao município do cartório de RTD foi substituída por um sistema de publicidade real de abrangência nacional, que integra, por meio

154 | SISTEMA ELETRÔNICO DO REGISTRO PÚBLICO E SUA REGULAMENTAÇÃO

do Serp, as informações registrais de todos os Oficiais de RTD do país, disponibilizando à sociedade informações relevantes pertinentes a direitos, garantias, restrições e penhoras judiciais incidentes sobre as pessoas e seus bens móveis. Tudo isso em uma única plataforma eletrônica nacional, disponível a qualquer momento do dia ou da noite pela internet.

Trata-se de um imenso avanço!

No sistema analógico de registros avulsos, o mercado não tinha acesso a uma busca de abrangência nacional. E, obviamente, era impossível solicitar buscas isoladas nos milhares de cartórios de RTD do país, não só pelo custo altíssimo envolvido, mas também pela própria dificuldade de solicitação presencial dessas milhares de buscas nos balcões de todos os cartórios.

Por causa disso, nunca se estabeleceu, na prática negocial, o costume de se fazer buscas no RTD antes da efetivação de um negócio. Em termos práticos, isso significava que um banco costumava aceitar um bem móvel em garantia, sem ter como saber se esse bem já tinha sido oferecido anteriormente em garantia para outro banco. Por outra colocação, antes do Serp, ninguém, nem mesmo o comprador de um determinado bem móvel, tinha mecanismos para saber se o bem negociado estava gravado com alguma garantia ou penhora judicial que pudesse afetar a validade e a eficácia do negócio.

Essa obscuridade de informações sempre implicou um alto risco para qualquer negócio mobiliário, pois não era possível aferir, de modo confiável, a situação patrimonial de uma determinada pessoa nem verificar, na fase preliminar do negócio, a disponibilidade jurídica do bem móvel. Sabendo-se que quanto maior o risco jurídico da operação, maior será sua margem de segurança, a precariedade de informações atuava como um fator relevante para a elevação do custo do financiamento de negócios com garantia meramente pessoal ou com garantia real mobiliária.

Vale destacar que os negócios incidentes sobre bens imóveis não sofrem com esse tipo de problema, porque a matrícula imobiliária concentra todas as informações que podem impactar o direito de propriedade e sua disponibilidade. Mas, em se tratando de bens móveis, qualquer negócio tinha que ser feito no escuro, sem visibilidade suficiente para aferição adequada dos reais riscos envolvidos. Isto não bastasse, mesmo com o registro de um contrato no RTD, a segurança jurídica obtida mostrava-se suficiente. Pois, antes do Serp, não era possível saber se já existia algum outro registro anterior com maior prioridade.

Com a implantação do Serp, passa a existir uma única lista nacional de prioridades, resultante da ordenação de todos os registros efetivados pelos Oficiais de RTD do país em observância à data de protocolo. E nessa lista constarão quaisquer direitos, garantias, restrições e penhoras judiciais incidentes sobre uma pessoa e seus bens móveis. A existência desses registros será conhecida por todos, havendo uma publicidade registral real de âmbito nacional, o que servirá como parâmetro confiável para a aferição da boa-fé e da prioridade entre interesses conflitantes,

Cap. 11 • A IMPORTÂNCIA DA PUBLICIDADE REAL DO SERP PARA A EFICÁCIA E SEGURANÇA JURÍDICA | **155**

aumentando a força e a importância do principal efeito do registro no RTD, que é justamente a expansão da eficácia do ato ou negócio jurídico para atingir terceiros (eficácia *erga omnes*).

Aquele que deixar de registrar seu contrato no RTD e, com isso, omitir essa informação do conhecimento de terceiros, não poderá pretender sobrepor seu direito a outros direitos de terceiros de boa-fé, que tenham promovido tempestivamente o registro no RTD.

O Serp permite o estabelecimento de um novo ordenamento da segurança jurídica amparado por uma lógica mais justa e efetiva, que protege os direitos de credores e de terceiros, tendo por parâmetro a boa-fé e a prioridade decorrente da publicidade registral real de âmbito nacional.

2. DIREITOS E GARANTIAS

No que se refere a direitos e garantias resultantes de contratos, a publicidade decorrente do registro no RTD servirá como base para assegurar a prioridade resultante da expansão da eficácia do negócio, que passará a contar com efeitos *erga omnes*, atingindo todos os terceiros.

Além das garantias que dependem do registro para constituição de eficácia real, qualquer outro negócio poderá se beneficiar da segurança jurídica atribuída pelo registro no RTD e pela publicidade real nacional promovida pelo Serp, ao receber uma posição de prioridade que não poderá ser contestada por outros negócios ou por constrições administrativas ou judiciais que não estejam registradas anteriormente ao ingresso do negócio na lista nacional de prioridades do Serp.

A data do contrato ou da decisão administrativa ou judicial deixará de ser relevante para a definição da prioridade entre direitos conflitantes. Pois, como é evidente, os atos jurídicos têm, em princípio, efeitos restritos às suas partes, não sendo razoável que atinjam terceiros de boa-fé que dele não tinham conhecimento.

Com o novo sistema de publicidade real do Serp, qualquer ato ou fato jurídico poderá ser registrado para gerar efeitos *erga omnes*, passando a alcançar terceiros. E a eventual omissão do interessado em promover o registro para atribuir publicidade ao seu direito, obviamente, não poderá prejudicar terceiros. Dessa forma, caberá a cada pessoa avaliar se seu direito necessita de prioridade e proteção jurídicas para prevenir eventuais conflitos com direitos de terceiros e, diante dessa análise, optar por requerer o registro no Serp ou assumir os riscos de sua conduta omissiva, tudo em benefício da previsibilidade e da segurança jurídica.

3. PENHORAS JUDICIAIS

Com relação às penhoras judiciais, o Serp trará um importante incremento de transparência, visibilidade e efetividade, que nortearão a aferição da boa-fé das pessoas com direitos e interesses potencialmente conflitantes. Como se sabe, as penhoras judiciais são decisões coercitivas de cunho patrimonial, prolatadas pelo Poder Judiciário no exercício da função jurisdicional. O uso da força pelo Estado, em substituição aos particulares, para impor o cumprimento de obrigações pecuniárias é fundamental para a estabilidade social.

Ao analisar os requisitos legais e deferir uma penhora judicial, o Juiz atua para atender o interesse patrimonial de uma das partes no processo. É importante compreender que a ordem contida no mandado judicial não visa atender aos interesses do Juiz ou do Poder Judiciário, e sim tornar efetiva a prestação jurisdicional em favor de uma parte no processo.

Todas as partes no processo, incluindo o interessado na penhora judicial, estão sujeitas ao cumprimento de ônus processuais para alcançar seus direitos e objetivos. Um desses ônus processuais diz respeito às penhoras judiciais.

Uma regra fundamental do Direito Processual é que as decisões judiciais têm eficácia restrita às partes do processo. A rigor, nenhuma decisão judicial deveria afetar terceiros estranhos ao processo. Todavia, especialmente no campo das execuções de obrigações, as constrições patrimoniais que atingem o patrimônio do devedor acabam frequentemente afetando, de forma indevida e indesejada, direitos ou interesses de terceiros.

Há todo um regramento legal para proteger o direito de crédito e a eficácia das decisões jurisdicionais em favor de credores contra fraudes ou esvaziamentos patrimoniais cometidos pelo devedor. No entanto, é preciso lembrar que não se pode presumir, automaticamente, que o direito do credor em um processo é sempre melhor ou prioritário em relação ao direito de terceiros. Assim, o eventual conflito de direitos entre o credor no processo e um terceiro deve ser objeto de uma análise específica pelo Juiz, com foco na prioridade e na boa-fé.

Analisando-se o instituto de Direito Civil da fraude contra credores, verifica-se que a razão lógica básica da disposição do art. 158, *caput*, do CC, é a atribuição de prioridade de um crédito oneroso sobre um direito obtido gratuitamente.

Já o art. 159 do CC estabelece a prioridade de um crédito oneroso anterior em relação a outros créditos onerosos contratados pelo mesmo devedor já em situação de insolvência, desde que essa insolvência seja notória ou conhecida pelo terceiro. Note que, nesse caso, a par da prioridade temporal, é imprescindível a aferição da ausência de boa-fé do terceiro. Se o terceiro sabia ou tinha plenas condições de saber que estava contratando com um devedor insolvente, o direito desse terceiro não poderá prevalecer contra o direito do credor anterior.

Se o terceiro não sabia, nem tinha como saber da insolvência, seu direito deverá ser preservado. De igual modo, se o negócio praticado pelo devedor com terceiro ocorreu antes da superveniência da insolvência, o credor mais antigo prejudicado pela insolvência não poderá pleitear a anulação daquele negócio superveniente apenas com base na anterioridade de seu crédito. Antes da insolvência, o devedor possui plena disponibilidade patrimonial. Somente negócios praticados pelo devedor após sua insolvência são passíveis de impugnação e, mesmo nessa hipótese, é de rigor demonstrar a ausência de boa-fé do terceiro.

A simples anterioridade de um crédito não gera automaticamente uma prioridade em relação a outros direitos, os quais não podem ser afetados quando tiverem sido constituídos com boa-fé, sem violar impedimentos legais.

No âmbito processual, a atuação do Judiciário e de sua força coercitiva deve ter como premissa fundamental a ideia de que a excussão patrimonial em favor de um credor não pode e não deve atingir direitos de terceiros de boa-fé.

Justamente por isso é que o instituto da fraude à execução procura regular os conflitos de direitos entre credor e terceiros, atribuindo alguns ônus ao credor e apontando hipóteses em que a conduta do terceiro não será considerada de boa-fé.

Os mandamentos contidos nos incisos I e II do art. 792 do CPC deixam claro que o simples ajuizamento de execução ou de ação fundada em direito real ou com pretensão reipersecutória não é suficiente para justificar qualquer decisão judicial em detrimento de terceiro. É preciso que o fato do ajuizamento da execução ou da ação tenha sido averbado no registro público para que essa publicidade registral gere uma expansão da eficácia da decisão judicial, que passará a ter efeitos *erga omnes*.

Isto porque a simples existência de um processo judicial não gera publicidade suficiente para atingir terceiros. Somente com a publicidade registral, os terceiros terão viabilidade de acesso à informação sobre a existência do processo judicial e, então, poderão ser atingidos por esse fato, ficando afastada sua boa-fé.

Trata-se de uma importante regra que estabelece os pilares e os limites do instituto da fraude à execução.

No mesmo sentido, o inciso III do art. 792 do CPC estabelece que nem mesmo o deferimento de uma constrição processual (penhora judicial ou hipoteca judiciária) é suficiente para atingir o terceiro; com exceção se esse fato for levado ao registro público, cuja publicidade registral importará, como já referido, na ampliação da eficácia da decisão judicial, que passará a ter efeitos *erga omnes*, atingindo terceiros e afastando sua boa-fé.

Já o inciso IV do art. 792, do CPC, por sua redação simplista, deu margem a certa celeuma, surgindo alguns entendimentos totalmente equivocados no sentido de que o terceiro de boa-fé poderia ser afetado pelo simples fato do prévio ajuizamento de ação judicial com aptidão para reduzir o devedor à insolvência.

Não obstante, o assunto foi pacificado pela orientação pretoriana contida na Súmula 375 do Colendo STJ, que prevalece inteiramente aplicável mesmo após a reforma do CPC, no sentido de que *o reconhecimento da fraude à execução depende do registro público ou da prova da má-fé do terceiro adquirente*.

158 | SISTEMA ELETRÔNICO DO REGISTRO PÚBLICO E SUA REGULAMENTAÇÃO

Aliás, é de rigor interpretar-se o inciso IV do art. 792, do CPC, em conjunto com todas as disposições que tratam da matéria, incluindo as demais hipóteses do *caput* do mesmo artigo e seus §§ 2º e 4º do CPC, que afastam qualquer dúvida sobre a necessidade de verificação da existência de boa-fé do terceiro, cuja ausência é o pressuposto lógico-jurídico para a decretação da fraude à execução.

Ora, se nem mesmo a própria insolvência é suficiente para atingir o terceiro, sendo necessário que ele tenha conhecimento desse fato para que seja afastada sua boa-fé, seria realmente absurdo permitir que o simples ajuizamento de uma ação pudesse atingir todos aqueles que negociassem de boa-fé com o réu; tanto mais porque, como se sabe, muitas vezes não existe nem mesmo uma dívida constituída no momento do ajuizamento da ação, o que somente vem a ocorrer depois de muitos anos, com o trânsito em julgado de eventual sentença condenatória.

Por outro lado, o § 2º do art. 792 do CPC tratou da hipótese de bem não sujeito a nenhum registro, em que não seria possível ao credor tomar a iniciativa de promover o registro público do ajuizamento da demanda. Para solucionar esse impasse, a lei optou por criar uma inversão do ônus probatório, atribuindo ao adquirente a obrigação de adotar cautelas prévias à aquisição do bem para fazer prova pré-constituída de sua boa-fé, buscando as certidões pertinentes no domicílio do devedor e no local onde se encontra o bem.

Nesse passo, convém mencionar que, com a criação do Serp, haverá a possibilidade de registro no RTD do ajuizamento de ações ou execuções, bem como de qualquer constrição administrativa ou judicial (penhora judicial, arrolamento, indisponibilidade etc.) incidente sobre a pessoa ou seus bens móveis.

Conforme dispõe o art. 828 do CPC, é possível ao credor interessado promover o ato denominado pela doutrina como *averbação premonitória*, a fim de assegurar a efetividade do processo de execução. Tal ato registral não está adstrito a bens imóveis, sendo expressamente prevista na lei a possibilidade do registro relativamente a *outros bens sujeitos a penhora, arresto ou indisponibilidade*. Cuidando-se de bens móveis, o registro premonitório deverá ser requerido eletronicamente, por meio do Serp, ao cartório de RTD do domicílio do devedor.

Também poderá ser registrado no RTD o ajuizamento de ação fundada em direito real ou com pretensão reipersecutória relativa a bem móvel, em observância ao disposto no art. 792, I, do CPC.

A par disso, conforme amplo entendimento jurisprudencial, não se afasta a possibilidade de aplicação do art. 828 do CPC também a processos de conhecimento, o que viabiliza o registro no RTD do ajuizamento de outras ações de conhecimento relativas a bens ou direitos mobiliários que possam afetar, de modo relevante, o patrimônio do devedor, desde que haja decisão judicial autorizadora.

Vê-se que o Serp inaugura a possibilidade de plena aplicação da legislação processual por meio do RTD, visando assegurar a efetividade do processo e pre-

Cap. 11 • A IMPORTÂNCIA DA PUBLICIDADE REAL DO SERP PARA A EFICÁCIA E SEGURANÇA JURÍDICA | **159**

servar a segurança jurídica, não só em relação a imóveis, mas também no que se refere a bens móveis ou direitos de qualquer outra natureza.

Por um lado, bastará ao credor interessado promover o registro no RTD do ajuizamento de ação ou execução, bem como de eventual penhora judicial, para assegurar a prioridade de seus direitos, gerando publicidade plena perante terceiros por causa da publicidade real resultante do Serp.

De outro modo, bastará ao terceiro realizar uma busca eletrônica prévia no Serp, pela internet, para tomar ciência de tudo que afeta a disponibilidade patrimonial da pessoa com quem negocia, verificando a inexistência de outros direitos ou constrições registradas para que possa preservar a prioridade de seu próprio direito, por meio de registro que servirá como prova inequívoca da sua boa-fé, tornando-se desnecessária a custosa e complexa obtenção de certidões de distribuidores judiciais espalhados por todo o país.

Proferida uma decisão judicial determinando a penhora de bens ou direitos de uma pessoa, essa decisão, mesmo antes de lavrado o auto de penhora, poderá ser levada ao RTD para registro, a fim de adquirir eficácia *erga omnes*, passando a atingir todos os terceiros em decorrência da publicidade registral real resultante do Serp.

Caso a decisão seja apresentada para registro antes da lavratura do auto de penhora, a publicidade resultante do registro servirá como um alerta a quaisquer terceiros de boa-fé sobre o possível comprometimento patrimonial do devedor. Lavrado o auto de penhora incidente sobre bem específico, esse fato deverá ser averbado no registro, a fim de restringir o alcance da constrição, passando o bem penhorado a estar vinculado ao processo, com prioridade sobre quaisquer outros negócios ainda não registrados ou registrados posteriormente.

Se o interessado preferir, poderá aguardar a efetivação do auto de penhora para requerer o registro já com a especificação do bem móvel sobre o qual incidirá a constrição judicial.

De todo modo, o que é relevante observar é que, no momento do registro da penhora judicial, se já houver outros atos negociais praticados pelo devedor devidamente registrados no RTD e tornados públicos por meio do Serp, a penhora judicial não poderá afetá-los.

Somente a partir do seu registro, a eficácia da decisão que determinou a penhora judicial será ampliada a terceiros e, portanto, ficará imune a qualquer ato posterior de alienação praticado pelo devedor. Aliás, mesmo que surja algum ato anterior à penhora, mas que não tenha sido registrado oportunamente por desídia do terceiro, tal ato não terá prioridade sobre a penhora registrada.

Isto significa dizer que o Serp organizará uma fila nacional de prioridade jurídica, amparada pelo efeito registral da atribuição de eficácia *erga omnes* pela publicidade real de âmbito nacional, que deverá sempre prevalecer sobre as datas de contratos ou de decisões não registradas, de modo a prestigiar a previsibilidade

160 | SISTEMA ELETRÔNICO DO REGISTRO PÚBLICO E SUA REGULAMENTAÇÃO

e a segurança jurídica, passando o país a desfrutar de um sistema de controle muito mais transparente e confiável, que promoverá a drástica redução do chamado *custo Brasil*, incentivando o desenvolvimento da nossa economia interna e atraindo investimentos estrangeiros.

4. INDICADOR REAL

Seguindo o padrão mundial para negócios mobiliários, a organização das informações registrais do RTD continuará sendo feita com base na identidade das pessoas, adotando-se o CPF/CNPJ como chave principal (art. 3º, X, c.c. § 2º, da Lei 14.382/2022).

No entanto, a par da busca pessoal integrada nacionalmente que será disponibilizada por meio do Serp, também será possível, em relação a determinados bens específicos, uma busca direta pelo bem. O art. 3º, § 2º, da Lei 14.382/2022, estabelece que, no caso de *bens especificamente identificáveis*, deverá haver uma busca por critérios relativos ao próprio bem. Complementando essa regra, o art. 132, V, da Lei 6.015/1973, na redação conferida pela Lei 14.382/2022, criou o *Livro E – Indicador Real* para *matrícula* de bens móveis.

É mister esclarecer, nesse aspecto, que a palavra *matrícula* não foi utilizada neste artigo no mesmo sentido da *matrícula imobiliária*. Trata-se, aqui no RTD, de um simples índice eletrônico para cadastramento do bem móvel e localização dos atos registrais incidentes sobre ele em cada cartório, que não se confunde com o sistema de pleno controle da propriedade imobiliária típico do Registro de Imóveis.

A finalidade desse *indicador real* é permitir o cruzamento de informações registrais referentes a determinados bens móveis que, por causa de suas características especiais e relevância econômica, possam ser identificados especificamente e distinguidos de outros bens do mesmo tipo e natureza.

Para a efetiva implantação desse sistema, será necessária a criação de uma codificação para os bens que sejam suscetíveis de identificação específica, passando esse código a servir como chave para cruzamento eletrônico de todos os registros efetivados no país, por meio da plataforma do Serp.

Entre os bens que podem ser considerados *especificamente identificáveis* estão os veículos automotores (que possuem chassis e placas de identificação únicas), certas máquinas que possuem obrigatoriamente número de série individual e outros que possam ser identificados não por uma descrição narrativa de suas características físicas, mas por elementos identificadores objetivos que permitam sua inequívoca distinção.

Mostra-se evidente que a matéria demandará regulamentação por parte do Conselho Nacional de Justiça, visando indicar os tipos de bens que são passíveis de identificação específica e que deverão ser inseridos no indicador real, bem como a codificação padronizada nacionalmente que deverá ser utilizada para cruzamento

Cap. 11 • A IMPORTÂNCIA DA PUBLICIDADE REAL DO SERP PARA A EFICÁCIA E SEGURANÇA JURÍDICA | **161**

eletrônico dos indicadores reais de todos os cartórios de RTD, a fim de permitir que o Serp disponibilize essa busca nacional de caráter especial, com possibilidade de rastreio de um determinado bem, independentemente das pessoas vinculadas aos atos e negócios submetidos a registro.

5. EXTRATOS ELETRÔNICOS

A concepção de um sistema de registro de garantias mobiliárias amparado por extratos eletrônicos padronizados não tem origem no Brasil, decorrendo de um esforço mundial para alcançar uniformização e segurança jurídica no que se refere aos negócios mobiliários, cuja multiplicidade de cláusulas e dinamicidade exigem uma atuação instantânea, simplificada e uniforme por parte dos cartórios de RTD.

Fosse o caso de se garantir plena segurança em relação a bens móveis, seria preciso atribuir ao RTD a competência para controlar não apenas as garantias, mas também, e principalmente, a própria titularidade da propriedade mobiliária, como ocorre no Registro de Imóveis.

No entanto, o ordenamento jurídico brasileiro, assim como diversos outros sistemas legais do mundo, preferiu um sistema em que a propriedade mobiliária é transmitida pela simples tradição, sem necessidade de controle e registro. Essa característica evidencia que o mercado mobiliário, por causa da menor formalidade que é essencial ao dinamismo desse tipo de negócio, demanda um sistema menos rigoroso de segurança jurídica.

Considerando que a propriedade mobiliária é transferida pela simples tradição, sem grande segurança jurídica por conta da inexistência de controle registral, não faria sentido pretender estabelecer um sistema registral de garantias mobiliárias com absoluta segurança, posto que isso causaria um estrangulamento indesejável da eficiência do mercado de crédito.

Justamente por isso, a figura do extrato eletrônico se apresenta como um mecanismo especialmente adequado para o campo das garantias mobiliárias, em que foi concebido o Serp para gerar um controle muito efetivo e bastante adequado ao mercado mobiliário, ao fornecer, pela internet, publicidade real de alcance nacional a todos os direitos, garantias e constrições registradas em qualquer cartório de RTD do país. Esse nível de segurança jurídica, embora não absoluto (diante da inexistência de controle rigoroso da cadeia dominial), representa um importante aprimoramento, que certamente beneficiará o desenvolvimento do mercado de crédito, beneficiando principalmente pequenos empreendedores que não possuem imóveis para oferecer como garantia.

A qualificação registral dos extratos eletrônicos tende a ser extremamente ágil e uniforme, viabilizando a divulgação das informações essenciais para a compreensão sobre os direitos ou constrições que possam interferir em cada negócio, tornando-se mais precisa a aferição dos respectivos riscos, com consequente redução de juros,

162 | SISTEMA ELETRÔNICO DO REGISTRO PÚBLICO E SUA REGULAMENTAÇÃO

o que certamente facilitará o acesso ao crédito, auxiliando no desenvolvimento da nossa economia.

6. CONCENTRAÇÃO NO RTD DOS DIREITOS, GARANTIAS E CONSTRIÇÕES SOBRE MÓVEIS

Com a integração de todos os cartórios de RTD por meio do Serp, a sociedade brasileira terá à sua disposição um serviço registral relativo a bens móveis realmente eficaz e completo.

Sabendo-se que a atividade registral deve obedecer às normas previstas na Constituição Federal, que impõe a seleção dos registradores por concurso público e a permanente fiscalização do Poder Judiciário, não faz sentido que se mantenham certas atribuições de competências registrais a sistemas paralelos de cadastros estatais ou autorizados por entidades governamentais, com afronta das exigências do art. 236 da Constituição Federal.

No que se refere a veículos, a necessidade de um sistema de gravames de alcance nacional serviu como justificativa para se atribuir aos órgãos de trânsito competência para controlar a constituição de garantias, pois não havia previsão legal para a integração dos cartórios de RTD. Contudo, a partir da efetiva implantação do Serp, tal anomalia não será mais justificada, devendo os órgãos de trânsito voltar a concentrar sua atenção nas suas atividades típicas de mero cadastro administrativo.

De outra parte, no que concerne à atuação de pessoas jurídicas privadas autorizadas pelo Banco Central, com base na Lei 12.810/2013, é evidente que não seria admissível sua atuação em substituição ao Sistema de Registros Públicos previsto na Constituição Federal, não sendo lícito pretender atribuir aos cadastros realizados por tais empresas particulares qualquer tipo de eficácia constitutiva de direitos ou geração de efeitos *erga omnes* típicos dos Registros Públicos regulados constitucionalmente.

Basta dizer que a atuação dessas empresas está restrita ao limite de atuação do próprio Banco Central, a quem compete fiscalizar apenas e tão somente as instituições financeiras, não tendo aptidão para legislar sobre Direito Civil, constituição de garantias, nem para manter sistemas registrais paralelos àquele previsto na Constituição Federal, que pretendam afetar a esfera de direitos de terceiros alheios ao mercado de capitais e que, por não serem instituições financeiras, não estão sujeitas à autoridade daquele órgão financeiro estatal.

Bem por isso, espera-se que, com a plena implantação do Serp, todos os registros de direitos e garantias pertinentes aos bens móveis em geral se concentrem no RTD e no Serp, inclusive no que diz respeito a veículos e outros bens e direitos atualmente sujeitos a controles por órgãos de trânsito ou por pessoas jurídicas privadas autorizadas pelo Banco Central, cuja atuação não pode extrapolar o campo do cadastro administrativo com finalidades de simples controle estatal sobre as atividades das instituições financeiras.

7. CONSIDERAÇÕES FINAIS

Os avanços resultantes da implantação do Serp mostram grande potencial para melhorar o ambiente de negócios do Brasil, modernizando a atividade registral e aprimorando o nível de segurança jurídica, especialmente no que concerne aos bens móveis.

A fila nacional de prioridades resultante dos registros efetivados em todos os cartórios de RTD do país aumentará significativamente a transparência, a previsibilidade e a segurança jurídica dos negócios no país, mostrando potencial para reduzir drasticamente o *custo Brasil*, ao promover publicidade real a atos e negócios jurídicos, de modo a assegurar sua efetividade e eficácia *erga omnes*, com oponibilidade em relação a terceiros, assegurando a prevalência da boa-fé.

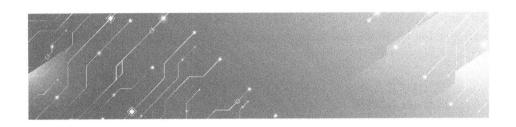

Capítulo 12

ADJUDICAÇÃO COMPULSÓRIA EXTRAJUDICIAL

Hercules Alexandre da Costa Benício

A Lei 14.382/2022 trouxe importante inovação ao permitir procedimento totalmente extrajudicial de adjudicação compulsória. Assim sendo, desde a entrada em vigor da nova regra – em 28 de junho de 2022 –, já é possível que satisfeitos os requisitos legais, um imóvel adquirido a partir de um contrato preliminar irretratável, em que a prestação de uma das partes consiste na transferência de determinado imóvel (*v.g.*: promessa de compra e venda; promessa de permuta; promessa de dação em pagamento etc.), seja compulsoriamente adjudicado (forçosamente atribuído) ao adquirente, sem a necessidade de movimentar o Poder Judiciário, caso não haja justificado dissenso pela parte que não se desincumbiu da obrigação de assinar o contrato definitivo.

O novo procedimento de adjudicação compulsória extrajudicial atende, a um só tempo, dois relevantes propósitos: (i) viabilizar, com agilidade, a regularização da titularidade imobiliária quando as obrigações estipuladas em contrato preliminar irretratável já tiverem sido totalmente adimplidas pelo adquirente; (ii) facultar, aos interessados, alternativa eficiente e menos custosa para a satisfação de seus direitos, com acesso à ordem jurídica justa, utilizando meios adequados para a solução de conflitos, na linha do que vem ocorrendo com as bem sucedidas retificações de registro (art. 213 da Lei de Registros Públicos – LRP), execuções de contratos de hipoteca e de alienação fiduciária em garantia (respectivamente, art. 9º da Lei 14.711/2023 e arts. 26, 26-A e 27 da Lei 9.514/1997) e usucapiões extrajudiciais (art. 216-A da LRP).

O presente texto tem por objetivo analisar aspectos controvertidos do procedimento de adjudicação compulsória extrajudicial. Partiremos de uma breve exposição de regras que tratam do modelo de solução judicial de conflitos envolvendo a adjudicação compulsória de imóveis, para, então, deitarmos luzes sobre o lacônico

166 | SISTEMA ELETRÔNICO DO REGISTRO PÚBLICO E SUA REGULAMENTAÇÃO

dispositivo contido no art. 216-B da LRP (Lei 6.015/1973), incluído pela Lei do Serp (Lei 14.382/2022), que inaugura nova fase para a adjudicação compulsória de imóveis no Brasil.

1. NOÇÕES BÁSICAS SOBRE A ADJUDICAÇÃO COMPULSÓRIA

Quando a transferência de um imóvel é negociada por meio de contrato preliminar,[1] em que não se pactua arrependimento e o pagamento do preço se dá, geralmente, de forma diferida no tempo, o promissário adquirente deverá cumprir as prestações futuras pactuadas e o promitente transmitente – uma vez satisfeito o preço – deverá reproduzir o consentimento dado, celebrando o contrato definitivo.

Se o promitente transmitente, mesmo após quitado o preço, se recusar a outorgar a escritura definitiva, "o compromissário poderá propor, para o cumprimento da obrigação, ação de adjudicação compulsória", por meio da qual, se julgada procedente, "a sentença, uma vez transitada em julgado, adjudicará o imóvel ao compromissário", valendo como título para registro da transferência da propriedade imobiliária.[2]

O Código Civil (Lei 10.406/2002), em seu art. 1.418, estabelece que o promitente comprador "pode exigir do promitente vendedor, ou de terceiros, a quem os direitos deste forem cedidos, a outorga da escritura definitiva de compra e venda, conforme o disposto no instrumento preliminar; e, se houver recusa, requerer ao juiz a adjudicação do imóvel".

Por seu turno, o Código de Processo Civil (art. 501 da Lei 13.105/2015) determina que: "na ação que tenha por objeto a emissão de declaração de vontade, a sentença que julgar procedente o pedido, uma vez transitada em julgado, produzirá todos os efeitos da declaração não emitida". Especificamente quanto à adjudicação compulsória, o efeito principal da sentença deferitória do pedido será o registro da transferência do imóvel ao adquirente perante o Ofício de Registro de Imóveis.

Com relação à transferência de lotes urbanos pelo empreendedor loteador, precedida por contrato preliminar de compra e venda (irretratável, nos termos do art. 25 da Lei 6.766/1979), a Lei de Parcelamento do Solo Urbano (Lei 6.766/1979) prevê a desnecessidade de assinatura de contrato definitivo e, por consequência, a desnecessidade de adjudicação compulsória. Com efeito, para o caso de apresenta-

---

[1] Determina o art. 462 do Código Civil que o "contrato preliminar, exceto quanto à forma, deve conter todos os requisitos essenciais ao contrato a ser celebrado". Concluído o contrato preliminar, desde que dele não conste cláusula de arrependimento, "qualquer das partes terá o direito de exigir a celebração do definitivo, assinando prazo à outra para que o efetive" (art. 463, do CC). "Esgotado o prazo, poderá o juiz, a pedido do interessado, suprir a vontade da parte inadimplente, conferindo caráter definitivo ao contrato preliminar, salvo se a isto se opuser a natureza da obrigação" (art. 464, do CC).

[2] Cfr. Art. 16, *caput*, e § 2º, do Decreto-lei 58/1937.

ção do compromisso de transferência com a prova da quitação, "os compromissos de compra e venda, as cessões e as promessas de cessão valerão como título para o registro da propriedade do lote adquirido, quando acompanhados da respectiva prova de quitação" (art. 26, § 6º, da Lei 6.766/1979).[3]

De todo modo, até o advento da Lei 14.382/2022, a adjudicação compulsória de imóvel decorria exclusivamente de sentença judicial, em que os interessados – para a execução da obrigação de assinar o contrato definitivo inadimplida pela outra parte – deveriam movimentar o Poder Judiciário em busca da satisfação de seu direito.[4]

Hoje, respiramos novos ares! A adjudicação compulsória já pode ser obtida por meio de processo judicial e de procedimento extrajudicial.

2. ASPECTOS CONTROVERTIDOS DA ADJUDICAÇÃO COMPULSÓRIA EXTRAJUDICIAL

Em decorrência de alterações no texto original da Medida Provisória 1.085/2021, durante a tramitação do Projeto de Lei de Conversão, que redundou na edição da Lei 14.382/2022, surgiram relevantes novidades, entre elas: a extrajudicialização da adjudicação compulsória.[5] Restou incluído, na Lei de Registros Públicos, o seguinte dispositivo:

> Art. 216-B. Sem prejuízo da via jurisdicional, a adjudicação compulsória de imóvel objeto de promessa de venda ou de cessão poderá ser efetivada extrajudicialmente no serviço de registro de imóveis da situação do imóvel, nos termos deste artigo.
>
> § 1º São legitimados a requerer a adjudicação o promitente comprador ou qualquer dos seus cessionários ou promitentes cessionários, ou seus sucessores, bem como o promitente vendedor, representados por advogado, e o pedido deverá ser instruído com os seguintes documentos:

---

[3] O art. 26, § 6º, da Lei de Parcelamento do Solo Urbano foi introduzido no ordenamento jurídico pela Lei 9.785/1999. No mesmo sentido dessa regra, no âmbito da regularização fundiária, podem ser citados, também, o art. 41 da Lei 6.766/1979 e o art. 52 da Lei 13.465/2017.

[4] Segundo entendimento do STJ (cfr. STJ. REsp 1.216.568/MG, Rel. Min. Luiz Felipe Salomão, 4ª Turma, j. 03.09.2015), a adjudicação compulsória é imprescritível, não está sujeita a prazo decadencial, podendo ser ajuizada a qualquer momento. Sobre o tema, sugere-se a leitura de interessante artigo da lavra: CAVALCANTI, Rogério Andrade. Da prescritibilidade do direito do promitente comprador à adjudicação compulsória: uma análise crítica do acórdão proferido no julgamento do Recurso Especial 1.216.568/MG. **Jus**, 10 set. 2015. Disponível em: https://jus. com.br/artigos/42697/da-prescritibilidade-do-direito-do-promitente-comprador-a-adjudicacao- -compulsoria. Acesso em: 30 jul. 2023.

[5] Com relação às proposições legislativas pretéritas, no ano de 2018 chegou a tramitar, na Câmara dos Deputados, o PL 10.046, de autoria do Deputado Sinval Malheiros (Podemos/SP), que visava à possibilidade de processo de adjudicação perante os cartórios extrajudiciais de imóveis, incluindo art. 216-B da Lei de Registros Públicos. A referida proposição legislativa foi arquivada em 30 de janeiro de 2019, nos termos do art. 105 do Regimento Interno da Câmara dos Deputados.

I – instrumento de promessa de compra e venda ou de cessão ou de sucessão, quando for o caso;

II – prova do inadimplemento, caracterizado pela não celebração do título de transmissão da propriedade plena no prazo de 15 (quinze) dias, contado da entrega de notificação extrajudicial pelo oficial do registro de imóveis da situação do imóvel, que poderá delegar a diligência ao oficial do registro de títulos e documentos;

III – ata notarial lavrada por tabelião de notas da qual constem a identificação do imóvel, o nome e a qualificação do promitente comprador ou de seus sucessores constantes do contrato de promessa, a prova do pagamento do respectivo preço e da caracterização do inadimplemento da obrigação de outorgar ou receber o título de propriedade;

IV – certidões dos distribuidores forenses da comarca da situação do imóvel e do domicílio do requerente que demonstrem a inexistência de litígio envolvendo o contrato de promessa de compra e venda do imóvel objeto da adjudicação;

V – comprovante de pagamento do respectivo Imposto sobre a Transmissão de Bens Imóveis (ITBI);

VI – procuração com poderes específicos.

§ 2º O deferimento da adjudicação independe de prévio registro dos instrumentos de promessa de compra e venda ou de cessão e da comprovação da regularidade fiscal do promitente vendedor.

§ 3º À vista dos documentos a que se refere o § 1º deste artigo, o oficial do registro de imóveis da circunscrição onde se situa o imóvel procederá ao registro do domínio em nome do promitente comprador, servindo de título a respectiva promessa de compra e venda ou de cessão ou o instrumento que comprove a sucessão.

O dispositivo acima indicado visa conferir, aos interessados na adjudicação compulsória, opção segura, eficiente e menos custosa para satisfazer seus direitos, considerando os problemas de congestionamento de processos enfrentados pelo Poder Judiciário.[6] Trata-se de faculdade a ser exercida pelo interessado! É possível vaticinar, contudo, que os pedidos de adjudicação compulsória passarão a ser deduzidos, primordialmente, perante as serventias extrajudiciais, reduzindo-se drasticamente essa espécie processual nas varas judiciais.

---

[6] Consta no relatório da Justiça em Números 2022 do CNJ, que o Poder Judiciário finalizou o ano de 2021 com 77,3 milhões de processos em tramitação, aguardando alguma solução definitiva. Destes, 15,3 milhões, ou seja, 19,8% estavam suspensos, sobrestados ou em arquivo provisório, aguardando alguma situação jurídica futura. Dessa forma, desconsiderados tais processos, tem-se que, em andamento, ao final do ano de 2021, existiam 62 milhões de ações judiciais. Em 2021, o Poder Judiciário contava com um total de 424.911 pessoas em sua força de trabalho, dos quais 18.035 eram magistrados (4,2%), 266.338 servidores (62,7%), 66.052 terceirizados (15,5%), 55.646 estagiários (13,1%) e 18.840 conciliadores, juízes leigos e voluntários (4,43%). Entre os servidores, 78,6% estão lotados na área judiciária e 21,4% atuam na área administrativa.

Cap. 12 • ADJUDICAÇÃO COMPULSÓRIA EXTRAJUDICIAL | **169**

Desde logo, vale ressaltar que a adjudicação compulsória pode ser deflagrada tanto pelo promissário adquirente (ou os sub-rogados nos direitos deste, ou seja, qualquer dos seus cessionários, promitentes cessionários ou sucessores) quanto pelo promitente transmitente (art. 216-B, § 1º).

É bem verdade que, geralmente, o pedido é apresentado por promissário adquirente que satisfaz o pagamento do preço, mas que não consegue transferir o imóvel para a sua propriedade, em decorrência da desídia do promitente transmitente que se recusa a assinar o contrato definitivo.

De todo modo, é possível, também, que o próprio promitente transmitente, uma vez quitado o preço pelo promissário adquirente, tenha interesse de que o imóvel já não mais conste como seu e que, todavia, encontre dificuldades – por razões diversas[7] – em convencer o adquirente a comparecer a um tabelionato de notas para a assinatura da escritura definitiva. Em tal situação, caberá a adjudicação compulsória inversa, requerida pelo transmitente contra o adquirente.[8]

É comum que incorporadoras e loteadoras envidem esforços para que os imóveis sejam efetivamente transferidos aos adquirentes adimplentes, a fim de evitar responsabilidade tributária ou condominial. Vale destacar, a esse propósito, que, em 2017, por força da Lei 13.465/2017, foi incluído o item 32 ao inc. II do art. 167 da Lei de Registros Públicos (Lei 6.015/1973), prevendo averbação do termo de quitação de contrato de compromisso de compra e venda registrado, firmado pelo empreendedor proprietário de imóvel objeto de loteamento, desmembramento, condomínio ou de regularização fundiária, exclusivamente para fins de exoneração da sua responsabilidade sobre tributos municipais incidentes sobre o imóvel perante o município, não implicando transferência de domínio ao compromissário comprador ou ao beneficiário da regularização.

Com relação ao procedimento de adjudicação compulsória extrajudicial, o legislador elegeu o Oficial de Registro de Imóveis do lugar de situação do bem como competente para a aferição da legitimidade das partes; para a análise do atendimento às hipóteses de cabimento e aos requisitos para processamento, bem como para o julgamento do pedido extrajudicial de adjudicação compulsória (art. 216-B, *caput*).

Outrossim, o legislador estabeleceu, como um dos requisitos para o sucesso do referido procedimento extrajudicial, a necessidade de apresentação pelo interessado

---

[7] Pode ocorrer de o promissário comprador ter quitado o imóvel, mas não ter condições de pagar o imposto de transmissão (ITBI) para o município. Pode-se conjecturar, também, a hipótese de o promissário comprador, a fim de sonegar bens para frustrar credores, não queira dar publicidade à aquisição de bem imóvel.

[8] Determina o § 1º do art. 1.245 do Código Civil que: "Enquanto não se registrar o título translativo, o alienante continua a ser havido como dono do imóvel". Ora, suponhamos que um promitente transmitente precise fazer prova de que não é mais proprietário de nenhum imóvel, a fim de participar de algum programa habitacional cujo requisito seja não titularizar imóvel ou para, eventualmente, fazer jus à usucapião especial constitucional (art. 183, da CF). Em tal hipótese, o referido transmitente terá todo o interesse na adjudicação compulsória inversa.

de ata notarial com a prova do pagamento do respectivo preço e a caracterização do inadimplemento da obrigação de outorgar ou receber o título de propriedade (art. 216-B, § 1º, III, da LRP).

O conjunto de profissionais do direito que deve atuar no procedimento extrajudicial é completado pelo advogado, indispensável à administração da justiça (art. 133 da CF). A norma prevê que, para a postulação do pedido ao oficial de registro de imóveis, o interessado deva ser representado por advogado e apresentar procuração com poderes específicos (art. 216-B, § 1º, VI, da LRP).

Uma vez publicada a Lei 14.382/2022, várias Corregedorias de Justiça Estaduais expediram provimentos[9] regulamentando a matéria, bem como entidades de classe de Registradores de Imóveis e de Notários divulgaram orientações[10] a seus associados.

Por seu turno, o Conselho Nacional de Justiça, por meio do Provimento 150/2023, alterou o Código Nacional de Normas da Corregedoria Nacional de Justiça do Conselho Nacional de Justiça – Foro Extrajudicial (CNN/CN/CNJ-Extra), instituído pelo Provimento 149/2023, para estabelecer regras para o processo de adjudicação compulsória pela via extrajudicial, nos termos do art. 216-B da Lei 6.015/1973.

Com base no recente regramento editado pelo CNJ, buscaremos, nas linhas a seguir, responder a algumas indagações úteis e interessantes para contribuir com reflexões que reputamos necessárias neste alvorecer da adjudicação compulsória extrajudicial.

(i) Partindo-se da premissa de que a ata notarial tendente à adjudicação compulsória deve conter a caracterização do inadimplemento da obrigação de outorgar ou receber o título de propriedade, a referida ata pode ser lavrada antes da apresentação de pedido ao registrador de imóveis de notificação da parte requerida?

---

[9]   No Rio de Janeiro, por meio do Provimento 87/2022, foi aprovado o novo Código de Normas da Corregedoria Geral da Justiça – Parte Extrajudicial, o qual regulamenta a adjudicação compulsória extrajudicial nos arts. 1.255 a 1.270. Em São Paulo, em 22 de janeiro de 2023, foi editado o Provimento GC 06/2023. No Paraná, o Provimento 318/2023 – GC, de 8 de março de 2023, atualizou o Código de Normas do Foro Extrajudicial e regulamentou a adjudicação compulsória extrajudicial nos arts. 656-CJ a 656-DA. No Estado do Amazonas, o tema foi regulamentado por meio do Provimento 440/2023-CGJ/AM (de 11/05/2023), com a complementação do Provimento 441/2023-CGJ/AM, de 23 de maio de 2023. No Rio Grande do Norte, editou-se o Provimento 243/2023 – CGJ/RN, de 31 de maio de 2023. Em Pernambuco, foi editado o Provimento 11/2023, de 12 de julho de 2023, que atualiza o Código de Normas dos Serviços Notariais e Registrais e trata da matéria nos arts. 464 e 465, bem como arts. 1.714 a 1.727.

[10]   O Colégio Registral Imobiliário de Minas Gerais (CORI/MG) divulgou a Nota Técnica 03/2022 (de 25.08.2022, atualizada em 14.06.2023). A Associação dos Notários e Registradores do Rio Grande do Sul (Anoreg/RS), o Colégio Registral do Rio Grande do Sul, o Instituto de Registro Imobiliário do Rio Grande do Sul (IRIRGS) e o Colégio Notarial do Brasil – Seção do Rio Grande do Sul expediram Nota Conjunta de Diretoria 01/2023.

Pelo disposto no art. 216-B, § 1º, II e III, da Lei de Registros Públicos, o interessado deverá instruir o pedido de adjudicação compulsória extrajudicial, formulado ao oficial de registro de imóveis da situação do bem, com os seguintes documentos: a) prova do inadimplemento do dever de assinar o contrato definitivo (a qual deve ser obtida por meio de notificação expedida pelo oficial de registro imobiliário, que poderá delegar tal diligência para um oficial de registro de títulos e documentos); e b) ata notarial em que conste a prova do pagamento do preço do imóvel e da caracterização do inadimplemento da obrigação de assinar o contrato definitivo.[11]

Muito embora a redação do dispositivo não tenha sido um primor de clareza, parece-nos que, para evitar idas e vindas ao Ofício de Registro de Imóveis, é correta, sim, a lavratura prévia da ata notarial tendente à adjudicação compulsória, mesmo sem ter havido a notificação formal pelo competente Oficial de Registro de Imóveis.

Nesse caso, dois inconvenientes ocorrerão: (i) enquanto não houver apresentação de pedido de deflagração do procedimento perante o Ofício de Registro de Imóveis, não será estabelecida a prioridade do título e, por consequência, não se dará preferência ao eventual direito real do interessado;[12] (ii) se o requerido, ao ser notificado pelo oficial de registro de imóveis, concordar com a assinatura do contrato definitivo, poderá – à míngua de regulamentação nacional – restar desaproveitada a ata notarial previamente lavrada.[13]

Em prestígio à racionalização de procedimentos, o Conselho Nacional de Justiça estabeleceu, no art. 440-M do Provimento 149/2023, que a ata notarial tendente à adjudicação compulsória é documento que deve, necessariamente, compor a documentação que instruirá o pedido inicial a ser apresentado pelo interessado ao Oficial de Registro de Imóveis, nos seguintes termos: "Art. 440-M. O requerimento

---

[11] O art. 216-B, § 1º, III, da LRP – que trata da obrigatoriedade de apresentação da ata notarial –, havia sido vetado pelo Presidente da República. Todavia, o veto foi rejeitado pelo Congresso Nacional (art. 66, § 4º, da CF) e, em 5 de janeiro de 2023, foi republicada a Lei 14.382/2022 com a indicação de vigência do referido dispositivo que impõe a apresentação da ata notarial no procedimento de adjudicação compulsória extrajudicial.

[12] Segundo disposto na Lei de Registros Públicos (Lei 6.015/1973): "Art. 182. Todos os títulos tomarão, no Protocolo, o número de ordem que lhes competir em razão da sequência rigorosa de sua apresentação. [...] Art. 186. O número de ordem determinará a prioridade do título, e esta a preferência dos direitos reais, ainda que apresentados pela mesma pessoa mais de um título simultaneamente".

[13] Para que não haja necessidade de prática de novo ato notarial protocolar, em muito boa hora, o Conselho Nacional de Justiça, por meio do Provimento CNJ 150/2023 (incorporado ao Provimento CNJ 149/2023), regulamentou no sentido de que a concordância do requerido, após a lavratura da ata notarial, dispensa a celebração de escritura pública e tende ao deferimento do pedido, com o registro da propriedade em nome do promissário adquirente. Com efeito, consta no art. 440-AF do Provimento CNJ 149/2023 (incluído pelo Provimento CNJ 150/2023) que "anuindo o requerido ao pedido, o oficial de registro de imóveis, em 10 (dez) dias úteis: I – expedirá nota devolutiva para que se supram as exigências que ainda existirem; ou II – deferirá ou rejeitará o pedido, em nota fundamentada". Vale ressaltar que com relação a cobrança de emolumentos, a lavratura da ata notarial deve ser considerada como prática de ato com valor econômico (cfr. art. 440-AM, do Provimento CNJ 149/2023).

172 | SISTEMA ELETRÔNICO DO REGISTRO PÚBLICO E SUA REGULAMENTAÇÃO

inicial será instruído, necessariamente, pela ata notarial de que trata este Capítulo deste Código Nacional de Normas e pelo instrumento do ato ou negócio jurídico em que se funda a adjudicação compulsória".

Vale destacar que na ata notarial lavrada antes da notificação do requerido, o tabelião de notas, a fim de cumprir a exigência de "caracterização do inadimplemento de assinar o contrato definitivo" deverá narrar, de forma circunstanciada, as tentativas empreendidas para obtenção do título, as quais se restaram frustradas. A propósito dos rigores na análise da situação ensejadora da adjudicação compulsória extrajudicial, a fim de que não haja burla dos requisitos legais do sistema notarial e registral, "deverá ser demonstrada a impossibilidade do registro pelas vias ordinárias", sendo que a prestação de declarações falsas na justificação poderá configurar crime de falsidade, sujeitando o infrator às penas da lei.[14]

(ii) É livre a escolha do tabelião que lavrará a ata notarial, qualquer que seja o lugar de situação do imóvel?

É sabido que, no âmbito do Poder Judiciário, o Superior Tribunal de Justiça tem entendimento firme no sentido de que a ação de adjudicação compulsória deve ser ajuizada no foro da situação do imóvel, não se aplicando o foro de eleição, tampouco o foro do domicílio do réu.[15] Para o STJ, o legislador, em decorrência de juízo de conveniência e interesse público, optou que os litígios referentes aos imóveis devem ser decididos *in loco*, com melhor conhecimento das realidades fundiárias locais ou regionais, facilidade para a realização de perícias, maior probabilidade de identificar e localizar testemunhas, bem como diante do fato de que a destinação dada ao imóvel pode ter repercussões na vida econômica ou social de uma localidade ou de uma região. Vejamos um recente precedente julgado de forma unânime por sua Terceira Turma:

> CIVIL E PROCESSUAL CIVIL. RECURSO ESPECIAL. AÇÃO DE ADJUDICAÇÃO COMPULSÓRIA DE IMÓVEL. [...] COMPETÊNCIA ABSOLUTA. ART. 47, § 1º, DO CPC/2015. FORO DA SITUAÇÃO DO IMÓVEL. PREVALÊNCIA SOBRE O FORO DE ELEIÇÃO. PRECEDENTES DO STF E DO STJ.

---

[14] Essa é a dicção do art. 1.256 do novo Código de Normas da Corregedoria Geral da Justiça do Estado do Rio de Janeiro – Parte Extrajudicial (Provimento 87/2022): "Art. 1.256. Na adjudicação compulsória deverá ser demonstrada a impossibilidade do registro pelas vias ordinárias. Parágrafo único. A prestação de declarações falsas na justificação poderá configurar crime de falsidade, sujeitando o infrator às penas da lei". Por seu turno, em âmbito nacional, consta, no art. 440-G, §5º, do Provimento CNJ 149/2023 que "§ 5º Poderão constar da ata notarial imagens, documentos, gravações de sons, depoimentos de testemunhas e declarações do requerente. As testemunhas deverão ser alertadas de que a falsa afirmação configura crime".

[15] Dispõe o art. 47, § 1º, do Código de Processo Civil, que: "Art. 47. Para as ações fundadas em direito real sobre imóveis é competente o foro de situação da coisa. § 1º O autor pode optar pelo foro de domicílio do réu ou pelo foro de eleição se o litígio não recair sobre direito de propriedade, vizinhança, servidão, divisão e demarcação de terras e de nunciação de obra nova".

Cap. 12 • ADJUDICAÇÃO COMPULSÓRIA EXTRAJUDICIAL | **173**

1. Ação de adjudicação compulsória de imóvel, ajuizada em 27/11/2020, da qual foi extraído o presente recurso especial, interposto em 26/5/2022 e concluso ao gabinete em 19/7/2022.

2. O propósito recursal é definir se (I) houve negativa de prestação jurisdicional; e (II) a competência para processar e julgar a ação de adjudicação compulsória de imóvel é do Juízo do foro da situação da coisa ou do foro de eleição. [...]

5. Independentemente da existência ou não do registro, a ação e o provimento jurisdicional pretendido permanecem os mesmos, de modo a não justificar tratamento diferenciado quanto à competência.

6. A excepcional competência absoluta do foro de situação da coisa, prevista no art. 47, § 1º, do CPC/2015, decorre do juízo de conveniência e interesse público do legislador de decidir in loco os litígios referentes aos imóveis, com melhor conhecimento das realidades fundiárias locais ou regionais, facilidade para a realização de perícias, maior probabilidade de identificar e localizar testemunhas, bem como diante do fato de que a destinação dada ao imóvel pode ter repercussões na vida econômica ou social de uma localidade ou de uma região.

7. Assim, a competência para processar e julgar a ação de adjudicação compulsória de imóvel, independentemente do registro do contrato na matrícula do bem, é do Juízo do foro da situação do imóvel, na forma do art. 47, § 1º, do CPC/2015, que, por ser absoluta, prevalece sobre o foro de eleição. Doutrina e Precedentes do STF e do STJ.

8. Hipótese em que o acórdão recorrido manteve a decisão que declinou da competência ao Juízo do foro da situação do imóvel.

9. Recurso especial conhecido e não provido.[16]

Com relação à usucapião extrajudicial, por força do art. 5º do Provimento CNJ 65/2017, que estabelece diretrizes para o procedimento da usucapião extrajudicial nos serviços notariais e de registro de imóveis, a ata notarial será lavrada pelo tabelião de notas do município em que estiver localizado o imóvel usucapiendo ou a maior parte dele.[17]

Em que pesem os posicionamentos anteriormente indicados, o fato é que diferentemente do que sucede com a ata notarial de usucapião – em que o tabelião, geralmente, faz diligências para a entrevista de confrontantes, certifica a existência de acessões e atesta a posse do imóvel –, na ata de adjudicação compulsória, o Tabelião focará em aspectos mais documentais, como: (a) a descrição do imóvel adjudicando e a declaração e a declaração de seu valor; (b) a qualificação das pessoas

---

[16]   STJ. REsp 2.036.558/DF, Rel. Min. Nancy Andrighi, 3ª Turma, j. 21.03.2023, *DJe* 23.03.2023.
[17]   O Provimento CNJ 65/2017 foi incorporado aos arts. 398 a 423 do Provimento CNJ 149/2023 (Código Nacional de Normas). Com relação à competência para lavratura da ata tendente à usucapião, dispõe o art. 402 do CNN que: "Art. 402. A ata notarial de que trata esta Seção será lavrada pelo tabelião de notas do município em que estiver localizado o imóvel usucapiendo ou a maior parte dele, a quem caberá alertar o requerente e as testemunhas de que a prestação de declaração falsa no referido instrumento configurará crime de falsidade, sujeito às penas da lei".

envolvidas, historiando a cadeia de transmissões; (c) a identificação dos contratos preliminares, das cessões e demais documentos; (d) prova do integral pagamento do preço ou do cumprimento da contraprestação à transferência do imóvel adjudicando pelo adquirente; (e) caracterização do inadimplemento da obrigação de assinar o contrato definitivo.

Nesses termos, entendemos que para a lavratura de ata notarial tendente à adjudicação compulsória, via de regra, deve ser aplicado o disposto no art. 8º da Lei 8.935/1994, no sentido de que: "É livre a escolha do tabelião de notas, qualquer que seja o domicílio das partes ou o lugar de situação dos bens objeto do ato ou negócio".

Caso haja necessidade de alguma diligência no local do imóvel adjudicando ou para a coleta de alguma declaração, aplicar-se-á a regra do art. 9º da Lei 8.935/1994, que determina que: "O tabelião de notas não poderá praticar atos de seu ofício fora do Município para o qual recebeu delegação".

Ademais, caso a ata notarial seja assinada de forma eletrônica pelo requerente, deve ser observada a regra insculpida no *caput* do art. 20 do Provimento CNJ 100/2020, segundo o qual: "Ao tabelião de notas da circunscrição do fato constatado ou, quando inaplicável este critério, ao tabelião do domicílio do requerente compete lavrar as atas notariais eletrônicas, de forma remota e com exclusividade por meio do e-Notariado, com a realização de videoconferência e assinaturas digitais das partes".

Essa foi a opção adotada pelo CNJ no art. 440-F do Provimento 149/2023, ao estabelecer que: "Art. 440-F. A ata notarial (inciso III do § 1º do art. 216-B da Lei n. 6.015, de 31 de dezembro de 1973) será lavrada por tabelião de notas de escolha do requerente, salvo se envolver diligências no local do imóvel, respeitados os critérios postos nos arts. 8º e 9º da Lei n. 8.935, de 18 de novembro de 1994, e observadas, no caso de ata notarial eletrônica, as regras de competência territorial de que trata este Código Nacional de Normas".

(iii) Quais são os instrumentos contratuais passíveis de deflagrar a adjudicação compulsória extrajudicial? Há necessidade de reconhecimento de firma nos referidos títulos?

A adjudicação compulsória não se restringe às hipóteses de contratos preliminares irretratáveis de compra e venda. Nada obstante, o legislador tenha feito exclusiva referência a essa espécie de contrato no art. 216-B da Lei de Registros Públicos, não se pode desperdiçar a potência da contribuição dos serviços notariais e de registro, para a solução de outras situações que envolvam a transferência de um imóvel por meio de contrato preliminar, em que se não pactua arrependimento e cujo pagamento do preço tenha sido ultimado, caracterizadas pela ausência de expressa e justificada impugnação da parte requerida.

Cap. 12 · ADJUDICAÇÃO COMPULSÓRIA EXTRAJUDICIAL

A título exemplificativo, devem ser admitidos, como hábeis a instruir procedimento de adjudicação compulsória, instrumentos de promessa de permuta, promessa de dação em pagamento e cessões desses direitos.[18]

Para documentos que não ostentam nomenclatura indubitável de contrato preliminar (*v.g.*: instrumento de reserva de lote), é importante que o tabelião esteja atento para o fato de que, "nas declarações de vontade se atenderá mais à intenção nelas consubstanciada do que ao sentido literal da linguagem" (art. 112 do CC) e de que "os negócios jurídicos devem ser interpretados conforme a boa-fé e os usos do lugar de sua celebração" (art. 113 do CC).

No que tange à exigência de reconhecimento de firma nos instrumentos contratuais ensejadores de adjudicação compulsória, sabe-se que, nos termos do inc. II do *caput* do art. 221 da Lei de Registros Públicos, somente são admitidos a registro "escritos particulares autorizados em lei, assinados pelas partes e pelas testemunhas, com as firmas reconhecidas".[19] Sabe-se, também, que os títulos apresentados aos Notários e Registradores se submetem à prudente qualificação nos aspectos, dentre outros, de legalidade, autenticidade, continuidade, especialidade objetiva e subjetiva.

Para situações que envolvam ausência ou insuficiência de documentos, mostra-se recomendável que o Tabelião de notas, em sede de procedimento de justificação administrativa, obedecido, no que couber, o disposto no § 5º do art. 381 e o rito previsto nos arts. 382 e 383 do Código de Processo Civil,[20] possa promover dili-

---

[18] Os aplicadores do direito, na qualificação dos títulos, devem observar o princípio da busca da conservação dos negócios jurídicos, cientes de que, nos termos do art. 170 do Código Civil, mesmo que um negócio seja nulo (*v.g.*: contrato de compra e venda de imóvel não instrumentalizado por meio de escritura pública), caso contenha os requisitos de outro (*v.g.*: contrato preliminar de compra e venda), subsistirá este quando o fim a que visavam as partes permitir supor que o teriam querido, se houvessem previsto a nulidade.

[19] A Lei 14.620/2023 incluiu o § 5º no referido art. 221 da LRP, dispondo que: "§ 5º Os escritos particulares a que se refere o inciso II do caput deste artigo, quando relativos a atos praticados por instituições financeiras que atuem com crédito imobiliário autorizadas a celebrar instrumentos particulares com caráter de escritura pública, dispensam as testemunhas e o reconhecimento de firma".

[20] CPC, "Art. 381. A produção antecipada da prova será admitida nos casos em que: [...] § 5º Aplica-se o disposto nesta Seção àquele que pretender justificar a existência de algum fato ou relação jurídica para simples documento e sem caráter contencioso, que exporá, em petição circunstanciada, a sua intenção. Art. 382. Na petição, o requerente apresentará as razões que justificam a necessidade de antecipação da prova e mencionará com precisão os fatos sobre os quais a prova há de recair. § 1º O juiz determinará, de ofício ou a requerimento da parte, a citação de interessados na produção da prova ou no fato a ser provado, salvo se inexistente caráter contencioso. § 2º O juiz não se pronunciará sobre a ocorrência ou a inocorrência do fato, nem sobre as respectivas consequências jurídicas. § 3º Os interessados poderão requerer a produção de qualquer prova no mesmo procedimento, desde que relacionada ao mesmo fato, salvo se a sua produção conjunta acarretar excessiva demora. § 4º Neste procedimento, não se admitirá defesa ou recurso, salvo contra decisão que indeferir totalmente a produção da prova pleiteada pelo requerente originário. Art. 383. Os autos permanecerão em cartório durante 1 (um) mês

gências no sentido de elucidação de fatos e certificação de documentos, mediante pagamento de emolumentos para a realização de tais atos, os quais serão úteis para a posterior lavratura da ata notarial tendente à adjudicação compulsória.[21]

Com relação ao aperfeiçoamento de documentos tendentes à adjudicação compulsória, o art. 440-G, § 7º, do Provimento CNJ 149/2023, estabelece que: "§ 7º O tabelião de notas poderá dar fé às assinaturas, com base nos cadastros nacionais dos notários (art. 301 deste Código Nacional de Normas), se assim for viável à vista do estado da documentação examinada".

(iv) Com relação à prova de pagamento do preço, como esta se dará? É possível presumir a quitação, caso a pretensão de cobrança do preço já se encontre atingida pela prescrição?

Uma das principais funções da ata notarial de adjudicação compulsória é certificar o pagamento integral do preço ou do cumprimento da contraprestação à transferência do imóvel adjudicando.

A ata notarial decorre do poder geral de autenticação de que é dotado o Notário, pelo qual lhe é atribuído o poder de narrar fatos com autenticidade. A ata notarial perpetua no tempo, com caráter probatório revestido de fé pública, os atos ou fatos descritos pelo Notário.

O Código de Processo Civil estabelece, em seu art. 384, a existência e o modo de existir de algum fato podem ser atestados ou documentados, a requerimento do interessado, mediante ata lavrada por tabelião, em que dados representados por imagem ou som gravados em arquivos eletrônicos poderão constar da ata notarial.

O documento mais emblemático para a prova de adimplemento total das prestações pelo adquirente é o *termo de quitação* assinado pelo transmitente com reconhecimento de sua firma.

De todo modo, há outros meios de satisfação das obrigações do adquirente que exigirão rigor e prudência do Tabelião na qualificação de tais situações, por exemplo: (a) comprovantes de transferências bancárias autênticas com valores e participantes condizentes com as prestações pactuadas; (b) existência de consignação em pagamento com regular depósito de valores; (c) utilização da presunção da quitação a partir do recibo ou comprovante de pagamento da última parcela do preço (art.

---

para extração de cópias e certidões pelos interessados. Parágrafo único. Findo o prazo, os autos serão entregues ao promovente da medida".

[21] Na linha do que estabelecido no § 15 do art. 216-A da LRP, o novo Código de Normas da Corregedoria Geral da Justiça do Estado do Rio de Janeiro – Parte Extrajudicial (Provimento 87/2022), prevê regra semelhante sobre o procedimento de justificação (cfr. art. 1.267), endereçando ao oficial de registro de imóveis tal incumbência. Acreditamos que dada a vocação dos Tabeliães de notas na formação de títulos, mostra-se mais acertada a promoção da justificação em tabelionatos de notas.

322 do CC);[22] e (d) utilização de presunção de quitação em caso de a pretensão de cobrança do preço já se encontrar atingida pela prescrição, identificada a partir da certidão forense de inexistência de ação de cobrança ou de rescisão contratual.[23]

Segundo disposto no §6º do art. 440-G do Provimento CNJ 149/2023, para fins de prova de quitação, na ata notarial, poderão ser objeto de constatação, além de outros fatos ou documentos: I – ação de consignação em pagamento com valores depositados; II – mensagens, inclusive eletrônicas, em que se declare quitação ou se reconheça que o pagamento foi efetuado; III – comprovantes de operações bancárias; IV – informações prestadas em declaração de imposto de renda; V – recibos cuja autoria seja passível de confirmação; VI – averbação ou apresentação do termo de quitação de que trata *a alínea 32* do inciso II do art. 167 da Lei 6.015/1973; ou VII – notificação extrajudicial destinada à constituição em mora.

(v) Com relação às certidões de feitos ajuizados, de que localidades será exigida sua expedição?

Ao que tudo indica, o legislador disse menos do que deveria ter dito quando estabeleceu, no inc. IV do § 1º do art. 216-B da Lei de Registros Públicos, a suficiência de certidões dos distribuidores forenses da comarca da situação do imóvel e do domicílio do requerente, para o fim de demonstrar a inexistência de litígio envolvendo o contrato de promessa de transferência do imóvel objeto da adjudicação.

O fato é que o legislador deveria ter se atentado para as seguintes circunstâncias: (i) o requerente não necessariamente é o compromissário adquirente, podendo ser o compromitente transmitente, então, há que se buscarem certidões da comarca do domicílio do requerido; (ii) o contrato preliminar pode fazer referência a foro de eleição; (iii) as certidões da comarca do domicílio do transmitente também são úteis, uma vez que este pode estar em litígio com terceiros envolvendo o imóvel adjudicando; e (iv) em caso de haver cadeia de transmissões ou sucessão, a participação de sub-rogados nos direitos dos contratantes originários (cessionários, sucessores) no procedimento gera a necessidade de maior diligência quanto às certidões de feitos ajuizados.[24]

---

[22] CC, "Art. 322. Quando o pagamento for em quotas periódicas, a quitação da última estabelece, até prova em contrário, a presunção de estarem solvidas as anteriores".

[23] O novo Código de Normas da Corregedoria Geral da Justiça do Estado do Rio de Janeiro – Parte Extrajudicial (Provimento 87/2022) prevê, no § 2º do art. 1.257, que: "§ 2º. A prova de quitação poderá ser substituída por certidão forense de inexistência de ação de cobrança ou de rescisão contratual, bastando esta última se já decorrido o prazo de prescrição da pretensão ao recebimento das prestações".

[24] Ainda sobre o tema das certidões mencionadas no IV referido neste tópico, Marcus Vinícius Motter Borges (2023, p. 390) destaca que o tipo de litígio que será verificado se relaciona a ações "envolvendo o contrato de promessa de compra e venda do imóvel objeto da adjudicação" e que, eventualmente, podem obstar a adjudicação compulsória extrajudicial. O autor chama atenção para o fato de que podem existir ações judiciais que não envolvam a promessa de compra e venda, mas que, de alguma forma, recaiam sobre o imóvel, como no "caso em que o promitente vendedor (requerido na adjudicação compulsória extrajudicial) é réu em ação judicial na qual

178 | SISTEMA ELETRÔNICO DO REGISTRO PÚBLICO E SUA REGULAMENTAÇÃO

Por isso, sugere-se que as certidões de feitos ajuizados sejam obtidas na comarca do domicílio das partes contratantes (incluindo eventuais cessionários ou sucessores), bem como no eventual foro de eleição estabelecido contratualmente.

De todo modo, o Provimento do Conselho Nacional de Justiça que tratou da adjudicação compulsória extrajudicial (Provimento CNJ 150/2023 incorporado ao Provimento CNJ 149/2023) é silente quanto à necessidade de apresentação de certidões de feitos ajuizados. A referida norma (cf. art. 440-L, IV, do Provimento CNJ 149/2023) se limita a indicar que o requerimento inicial atenderá, no que couber, aos requisitos do art. 319 da Lei 13.105/2015 – Código de Processo Civil –, trazendo, em especial: "IV – a declaração do requerente, sob as penas da lei, de que não pende processo judicial que possa impedir o registro da adjudicação compulsória, ou prova de que tenha sido extinto ou suspenso por mais de 90 (noventa) dias úteis".

(vi) Em que oportunidade o requerido poderá apresentar impugnação? O oficial de registro de imóveis poderá, eventualmente, considerar injustificada a impugnação?

Por mais que o art. 216-B da LRP não faça expressa referência à abertura de prazo para o requerido impugnar o pedido, o procedimento extrajudicial há que prestigiar o devido processo legal, o contraditório e a ampla defesa (art. 5º, LIV e LV, da CF), e só redundará no deferimento do pleito do requerente, caso não haja oposição justificada.

Quando o Oficial de Registro de Imóveis (ou, por delegação deste, o Oficial de Registro de Títulos e Documentos) for notificar o requerido para eventual caracterização de inadimplemento (não celebração do título de transmissão da propriedade), deverá determinar que o notificado, caso não concorde com a assinatura do contrato definitivo, impugne – por meio de advogado – o pedido, dentro do prazo de quinze dias, com as razões e documentos que entender pertinentes, alertando-lhe de que o silêncio implicará prova do inadimplemento e possível deferimento da adjudicação.

Com relação à impugnação do requerido, no que concerne ao procedimento de usucapião extrajudicial, a Lei 14.382/2022 deu nova redação ao § 10 do art. 216-A da Lei de Registros Púbicos, estabelecendo a possibilidade de o Oficial de Registro não admitir impugnações infundadas, nos seguintes termos:

> § 10. Em caso de impugnação justificada do pedido de reconhecimento extrajudicial de usucapião, o oficial de registro de imóveis remeterá os autos ao juízo competente da comarca da situação do imóvel, cabendo ao requerente emendar a petição inicial para adequá-la ao procedimento comum, porém, em caso de

---

o proprietário anterior do imóvel está requerendo a anulação do negócio de compra e venda. A ciência acerca dessa informação é importante para o procedimento e, de certa forma, a questão pode ser mitigada com a consulta nas certidões do requerido, como antes mencionado" (Borges, 2023, p. 390).

impugnação injustificada, esta não será admitida pelo registrador, cabendo ao interessado o manejo da suscitação de dúvida nos moldes do art. 198 desta Lei.

Em procedimento de usucapião extrajudicial, a Corregedoria de Justiça do Estado de São Paulo regulamentou a possibilidade de o próprio Oficial de Registro de Imóveis rejeitar impugnações infundadas, impondo o esforço recursal aos impugnantes que eventualmente queiram ver suas razões apreciadas pelo juízo competente, para as seguintes hipóteses:

> 420.2. Consideram-se infundadas: a impugnação já examinada e refutada em casos iguais pelo juízo competente; a que o interessado se limita a dizer que a usucapião causará avanço na sua propriedade sem indicar, de forma plausível, onde e de que forma isso ocorrerá; a que não contém exposição, ainda que sumária, dos motivos da discordância manifestada; a que ventila matéria absolutamente estranha à usucapião. (Alterado e Renumerado pelo Provimento CG Nº 56/2019)

A possibilidade de rejeição de impugnação infundada pelo Oficial de Registro deve ser aplicada, por analogia, também ao procedimento extrajudicial de adjudicação compulsória. Com efeito, está expresso no art. 440-AB do Provimento CNJ 149/2023 que:

> Art. 440-AB. O oficial de registro de imóveis indeferirá a impugnação, indicando as razões que o levaram a tanto, dentre outras hipóteses, quando:
>
> I – a matéria já houver sido examinada e refutada em casos semelhantes pelo juízo competente;
>
> II – não contiver a exposição, ainda que sumária, das razões da discordância;
>
> III – versar matéria estranha à adjudicação compulsória;
>
> IV – for de caráter manifestamente protelatório.

(vii) Em que momento deve ser exigida a comprovação de pagamento do imposto de transmissão? Havendo, no caso concreto, cadeia de transmissões, deve ser exigido comprovante de pagamento do ITBI ou, eventualmente, ato declaratório expedido pelo município de não incidência do referido tributo?

O inc. V do § 1º do art. 216-B da LRP determina que o interessado instrua o pedido com "comprovante de pagamento do respectivo Imposto sobre a Transmissão de Bens Imóveis (ITBI)".

A despeito de tal regra, é preciso considerar que o procedimento extrajudicial tem por objetivo a formação do convencimento do registrador quanto à plausibilidade do pedido deduzido pelo interessado. A decisão do Oficial de Registro não depende, propriamente, de prévio pagamento do ITBI, o qual é requisito para o registro do título haurido no decorrer do procedimento.

Nesses termos, o recolhimento do ITBI não deve ser considerado como pressuposto para o processamento do pedido, devendo ser exigido apenas no momento do registro, a fim de que se evitem recolhimentos em casos de indeferimento do pedido de adjudicação compulsória extrajudicial.

A esse respeito, consta no art. 440-AL do Provimento CNJ 149/223 que:

> Art. 440-AL. O pagamento do imposto de transmissão será comprovado pelo requerente antes da lavratura do registro, dentro de 5 (cinco) dias úteis, contados da notificação que para esse fim lhe enviar o oficial de registro de imóveis.
>
> § 1º Esse prazo poderá ser sobrestado, se comprovado justo impedimento.
>
> § 2º Não havendo pagamento do imposto, o processo será extinto, nos termos do art. 440-J deste Código Nacional de Normas.

Especificamente quanto à incidência de ITBI nas cessões de direitos de aquisição de imóveis, a regra municipal referente ao fato gerador do ITBI deve ser analisada com muito rigor pelo Oficial de Registro de Imóveis.

Em sessão virtual do Plenário de 19 a 26.08.2022, o STF – por maioria de votos – acolheu embargos de declaração nos embargos de declaração no Recurso Extraordinário com Agravo 1.294.969/SP, para reconhecer que a matéria ainda não está pacificada no âmbito da Suprema Corte.

Diferentemente do que havia sido afirmado quando do julgamento do ARE 1.294.969/SP (na sessão de 11.02.2021), até o presente momento não há jurisprudência firmada na Corte sobre a específica hipótese relativa à "cessão de direitos a sua aquisição", contida na parte final do inciso II do art. 156 da Constituição Federal.

A tese que havia sido fixada no Tema 1.124 da Repercussão Geral do STF – no sentido de que "O fato gerador do imposto de transmissão *inter vivos* de bens imóveis (ITBI) somente ocorre com a efetiva transferência da propriedade imobiliária, que se dá mediante o registro" – não abrange a hipótese que está sendo discutida nos autos do ARE 1.294.969/SP, que versa sobre cessão de direitos.

O fato é que, nos termos do inc. II do art. 156 da Constituição Federal, o ITBI não tem por fato gerador apenas a transferência da propriedade imobiliária. Há outras hipóteses de incidência, tais como a constituição de alguns direitos reais (como usufruto) e a cessão de direitos a sua aquisição.

Com o acolhimento dos embargos de declaração, o STF, oportunamente, analisará (sob a relatoria do Ministro André Mendonça) a possibilidade da incidência de ITBI "sobre a cessão de direitos à aquisição de imóveis", inclusive julgará se o imposto incide antes ou apenas na data do registro do título no Ofício de Registro de Imóveis.

Segundo asseverou o Ministro Nunes Marques, quando do julgamento dos segundos embargos de declaração no ARE 1.294.969/SP, "Ainda que, no mérito, ao

Cap. 12 • ADJUDICAÇÃO COMPULSÓRIA EXTRAJUDICIAL | 181

debruçar-se – expressa e detalhadamente – sobre a hipótese de incidência que consta do art. 156, II, parte final, a Corte confirme a necessidade de registro em cartório para que perfectibilizado o fato gerador do ITBI, é recomendável, no interesse social e no da segurança jurídica, que essa questão seja também devidamente apreciada".

Diante de tais considerações, é importante que o Oficial de Registro de Imóveis, à míngua de norma municipal clara e expressa, exija comprovante de pagamento dos impostos de transmissão *inter vivos* ou, eventualmente, exija a apresentação pelo interessado de ato declaratório, expedido pelo município, no sentido da não incidência do referido tributo nas cessões constantes da cadeia de transmissões com que, eventualmente, se deparar no procedimento de adjudicação compulsória extrajudicial.

(viii) A viabilidade da adjudicação compulsória é óbice ao procedimento de usucapião?

O Conselho Nacional de Justiça, quando regulamentou o procedimento de usucapião extrajudicial, estabeleceu, no § 2º do art. 13 do Provimento CNJ 65/2017, que "em qualquer dos casos, deverá ser justificado o óbice à correta escrituração das transações para evitar o uso da usucapião como meio de burla dos requisitos legais do sistema notarial e registral e da tributação dos impostos de transmissão incidentes sobre os negócios imobiliários".[25] Nesse diapasão, importante doutrina defende que "privilegiar a eleição da via da adjudicação compulsória, em detrimento da usucapião, é um dever imposto ao Registrador".[26]

Nada obstante, reconheçamos os méritos do referido dispositivo constante do § 2º do art. 410 do Provimento CNJ 149/2023 que trata do procedimento de usucapião, o certo é que, caso o promissário comprador reúna, a um só tempo, requisitos para adjudicação compulsória (modo derivado de aquisição da propriedade) e para usucapião (modo originário de aquisição da propriedade e de outros direitos reais), ficará ao talante do adquirente decidir o meio que lhe for mais conveniente para estabilizar e publicizar a titularidade da propriedade imobiliária.

Com efeito, é pacífico o entendimento do STJ, por suas Terceira e Quarta Turmas, que "o instrumento de compra e venda se enquadra no conceito de justo título para fins de usucapião".[27] Em reforço a esse argumento, vale ressaltar que na

---

[25] Como indicado na nota de rodapé n. 16, o Provimento CNJ 65/2017 foi incorporado ao Provimento CNJ 149/2023 (Código Nacional de Normas), nos arts. 398 a 423. Especificamente quanto à antiga regra disposta no art. 13, § 2º, do Provimento CNJ 65/2017, tal dispositivo encontra-se vigente por força do art. 410, § 2º, do Provimento CNJ 149/2023.

[26] PAIVA, João Pedro Lamana. Adjudicação compulsória extrajudicial. *In*: ENCONTRO NOTARIAL E REGISTRAL DO RS, 14., Porto Alegre. **Anais** [...]. Porto Alegre: Ripoa, 2023, p. 2. Disponível em: https://www.1ripoa.com.br/adjudicacao-compulsoria-extrajudicial-xiv-encontro-registral--e-notarial-do-rs/. Acesso em: 30 jul. 2023.

[27] Cfr., à guisa de exemplos, STJ. REsp 1.584.447/MS, Rel. Min. Ricardo Villas Bôas Cueva, 3ª Turma, j. 09.03/2021, *DJe* 12.03.2021; STJ. AgInt no AREsp 2.026.266/SP, Rel. Min. Marco Buzzi, 4ª Turma, j. 29.08.2022, *DJe* 01.09.2022.

182 | SISTEMA ELETRÔNICO DO REGISTRO PÚBLICO E SUA REGULAMENTAÇÃO

sessão de julgamento do REsp 941.464/SC, o Ministro Relator Luis Felipe Salomão, ao exarar seu voto, perante a Quarta Turma, em 24.04.2012, asseverou que:

> [...] É a hipótese, por exemplo, dos instrumentos de promessa de compra e venda quitados, que a jurisprudência vem reconhecendo sua aptidão para justificar a usucapião ordinária. [...] Ora, tendo direito à aquisição do imóvel, o promitente comprador pode exigir do promitente vendedor que lhe outorgue a escritura definitiva de compra e venda, bem como pode requerer ao juiz a adjudicação do imóvel. À vista da jurisprudência desta Casa, o registro não é necessário, nem o instrumento público, seja para o fim da Súmula 84, seja para que se requeira a adjudicação [...]. Podendo dispor dessa eficácia, a promessa, gerando direito à adjudicação, há de poder, penso eu, gerar direito à aquisição por usucapião ordinário. Estou, pois, adotando outro conceito de justo título, talvez conceito mais abrangente, e assim estou procedendo em face de julgados mais recentes desta Corte, dos quais estimo ter tirado corretas conclusões.

À vista dos argumentos anteriormente expendidos, entendemos que a viabilidade da adjudicação compulsória não configura óbice ao procedimento de usucapião. Com efeito, o promissário adquirente que, embora fazendo jus à adjudicação compulsória, satisfaça requisitos para usucapião poderá ser declarado proprietário do imóvel em procedimento extrajudicial de usucapião extrajudicial dirigido pelo Oficial de Registro Imobiliário.

3. CONCLUSÃO

A adjudicação compulsória extrajudicial representa importante avanço no sentido de possibilitar a satisfação de direitos referentes à regularização da titularidade da propriedade imobiliária, sem a necessidade de movimentar o Poder Judiciário, já bastante sobrecarregado de demandas.

Os serviços notariais e de registro estão à disposição da população para, com igual segurança e de forma mais célere, tramitar procedimentos tendentes à transferência do imóvel já quitado para o promissário adquirente.

O novo art. 216-B da Lei de Registros Públicos se mostra lacunoso e confuso em certos pontos. Todavia, por meio do uso da analogia com regras aplicáveis à usucapião extrajudicial – como é o caso da recente admissão de desqualificação de impugnações infundadas pelo registrador de imóveis –, do bem elaborado Provimento CNJ 150/2023 – que estabeleceu regras para o processo de adjudicação compulsória pela via extrajudicial, nos termos do art. 216-B da LRP – e do esforço hermenêutico de Notários e Registradores, o instituto da adjudicação compulsória extrajudicial vem demonstrando grande potencial para contribuir com a regularização imobiliária no Brasil.

Com o presente texto, esperamos ter fomentado o interesse dos leitores no estudo desse novo procedimento e contribuído com a apresentação de reflexões úteis e interessantes sobre a alvissareira adjudicação compulsória extrajudicial.

REFERÊNCIAS

BORGES, Marcus Vinícius Motter. Registro de imóveis: adjudicação compulsória extrajudicial. *In*: ABELHA, André; CHALHUB, Melhim; VITALE, Olivar (orgs.). **Sistema eletrônico de registros público**: Lei 14.382, de 27 de junho de 2022 comentada e comparada. Rio de Janeiro: Forense, 2023.

CAVALCANTI, Rogério Andrade. Da prescritibilidade do direito do promitente comprador à adjudicação compulsória: uma análise crítica do acórdão proferido no julgamento do Recurso Especial 1.216.568/MG. **Jus**, 10 set. 2015. Disponível em: https://jus.com.br/artigos/42697/da-prescritibilidade-do-direito-do-promitente-comprador-a-adjudicacao-compulsoria. Acesso em: 30 jul. 2023.

PAIVA, João Pedro Lamana. Adjudicação compulsória extrajudicial. *In*: ENCONTRO NOTARIAL E REGISTRAL DO RS, 14., Porto Alegre. **Anais** [...]. Porto Alegre: Ripoa, 2023. Disponível em: https://www.1ripoa.com.br/adjudicacao-compulsoria-extrajudicial-xiv-encontro-registral-e-notarial-do-rs/. Acesso em: 30 jul. 2023.

Capítulo 13

A DESJUDICIALIZAÇÃO E O NOVO PROCESSO SINCRÉTICO: A IMPLANTAÇÃO DO SERP EM PROL DA EFETIVIDADE

Flávia Pereira Hill

O problema fundamental é que o Direito Processual [...] ressente-se de graves equívocos [...] dentre os quais [...] imaginarem a possibilidade de existir um 'mundo jurídico' desvinculado e independente do mundo social, no qual os conceitos jurídicos pudessem ser construídos como princípios, conceitos e fórmulas matemáticas que são universais, porque vazias de conteúdo. (Ovídio Baptista da Silva)

1. INTRODUÇÃO

A Lei 14.382/2022, entre diversas providências relevantes, instituiu o Sistema Eletrônico dos Registros Públicos (Serp), voltado a congregar todas as serventias extrajudiciais (cartórios extrajudiciais) com atribuição registral do país, a fim de viabilizar o registro público eletrônico, a interconexão e a interoperabilidade entre as serventias extrajudiciais, a divulgação de estatísticas, a consulta eletrônica de determinados atos e a solicitação eletrônica de serviços, entre outras funcionalidades (art. 3º).

O sistema de justiça brasileiro está em constante evolução, sendo um dos pontos de destaque a migração de uma multiplicidade de processos autônomos, prevista na redação original do CPC/1973, para um modelo que valoriza o processo sincrético, no qual se privilegia um processo uno que se desdobra em diferentes fases.

Os objetivos do presente trabalho residem em, a partir de análise bibliográfica e documental, percorrer, sucintamente, a evolução do processo sincrético nas últi-

SISTEMA ELETRÔNICO DO REGISTRO PÚBLICO E SUA REGULAMENTAÇÃO

mas décadas, a fim de verificar o impacto do fenômeno da desjudicialização e da sedimentação da Justiça Multiportas para o seu conceito na contemporaneidade; e, a partir dessa premissa, apurar em qual medida o Serp pode, com o potencial incremento da interoperabilidade entre as esferas judicial e extrajudicial, contribuir para um sistema de justiça mais célere e efetivo.

2. DA MULTIPLICIDADE DE PROCESSOS AUTÔNOMOS AO PROCESSO SINCRÉTICO

Na redação original do Código de Processo Civil de 1973, previam-se três processos autônomos, a saber: a) processo de conhecimento, voltado, em síntese, ao acertamento da relação jurídica de direito material, com a definição, em cognição exauriente, de a qual das partes assistiria razão;[1] b) processo de execução: voltado ao cumprimento forçado de títulos executivos judiciais ou extrajudiciais, ou seja, à alteração da realidade sensível;[2] e c) processo cautelar: voltado, originalmente, à concessão de providências, em cognição sumária, que resguardassem o resultado útil do processo principal (de conhecimento ou de execução), sem propriamente satisfazer o direito material invocado pelo autor.[3]

Paulatinamente, foram empreendidas alterações legislativas no referido diploma processual com vistas a arrefecer a tripartição processual inicialmente estanque, direcionando o Direito Processual brasileiro para um modelo mais orgânico e menos formalista, no qual, em um único processo, intercalam-se fases com cargas de conhecimento, execução ou cautelar – esse último conceito aprimorado para o que atualmente se intitula tutela provisória, seja antecipatória, vale dizer, de assumida

---

[1] "Por muito tempo, vigorou no processo civil brasileiro a diretriz da separação das atividades de cognição e execução em dois processos distintos. [...] Sucessivas reformas do Código de 1973 foram subvertendo aquela original orientação no sentido de separarem-se, em princípio, cognição e execução em processos distintos. [...] hoje o princípio geral, no processo civil brasileiro, é o da reunião das atividades cognitiva e executiva em uma mesma relação processual". WAMBIER, Luiz Rodrigues; TALAMINI, Eduardo. **Curso avançado de processo civil**. 19. ed. São Paulo: Revista dos Tribunais, 2022, p. 50-51.

[2] "O fim da execução consiste, como já temos assinalado, em obter para o exequente precisamente aquele benefício que lhe traria o cumprimento da obrigação por parte do devedor ou, se isto não é possível, ao menos um benefício equivalente". REIS, José Alberto dos. **Processo de execução**. 2. ed. Coimbra, Portugal: Coimbra, 1957, p. 23.

[3] Merecem registro as lições de Ovídio Baptista da Silva, no ano de 2001, que bem ilustram o tratamento dispensado ao tema à época: "O art. 796, apesar de tudo, desempenha uma função muito importante na disciplina do processo cautelar na medida em que, para inscrever em texto de lei o princípio doutrinário da instrumentalidade e dependência da ação cautelar, declarou o legislador que, ainda sendo dependente, o processo cautelar deve ter respeitada sua autonomia procedimental. Quer dizer, a ação cautelar tem uma entidade procedimental própria que deve ser observada: a demanda cautelar, embora dependente, deve ser veiculada em procedimento apartado da 'ação principal', seja quando ela for preparatória, seja quando for incidente". SILVA, Ovídio A. Baptista da. **Do processo cautelar**. 3. ed. Rio de Janeiro: Forense, 2001, p. 103.

natureza satisfativa (de urgência ou da evidência), seja propriamente cautelar (de urgência), na acepção acima descrita (art. 294 do CPC/2015).

Primeiramente, alterou-se, em 1994, a redação do art. 273 do CPC/1973, por meio da edição da Lei 8.952/1994, para prever a possibilidade de concessão, *no mesmo processo*, da tutela antecipada, de caráter satisfativo, voltada à antecipar os efeitos de uma futura (e eventual) sentença de procedência, desde que presentes os requisitos de *fumus boni iuris, periculum in mora* e, embora mitigado pela doutrina e pela jurisprudência, reversibilidade.[4] A mesma lei alterou, ainda, o art. 461 da codificação processual então em vigor, com vistas a admitir que o magistrado concedesse, *no mesmo processo*, medidas voltadas à assegurar a tutela específica das obrigações de fazer e não fazer.

Em 2002 foi editada a Lei 10.444/2002, que introduziu o art. 461-A na codificação processual vigente, a fim de admitir expressamente a concessão, *no mesmo processo*, de medidas voltadas à tutela específica das obrigações de entrega de coisa, seguindo, assim, a tendência deflagrada pela lei de 1994.

A tendência de confluência de providências de naturezas distintas (acertamento da relação jurídica de direito material, efetivação e acautelamento) em um mesmo processo, por meio de fases sucessivas, de forma orgânica e abrindo mão de formalismos burocratizantes, foi coroada com a edição da Lei 11.232/2005, que dispensou a instauração de um processo autônomo para a execução de sentenças que prevejam condenação em obrigação de pagar quantia certa. A partir de então, a execução de títulos executivos judiciais passou, em regra, a desdobrar-se no mesmo processo judicial já em curso, ou seja, *simultaneus processus*. Em outras palavras, bastaria a instauração de um único processo, em uma mesma relação jurídica de direito processual, para a obtenção de providências das três naturezas descritas ao início deste trabalho: de conhecimento, de execução e cautelar – a essa altura, tutela provisória *lato sensu*, tanto cautelar quanto antecipatória.

A confluência de providências de naturezas diversas em um único processo deu ensejo à consagrada expressão "processo sincrético". Sincrético, precisamente, em razão de o processo uno comportar o sincretismo de providências em seu âmago, tornando desnecessária a cisão em múltiplos processos distintos, cada qual voltado a, com artificial purismo, adotar providências preponderantemente da mesma natureza. A noção de processo sincrético tem por escopo principal a busca do salutar equilíbrio entre – em tese, os dois inimigos atávicos no âmbito do Direito Processual – celeridade e segurança jurídica, apto a alcançar a desejável

---

[4] Marcelo Lima Guerra já defendia, em 2002, a admissibilidade da concessão de tutela antecipada em sede de execução, corroborando a tendência de confluência de diferentes providências em um mesmo processo. GUERRA, Marcelo Lima. Antecipação de tutela no processo executivo. **Revista da Procuradoria Geral do Município de Fortaleza**, Fortaleza, v. 5, 1997. Disponível em: https://revista.pgm.fortaleza.ce.gov.br/revista1/article/view/69. Acesso em: 10 maio 2023.

188 | SISTEMA ELETRÔNICO DO REGISTRO PÚBLICO E SUA REGULAMENTAÇÃO

efetividade do processo, ou seja, o ponto ótimo que traduza, de um lado, o grau de formalismo estritamente necessário para resguardar o devido processo legal – projeção democrática em nosso sistema de justiça – e, de outro, o clamor por um processo que, despendendo apenas e tão somente o tempo necessário, esteja apto a tutelar a parte que teve ou está em vias de ter a sua esfera jurídica lesada.

Concordamos com Humberto Theodoro Junior, quando sustenta que o processo sincrético, ao almejar "a perseguição desse objetivo prático e econômico nenhuma incompatibilidade apresenta com a modernidade da tutela jurisdicional justa e efetiva que o atual Estado Democrático assegura constitucionalmente" e, ainda, quando reforça a ideia de que a unificação do processo "cumpriu com propriedade a garantia de duração razoável do processo e observância de medidas de aceleração da prestação jurisdicional, em boa hora incluída entre as garantias fundamentais".[5]

A análise detida da evolução do tema transbordaria o objeto central do presente trabalho, mas não se poderia deixar de consignar que o Código de Processo Civil de 2015 não apenas corroborou com as referidas reformas empreendidas no diploma anterior, mas também consolidou a opção pelo processo sincrético; o que resta confirmado, a título ilustrativo, a partir da leitura de dois dispositivos legais, a saber: (a) art. 513, que prevê o cumprimento de sentença, em regra, como fase do mesmo processo em que se originou o título executivo judicial a ser efetivado; e b) art. 294, parágrafo único, que admite a concessão de tutela provisória em caráter antecedente ou incidental, sem a necessidade da instauração de um novo processo.

Verifica-se, contudo, que o Direito Processual não para de evoluir, até mesmo em razão da dinamicidade das relações empreendidas na sociedade a que serve, conforme examinaremos a seguir.

3. O NOVO MODELO DE PROCESSO SINCRÉTICO: A DESJUDICIALIZAÇÃO E AS FASES JUDICIAL E EXTRAJUDICIAL DO PROCESSO UNO

Conforme analisamos em outra sede,[6] após mais de três décadas de vigência da Constituição Federal de 1988, verifica-se que a noção de acesso à justiça restrita à possibilidade de acionamento do Poder Judiciário, embora fizesse sentido em um contexto de redemocratização, o que, coerentemente,

---

[5] THEODORO JUNIOR, Humberto. **Curso de Direito Processual Civil**. 50. ed. Rio de Janeiro: Forense, 2017. v. 3. p. 16-17.

[6] HILL, Flávia Pereira. Desjudicialização e acesso à justiça além dos tribunais: pela concepção de um devido processo legal extrajudicial. **Revista Eletrônica de Direito Processual**, [s. l.], v. 22, n. 1, p. 379-408, jan./abr. 2021.

deu ensejo à redação do art. 5º, inciso XXXV, deve receber interpretação histórica[7] e evolutiva.[8]

Com efeito, enquanto o art. 5º, XXXV, da Constituição Federal de 1988, prevê que "a lei não excluirá da apreciação do Poder Judiciário lesão ou ameaça a direito", o art. 3º do CPC/2015 preconiza que "não se excluirá da apreciação jurisdicional ameaça ou lesão a direito".

Portanto, a diferença no texto legal entre a Constituição, editada na segunda metade do século XX, e o CPC, editado no século XXI, não é casual nem tampouco irrelevante.[9] Ela denota as profundas mudanças ocorridas no seio de nossa socie-

---

[7]   "Somos, portanto, um povo que fez sua história com escassa participação popular. Acostumamo-nos a aguardar sempre as decisões do Estado, vale dizer, das elites dominantes. Falta-nos, como povo, a iniciativa, ajustando-nos ao que é imposto de cima para baixo, por força de nossa incipiente formação e informação pública. São bem frágeis, entre nós, o sentimento de solidariedade social, de dever de participação comunitária e a consciência da necessidade de se organizar para obter. Se somos cordiais em termos de relacionamento individual, somos quase cruéis em termos de relacionamento social. Só agora nesta segunda metade do século XX e acentuadamente nos últimos 10 anos, sente-se que algo está mudando nas bases, já se podendo ter esperanças de um amanhã diferente, mesmo que não muito imediato. O retrocesso social que representou ü sistema de poder instaurado em 1964, feriu muito fundo o povo brasileiro, conscientizando-o de que ele e somente ele poderá ser o autor de sua própria libertação. [...] Desde 1964, e acentuadamente a partir de 1968, com razoável melhora nos últimos 4 anos, a atividade política foi proscrita, a Universidade foi silenciada, colocando-se o sistema do ensino sob o guante da espionagem permanente e oficial dos órgãos de informação. A imprensa foi censurada, as garantias individuais proscritas, o Poder Judiciário submetido e o Legislativo tornado uma caricatura de poder. [...] Outra conclusão, é a de que os próprios interessados no acesso à Justiça jamais tiveram condições de se organizar e mobilizar para obtê-la. Sua grave marginalização social e econômica os inabilita para esse tipo de reivindicação, paradoxalmente. Tudo quanto se tem feito em termos de assistência judiciária parte de decisão do Estado e na medida em que a pressão dos fatos se torna insuportável. [...] A assistência judiciária é prestada ou por órgão vinculado à Secretaria da Justiça (Ceará, Minas Gerais), ou integrado na estrutura da Procuradoria Geral do Estado (São Paulo, Goiás, Rio Grande do Sul e Paraná) ou da Procuradoria Geral da Justiça (Rio de Janeiro, Pará e Bahia). [...] O aparelhamento judiciário é obsoleto, mesmo nos grandes centros, e nos Estados mais prósperos. Ainda se tomam depoimentos mediante ditado do que é declarado pelas testemunhas e se desconhece a taquigrafia e a gravação". PASSOS, José Joaquim Calmon de. O problema do acesso à justiça no Brasil. **Revista de Processo**, [*s.l.*], v. 39, p. 78-88, jul./set. 1985.

[8]   GRINOVER, Ada Pellegrini. **Ensaio sobre a processualidade**: fundamentos para uma nova teoria geral do processo. Brasília: Gazeta Jurídica, 2018.

[9]   "[...] o art. 3º do NCPC, ao se referir a apreciação jurisdicional, vai além do Poder Judiciário e da resolução de controvérsias pela substitutividade. O dispositivo passa a permitir outras formas positivas de composição, pautadas no dever de cooperação das partes e envolvendo outros atores. Desse modo, a jurisdição, outrora exclusiva do Poder Judiciário, pode ser exercida por serventias extrajudiciais ou por câmaras comunitárias, centros ou mesmo conciliadores e mediadores extrajudiciais. [...] A jurisdição é essencialmente uma função estatal. Por isso, em momentos históricos diversos, desde a Antiguidade, passando pelas Idades Média, Moderna e chegando à contemporânea, o Estado, invariavelmente, chamou para si o monopólio da jurisdição, sistematizando-a, a partir de Luiz XIV. A atuação jurisdicional, então, era um poderoso mecanismo para assegurar o cumprimento das leis. No entanto, Leonardo Greco admite que a jurisdição não precisa ser, necessariamente, uma função estatal. É claro que não se pode simplesmente desatrelar a jurisdição do Estado, até porque, em maior ou menor grau, a dependência do Estado existe, principalmente para se alcançar o cumprimento da decisão não estatal. Por outro lado,

dade e de nosso sistema de justiça à medida em que atravessávamos o umbral de um novo século.

Ao nos avizinharmos do fim do primeiro quartel do século XXI, verifica-se uma taxa de congestionamento bruta do Poder Judiciário no patamar de 74,2%, havendo mais de 76 milhões de processos em tramitação nos tribunais pátrios, segundo o relatório Justiça em Números de 2022, do Conselho Nacional de Justiça.[10] Sendo assim, deve-se compreender – sem arrefecer o perene esforço voltado à sanar os persistentes bolsões de litigiosidade contida – que a realidade atual é substancialmente diversa daquela vivenciada nos idos de 1980, haja vista os indicadores estatísticos atualmente verificados, que denotam uma hiperjudicialização na atualidade.

Paralelamente a isso, verifica-se que a própria Constituição Federal de 1988 sedimentou as bases democráticas para o que se intitula Justiça Multiportas,[11] ao prever não apenas a estrutura do Poder Judiciário (art. 92 e ss.), como também a Advocacia Pública e Privada (arts. 131 a 133), a Defensoria Pública (arts. 134 e 135), o Ministério Público (art. 127 e ss.) e os delegatários de serventias extrajudiciais (art. 236).

Tendo em vista o objeto central do presente trabalho, detemo-nos, no âmbito da Justiça Multiportas, em uma de suas personagens: os delegatários de serventias extrajudiciais (cartórios extrajudiciais). Não seria exagerado afirmar que a Constituição de 1988 refundou a forma de estruturação e prestação dos serviços extrajudiciais, ao estatuir que se trata de serviço público delegado a ser prestado, em caráter privado, por profissionais do Direito aprovados em concurso público de provas e títulos. Em outras palavras, os atos praticados pelas serventias extrajudiciais (cartórios extrajudiciais) são essencialmente um serviço público, mas prestado em caráter privado, com a dinamicidade ínsita à iniciativa privada, não sendo custeado pelo Erário, mas sim remunerado por meio do pagamento dos emolumentos (taxa) pelo usuário do serviço.

A consolidação, em nosso país, da Justiça Multiportas, em que o Poder Judiciário se mantém como uma das portas de acesso à justiça, estando ao lado de outras – cada qual com suas especificidades, embora todas democráticas e jungidas

---

podemos pensar no exercício dessa função por outros órgãos do Estado ou por agentes privados. Nesta ótica, percebe-se o fenômeno da desjudicialização enquanto ferramenta de racionalização da prestação jurisdicional e ajuste ao cenário contemporâneo, o que leva, necessariamente, à releitura, à atualização, ou ainda a um redimensionamento da garantia constitucional à luz dos princípios da efetividade e da adequação". PINHO, Humberto Dalla Bernardina de. A releitura do princípio do acesso à justiça e o necessário redimensionamento da intervenção judicial na resolução dos conflitos na contemporaneidade. **Revista Jurídica Luso-brasileira**, [s. l.], ano 5, n. 3, p. 791-830, 2019.

[10] CNJ. **Justiça em Números 2022**. Brasília, DF: CNJ, 2022, p. 31.

[11] GOLDBERG, Stephen B.; SANDER, Frank E. A.; ROGERGS, Nancy H.; COLE, Sarah Rudolph. **Dispute resolution**. 4. ed. Nova Iorque: Aspen Publishers, 2003, p. 7.

Cap. 13 · A DESJUDICIALIZAÇÃO E O NOVO PROCESSO SINCRÉTICO | 191

ao devido processo legal –, traz novas opções ao jurisdicionado que irá acessar a porta que considera *mais adequada* para a solução do litígio – ou para a prática do ato da vida civil, na jurisdição voluntária.

A noção de Justiça Multiportas não almeja, portanto, representar uma restrição do acesso à justiça nem tampouco erigir dificuldades de acesso ao Poder Judiciário, mas, ao contrário, propiciar ao jurisdicionado brasileiro diversos métodos adequados de solução de conflitos, dentro e fora do Poder Judiciário, de modo que ele possa efetuar *escolhas*.[12] Trata-se de *ampliar* o rol de possibilidades, jamais restringi-las. Esse somatório de métodos democráticos de solução de litígios, característico da Justiça Multiportas, coroa uma evolução do acesso à justiça, que deixa de se restringir ao acesso à Justiça (Judiciário), para se tornar o acesso a todo um *sistema de justiça com matriz constitucional*.[13]

Nesse contexto, emerge o fenômeno da desjudicialização, segundo o qual litígios ou atos da vida civil, que dependeriam necessariamente da intervenção judicial, passam a poder ser realizados perante agentes externos ao Poder Judiciário, que não fazem parte de seu quadro de servidores. Trata-se, em suma, da consecução do acesso à justiça *fora* do Poder Judiciário, ou seja, do acesso à justiça *extramuros*.

Até 2007, o legislador ensaiou alguns movimentos pontuais de desjudicialização, o que podemos exemplificar com a Lei Federal 6.015/1973 (Lei dos Registros Públicos), a Lei 8.951/1994 (consignação em pagamento extrajudicial, com a inserção do § 1º no art. 890 do CPC/1973) e a Lei Federal 9.514/1997 (alienação fiduciária em garantia de coisa imóvel).

No entanto, entendemos que o *turning point* ocorreu com a edição da Lei 11.441/2007, que previu a possibilidade de que inventário, partilha, separação e divórcio consensuais sejam realizados por meio de escritura pública, em Tabelionatos de Notas. A novidade foi amplamente divulgada na mídia à época e formaram-se filas nas portas dos cartórios extrajudiciais no primeiro dia útil subsequente. Foi a alta receptividade da sociedade a essa iniciativa que, a nosso ver, de um lado, deu novo fôlego à desjudicialização no terceiro milênio e, de outro, credenciou as

---

[12] Luis Vale e João Sergio Pereira destacam a importância das novas tecnologias para o acesso à justiça atualmente: "Não se faz crível pensar, no atual contexto, que o acesso à justiça é consectário inafastável de acesso ao Poder Judiciário. Como se disse, vias outras de resolução de conflitos têm se mostrado mais adequadas para promover a pacificação social. Entre elas, destacam-se as chamadas Online Dispute Resolutions – ODR, as quais se traduzem como novos caminhos possíveis, no ciberespaço, para a solução de impasses subjetivos. É o caso emblemático, no Brasil, da plataforma consumidor.gov, que, conectando o vendedor ao consumidor, tem apresentado índices de resolução de conflitos extremamente satisfatórios (mais de 80%)". VALE, Luís Manoel Borges do; PEREIRA, João Sergio dos Santos Soares. **Teoria Geral do Processo Tecnológico**. São Paulo: Revista dos Tribunais, 2023, p. 70-71.

[13] MANCUSO, Rodolfo de Camargo. **A resolução dos conflitos e a função judicial no contemporâneo Estado de Direito**. 2. ed. São Paulo: Revista dos Tribunais, 2014, p. 171.

serventias extrajudiciais como polo legítimo de prestação da jurisdição em seus contornos contemporâneos, conforme bem construído por Humberto Dalla.[14]

A criação do Conselho Nacional de Justiça, pela Emenda Constitucional 45, em 2004, igualmente contribuiu para o incremento da desjudicialização, tendo em vista que, em diversas hipóteses, o fenômeno avançou através da edição de atos normativos oriundos do referido órgão de controle.[15]

O Código de Processo Civil de 2015, por seu turno, deixa clara a importância da atuação dos cartórios extrajudiciais para o sistema de justiça contemporâneo, em duas vertentes:

i) **nos processos (originariamente) judiciais**: mediante a prática de atos relevantes para o exercício da jurisdição estatal, tais como a previsão da Ata Notarial como meio de prova típico (art. 384 do CPC), a possibilidade de averbação premonitória (art. 828 do CPC), o protesto de decisão judicial transitada em julgado (art. 517 do CPC) e a penhora de imóvel devidamente matriculado por termo nos autos (art. 845, § 1º, do CPC).

ii) **nos processos (originariamente) extrajudiciais (desjudicialização)**: ao assumir funções até então exclusivas do Poder Judiciário, como é o caso, *ad exemplum tantum*, da mediação e da conciliação (não apenas extrajudicial, mas também diante da possibilidade de os cartórios judiciais atuarem na mediação judicial, conforme Recomendação 28/2018 do CNJ) e dos pro-

---

[14] "[...] o art. 3º do NCPC, ao se referir a apreciação jurisdicional, vai além do Poder Judiciário e da resolução de controvérsias pela substitutividade. O dispositivo passa a permitir outras formas positivas de composição, pautadas no dever de cooperação das partes e envolvendo outros atores. Desse modo, a jurisdição, outrora exclusiva do Poder Judiciário, pode ser exercida por serventias extrajudiciais ou por câmaras comunitárias, centros ou mesmo conciliadores e mediadores extrajudiciais. [...] A jurisdição é essencialmente uma função estatal. Por isso, em momentos históricos diversos, desde a Antiguidade, passando pelas Idades Média, Moderna e chegando à contemporânea, o Estado, invariavelmente, chamou para si o monopólio da jurisdição, sistematizando-a, a partir de Luiz XIV. A atuação jurisdicional, então, era um poderoso mecanismo para assegurar o cumprimento das leis. No entanto, Leonardo Greco admite que a jurisdição não precisa ser, necessariamente, uma função estatal. É claro que não se pode simplesmente desatrelar a jurisdição do Estado, até porque, em maior ou menor grau, a dependência do Estado existe, principalmente para se alcançar o cumprimento da decisão não estatal. Por outro lado, podemos pensar no exercício dessa função por outros órgãos do Estado ou por agentes privados. Nesta ótica, percebe-se o fenômeno da desjudicialização enquanto ferramenta de racionalização da prestação jurisdicional e ajuste ao cenário contemporâneo, o que leva, necessariamente, à releitura, à atualização, ou ainda a um redimensionamento da garantia constitucional à luz dos princípios da efetividade e da adequação". PINHO, Humberto Dalla Bernardina de. A releitura do princípio do acesso à justiça e o necessário redimensionamento da intervenção judicial na resolução dos conflitos na contemporaneidade. **Revista Jurídica Luso-brasileira**, [*s. l.*], ano 5, n. 3, p. 791-830, 2019.

[15] HILL, Flávia Pereira. **Lições do Isolamento**: reflexões sobre Direito Processual em tempos de pandemia. Niterói: Edição do autor, 2020. Disponível em: https://www.academia.edu/44334920/LIVRO_LI%C3%87%C3%95ES_DO_ISOLAMENTO_FL%C3%81VIA_HILL. Acesso em: 10 jul. 2023.

cedimentos extrajudiciais de jurisdição voluntária. Podemos apontar como exemplos o inventário, a partilha, a separação e o divórcio extrajudiciais (art. 610, §§ 1º e 2º, do CPC), a usucapião extrajudicial (art. 1071 do CPC que inseriu o art. 216-A na Lei 6.015/1973), a homologação do penhor legal extrajudicial (art. 703, § 2º, do CPC), a divisão e demarcação de terras particulares extrajudicial (art. 571, do CPC), a dispensa de homologação, pelo Superior Tribunal de Justiça, de sentença estrangeira de separação e divórcio puros (art. 961, § 5º, do CPC), a alteração extrajudicial de nome, a adjudicação compulsória extrajudicial, o reconhecimento de união estável extrajudicial, inclusive quanto à definição, com eficácia *erga omnes*, da data de seu início e/ou fim (Lei 14.382/2022), entre outros.

Sendo assim, se os cartórios extrajudiciais passam a desempenhar funções de crescente relevância para o sistema de justiça na atualidade, emerge a necessidade de que seja estabelecida forte cooperação entre as esferas judicial e extrajudicial, com vistas a coordenar a sua atuação, em prol de maiores efetividade e eficiência[16] do sistema de justiça.[17] A cooperação propicia, portanto, a racionalização e a otimização da atuação dos magistrados e dos delegatários de cartórios extrajudiciais em favor da boa administração do sistema de justiça e do interesse dos jurisdicionados.

A leitura sistemática das leis editadas nos últimos anos que sedimentaram a desjudicialização em nosso país revela, de forma irretorquível, uma nova fronteira do Direito Processual Civil brasileiro: mais um avanço do processo sincrético.

---

[16] "A eficiência não se confunde com a eficácia, nem com a efetividade. Numa noção mais elementar, eficácia consiste na aptidão para produzir efeitos, enquanto a eficiência mede a relação entre os meios empregados e os resultados alcançados. Já a efetividade, para Natalino Irti, é suscetível do desenvolvimento histórico, constituindo o atributo empírico das normas jurídicas". CUNHA, Leonardo Carneiro da. A previsão do princípio da eficiência no projeto do novo Código de Processo Civil brasileiro. **Revista de Processo**, [*s. l.*], v. 233, p. 65-84, jul. 2014. De nossa parte, embora não possamos nos alongar no trato do tema, visto que transbordaria os limites do presente trabalho, entendemos que o termo eficiência privilegia a redução do dispêndio de tempo, recursos financeiros e esforços/energias na prestação jurisdicional, ou seja, se volta precipuamente à otimização de sua prestação; enquanto a efetividade, por seu turno, volta-se primordialmente ao alcance das finalidades perquiridas pela jurisdição, ou seja, ao alcance de um processo justo e équo, que garanta ao jurisdicionado precisamente o bem da vida a que ele faz jus, sem abrir mão da redução de custos, tempo e energias. Não se trata de termos antagônicos ou excludentes entre si. Muito ao revés, devemos buscar alcançar ambos, ou seja, conciliá-los. No entanto, entendemos que cada qual deles carrega uma carga semântica diversa. Enquanto a eficiência privilegia a otimização de recursos vários, a efetividade se preocupa com o alcance das finalidades últimas do processo, em uma relação, a nosso sentir, de continente (efetividade) e conteúdo (eficiência), na qual a efetividade seria um conceito mais completo do que a eficiência.

[17] Fredie Didier Junior destaca que o dever geral de cooperação "serve como fundamento normativo para a construção de técnicas adequadas à concretização de um processo efetivo, com duração razoável e que produza resultados justos. [...] É também, e sobretudo, concretização do princípio da eficiência (art. 8º, CPC)". DIDIER JUNIOR, Fredie. **Cooperação judiciária nacional**: esboço de uma teoria para o Direito brasileiro (arts. 67-69, CPC). Salvador: Juspodivm, 2020, p. 62-63.

Em verdade, se décadas atrás, falava-se que o processo sincrético abarcaria fases com naturezas preponderantemente distintas, todas elas desenvolvidas no âmbito do Poder Judiciário; atualmente, a partir da legislação em vigor, constata-se que o processo sincrético brasileiro passou a abarcar providências desenvolvidas no âmbito da Justiça Multiportas, ou seja, o mesmo processo uno abarca, orgânica e ordenadamente, em estrita e fiel observância ao devido processo legal e às garantias fundamentais do processo,[18] fases judiciais e extrajudiciais.

Com vistas a não transbordar os limites do presente trabalho, cingimo-nos a trazer três exemplos emblemáticos, a fim de corroborar a constatação acima.

Os arts. 717 a 722 do Código de Normas do Tribunal de Justiça do Estado do Rio de Janeiro – Parte Extrajudicial regulamentam o processo de averiguação oficiosa de paternidade, em cumprimento ao disposto na Lei 8.560/1992. Caso seja lavrado registro de nascimento apenas com a maternidade estabelecida, cumprirá ao Oficial Registrador ouvir a mãe sobre a paternidade alegada e providenciar o termo de declaração contendo o máximo de dados referentes ao suposto genitor. Subsequentemente, os autos serão remetidos ao Juiz competente para que seja dado prosseguimento ao feito. Trata-se, portanto, de um processo que é instaurado originariamente em sede extrajudicial, pelo Oficial Registrador, onde se inicia a instrução; subsequentemente, desdobra-se para uma fase judicial e, espera-se, atinge a sua culminância com uma nova fase extrajudicial, de cumprimento, na qual o Oficial Registrador averbará a paternidade, incluindo, no registro de nascimento, os dados do genitor, definidos na fase judicial.

No caso de reconhecimento extrajudicial de paternidade ou maternidade socioafetiva previsto no Provimento CNJ 63/2017 – com as alterações trazidas pelo Provimento 83/2019 e Provimento 149/2023 –, o processo pode ser originariamente instaurado perante o cartório extrajudicial de Registro Civil de Pessoas Naturais (art. 11), cabendo aos interessados produzir todos os meios de prova em Direito admitidos, a fim de demonstrar ao Oficial Registrador o vínculo de filiação socioafetiva (art. 10-A, § 2º). Caso o Oficial suspeite de fraude, falsidade, má-fé, vício de vontade, simulação ou dúvida sobre a configuração do estado de posse de filho, fundamentará a sua recusa e *remeterá os autos ao juiz competente*, a fim de que, a partir de então, se desdobre a fase judicial, com o maior aproveitamento possível das provas anteriormente produzidas, e que poderá redundar, depois, na deflagração de uma nova fase extrajudicial, voltada à averbação da paternidade/maternidade socioafetiva apurada na fase judicial.

O art. 334 do CPC/2015 trouxe, como regra – e o art. 695, com ainda maior rigor –, a designação de sessão de mediação ou conciliação ao início do processo,

---

[18]   HILL, Flávia Pereira. Desjudicialização e acesso à justiça além dos tribunais: pela concepção de um devido processo legal extrajudicial. **Revista Eletrônica de Direito Processual**, [*s. l.*], v. 22, n. 1, p. 379-408, jan./abr. 2021.

de modo que somente se não houver acordo, retoma-se a tramitação da fase judicial de conhecimento, com a apresentação de contestação. A leitura sistemática e coordenada do art. 334 do CPC/2015, juntamente com o art. 42 da Lei 13.140/2015 e a Recomendação 28/2018, os dois últimos editados pelo Conselho Nacional de Justiça, revela que o processo pode ser originariamente instaurado na esfera judicial, com a apresentação da petição inicial, e, a seguir, ensejar a deflagração de uma fase extrajudicial, na qual é realizada, perante cartório extrajudicial, a sessão de mediação ou conciliação.[19] Caso seja celebrado acordo entre as partes perante o delegatário do cartório extrajudicial (mediador/conciliador), o processo (uno) será encerrado, com a prolação, pelo Juiz, de sentença homologatória. Por outro lado, não havendo consenso, retomar-se-á a fase judicial de conhecimento, a fim de que seja promovido o acertamento da relação jurídica de direito material controvertida.

Trazemos apenas esses três exemplos com o intuito de demonstrar que, hoje, o nosso ordenamento jurídico-processual já contempla um processo sincrético que se desdobra em fases judiciais e extrajudiciais, as quais se alternam orgânica e ordenadamente, em observância ao devido processo legal (em suas vertentes judicial e extrajudicial), com o escopo único e comum de permitir a obtenção, em tempo razoável, da tutela jurisdicional[20] justa e efetiva (arts. 4º e 6º, do CPC/2015). Esse novo modelo de processo sincrético é a demonstração cabal da consolidação da Justiça Multiportas em nosso país, em prol dos interesses dos jurisdicionados, consumidores do serviço de justiça.

Nesse sentido, Cândido Rangel Dinamarco reconhece que uma das "soluções capazes de alterar em alguma medida o estilo processual até então vigente" trazida pelo CPC/2015 consiste precisamente nas "veementes aberturas para atuação dos chamados meios alternativos de solução de litígios", e destaca o "sincretismo processual" como uma das marcas do diploma processual atualmente em vigor.[21]

---

[19] HILL, Flávia Pereira. Mediação nos cartórios extrajudiciais: desafios e perspectivas. **Revista Eletrônica de Direito Processual**, [s. l.], v. 19, n. 3, p. 296-323, set./dez. 2018.

[20] "Tutela é proteção, e consiste na melhora que o litigante vencedor recebe na sua situação jurídica deduzida em juízo, de modo que, terminado o processo, ele se encontre, na sua vida comum em relação ao outro litigante e aos bens controvertidos, em situação melhor que aquela que se encontrava antes do processo. [...] O processo é em si uma técnica – sistema integrado de meios preordenados à pacificação de pessoas mediante a eliminação de conflitos. Como toda técnica, só se legitima pela consciência e absorção dos objetivos a realizar. Modernamente, a superação do mito de um irreal e ilegítimo confinamento do processo no campo dos fenômenos puramente jurídicos e com a missão única de dar atuação ao direito material vem permitindo que se tome essa consciência e, consequentemente, vai conduzindo o legislador e o processualista à preocupação com resultados. Tal é o método representado pelo processo civil de resultados, que consiste precisamente em uma adequação de seus instrumentos e suas técnicas aos objetivos a realizar, de modo que os efeitos substanciais externos da experiência processual sejam justos e efetivos (sem uma técnica adequada a efetividade é impossível)". DINAMARCO, Cândido Rangel. **Fundamentos do Processo Civil Moderno**. 6. ed. São Paulo: Malheiros, 2010, p. 152-154.

[21] DINAMARCO, Cândido Rangel. **Instituições de Direito Processual Civil**. 8. ed. São Paulo: Malheiros, 2016, p. 47 e 49.

O moderno conceito de processo sincrético, que se verifica no atual momento do Direito Processual pátrio, repousa em dois fundamentos essenciais, a saber: (a) a sedimentação da Justiça Multiportas a partir da evolução da desjudicialização (*v.g.* arts. 3º; 260, § 3º; 334; 384; 495; 695; 828 do CPC); e (b) a norma fundamental da cooperação (arts. 6º, do CPC).

Sendo assim, para que as fases judicial e extrajudicial previstas em lei se desenvolvam com efetividade – aqui conceituamos efetividade como o ponto ótimo de equilíbrio entre celeridade e segurança jurídica –, sem solução de continuidade e de forma orgânica e concatenada, torna-se indispensável a crescente cooperação entre as esferas judicial e extrajudicial. Se tanto o Poder Judiciário quanto os cartórios extrajudiciais comungam o mesmo propósito de, cada qual no âmbito de suas funções, coordenadamente propiciar que se alcance um resultado justo e efetivo neste processo sincrético, então, ambas as esferas devem envidar esforços para concretamente atuar de forma coordenada, complementar e cooperativa.[22] Esse esforço inclui, inexoravelmente, a adoção de soluções tecnológicas que propiciem essa coordenação *in concreto*, no dia a dia da Justiça Multiportas, em prol do jurisdicionado.

Se a relação jurídica processual que marcou o processo sincrético até o primeiro quartel do século XXI poderia ser definida como *triangular* ou *com caráter tríplice*,[23] na atual quadra da história da ciência processual, em um processo sincrético marcado por fases judiciais e extrajudiciais, sendo que nestas a condução se dá perante o delegatário de cartório extrajudicial, deve-se, coerentemente, reconhecer uma relação jurídica processual *quadrangular*, na qual todos os sujeitos envolvidos envidarão esforços para que, no âmbito de suas respectivas funções, o processo alcance uma decisão de mérito justa e efetiva (art. 6º do CPC).

4. O SISTEMA ELETRÔNICO DE REGISTROS PÚBLICOS (SERP) E A NECESSÁRIA INTEROPERABILIDADE ENTRE AS ESFERAS JUDICIAL E EXTRAJUDICIAL PARA A EFETIVIDADE DO PROCESSO SINCRÉTICO

Nesse ponto, emerge a importância da Lei 14.382/2022, que, entre outras relevantes inovações, institui o Sistema Eletrônico de Serviços Públicos, consoante destacado ao início do presente trabalho.

---

[22] HILL, Flávia Pereira. A desjudicialização e o necessário incremento da cooperação entre as esferas judicial e extrajudicial. *In*: ALVES, Lucelia de Sena; SOARES, Carlos Henrique; FARIA, Gustavo de Castro; BORGES, Fernanda Gomes e Souza (orgs.). **4 anos de vigência do Código de Processo Civil de 2015**. Belo Horizonte: D´Plácido, 2020, p. 173-204.

[23] Concordamos com Humberto Dalla, ao afirmar que até este momento histórico, a relação jurídica processual ostentava caráter triangular (autor-juiz-réu) e não meramente angular (que rechaçaria qualquer relação das partes entre si). PINHO, Humberto Dalla Bernardina de. **Manual de Direito Processual Civil Contemporâneo**. São Paulo: Saraiva, 2019, p. 484.

Entre as funcionalidades do Serp, sobressai a relevância, para o objeto do presente trabalho, da interoperabilidade entre as serventias extrajudiciais e o Poder Judiciário (art. 3º, VII, *a*).

Segundo Cristiane Iwakura, a interoperabilidade:

> [...] possibilita o trabalho em conjunto com outros sistemas pertencentes a outras organizações conexas, de modo que se garanta, de maneira eficaz e eficiente, a troca de informações entre vários sujeitos, pertencentes a grupos distintos, que mantenham uma necessidade constante de interação.[24]

A Resolução CNJ 350/2020 pressupõe a interoperabilidade entre as esferas judicial e extrajudicial, ao prever que a cooperação judiciária nacional abarca a cooperação interinstitucional (art. 1º, II),[25] inclusive entre o Poder Judiciário e os cartórios extrajudiciais (Enunciado 707 do Fórum Permanente de Processualistas Civis),[26] dando-se prioridade ao uso dos meios eletrônicos (art. 8º, § 1º) para a prática de diversos atos processuais (rol exemplificativo do art. 6º).

O Serp desponta como um projeto de incomparável envergadura, tendo em vista que se destina a interligar todos os milhares de cartórios extrajudiciais com atribuição registral do Brasil, e, uma vez implantado – o que decerto demanda planejamento e execução em etapas –, habilita-se como uma importante ferramenta de viabilidade da interoperabilidade entre o Poder Judiciário e os cartórios extrajudiciais, a fim de que o processo sincrético se desenvolva com a dinamicidade e a coordenação que a Justiça Multiportas pressupõe e que o jurisdicionado brasileiro almeja e merece.

Não se afiguraria coerente que a legislação em vigor preveja a Justiça Multiportas e o processo sincrético com fases judiciais e extrajudiciais sem que, correlatamente, sejam criadas ferramentas tecnológicas que coloquem os atores do sistema de justiça em comunicação.[27] Para o jurisdicionado e seu advogado,

---

[24] IWAKURA, Cristiane Rodrigues. **Princípio da interoperabilidade**: acesso à justiça e processo eletrônico. Belo Horizonte: Dialética, 2020, p. 159.

[25] HILL, Flávia Pereira; PINHO, Humberto Dalla Bernardina de. Desjudicialização e atos probatórios concertados entre as esferas judicial e extrajudicial: a cooperação interinstitucional online prevista na Resolução 350 do CNJ. *In*: OSNA, Gustavo; SARLET, Ingo Walfgang; MATIDA, Janaína Roland; REICHELT, Luis Alberto; JOBIM, Marco Felix; RAMOS, Vitor de Paula (orgs.). **Direito Probatório**. Londrina: Thoth, 2023, p. 219-240.

[26] HILL, Flávia Pereira; COÊLHO, Bruno César de Carvalho. O papel das serventias extrajudiciais na justiça multiportas a partir do enunciado 707 do Fórum Permanente de Processualistas Civis. **Migalhas**, 22 abr. 2022. Disponível em: https://www.migalhas.com.br/coluna/elas-no--processo/364357/o-papel-das-serventias-extrajudiciais-na-justica-multiportas. Acesso em: 10 jul. 2023.

[27] A respeito da incorporação da tecnologia à Justiça Multiportas, vide: NUNES, Dierle. Virada tecnológica no Direito Processual (da automação à transformação): seria possível adaptar o procedimento pela tecnologia? *In*: NUNES, Dierle; LUCON, Paulo Henrique dos Santos; WOLKART,

correlatamente, deve-se franquear uma interface única a que possam acessar e, nela, possam visualizar e participar de todas as fases (judiciais e extrajudiciais) do processo uno, bem como nela "encontrar" a postos todos os atores desse sistema de justiça, magistrados ou delegatários. A absorção das novas tecnologias deve, pois, se preocupar com o jurisdicionado e seu patrono, de modo que o processo seja de fácil assimilação e manejo, com o maior grau de inclusão possível.[28]

A interoperabilidade dos delegatários de cartórios de registro do Brasil entre si e, igualmente, deles em relação ao Poder Judiciário, em favor da qual o Serp certamente emerge como um relevante catalisador, é indispensável para evitar tempos-mortos ou soluções de continuidade no novel processo sincrético. Evita-se a migração de um sistema para outro ou a utilização de múltiplas ferramentas estanques para a realização de fases de um *mesmo processo*. Se o jurisdicionado de nosso tempo faz jus ao acesso à Justiça Multiportas, então, correlatamente, ela deve ser disponibilizada de forma coesa, coordenada, interoperável, pronta para que cada um de seus atores possa atuar, dentro de suas funções, para contribuir para o escopo único de oferecer a tutela jurisdicional justa, célere e efetiva.

O Provimento CNJ 139/2023, revogado pelo Provimento CNJ 149/2019, regulamentava o Serp, o Operador Nacional do Serp (Onserp), os fundos para implementação e custeio dos sistemas eletrônicos e os Operadores Nacionais de cada atribuição registral, em observância ao disposto no art. 3º, § 4º, e no art. 4º *ss.*, da Lei 14.382/2022.

Em 27 de julho de 2023, o Conselho Nacional de Justiça editou o Provimento CNJ 148/2023 – posteriormente revogado pelo Provimento CNJ 150/2023 –, que disciplinava a atuação da Corregedoria Nacional de Justiça como Agente Regulador dos Operadores Nacionais dos Registros Públicos, composto internamente pela Secretaria Executiva, pela Câmara de Regulação e pelo Conselho Consultivo. O Agente Regulador tem a função de regular as atividades relacionadas à implementação e à operação do Serp, propor diretrizes para o funcionamento do Onserp, formular propostas ao planejamento estratégico do Operadores Nacionais de cada atribuição registral (ONR, ON-RCPN e ON-RTDPJ), sempre visando atingir os seus fins estatutários; aprovar as diretrizes nacionais e monitorar a execução do planejamento estratégico dos referidos Operadores Nacionais; zelar pelo cumprimento dos estatutos dos Operadores e pelo alcance das finalidades para as quais foram instituídos; homologar as Instruções Técnicas de Normalização (ITN) aplicáveis

---

Erik Navarro (orgs.). **Inteligência Artificial e Direito Processual**. Salvador: Juspodivm, 2020, p. 15-40.

[28] "[...] percebe-se que o acesso à justiça deve ser refundado, com base nos aparatos tecnológicos à disposição, os quais permitem novas propostas de tratamento do litígio, que não se resumem à mera transposição dos atos praticados no mundo *offline* para o mundo *online*". VALE, Luís Manoel Borges do; PEREIRA, João Sergio dos Santos Soares. **Teoria Geral do Processo Tecnológico**. São Paulo: Revista dos Tribunais, 2023, p. 71.

aos Operadores Nacionais, bem como revisá-las ou revogá-las a qualquer tempo; participar da elaboração dos indicadores estatísticos pertinentes à atividade registral, zelando sempre pela aplicação da Lei Geral de Proteção de Dados, por meio de diretrizes propostas pela Câmara de Regulação, após audiência com os representantes do Operadores; zelar pela implantação do Serp e pelo contínuo aperfeiçoamento de seu funcionamento; aprovar as alterações estatutárias dos Operadores Nacionais; elaborar e aprovar o Regimento Interno do Agente Regulador; e responder consultas concernentes à adequada interpretação do Estatuto dos Operadores.

Verifica-se, assim, que tanto a Corregedoria Nacional de Justiça, por meio do Agente Regulador, quanto os delegatários de serventias extrajudiciais, por meio dos Operadores Nacionais, são agora protagonistas de um novo e relevante capítulo da história do sistema de justiça brasileiro, voltado a conferir máxima efetividade ao moderno conceito de processo sincrético, coordenando e conectando as esferas judicial e extrajudicial, a fim de que teoria e prática convirjam cada vez mais e que o escopo único, comum a ambas as esferas, possa ser alcançado.

5. CONCLUSÃO

O Direito Processual segue em franca evolução, com vistas a buscar acompanhar as mudanças da própria sociedade a que serve. Esse movimento evolutivo sói ser perene, visto que se acaso cessasse, com ele também cessaria – ou, quando menos, se esmoreceria – a própria legitimidade do processo, que repousa precipuamente em sua aptidão para atender aos reclamos da sociedade de seu tempo.

Sendo assim, um dos movimentos que testemunhamos no Direito Processual ao longo de mais de quatro décadas de vigência do CPC/1973 foi a paulatina migração da separação em diferentes processos autônomos, instaurados sucessivamente, cada qual voltado ao exercício de atividades com determinada natureza preponderante para a crescente valorização do processo sincrético, ou seja, um processo uno que se desdobra em fases. Essa evolução tem por objetivo reduzir formalismos desnecessários, tornar o encadeamento procedimental mais ágil, célere e desburocratizado, sem renunciar ao devido processo legal e das garantias fundamentais do processo. A noção de processo sincrético desenvolveu-se, em uma primeira etapa, com instauração de diferentes fases no âmbito do Poder Judiciário.

No entanto, a evolução não cessou nesse ponto. Com a sedimentação da Justiça Multiportas, consectário do fenômeno da desjudicialização, verifica-se que diversas normas atualmente preveem a intercalação de fases judiciais e extrajudiciais no bojo de um processo uno. Constata-se, assim, que, na atualidade, o processo sincrético se desdobra em fases judiciais e extrajudiciais com o desiderato único de prover, ao jurisdicionado, a tutela jurisdicional com efetividade e em tempo razoável. Para que esse arcabouço normativo esteja vocacionado à sua plena aplicabilidade prática em prol do jurisdicionado, faz-se necessário promover a interoperabilidade entre o Poder Judiciário e os delegatários de serventias extrajudiciais.

A Lei Federal 14.382/2022, ao instituir o Sistema Eletrônico dos Registros Públicos, tem o inegável mérito de propiciar uma valiosa oportunidade para que se alcance, concretamente, a desejável interoperabilidade entre as esferas judicial e extrajudicial, de modo que os diferentes atores do sistema de justiça possam atuar de forma coordenada, complementar e cooperativa, cada qual no espectro de suas funções, sem solução de continuidade, a fim de que se alcance o objetivo comum de oferecer a tutela jurisdicional célere e efetiva ao jurisdicionado brasileiro.

Trata-se, portanto, de uma valiosa oportunidade para que escreva um valoroso capítulo da história de nosso sistema de justiça.

REFERÊNCIAS

CUNHA, Leonardo Carneiro da. A previsão do princípio da eficiência no projeto do novo Código de Processo Civil brasileiro. **Revista de Processo**, [s. l.], v. 233, p. 65-84, jul. 2014.

DIDIER JUNIOR, Fredie. **Cooperação judiciária nacional**: esboço de uma teoria para o Direito brasileiro (arts. 67-69, CPC). Salvador: Juspodivm, 2020.

DINAMARCO, Cândido Rangel. **Fundamentos do Processo Civil Moderno**. 6. ed. São Paulo: Malheiros, 2010.

DINAMARCO, Cândido Rangel. **Instituições de Direito Processual Civil**. 8. ed. São Paulo: Malheiros, 2016.

GOLDBERG, Stephen B.; SANDER, Frank E. A.; ROGERGS, Nancy H.; COLE, Sarah Rudolph. **Dispute resolution**. 4. ed. Nova Iorque: Aspen Publishers, 2003.

GRINOVER, Ada Pellegrini. **Ensaio sobre a processualidade**: fundamentos para uma nova teoria geral do processo. Brasília: Gazeta Jurídica, 2018.

GUERRA, Marcelo Lima. Antecipação de tutela no processo executivo. **Revista da Procuradoria Geral do Município de Fortaleza**, Fortaleza, v. 5, 1997. Disponível em: https://revista.pgm. fortaleza.ce.gov.br/revista1/article/view/69. Acesso em: 10 maio 2023.

HILL, Flávia Pereira. A desjudicialização e o necessário incremento da cooperação entre as esferas judicial e extrajudicial. *In*: ALVES, Lucelia de Sena; SOARES, Carlos Henrique; FARIA, Gustavo de Castro; BORGES, Fernanda Gomes e Souza (orgs.). **4 anos de vigência do Código de Processo Civil de 2015**. Belo Horizonte: D´Plácido, 2020.

HILL, Flávia Pereira. Desjudicialização e acesso à justiça além dos tribunais: pela concepção de um devido processo legal extrajudicial. **Revista Eletrônica de Direito Processual**, [s. l.], v. 22, n. 1, p. 379-408, jan./abr. 2021.

HILL, Flávia Pereira. **Lições do Isolamento**: reflexões sobre Direito Processual em tempos de pandemia. Niterói: Edição do autor, 2020. Disponível em: https://www.academia. edu/44334920/LIVRO_LI%C3%87%C3%95ES_DO_ISOLAMENTO_FL%C3%81VIA_ HILL. Acesso em: 10 jul. 2023.

HILL, Flávia Pereira. Mediação nos cartórios extrajudiciais: desafios e perspectivas. **Revista Eletrônica de Direito Processual**, [s. l.], v. 19, n. 3, p. 296-323, set./dez. 2018.

HILL, Flávia Pereira; COÊLHO, Bruno César de Carvalho. O papel das serventias extrajudiciais na justiça multiportas a partir do enunciado 707 do Fórum Permanente de Processualistas Civis. **Migalhas**, 22 abr. 2022. Disponível em: https://www.migalhas.com.br/coluna/ elas-no-processo/364357/o-papel-das-serventias-extrajudiciais-na-justica-multiportas. Acesso em: 10 jul. 2023.

HILL, Flávia Pereira; PINHO, Humberto Dalla Bernardina de. Desjudicialização e atos probatórios concertados entre as esferas judicial e extrajudicial: a cooperação interinstitucional online prevista na Resolução 350 do CNJ. *In*: OSNA, Gustavo; SARLET, Ingo Walfgang; MATIDA, Janaína Roland; REICHELT, Luis Alberto; JOBIM, Marco Felix; RAMOS, Vitor de Paula (orgs.). **Direito Probatório**. Londrina: Thoth, 2023.

IWAKURA, Cristiane Rodrigues. **Princípio da interoperabilidade**: acesso à justiça e processo eletrônico. Belo Horizonte: Dialética, 2020.

MANCUSO, Rodolfo de Camargo. **A resolução dos conflitos e a função judicial no contemporâneo Estado de Direito**. 2. ed. São Paulo: Revista dos Tribunais, 2014.

NUNES, Dierle. Virada tecnológica no Direito Processual (da automação à transformação): seria possível adaptar o procedimento pela tecnologia? *In*: NUNES, Dierle; LUCON, Paulo Henrique dos Santos; WOLKART, Erik Navarro (orgs.). **Inteligência Artificial e Direito Processual**. Salvador: Juspodivm, 2020.

PASSOS, José Joaquim Calmon de. O problema do acesso à justiça no Brasil. **Revista de Processo**, [*s. l.*], v. 39, jul./set. 1985.

PINHO, Humberto Dalla Bernardina de. A releitura do princípio do acesso à justiça e o necessário redimensionamento da intervenção judicial na resolução dos conflitos na contemporaneidade. **Revista Jurídica Luso-brasileira**, [*s. l.*], ano 5, n. 3, p. 241-271, 2019.

PINHO, Humberto Dalla Bernardina de. **Manual de Direito Processual Civil Contemporâneo**. São Paulo: Saraiva, 2019.

REIS, José Alberto dos. **Processo de execução**. 2. ed. Coimbra, Portugal: Coimbra, 1957.

SILVA, Ovídio A. Baptista da. **Do processo cautelar**. 3. ed. Rio de Janeiro: Forense, 2001.

THEODORO JUNIOR, Humberto. **Curso de Direito Processual Civil**. 50. ed. Rio de Janeiro: Forense, 2017. v. 3.

VALE, Luís Manoel Borges do; PEREIRA, João Sergio dos Santos Soares. **Teoria Geral do Processo Tecnológico**. São Paulo: Revista dos Tribunais, 2023.

WAMBIER, Luiz Rodrigues; TALAMINI, Eduardo. **Curso avançado de processo civil**. 19. ed. São Paulo: Revista dos Tribunas, 2022.

PARTE 3

OPERADOR NACIONAL DO SISTEMA ELETRÔNICO DE REGISTROS PÚBLICOS (ONSERP)

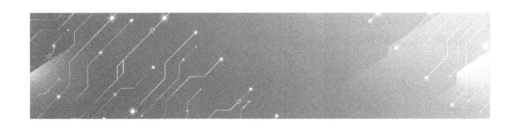

Capítulo 14

ESTRUTURA E FUNCIONAMENTO DO OPERADOR NACIONAL DO SISTEMA ELETRÔNICO (ONSERP)

José Edivaldo Rocha Rotondano
Raphael Ferreira de Oliveira

1. INTRODUÇÃO

O Sistema Eletrônico de Registros Públicos (Serp) foi, recentemente, introduzido no ordenamento jurídico brasileiro pela Lei 14.382/2022, nos moldes das normas internacionais, com o propósito de virtualizar e desembaraçar o serviço cartorário pátrio.

Na intenção de garantir o funcionamento do dito sistema, a lei em comento instituiu e conferiu poderes de gerência ao Operador Nacional (Onserp), regulamentado pela Corregedoria Nacional de Justiça, através do Código Nacional de Normas (Provimento 149/2023)[1], anteriormente disciplinado pelo Provimento 139/2023.

O presente artigo tem como escopo aprofundar a temática em torno do aludido agente, abordando sua estrutura e funcionamento, encampando-se do método de abordagem dedutivo.

Além desta parte introdutória e da conclusão, este artigo será dividido em três partes, nos quais serão expostos debates doutrinários e reflexões acerca do assunto. Na primeira parte, será analisada a evolução histórico-normativa da implementação do sistema registral eletrônico; trazendo, em seguida, especial enfoque nas disposições da lei supramencionada; e, por fim, na última parte, o desenvolvimento do tema central proposto.

---

[1] CNJ. **Provimento 149**, de 30 de agosto de 2023. Disponível em: https://atos.cnj.jus.br/atos/detalhar/5243. Acesso em: 9 nov. 2023.

2. PANORAMA HISTÓRICO-NORMATIVO DA VIRTUALIZAÇÃO DOS REGISTROS PÚBLICOS

Após a Segunda Guerra Mundial, o avanço da tecnologia vem ocasionando mudanças significativas à sociedade, afetando diversos segmentos profissionais e até a forma das pessoas se relacionarem/interagirem, proporcionando rapidez e universalidade de acesso à informação, melhoria na qualidade de vida, descobertas interplanetárias, entre outros aspectos.

Segundo Klaus Schwab, o mundo já ultrapassou a Terceira Revolução Industrial, marcada pela substituição do esforço mecânico pelo digital, e está vivendo uma quarta fase, em que novas tecnologias estão impactando diretamente no desenvolvimento dos países e, sobretudo, nas relações interpessoais. De acordo com o autor:

> Ondas de novas descobertas ocorrem simultaneamente em áreas que vão desde o sequenciamento genético até a nanotecnologia, das energias renováveis à computação quântica. O que torna a quarta revolução industrial fundamentalmente diferente das anteriores é a fusão dessas tecnologias e a interação entre os domínios físicos, digitais e biológicos.[2]

Por ser uma ciência social, o Direito deve acompanhar a evolução da sociedade, com vistas a garantir a segurança das relações jurídicas e a manutenção da paz social, não podendo ser encarado como uma área inerte/estática, distante da realidade fática, sob pena de engessamento e inocuidade do sistema legal.

O Direito, como ciência, funciona através de um sistema dinâmico que deve se adequar a uma realidade social pluralista,[3] como a que vivemos, sendo positivado ou codificado por meio de um desenvolvimento histórico particularizado e contínuo.[4] Por ser fruto das transformações sociais, sua função é altamente relevante ao criar normas para solucionar as mazelas da sociedade.[5]

---

[2] SCHWAB, Klaus. **A quarta revolução industrial**. Traduzido: Daniel Moreira Miranda. São Paulo: Edipro, 2018, p. 16.

[3] COSTA, Valterlei da; VALLE, Maurício Timm do. **Estudos sobre a Teoria Pura do Direito**: homenagem aos 60 anos da publicação da 2ª edição da obra de Hans Kelsen. São Paulo: Almedina, 2023. *E-book*. (Coleção Universidade Católica de Brasília)

[4] DINIZ, Maria H. **Compêndio de introdução à ciência do direito**: introdução à teoria geral do direito, à filosofia do direito, à sociologia jurídica, à lógica jurídica, à norma jurídica e aplicação do direito. São Paulo: Saraiva, 2019. *E-book*.

[5] JARDIM, Renato César. O direito como fator de transformação social: uma abordagem sociológica do exercício da atividade judicante. **Amagis Jurídica**, Belo Horizonte, ano III, n. 6, ago./dez. 2011. Disponível em: https://revista.amagis.com.br/index.php/amagis-juridica/article/download/168/138/. Acesso em: 26 jul. 2023.

De acordo com Sérgio Cavalieri Filho:

> O Direito é para a Sociologia Jurídica uma ciência essencialmente social, oriunda da sociedade e para a sociedade. As normas do Direito são regras de conduta para disciplinar o comportamento do indivíduo no grupo, as relações sociais; normas ditadas pelas próprias necessidades e conveniências sociais. Não são regras imutáveis e quase sagradas, mas sim variáveis em constante mudança, como o são os grupos onde se originam.[6]

A reboque desse cenário, o ordenamento jurídico precisou se adequar ao movimento tecnológico. Não é à toa que a Constituição Federal de 1988[7] estipula, em seu art. 218, que *o Estado promoverá e incentivará o desenvolvimento científico, a pesquisa, a capacitação científica e tecnológica e a inovação*, estimulando a articulação entre entes (públicos ou privados) nas diversas esferas de governo.

No campo infraconstitucional, destacam-se os seguintes diplomas legais: Lei 11.419/2006, que dispõe sobre a informatização do processo judicial; Lei 12.682/2012, que disciplina a elaboração e o arquivamento de documentos em meios eletromagnéticos; Lei Federal 12.965/2014 (Lei do Marco Civil da Internet); Lei 12.737/2012 (Lei "Carolina Dieckmann"), que dispõe sobre a tipificação criminal de delitos informáticos; Lei 13.709/2018 (Lei Geral de Proteção de Dados – LGPD); Lei 14.063/2020, que dispõe sobre o uso de assinaturas eletrônicas; entre outros.

No âmbito da extrajudicialidade, a normatização da era digital tem como marco introdutivo a Lei 11.977/2009,[8] que dispõe sobre o Programa *Minha Casa, Minha Vida*, na qual se estabeleceu a necessidade de os serviços registrais instituírem um sistema de registro eletrônico (art. 37[9]).

Desde então, o ordenamento jurídico brasileiro vem se adaptando a este norte tecnológico, especialmente no campo do registro de imóveis. Nos idos de 2011, o Conselho Nacional de Justiça (CNJ) firmou convênio com a Associação do Laboratório de Sistemas Integráveis Tecnológico (LSI-TEC), mediante Processo 342.891

---

[6] CAVALIERI FILHO, Sérgio. **Programa de Sociologia Jurídica**. Rio de Janeiro: Forense, 2006, p. 17.

[7] BRASIL. **Constituição da República Federativa do Brasil de 1988**. Brasília, DF: Senado Federal, 1988. Disponível em: https://www.planalto.gov.br/ccivil_03/constituicao/constituicao.htm. Acesso em: 29 jun. 2023.

[8] BRASIL. **Lei 11.977**, de 7 de julho de 2009. Dispõe sobre o Programa Minha Casa, Minha Vida – PMCMV e a regularização fundiária de assentamentos localizados em áreas urbanas. Disponível em: https://www.planalto.gov.br/ccivil_03/_ato2007-2010/2009/lei/l11977.htm. Acesso em: 27 jun. 2023.

[9] "Art. 37. Os serviços de registros públicos de que trata a Lei nº 6.015, de 31 de dezembro de 1973 (Lei de Registros Públicos) promoverão a implantação e o funcionamento adequado do Sistema Eletrônico dos Registros Públicos (Serp), nos termos da Medida Provisória nº 1.085, de 27 de dezembro de 2021. (Redação dada pela Lei nº 14.382, de 2022)".

e Contrato CNJ 01/2011, tendo como objeto a especificação de modelo de sistema digital, com vista à implantação de sistemas de registro eletrônico destinados aos cartórios de registro de imóveis no Brasil.[10]

Já em 2013, o Conselho Nacional de Justiça editou a Resolução 9/2013,[11] recomendando aos responsáveis pelas serventias do serviço extrajudicial de notas e de registro a manutenção de cópias de segurança em microfilme, ou arquivo em mídia digital formado por imagens extraídas por meio de *scanner*, ou fotografia, ou arquivo de dados assinado eletronicamente com certificado digital emitido em consonância com as normas do ICP-Brasil, dos livros obrigatórios previstos em lei das suas respectivas especialidades.

Em seguida, o referido Órgão Nacional, por meio da Recomendação 14/2014, dispôs sobre a divulgação do resultado de estudos realizados para a especificação do modelo de sistema digital para implantação de Sistemas de Registro de Imóveis Eletrônico (SREI), elaborado pela Associação do Laboratório de Sistemas Integráveis Tecnológicos (LSI-TEC), em cumprimento ao contrato CNJ 01/2011. Foi recomendado às Corregedorias locais a adoção dos parâmetros e requisitos contantes naquele exemplar, no processo de regulamentação ou na entrega de autorização para adoção de sistema de registro eletrônico na serventia, inclusive quando prestados com o uso de centrais eletrônicas.[12]

Posteriormente, o CNJ editou o Provimento 47/2015 (hoje revogado pelo Provimento 89/2019), estabelecendo as diretrizes gerais para o sistema de registro eletrônico de imóveis e das centrais eletrônicas dos demais serviços notariais e registrais,[13] ocasião em que se criou a Central de Informações de Registro Civil das Pessoas Naturais (CRC), regulamentada pelo Provimento 46/2015 do CNJ (atualmente revogado pelo Provimento 146/2023) e a Central Nacional de Registo de Títulos e Documentos e Civil das Pessoas Jurídicas, regulamentada pelo Provimento 48/2016 (também revogado pelo Provimento 146/2023).

Logo após, o governo federal trouxe a Medida Provisória 759, de 22 de dezembro de 2016, estabelecendo a criação do Operador Nacional do Siste-

---

[10] CNJ. **Contrato 01**, de 31 de janeiro de 2011. Convênio firmado entre o Conselho Nacional de Justiça e Associação do Laboratório de Sistemas Integráveis Tecnológico – Lsi-Tec. Disponível em: https://www.cnj.jus.br/wp-content/uploads/2011/02/cont_01_2011.pdf. Acesso em: 27 jun. 2023.

[11] CNJ. **Recomendação 09**, de 7 março de 2013. Disponível em: https://atos.cnj.jus.br/atos/detalhar/1733. Acesso em: 28 jun. 2023.

[12] CNJ. **Recomendação 14**, de 2 de julho de 2014. Disponível em: https://atos.cnj.jus.br/atos/detalhar/2035. Acesso em: 28 jun. 2023.

[13] CNJ. **Provimento 47**, 18 de junho de 2015. Disponível em: https://atos.cnj.jus.br/atos/detalhar/2510. Acesso em: 28 jun. 2023.

ma de Registro de Imóveis Eletrônico (ONR),[14] a qual foi convertida na Lei 13.465/2017.[15]

A regulamentação do ONR, do Sistema de Registro Eletrônico de Imóveis (SREI) e do Serviço de Atendimento Eletrônico Compartilhado (SAEC), sobreveio em 2019, através do Provimento 89/2019.[16] Em 2020, por meio do Provimento 109/2020[17] (atualmente revogado pelo Provimento 150/2023), foi disciplinada a atuação da Corregedoria Nacional de Justiça na qualidade de Agente Regulador do ONR.

Apesar da existência do dever legal de instituição de um sistema registral eletrônico, desde 2009, este somente foi regulamentado com a promulgação da Lei 14.382/2022,[18] após conversão da Medida Provisória 1.085/2021, tendo sido instituído, oficialmente, o Sistema Eletrônico de Registros Públicos (Serp).

3. BREVES CONSIDERAÇÕES ACERCA DO SISTEMA ELETRÔNICO DE REGISTROS PÚBLICOS

Segundo o art. 3º da Lei 14.382/2022, o Serp tem por objetivo viabilizar o registro público eletrônico dos atos e negócios jurídicos, a interconexão das serventias, a interoperabilidade das bases de dados entre as unidades, o atendimento remoto aos usuários por meio da internet, a visualização eletrônica dos atos transcritos, registrados ou averbados, o intercâmbio de documentos eletrônicos e de informações entre as serventias, entre outras finalidades.

Ainda de acordo com o citado dispositivo, o Serp integrará todos os ofícios das especialidades de registros públicos de que trata a Lei 6.015/1974 (registro civil das pessoas naturais, registro civil das pessoas jurídicas, registro de títulos e documentos, e registro de imóveis), além de contemplar, ainda que indiretamente, o tabelionato de protesto, à luz do art. 3º, X, *c*, *1*, da Lei 14.382/2022, formando uma organização sistêmica daquelas.

Por sistema, extrai-se a noção de integração de seus componentes a partir do objetivo comum de todos, especialmente, a percepção de que operação harmônica de seus integrantes, em conjunto, fornece um resultado muito melhor do que a so-

---

[14] BRASIL. **Medida Provisória 759**, de 22 de dezembro de 2016. Disponível em: https://www.planalto.gov.br/ccivil_03/_ato2015-2018/2016/Mpv/mpv759.htm. Acesso em: 28 jun. 2023.

[15] BRASIL. **Lei 13.465**, de 11 de julho de 2017. Disponível em: https://www.planalto.gov.br/ccivil_03/_ato2015-2018/2017/Lei/L13465.htm. Acesso em: 28 jun. 2023.

[16] CNJ. **Provimento 89**, de 18 de dezembro de 2019. Disponível em: https://atos.cnj.jus.br/atos/detalhar/3131. Acesso em: 28 jun. 2023.

[17] CNJ. **Provimento 109**, 14 de outubro de 2020. Disponível em: https://atos.cnj.jus.br/atos/detalhar/3522. Acesso em: 28 jun. 2023.

[18] BRASIL. **Lei 14.382**, de 27 de junho de 2022. Disponível em: http://www.planalto.gov.br/ccivil_03/_ato2019-2022/2022/lei/L14382.htm. Acesso em: 28 jun. 2023.

matória dos seus resultados individualmente considerados. No caso do Serp, seus resultados decorrerão do grau de sinergia entre as especialidades que o compõe.[19]

Para tanto, a referida Lei, em seu art. 4°,[20] estabelece como obrigatória a adesão de todos Oficiais dos Registros públicos, cuja determinação, caso descumprida ensejará a aplicação das penas previstas no art. 32 da Lei 8.935/1994.

De acordo com Carlos Elias e Flávio Tartuce, a obrigação em tela merece ser encarada com cautela pelos órgãos censores, responsáveis pela apuração das faltas funcionais e aplicação de penalidades aos agentes delegados do serviço extrajudicial, atentando-se às particularidades de unidades que tenham dificuldades de acesso à internet e com limitações financeiras. Para os autores, nessas situações, as corregedorias deverão regulamentar normas mais condizentes com a realidade local e buscar, no caso concreto, alternativas que viabilizem o ingresso do cartório no Serp.[21]

A principal motivação do aludido diploma legal é dar respaldo jurídico adequado para a digitalização plena dos serviços notariais e registrais, com vistas a desburocratizar a atividade, tendo como essência a criação do Serp, entendido como uma espécie de central eletrônica nacional de todas as especialidades da seara extrajudicial, permitindo a prestação remota desses serviços.[22]

O sistema em questão vem sendo festejado por muitos juristas e pela própria sociedade, por permitir a desburocratização dos procedimentos cartorários, a comodidade e a facilidade de acesso pelos usuários e a celeridade dos atos registrais.

Consoante Patrícia Ferraz, o Serp foi moldado como o conjunto de unidades de registros públicos interconectados, com o desígnio de proporcionar aos usuários

---

[19] FERRAZ, Patricia André de Camargo. **Lei do Sistema Eletrônico de Registros Públicos**: comentada e comparada. Rio de Janeiro: Forense, 2022, p. 19.

[20] "Art. 4° Compete aos oficiais dos registros públicos promover a implantação e o funcionamento adequado do Serp, com a disponibilização das informações necessárias, nos termos estabelecidos pela Corregedoria Nacional de Justiça do Conselho Nacional de Justiça, especialmente das informações relativas: I – às garantias de origem legal, convencional ou processual, aos contratos de arrendamento mercantil financeiro e às cessões convencionais de crédito, constituídos no âmbito da sua competência; e II – aos dados necessários à produção de índices e de indicadores estatísticos. § 1° É obrigatória a adesão ao Serp dos oficiais dos registros públicos de que trata a Lei nº 6.015, de 31 de dezembro de 1973 (Lei de Registros Públicos), ou dos responsáveis interinos pelo expediente. § 2° O descumprimento do disposto neste artigo ensejará a aplicação das penas previstas no art. 32 da Lei nº 8.935, de 18 de novembro de 1994, nos termos estabelecidos pela Corregedoria Nacional de Justiça do Conselho Nacional de Justiça".

[21] OLIVEIRA, Carlos E. Elias de; TARTUCE, Flávio. **Lei do Sistema Eletrônico de Registros Públicos**: registro civil, cartórios eletrônicos, incorporação, loteamento e outras questões. Rio de Janeiro: Forense, 2023, p. 9.

[22] OLIVEIRA, Carlos E. Elias de; TARTUCE, Flávio. **Lei do Sistema Eletrônico de Registros Públicos**: registro civil, cartórios eletrônicos, incorporação, loteamento e outras questões. Rio de Janeiro: Forense, 2023, p. 1-3.

do serviço a possibilidade de interagir com as serventias extrajudiciais de forma mais fácil, dinâmica, econômica e sinérgica.[23]

Fábio Rocha afirma que a Lei em comento:

> Representa importante movimento do país em direção aos padrões internacionais, sendo um dos primeiros, na América Latina, a adotar os princípios registrais decorrentes da Lei Modelo da ONU, de 2016. Essa inovação certamente conferirá ao país melhoria na percepção do ambiente de negócios e no acesso ao crédito.[24]

Por outro lado, autores, a exemplo de Sérgio Jacomino, criticam o sistema posto, afirmando que o modelo se revela essencialmente utópico e disfuncional, idealizado fora da realidade do serviço registral, podendo provocar a supressão do papel do registrador natural, a falência da qualificação dos títulos e o esvaziamento do princípio da territorialidade.

> [Os] registros líquidos, portanto, com profissionais afastados da vida comunitária, postos a "decidir" sobre a registrabilidade de quaisquer "títulos" (extratos), sejam de onde forem oriundos, tudo controlado por entidades privadas com base em algoritmos. Exonerando-se o registrador do contexto econômico e social que envolve as transações jurídico-reais, desde as mais simples às mais complexas, acabaremos por transformar o registrador em mero amanuense, sem qualquer poder decisório, sem independência jurídica, sem autonomia.[25]

Para o autor, "uma série enorme de graves problemas infraestruturais realmente reclamavam a reforma do sistema registral. Entretanto, o impulso das mudanças deveria surgir a partir das virtudes do próprio sistema registral pátrio".[26]

Louvando-se nos ensinamentos de Ademar Fioranelli e Ulysses da Silva, apesar de o sistema simplificar os serviços registrais, agilizá-los e possibilitar a comunicação dos atos registrais via internet, os órgãos censores deverão adotar medidas de cautela quanto à segurança dos arquivos e qualidade dos servidores em uso.

> Embora louvando esse grande avanço, é preocupação nossa, assim como deve ser da Corregedoria Nacional de Justiça, a eficiência de um serviço integrado,

---

[23] FERRAZ, Patricia André de Camargo. **Lei do Sistema Eletrônico de Registros Públicos**: comentada e comparada. Rio de Janeiro: Forense, 2022, p. 20.

[24] PINTO E SILVA, Fábio Rocha. **Lei do Sistema Eletrônico de Registros Públicos**: comentada e comparada. Rio de Janeiro: Forense, 2022, p. 20.

[25] JACOMINO, Sérgio. Vésperas do SERP: uma ideia fora do lugar – parte I. **Migalhas**, 29 maio 2023. Disponível em: https://www.migalhas.com.br/coluna/migalhas-notariais-e-registrais/387308/vesperas-do-serp--uma-ideia-fora-do-lugar--parte-i. Acesso em: 28 jun. 2023.

[26] JACOMINO, Sérgio. Vésperas do SERP: uma ideia fora do lugar – parte I. **Migalhas**, 29 maio 2023. Disponível em: https://www.migalhas.com.br/coluna/migalhas-notariais-e-registrais/387308/vesperas-do-serp--uma-ideia-fora-do-lugar--parte-i. Acesso em: 28 jun. 2023.

especialmente a segurança de um arquivo centralizado de dados registrais de todo o país, razão pela qual, como antes já frisamos e agora reiteramos, a atenção, não só da Corregedoria Nacional, mas também, das corregedorias estaduais, deve estar voltada para a qualidade dos servidores em uso, particularmente nas regiões mais afastadas.[27]

Sobre o assunto, temos em mente a ideia de uma educação digital para um novo direito registral, proposta por João Pedro Paro e José Renato Nalini, segundo os quais, para que esse direito se consolide é preciso que seus agentes tenham não só o conhecimento técnico da matéria, mas também estejam abertos às novas ideias e a um fluxo constante de interação crítica entre a tradição e a inovação, utilizando-se, de forma consciente e adequada as disrupções dos mecanismos e processos tecnológicos.[28]

O procedimento de virtualização já é uma realidade, tanto na seara extrajudicial, com o SERP, quanto no campo judicial, com a criação da Plataforma Digital do Poder Judiciário (PDPJ), instituída pela Resolução CNJ 335/2020,[29] que tem como escopo integrar e consolidar todos os sistemas eletrônicos do Judiciário brasileiro em um só ambiente, permitindo a colaboração entre as Cortes de Justiça e que estas possam adequá-lo conforme suas necessidades.

A citada plataforma é fruto do programa *Justiça 4.0*, criado em janeiro de 2021, proveniente da parceria entre o Programa das Nações Unidas para o Desenvolvimento (PNUD), o Conselho Nacional de Justiça (CNJ) e o Conselho da Justiça Federal (CJF), cujo objetivo é promover a transformação digital da justiça brasileira, contemplando quatro eixos de atuação: inovação e tecnologia, prevenção e combate à corrupção e à lavagem de dinheiro e recuperação de ativos, fortalecimento de capacidades institucionais, gestão de informação e políticas judiciárias.

A PDPJ representa uma grande virada de chave tecnológica do Poder Judiciário. Mudou-se a mentalidade de cada Tribunal do país ser uma ilha, trabalhando isoladamente, para se fixar um paradigma em que todos convergem, cooperativamente, para aprimorar um sistema nacional único, garantindo celeridade e eficiência na gestão processual.

Leda de Oliveira Pinho e Leandro de Pinho Monteiro afirmam que, para que ocorra a implantação da PDPJ, sua liderança demandará de algum conhecimento e expertise emocional a ser aplicada nas relações interpessoais: "na rota para a unifi-

---

[27] FIORANELLI, Ademar; SILVA, Ulysses da. Considerações sobre a Lei nº 14.382/2022. *In*: NALINI, José Renato (coord.). **Sistema Eletrônico de Registros Públicos**: comentado por notários, registradores, magistrados e profissionais. Rio de Janeiro: Forense, 2023, p. 10.

[28] NALINI, José Renato; PARO, João Pedro. Educação digital e direito registral. *In*: GALHARDO, Flaviano; PARO, João Pedro; NALINI, José Renato; BRANDELI, Leonardo (coords.). **Direito registral e novas tecnologias**. Rio de Janeiro: Forense, 2021, p. 291-312.

[29] CNJ. **Resolução 335**, de 29 de setembro de 2020. Disponível em: https://atos.cnj.jus.br/atos/detalhar/3496. Acesso em: 28 jun. 2023.

Cap. 14 • ESTRUTURA E FUNCIONAMENTO DO OPERADOR NACIONAL DO SISTEMA ELETRÔNICO | **213**

cação e o desenvolvimento dos sistemas eletrônicos, portanto, haverá de ser considerado um espaço para trabalhar as competências para além dos conhecimentos e habilidades técnicas, há que se pensar nas atitudes, no autocontrole e na empatia".[30]

Trazendo essa ideia para o Sistema Eletrônico de Registros Públicos, que é uma espécie de Central das diversas Centrais eletrônicas do serviço registral já existentes, extrai-se que o sujeito destinado a coordenar e implantar o sistema, o Operador Nacional – cujas funções serão tratadas no tópico a seguir – deverá promover constantes diálogos com as serventias extrajudiciais, observando as suas singularidades regionais e funcionais, de forma a garantir a integração e a execução plena do sistema.

A analogia com o Serp é intuitiva: cada especialidade estava implementando o seu serviço digital isoladamente. A partir da inovação legislativa, todos deverão convergir, por meio da interoperabilidade, em torno de uma plataforma única do serviço extrajudicial, há muito clamado pela sociedade por uma modernização, em razão de ainda possuir uma sistemática disfuncional ao cidadão, em total descompasso à realidade tecnológica hoje vivenciada.

Atualmente, o usuário do serviço ainda precisa se deslocar às diferentes especialidades do foro extrajudicial para realizar determinados atos, cujos procedimentos não são uniformes entre os entes federados; e, quando não, demasiadamente caros, além disso, a atividade não contempla aparatos corporativistas e os serviços não se comunicam entre si.

Apesar dos desafios a serem enfrentados, o Serp se mostra uma ferramenta capaz de desburocratizar o sistema registral, trazer comodidade ao usuário do serviço, universalizar as informações, promover a ampliação do acesso à justiça e facilitar a comunicação entre as serventias e estas com os cidadãos, adequando-se às transformações tecnológicas do mundo moderno.

4. ESTRUTURA E FUNCIONAMENTO DO OPERADOR NACIONAL DO SISTEMA ELETRÔNICO – ONSERP

A implementação de uma central eletrônica exige que um agente seja designado para atuar a título de administrador daquela plataforma, promovendo a integração dos membros, eventuais contratações, gerenciando o código-fonte e banco de dados, realizando interlocuções entre os representantes, entre outros aspectos.

No âmbito da atividade extrajudicial, ao longo do tempo, foram criadas diversas centrais, como a CRC, operada pela Associação Nacional dos Registradores Civis das Pessoas Naturais (Arpen/BR); a Cenprot, operada pelo Instituto de Estudos de

---

[30] PINHO, Leda de Oliveira; MONTEIRO, Leandro de Pinho. Plataforma Digital do Poder Judiciário e Acesso à Justiça 5.0: o futuro do processo eletrônico judicial. **Revista CNJ**, Brasília, v. 6, n. 1, p. 95-110, 2022. Disponível em: https://www.cnj.jus.br/ojs/revista-cnj/article/view/222. Acesso em: 5 jul. 2023.

Protesto de Títulos; a Censec, operada pelo Colégio Notarial do Brasil; e o Sistema de Registro Eletrônico de Imóveis (SREI), operado pelo Operador Nacional do Sistema de Registro Eletrônico (ONR).

Considerando a necessária presença de um sujeito coordenador das atividades do Sistema Eletrônico de Registros Públicos, que promova a interconexão e a comunicação de todas aquelas outras plataformas, como já explicado no capítulo anterior, o art. 3º, § 4º, da Lei 14.386/2022, trouxe a figura de um Operador Nacional para desempenhar esse papel, sob a regulamentação da Corregedoria Nacional de Justiça do Conselho Nacional de Justiça.

Em cumprimento à regra supramencionado, a Corregedoria Nacional, exercendo seu poder regulamentar,[31] este entendido como sendo a prerrogativa conferida à Administração Pública de editar atos gerais para complementar as leis e permitir a sua efetiva aplicação,[32] editou o Provimento 139 – atualmente revogado pelo Provimento 149/2023, que dispõe sobre o Código Nacional de Normas –, de 1º de fevereiro de 2023, fruto das discussões, propostas e estudos realizados pelo Grupo de Trabalho instituído pela Portaria 90/2022, estabelecendo que a implantação, a manutenção e o funcionamento do Serp ficarão a cargo do Operador Nacional do Sistema Eletrônico dos Registros Públicos (Onserp), dispondo, inclusive, acerca de suas atribuições, estrutura e funcionamento.[33]

A) NATUREZA JURÍDICA

De acordo com a Lei 14.386/2022 e o Provimento CNJ 139/2023, atualmente integrado ao Código de Nacional de Normas (Provimento 149/2023), o Onserp será revestido sob a forma de pessoa jurídica de direito privado sem fins lucrativos, a ser constituído na modalidade associativa ou fundacional, à luz do art. 44, I e III, do Código Civil.

Nas palavras de Patrícia Ferraz, a natureza jurídica do ente não poderia ser outra/diferente, pois o exercício das funções registrais é exclusivo aos Oficiais de Registro, delegados pelo Poder Público, na qualidade de particulares em colaboração com a Administração. Atribuir caráter público àquele agente violaria, obliquamente,

---

[31] Luis Paulo Aliende defende que a função regulatória da atividade notarial e registral exercida pelo Poder Judiciário, decorrente da competência atribuída ao Conselho Nacional de Justiça no art. 103-B da Constituição Federal, define a modelagem daquele serviço e permite a edição de comandos gerais para o setor regulado, em razão do poder normativo do referido órgão. RIBEIRO, Luis Paulo Aliende. **Regulação da Função Pública Notarial e de Registro**. São Paulo: Saraiva, 2009, p. 140.

[32] CARVALHO FILHO, José dos Santos. **Manual de Direito Administrativo**. 27. ed. São Paulo: Atlas, 2014, p. 57.

[33] CNJ. **Provimento 139**, de 1 de fevereiro de 2023. Disponível em: https://atos.cnj.jus.br/atos/detalhar/4921. Acesso em: 28 jun. 2023.

Cap. 14 • ESTRUTURA E FUNCIONAMENTO DO OPERADOR NACIONAL DO SISTEMA ELETRÔNICO | 215

a regra da delegação insculpida no art. 236 da Constituição Federal, de modo que o ato de sua criação estaria fadado à inconstitucionalidade.[34]

Imperioso registrar que a definição jurídica do Onserp tem impacto significativo no desempenho de sua atividade e deve estar em conformação aos preceitos legais e constitucionais. Não custa lembrar que a figura do Operador Nacional do Sistema Eletrônico de Registro de Imóveis (ONR) é alvo de questionamento de constitucionalidade por meio das ADIs 5.771, 5.787 e 6.787.

Carlos Elias e Flávio Tartuce defendem a constituição do Onserp na qualidade de associação, figurando como associados os sujeitos de direito representativos das centrais eletrônicas de cada especialidade. Para os autores, o órgão censor nacional deverá promover a interlocução com tais entidades, a fim de obter prévio consentimento, em respeito à liberdade associativa prevista no art. 5º, XX, da Constituição Federal. Somente em caso de negativa daquelas é que se adotaria o modelo fundacional, com recursos arrecadados pelas serventias, sob a operacionalização de alguma entidade privada que venha a ser contratada para tanto.[35]

Como de conhecimento geral, em 15 de junho de 2023, foi realizada Assembleia Geral de Fundação do Onserp, com a presença de todos os operadores nacionais de registros públicos, momento em que foi apresentada e aprovada a minuta do seu estatuto, além de ter sido realizada a primeira eleição para a diretoria de coordenação do órgão,[36] ficando sedimentado que o Onserp possui regime jurídico associativo. Confira-se:

> Art. 1º. O OPERADOR NACIONAL DO SISTEMA ELETRÔNICO DE REGISTROS PÚBLICOS (ONSERP), instituído nos termos do § 4º, do art. 3º, da Lei n. 14,382, de 27 de junho de 2022, e do Provimento n. 139 de 1º de fevereiro de 2023, da Corregedoria Nacional de Justiça do Conselho Nacional de Justiça (CNJ), é uma pessoa jurídica de direito privado, sem fins lucrativos, constituída na forma de associação, pelo Operador Nacional do Sistema de Registro Eletrônico de Imóveis (ONR), Operador Nacional do Registro Civil de Pessoas Naturais (ON-RCPN) e Operador Nacional do Registro de Títulos e Documentos e Civil das Pessoas Jurídicas (ON-RTDPJ), em 15 de junho 2023, que se regerá pelo disposto neste Estatuto e pelas disposições legais e regulamentares aplicáveis.[37]

---

[34] FERRAZ, Patricia André de Camargo. **Lei do Sistema Eletrônico de Registros Públicos**: comentada e comparada. Rio de Janeiro: Forense, 2022, p. 21.

[35] OLIVEIRA, Carlos E. Elias de; TARTUCE, Flávio. **Lei do Sistema Eletrônico de Registros Públicos**: registro civil, cartórios eletrônicos, incorporação, loteamento e outras questões. Rio de Janeiro: Forense, 2023, p. 12.

[36] ARPEN/BR. **Assembleia Geral marca fundação do ONSERP e inicia integração dos Registros Públicos brasileiros**, 16 jun. 2023. Disponível em: https://arpenbrasil.org.br/assembleia-geral-marca-fundacao-do-onserp-e-inicia-integracao-dos-registros-publicos-brasileiros/. Acesso em: 26 nov. 2023.

[37] ONSERP. **Estatuto do Operador Nacional do Sistema Eletrônico de Registros Públicos (ONSERP)**, 15 jun. 2023. Disponível em: https://www.irib.org.br/app/webroot/files/downloads/files/Estatuto_SERP_Aprovado_15_06_2023_assinado.pdf. Acesso em: 29 jul. 2023.

216 | SISTEMA ELETRÔNICO DO REGISTRO PÚBLICO E SUA REGULAMENTAÇÃO

Posteriormente, houve a homologação do referido documento, em 10 de julho de 2023, em decisão exarada pelo Corregedor Nacional de Justiça, Ministro Luis Felipe Salomão, nos autos do Pedido de Providências 0004208-51.2023.2.00.0000.

> [...] Ante o exposto, com amparo no § 1º do artigo 5º do Provimento n. 139/2023 do CNJ, HOMOLOGO O ESTATUTO DO OPERADOR NACIONAL DO SISTEMA ELETRÔNICO DOS REGISTROS PÚBLICOS – ONSERP, aprovado em Assembleia Geral realizada em 15 de junho de 2023 (ID 5200883), autorizando seu registro perante a autoridade competente para todos os fins de direito.[38]

B) ESTRUTURA

Consoante ao citado Código (art. 212, §§ 1º e 2º), são integrantes do Onserp o Operador Nacional do Sistema de Registro Eletrônico de Imóveis (ONR), o Operador Nacional do Registro Civil das Pessoas Naturais (ON-RCPN) e o Operador Nacional do Registro de Títulos e Documentos e Civil das Pessoas Jurídicas (ON-RTDPJ), cuja gestão ficará sob a responsabilidade do Comitê Executivo de Gestão, composto pelos respectivos presidentes dos operadores nacionais de registros públicos em referência.

Em harmonia ao princípio da impessoalidade, o citado ato normativo não direciona a coordenação do Onserp às entidades de classes do serviço extrajudicial previamente constituídas, diferente do que ocorreu quando da instituição do ONR, através da Medida Provisória 759/2016, que, originalmente, seria constituído pelo Instituto de Registro Imobiliário do Brasil (Irib)[39], cujo dispositivo, em seguida, foi vetado por violar o referido vetor principiológico. Veja-se:

> A Casa Civil da Presidência da República e o Ministério da Justiça e Segurança Pública manifestaram-se pelo veto ao dispositivo a seguir transcrito:
>
> §§ 3º e 8º do art. 76, § 3º Fica o Instituto de Registro Imobiliário do Brasil (Irib) autorizado a constituir o ONR, a elaborar o seu estatuto, no prazo de cento e oitenta dias, contado de 22 de dezembro de 2016, e a submetê-lo a aprovação por meio de ato da Corregedoria Nacional de Justiça do Conselho Nacional de Justiça.

---

[38] CNJ. **Pedido de Providências 0004208-51.2023.2.00.0000**. Órgão Julgador: Corregedoria, Julgador: Min. Luis Felipe Salomão, j. 10.07.2023, *DJe* 12.03.2012. Disponível em: https://www.cnj.jus.br/pjecnj/ConsultaPublica/DetalheProcessoConsultaPublica/documentoSemLoginHTML.seam?ca=66087b710b2168c71c11d17341c2a34a4719411050220f17c8bea2a6ac781f9d67da4f76556eb52971c2868a769c4ce639b484d172d84d8e&idProcessoDoc=5201723. Acesso em: 29 jul. 2023.

[39] Entidade privada, sem fins lucrativos, de representação institucional e política dos Oficiais de Registro de Imóveis do Brasil.

§ 8º Ato da Corregedoria Nacional de Justiça do Conselho Nacional de Justiça disporá sobre outras atribuições a serem exercidas pelo ONR.

Razões dos vetos

"Os dispositivos apresentam inconstitucionalidade material, por violação ao princípio da separação dos poderes, ao alterar a organização administrativa e competências de órgão do Poder Judiciário; há também violação ao princípio da impessoalidade, entendido como faceta do princípio da igualdade, ao estabelecer atribuição para entidade privada constituir o ONR, em detrimento de outras."[40]

No âmbito de sua composição, foi instituído o Comitê de Normas Técnicas (CNT/Serp), órgão responsável por elaborar as Instruções Técnicas de Normalização (ITN) aplicáveis ao Serp, submetidas à homologação da Corregedoria Nacional de Justiça, com o fito de acarretar na padronização do funcionamento do sistema, salvaguardando a segurança da sua operação, a interoperabilidade de dados e documentos, a longevidade/conservação de arquivos eletrônicos e a adaptação eletrônica dos requisitos jurídico-formais implicados nos serviços.

Valoroso mencionar que embora não esteja expresso na norma, as decisões proferidas pelo Onserp deverão ser colegiadas, cabendo, assim, aos membros do Comitê Executivo a adoção de uma postura uniforme, coesa e, essencialmente, com a visão macro do cenário extrajudicial, de forma a compreender as dificuldades de cada especialidade, a fim de garantir a execução regular do sistema.

C) ATRIBUIÇÕES

Como se percebe no art. 212, § 4º, do Código Nacional de Normas, o Onserp possui a atribuição precípua de implantar, coordenar e operar o sistema, organizando e desenvolvendo as atividades conforme as suas disposições estatutárias.[41]

Para mais, o ente possui um importante papel de colaborar e auxiliar os órgãos fiscalizatórios, nos quais lhe foi atribuída a missão de apresentar sugestões à Cor-

---

[40] CONGRESSO NACIONAL. **Veto 23**, de 12 de julho de 2017. Veto Parcial aposto ao Projeto de Lei de Conversão nº 12, de 2017 (oriundo da Medida Provisória nº 759, de 2016). Disponível em: https://legis.senado.leg.br/sdleg-getter/documento?dm=5391593&ts=1630426002481&dis position=inlin. Acesso em: 2 jul. 2023.

[41] "Art. 212. Para promover a implantação, a manutenção e o funcionamento do Sistema Eletrônico de Registros Públicos (Serp), será constituído o Operador Nacional do Sistema Eletrônico dos Registros Públicos (ONSERP), sob a forma de pessoa jurídica de direito privado, prevista nos incisos I e III do art. 44 da Lei n. 10.406, de 10 de
janeiro de 2002 (Código Civil), na modalidade de entidade civil sem fins lucrativos, de forma a viabilizar os objetivos constantes no art. 3.º da Lei n. 14.382, de 2022.
[...]
§ 4.º São atribuições do ONSERP:
I – a implantação e coordenação do Serp, visando ao seu funcionamento uniforme, apoiando os demais operadores nacionais de registros e atuando em cooperação com a Corregedoria Nacional de Justiça e as corregedorias-gerais da Justiça;

regedoria Nacional de Justiça para edição de instruções técnicas de normatização aplicáveis ao Serp, assim como formular indicadores de eficiência e implementação de sistemas em apoio às atividades das Corregedorias Gerais da Justiça e do CNJ, que permitam a inspeção remota.

Verifica-se, assim, que as suas atribuições do Operador estão bem definidas e não se confundem com as funções propriamente ditas dos registradores, nem lhe atribuem um caráter de ofício nacional de registro público, tampouco retiram a competência fiscalizatória das Corregedorias Gerais e Nacional, ao contrário disto, agem em parceria com os órgãos censores na intenção de aperfeiçoar a sistemática correicional.

Importante salientar tais pontos, uma vez que a constitucionalidade do art. 76 da Lei 13.465/2017, que estabelece o Sistema de Registro Eletrônico de Imóveis, está sendo contestada pelo Partido Socialismo e Liberdade (PSOL) no âmbito da ADI 6.787, por meio da qual o autor sustenta que a figura do Operado Nacional daquele sistema; o ONR, ali previsto, viola o art. 236 da Constituição Federal, alegando que o regramento importaria na delegação de funções típicas da atividade notarial e registral a uma pessoa jurídica de direito privado, bem como argumenta que o Conselho Nacional de Justiça não teria competência para regular, fiscalizar ou disciplinar a forma de custeio do SREI, pois as funções atribuídas ao órgão pela Constituição limitar-se-iam ao controle administrativo, financeiro e disciplinar da magistratura, pelo que haveria contrariedade ao art. 103-B da CF/1988.

O serviço notarial e registral possui caráter eminentemente público, mas a execução da atividade é delegada a particulares, em regime privado, sob a colaboração com a Administração Pública, previamente aprovados em concurso público de provas e títulos, como disposto no art. 236 da Constituição Federal. O Supremo Tribunal Federal, no julgamento da ADI 2.415-SP, firmou entendimento no sentido de que a delegação daquele serviço somente deve recair sobre pessoas naturais e jamais a uma pessoa jurídica.

> AÇÃO DIRETA DE INCONSTITUCIONALIDADE. PROVIMENTOS N. 747/2000 E 750/2001, DO CONSELHO SUPERIOR DA MAGISTRATURA DO ESTADO DE SÃO PAULO, QUE REORGANIZARAM OS SERVIÇOS NOTA-

---

II – a operação do Sistema Eletrônico de Registros Públicos (Serp) em consonância com norma específica da Corregedoria Nacional de Justiça, organizando e desenvolvendo as suas atividades estatutárias sob permanente supervisão do agente regulador;

III – a apresentação de sugestões à Corregedoria Nacional de Justiça para edição de instruções técnicas de normatização aplicáveis ao Serp, de modo a propiciar a operação segura do sistema, a interoperabilidade de dados e documentos e a longevidade de arquivos eletrônicos, como também a adaptação eletrônica dos requisitos jurídico-formais implicados nos serviços, visando garantir a autenticidade e a segurança das operações realizadas com documentos digitais; e

IV – a formulação de indicadores de eficiência e a implementação de sistemas em apoio às atividades das corregedorias-gerais da Justiça e do CNJ, que permitam a inspeção remota."

RIAIS E DE REGISTRO, MEDIANTE ACUMULAÇÃO, DESACUMULAÇÃO, EXTINÇÃO E CRIAÇÃO DE UNIDADES.

1. REGIME JURÍDICO DOS SERVIÇOS NOTARIAIS E DE REGISTRO.

I – Trata-se de atividades jurídicas que são próprias do Estado, porém exercidas por particulares mediante delegação. Exercidas ou traspassadas, mas não por conduto da concessão ou da permissão, normadas pelo caput do art. 175 da Constituição como instrumentos contratuais de privatização do exercício dessa atividade material (não jurídica) em que se constituem os serviços públicos.

II – A delegação que lhes timbra a funcionalidade não se traduz, por nenhuma forma, em cláusulas contratuais.

III – A sua delegação somente pode recair sobre pessoa natural, e não sobre uma empresa ou pessoa mercantil, visto que de empresa ou pessoa mercantil é que versa a Magna Carta Federal em tema de concessão ou permissão de serviço público.

IV – Para se tornar delegatária do Poder Público, tal pessoa natural há de ganhar habilitação em concurso público de provas e títulos, e não por adjudicação em processo licitatório, regrado, este, pela Constituição como antecedente necessário do contrato de concessão ou de permissão para o desempenho de serviço público.

V – Cuida-se ainda de atividades estatais cujo exercício privado jaz sob a exclusiva fiscalização do Poder Judiciário, e não sob órgão ou entidade do Poder Executivo, sabido que por órgão ou entidade do Poder Executivo é que se dá a imediata fiscalização das empresas concessionárias ou permissionárias de serviços públicos. Por órgãos do Poder Judiciário é que se marca a presença do Estado para conferir certeza e liquidez jurídica às relações inter-partes, com esta conhecida diferença: o modo usual de atuação do Poder Judiciário se dá sob o signo da contenciosidade, enquanto o invariável modo de atuação das serventias extra-forenses não adentra essa delicada esfera da litigiosidade entre sujeitos de direito.

VI – Enfim, as atividades notariais e de registro não se inscrevem no âmbito das remuneráveis por tarifa ou preço público, mas no círculo das que se pautam por uma tabela de emolumentos, jungidos estes a normas gerais que se editam por lei necessariamente federal.[42]

No caso em comento, o Onserp nasceu com a finalidade de gerir a plataforma do Sistema Eletrônico de Registros Público, de forma a garantir o funcionamento e a interoperabilidade entre as centrais existentes e as unidades registrais, assegurando a eficiência, integração e excelência do sistema, e proporcionando a universalização de acesso remoto a todas as serventias e a padronização do tráfego das informações ali presentes.

---

[42] STF. ADI 2.415-SP, Rel.: Min. Dias Toffoli, j. 07.03.2012, *DJe* 12.03.2012. Disponível em: https://portal.stf.jus.br/processos/detalhe.asp?incidente=1908118. Acesso em: 2 jun. 2023.

220 SISTEMA ELETRÔNICO DO REGISTRO PÚBLICO E SUA REGULAMENTAÇÃO

Portanto, o aludido ente não desempenhará as funções típicas dos notários e registradores, limitando-se, tão somente, ao gerenciamento do sistema. Aos delegatários, ainda lhes competirão analisar e realizar o controle de legalidade dos títulos. Ademais, diferente de outros atos, como o Provimento 89/2019[43] e o antigo e revogado Provimento 48/2016[44], que vedavam a prestação de serviços eletrônicos, pelos registradores; fora daqueles sistemas instituídos, os dispositivos que regulamentam o Onserp não abarcam tal proibição.

D) DEVERES, CUSTEIO E FISCALIZAÇÃO DAS ATIVIDADES

Além de atender aos princípios da legalidade, impessoalidade, moralidade, publicidade e eficiência, norteadores da Administração Pública, o Onserp tem o dever de cumprir, fielmente, as disposições previstas em leis, regulamentos, normas externas e internas; inclusive as que regem o segredo de justiça; os sigilos profissional, bancário e fiscal; a autonomia do registrador e sua independência no exercício de suas atribuições; bem como as normas gerais e específicas aplicáveis à proteção de dados pessoais.

Nesse ponto, faz-se necessário frisar a importância da determinação normativa no sentido do Operador atender às diretrizes atinentes à proteção de dados, isto porque outras plataformas, a exemplo da Central de Informações do Registro Civil (CRC) e do Sistema Eletrônico de Registro de Imóveis (SREI), sofreram invasão de *hackers* que permitiram o vazamento de dados pessoais de inúmeros usuários, ocasionando diversos transtornos às partes envolvidas, cujos casos estão sendo devidamente acompanhados pela Autoridade Nacional de Proteção de Dados (ANPD).[45]

Imprescindível, portanto, que o Onserp realize as diligências necessárias para atender ao comando normativo, construindo mecanismos eficazes e eficientes

---

[43] "Art. 33. Aos ofícios de registro de imóveis é vedado:
[...]
III – prestar os serviços eletrônicos referidos neste provimento, diretamente ou por terceiros, fora do Sistema de Registro Eletrônico de Imóveis – SREI."

[44] "Art. 8º. Aos ofícios de registro de títulos e documentos e civil de pessoas jurídicas é vedado:
[...]
III – prestar os serviços eletrônicos referidos neste provimento, diretamente ou por terceiros, em concorrência com as centrais de serviços eletrônicos compartilhados, ou fora delas."

[45] URUPÁ, Marcos. Associação quer ANPD investigando risco de vazamento no Sistema de Registro de Imóveis. **Teletime**, 13 dez. 2021. Disponível em: https://teletime.com.br/13/12/2021/associacao-quer-anpd-investigando-risco-de-vazamento-no-sistema-de-registro-de-imoveis/. Acesso em: 2 jun. 2023.
MILITÃO, Eduardo. Falha de cartórios expõe dados de ao menos 1 milhão de pais, mães e filhos. **UOL**, 29 out. 2019. Disponível em: https://noticias.uol.com.br/cotidiano/ultimas-noticias/2019/10/29/falha-de-cartorios-expoe-dados-de-ao-menos-1-milhao-de-pais-maes-e-filhos.htm?cmpid=copiaecola. Acesso em: 2 jul. 2023.

no combate às invasões e aos vazamento de dados; criando, também, políticas de segurança da informação e interna de privacidade e proteção de dados e plano de resposta a incidentes; realize o mapeamento de dados, o *Gap Assessment*[46]e o respectivo relatório de impacto à proteção de dados pessoais; além de adotar medidas de transparência aos usuários sobre o tratamento de dados e políticas de *compliance*, por exemplo, monitoramento e revisão de contratos firmados com fornecedores e prestadores de serviço.

No tocante à arrecadação de recursos financeiros destinados ao desenvolvimento, implantação, sustentação e evolução do Serp, foi instituído o Fundo para a Implementação e Custeio do Sistema Eletrônico dos Registros Públicos (FIC-Onserp), criado pelo art. 5º da Lei 14.382/2022; subvencionado indiretamente por todos os registradores públicos dos demais entes federados, titulares, interinos ou interventores; mediante repasses de percentual das rendas do FIC-RCPN, FIC-RTDPJ e FIC-SREI, semelhante ao modelo já adotado pelo Sistema de Registro Eletrônico de Imóveis (SREI), operado pelo Operador Nacional do Sistema de Registro Eletrônico (ONR) e custeado mediante recursos advindos do FIC-SREI, também custeado pelos registradores de imóveis do país.

Não custa rememorar que as atividades a serem desempenhadas pelo Onserp não estarão livres de controle externo, pois a fiscalização das suas ações ficou a cargo da Corregedoria Nacional de Justiça, na qualidade de Agente Regulador.

Para tanto, foi regulamentado, pelo recente Provimento 150/2023 (que alterou o Código Nacional de Normas), o Agente Regulador dos Operadores Nacionais dos Registros Públicos, integrado à Corregedoria Nacional de Justiça e encarregado de exercer a competência reguladora do Onserp, cujas atribuições destacam-se: propor diretrizes para o funcionamento daquele; aprovar as diretrizes nacionais e monitorar a execução do planejamento estratégico dos Operadores Nacionais; zelar pelo cumprimento do estatuto destes, bem como pela implementação do Serp; e elaborar o Regimento Interno do Agente Regulador.

O Operador deverá observar as disposições estatutárias e as orientações gerais editadas por aquele órgão censor para composição de receitas e execução de despesas, bem como prestará contas anuais, acompanhadas de pareceres produzidos por auditoria independente e, ainda, apresentará relatórios semestrais da gestão.

Todavia, o arcabouço legal peca ao não contemplar as diretrizes relativas à responsabilização civil, penal e/ou administrativa da entidade e de seus dirigentes, nos casos em que o serviço for prestado em desconformidade aos preceitos ali estabelecidos.

A omissão normativa em referência ocasiona lacunas jurídicas, como a indefinição do agente que responderá por eventuais danos causados, a forma e o custeio

---

[46] Avaliação das vulnerabilidades encontradas pelo mapeamento de dados.

de eventual responsabilização, a execução desta, entre outros pontos. Caberá ao Congresso Nacional e à Corregedoria Nacional de Justiça regulamentarem tais situações ou, no caso desta última, pacificar o entendimento em torno da responsabilização administrativa nos eventuais casos concretos que venham a surgir, através de decisões a serem exaradas nos expedientes próprios (pedidos de providências, reclamações disciplinares, procedimentos de controle administrativo etc.).

5. CONCLUSÃO

Os primórdios da Lei 14.382/2022, que institui o Sistema Eletrônico de Registros Públicos (Serp), demonstram o interesse do Poder Público em modernizar o procedimento registral ao preparar o terreno para sua virtualização.

As disposições previstas no referido diploma legal apontam para o interesse do legislador em desburocratizar o serviço cartorário, fruto de um clamor social que há muito tempo se lastreava.

Apesar de não existir entendimento doutrinário sólido a respeito do assunto, havendo divergência em pontos significativos, especialmente no que toca à execução e às atribuições do Serp, diante de um cenário econômico-financeiro díspar das serventias extrajudiciais, verifica-se que o sistema, na forma em que foi posto, acarretará modernidade e eficiência à atividade registral, ao garantir a integração e a nacionalização das plataformas eletrônicas registrais.

Sob a perspectiva do cidadão, o sistema eletrônico permitirá a ampliação do acesso à justiça, a otimização do custo das taxas cartorárias, a celeridade nos procedimentos registrais e a comodidade na utilização dos serviços, uma vez que estes estarão centralizados em uma só plataforma digital.

Ademais, nada impede o aprimoramento futuro do sistema, pelo Congresso Nacional, e que os órgãos censores, estaduais e nacional, atentos às dificuldades arrecadatórias das unidades de registro, adéquem seus regramentos sobre o assunto, observando a implementação das unidades conforme a respectiva capacidade arrecadatória destas.

A criação do Onserp, sob o prisma do mandamento constitucional do desenvolvimento tecnológico, acarreta o aprimoramento do serviço extrajudicial ao permitir a integração, a interoperabilidade e a comunicação entre as unidades de registro; a facilitação do compartilhamento de informações e da disponibilização de documentos; além de ser uma rede de apoio às atividades desempenhadas pelas Corregedorias Gerais e Nacional de Justiça, no propósito de melhorar o serviço fiscalizatório, sendo um importante passo para o desenvolvimento da atividade registral.

No afã de atender aos objetivos propostos pelo Serp, o Operador Nacional deverá adotar uma postura de autocontrole e empatia, mantendo o diálogo constante com as serventias registrais integrantes do sistema, observando as dificuldades

Cap. 14 • ESTRUTURA E FUNCIONAMENTO DO OPERADOR NACIONAL DO SISTEMA ELETRÔNICO | **223**

locais/regionais e particularidades de cada especialidade do serviço extrajudicial e estabelecendo a solução adequada ao caso concreto.

Concebe-se que o Provimento 139/2023 do CNJ, atualmente integrado ao Código Nacional de Normas (Provimento CNJ 149/2023), instituidor do Onserp, promoveu a padronização da atividade a ser desempenhada pelo Serp, definiu a estrutura institucional de seu Operador, bem como o custeio daquele serviço, deflagrando a estrutura básica para o seu funcionamento.

Os próximos passos a cargo do órgão de cúpula centram-se em pacificar as interpretações doutrinárias divergentes, como a prestação direta dos serviços eletrônicos pelos registradores, sem intermédio do Onserp, e a responsabilização administrativa deste agente nas hipóteses de má gestão/atuação na prestação de seus deveres legais e normativos.

REFERÊNCIAS

ARPEN/BR. **Assembleia Geral marca fundação do ONSERP e inicia integração dos Registros Públicos brasileiros**, 16 jun. 2023. Disponível em: https://arpenbrasil.org.br/assembleia--geral-marca-fundacao-do-onserp-e-inicia-integracao-dos-registros-publicos-brasileiros/. Acesso em: 26 nov. 2023.

COSTA, Valterlei da; VALLE, Maurício Timm do. **Estudos sobre a Teoria Pura do Direito**: homenagem aos 60 anos da publicação da 2ª edição da obra de Hans Kelsen. São Paulo: Almedina, 2023. *E-book*. (Coleção Universidade Católica de Brasília)

DINIZ, Maria H. **Compêndio de introdução à ciência do direito**: introdução à teoria geral do direito, à filosofia do direito, à sociologia jurídica, à lógica jurídica, à norma jurídica e aplicação do direito. São Paulo: Saraiva, 2019. *E-book*.

FERRAZ, Patricia André de Camargo. **Lei do Sistema Eletrônico de Registros Públicos**: comentada e comparada. Rio de Janeiro: Forense, 2022.

CARVALHO FILHO, José dos Santos. **Manual de Direito Administrativo**. 27. ed. São Paulo: Atlas, 2014,

CAVALIERI FILHO, Sérgio. **Programa de Sociologia Jurídica**. Rio de Janeiro: Forense, 2006.

FIORANELLI, Ademar; SILVA, Ulysses da. Considerações sobre a Lei nº 14.382/2022. *In*: NALINI, José Renato (coord.). **Sistema Eletrônico de Registros Públicos**: comentado por notários, registradores, magistrados e profissionais. Rio de Janeiro: Forense, 2023.

JACOMINO, Sérgio. Vésperas do SERP: uma ideia fora do lugar – parte I. **Migalhas**, 29 maio 2023. Disponível em: https://www.migalhas.com.br/coluna/migalhas-notariais-e-registrais/387308/vesperas-do-serp--uma-ideia-fora-do-lugar--parte-i. Acesso em: 28 jun. 2023.

JARDIM, Renato César. O direito como fator de transformação social: uma abordagem sociológica do exercício da atividade judicante. **Amagis Jurídica**, Belo Horizonte, ano III, n. 6, ago./dez. 2011. Disponível em: https://revista.amagis.com.br/index.php/amagis-juridica/article/download/168/138/. Acesso em: 26 jul. 2023.

MILITÃO, Eduardo. Falha de cartórios expõe dados de ao menos 1 milhão de pais, mães e filhos. **UOL**, 29 out. 2019. Disponível em: https://noticias.uol.com.br/cotidiano/ultimas--noticias/2019/10/29/falha-de-cartorios-expoe-dados-de-ao-menos-1-milhao-de-pais--maes-e-filhos.htm?cmpid=copiaecola. Acesso em: 2 jul. 2023.

NALINI, José Renato; PARO, João Pedro. Educação digital e direito registral. *In*: GALHARDO, Flaviano; PARO, João Pedro; NALINI, José Renato; BRANDELI, Leonardo (coords.). **Direito registral e novas tecnologias.** Rio de Janeiro: Forense, 2021.

OLIVEIRA, Carlos E. Elias de; TARTUCE, Flávio. **Lei do Sistema Eletrônico de Registros Públicos**: registro civil, cartórios eletrônicos, incorporação, loteamento e outras questões. Rio de Janeiro: Forense, 2023.

ONSERP. **Estatuto do Operador Nacional do Sistema Eletrônico de Registros Públicos (ON-SERP)**, 15 jun. 2023. Disponível em: https://www.irib.org.br/app/webroot/files/downloads/files/Estatuto_SERP_Aprovado_15_06_2023_assinado.pdf. Acesso em: 29 jul. 2023.

PINHO, Leda de Oliveira; MONTEIRO, Leandro de Pinho. Plataforma Digital do Poder Judiciário e Acesso à Justiça 5.0: o futuro do processo eletrônico judicial. **Revista CNJ**, Brasília, v. 6, n. 1, p. 95-110, 2022. Disponível em: https://www.cnj.jus.br/ojs/revista-cnj/article/view/222. Acesso em: 5 jul. 2023.

PINTO E SILVA, Fábio Rocha. **Lei do Sistema Eletrônico de Registros Públicos**: comentada e comparada. Rio de Janeiro: Forense, 2022.

RIBEIRO, Luis Paulo Aliende. **Regulação da Função Pública Notarial e de Registro**. São Paulo: Saraiva, 2009.

SCHWAB, Klaus. **A quarta revolução industrial**. Traduzido: Daniel Moreira Miranda. São Paulo: Edipro, 2018.

URUPÁ, Marcos. Associação quer ANPD investigando risco de vazamento no Sistema de Registro de Imóveis. **Teletime**, 13 dez. 2021. Disponível em: https://teletime.com.br/13/12/2021/associacao-quer-anpd-investigando-risco-de-vazamento-no-sistema-de-registro-de--imoveis/. Acesso em: 2 jun. 2023.

Capítulo 15

ASSINATURA ELETRÔNICA, AUTENTICIDADE E SEGURANÇA: NOTAS SOBRE A ATUAÇÃO DO OPERADOR NACIONAL DO SISTEMA ELETRÔNICO DOS REGISTROS PÚBLICOS (ONSERP)

Ricardo Campos

1. INTRODUÇÃO

Por mais cotidiano e trivial que possa parecer, o ato de assinar é dotado de complexidade, que, por vezes, nos passa despercebida. Diversos teóricos, pertencentes a diferentes ramos do conhecimento, já dedicaram sua atenção a compreender as nuances dessa prática. Béatrice Fraenkel, por exemplo, explica que a assinatura, como a conhecemos, surgiu na Europa medieval, sendo uma resposta às exigências da identidade moderna, que incluem a individualização do ser humano, a sua capacidade de agir dentro da lei e de consentir e construir relações sociais.[1] A jurista alemã Cornelia Vismann, por sua vez, argumenta que mudanças nas práticas de governança estatal na Europa dos séculos XV e XVI levaram a uma reestruturação, inclusive estética, de documentos e atos governamentais, contexto no qual as assinaturas manuscritas surgiram como um dos mais importantes instrumentos a atestar a força vinculante do direito documentado.[2]

Atualmente, vivemos em um contexto de transformações sociais e tecnológicas, no qual uma nova maneira de assinar é construída. A assinatura apresenta-se

---

[1] FRAENKEL, Béatrice. **La signature, genèse d'un signe**. Paris, França: Gallimard, 1992.
[2] VISMANN, Cornelia. **Akten**: Medientechnik und Recht. 3. ed. Frankfurt am Main, Alemanha: Fischer Taschenbuch Verlag, 2011.

226 | SISTEMA ELETRÔNICO DO REGISTRO PÚBLICO E SUA REGULAMENTAÇÃO

mais como um artefato tecnológico do que um sinal escrito, o que implica novos problemas, sobretudo em termos de segurança da informação.[3] Esses problemas são reforçados pelo fato de que o ser humano – termo que aqui uso para me referir às pessoas, ao Estado e ao Direito – teve séculos para estruturar e aperfeiçoar a assinatura enquanto ato jurídico. Durante grande parte desse período, a forma que prevaleceu foi a manuscrita, evidentemente pela disponibilidade do meio papel enquanto tecnologia de circulação da informação social.[4] Hoje, porém, as relações sociais passaram a ser mediadas ou constituídas não mais pelo meio "papel", mas por novos meios digitais.[5]

Nessa perspectiva, a digitalização dos serviços e prestações públicas é uma realidade inexorável que engloba também os serviços públicos delegados prestados por Oficiais de Registro e Notários. Objeto de estudo deste artigo, o Sistema Eletrônico dos Registros Públicos (Serp), ao buscar a modernização e a simplificação dos registros públicos de atos e negócios jurídicos na modalidade on-line, externaliza uma das diversas facetas da transformação pública digital. O Serp, por sua vez, é um sistema, e não apenas uma plataforma, que prestará diversos serviços e executará variadas funcionalidades, sendo administrado pelo Operador Nacional do Sistema Eletrônico dos Registros Públicos (Onserp), via Comitê Executivo de Gestão, com auxílio do Comitê de Normas Técnicas (CNT/Serp), com o objetivo de assegurar o funcionamento do sistema, a interoperabilidade de dados, a longevidade dos documentos eletrônicos e a autenticidade e a segurança das operações realizadas no Serp.

O Serp é um conjunto de procedimentos, normas jurídicas e interações múltiplas entre a sociedade, órgãos do poder público e registros públicos. O sistema ou rede Serp deve ser compreendido de maneira harmônica com o sistema de delegações de competência registral para pessoas físicas aprovadas em concursos públicos de provas e títulos, nos termos do art. 236 da Constituição Federal e vinculado[6] aos direitos fundamentais subjacentes às relações de Direito Civil que os registros públicos garantem autenticidade e confiança. Portanto, essa rede em que participam e interagem todos os delegatários de registros públicos que existirem e a plataforma do Onserp tem como função jurídica viabilizar a função registral nos meios digitais, os princípios da segurança jurídica, da garantia da

---

[3]   FRAENKEL, Béatrice; PONTILLE, David. La signature au temps de l'électronique. **Politix**, [s. l.], v. 74, n. 2, 2006, p. 108.

[4]   VESTING, Thomas. **Die medien des rechts**. 2: Schrift. Weilerswist, Alemanha: Velbrück, 2011, p. 35 ss. Reforça a ideia de que a escrita disponibilizou uma forma abstrata de solução de conflitos na medida em que possibilitava o desacoplamento da geração de conhecimento social da memória coletiva das enciclopédias orais.

[5]   VESTING, Thomas. **Die medien des rechts**. 4: Computernetzwerke. Weilerswist, Alemanha: Velbrück, 2015, p. 49 ss.

[6]   SARLET, Ingo Wolfgang. **A eficácia dos direitos fundamentais**. 12. ed. Porto Alegre: Livraria do Advogado, 2015, p. 382 ss.

propriedade, da autonomia privada, que tradicionalmente fundamentam a função registral, com a adição dos princípios relacionados à digitalização da sociedade, como a proteção dos dados pessoais, da autodeterminação informativa e da interoperabilidade. Importa recordar que o Marco Civil da Internet indica como uma das diretrizes para atuação estatal para o desenvolvimento da internet no país *a prestação de serviços públicos de atendimento ao cidadão de forma integrada, eficiente, simplificada e por múltiplos canais de acesso, inclusive remotos* (art. 24, X, da Lei 12.965/2014).

O ponto é que face às complexidades do tema, decorrentes sobretudo de sua relativa incipiência, é preciso maior atenção e rigor quando da sua regulamentação. Não seria prudente – tampouco, na realidade, aceitável – que se ignorasse todo o arcabouço jurídico subjacente à assinatura ao se promover a digitalização de atos notariais e registrais. Por mais desejável e necessária que seja a modernização da prática de tais atos, demanda-se rigor e técnica para que sua transformação digital seja efetiva, preservando-se princípios de segurança e autenticidade cristalizados ao decorrer dos últimos séculos.

Assim, entre os temas que estarão sujeitos ao exercício do poder normativo da Corregedoria Nacional de Justiça, Agente Regulador do Onserp, o destaque fica por conta da definição do tipo de assinatura eletrônica que será utilizada na plataforma, em especial para os atos e negócios jurídicos que versam sobre bens imóveis – competência normativa expressamente delegada pelo legislador para a Corregedoria Nacional e que deve ser compreendida de maneira sistêmica com o arcabouço normativo em vigor. A proposta apresentada ao longo deste texto procura salvaguardar os atos que impliquem mutações jurídico-reais com o uso da espécie de assinatura eletrônica com maior grau de confiabilidade, permitindo o uso de modalidade com menor rigor técnico para operações com diminuta complexidade.

2. O SISTEMA ELETRÔNICO DOS REGISTROS PÚBLICOS (SERP)

A Lei 14.382/2022 instituiu o Sistema Eletrônico dos Registros Públicos (Serp), ideia presente de forma incipiente no art. 37 da Lei 11.977/2009, por meio da referência à criação de sistema de registro eletrônico para os serviços de registro público disciplinados na Lei 6.015/1973. A partir de então, ao longo dos anos, diversas iniciativas foram desenvolvidas pelas especialidades dos registros públicos e pelos serviços notariais com o intuito de prestar os serviços delegados na modalidade on-line. Além de exemplos desenvolvidos e operados por delegatários individualmente, soluções compartilhadas foram desenvolvidas por algumas associações de classe. Alguns exemplos podem ser citados como a Central Notarial de Serviços Eletrônicos Compartilhados (Censec), a Central Nacional de Registro de Títulos e Documentos e de Registro Civil de Pessoas Jurídicas (RTDPJ) e o Serviço de Registro de Imóveis (SREI), além das Centrais Estaduais existentes em algumas das unidades da federação.[7]

Entretanto, o Serp se apresenta como projeto mais abrangente e até mesmo ambicioso, pois abarca todos os registros públicos brasileiros: registros de imóveis, títulos e documentos, civil de pessoas jurídicas e civil de pessoas naturais. Desse modo, intenciona modernizar e simplificar os *procedimentos relativos aos registros públicos de atos e negócios jurídicos, de que trata a Lei 6.015/1973 (Lei de Registros Públicos), e de incorporações imobiliárias, de que trata a Lei 4.591/1964*, conforme previsto no art. 1º da Lei 14.382/2022. Entre os objetivos para o novo sistema, resta evidente a noção de que a intenção é de elaboração de uma plataforma com capacidade de interligar as unidades das serventias das diferentes regiões do país; e que conviverá com outras desenvolvidas pelos próprios delegatórios e com a instituição de padrões de comunicação que permitam a interoperabilidade das bases de dados entre as serventias e entre elas e o Serp; possibilitando aos usuários a consulta e o registro de atos e negócios jurídicos, com a página on-line recebendo os documentos necessários para cada espécie de ato.

O Serp será integrado pelos serviços delegados disciplinados pela Lei de Registros Públicos (LRP): o registro civil de pessoas naturais, o registro civil de pessoas jurídicas, o registro de títulos e documentos e o registro de imóveis. Os Tabeliães de Protesto e de Notas não foram diretamente nomeados como integrantes do novo sistema, mas atuarão na plataforma. Os Tabeliães de Protesto deverão possibilitar a consulta prevista no art. 3º, X, *c, 1*, da Lei 14.382/2022 aos *atos em que a pessoa pesquisada conste como devedora de título protestado e não pago*; e os Tabeliães de Notas foram indicados, ao lado dos usuários em geral, das instituições financeiras e outras instituições financeiras autorizadas a funcionar pelo Banco Central como um dos agentes que realizarão o *intercâmbio de documentos eletrônicos e de informações* no sistema, nos termos do art. 3º, VII, *b*, da Lei 14.382/2022.

O Capítulo II, Seção 1, que disciplina os objetivos e as responsabilidades concernentes à nova plataforma, é uma das previsões mais centrais da Lei do Serp.

---

[7] Os projetos desenvolvidos representam uma das iniciativas de implementação do *I-Government*, tendência de plataformização da prestação de serviços públicos, que paulatinamente migram da esfera do analógico para a do digital. Como destacado por Tatiana Hann: "outrossim, baseado na ideia de que informações e serviços governamentais devem ser prestados aos cidadãos onde e quando eles precisarem é que o O'Reilly indica a necessidade de construção de um sistema simples e que possa evoluir (*build a simple system; let it evolve*), de forma que o Estado projete o governo como plataforma tendo como premissa a simplicidade e acessibilidade, como algo a ser estendido e reutilizado e, consequentemente, projetado para permitir a participação e a auto-organização". Apesar de toda a potencialidade inerente, existem diversos riscos com o ingresso do Estado prestamista na digitalidade, tais como a segurança da informação e o gerenciamento adequado de bancos de dados massivos (HAHN, Tatiana Meinhart. Os conceitos de "governo como plataforma" e "laboratórios de inovação" na lei do governo digital: desafios e potencialidades. In: CRAVO, Daniela Copetti; JOBIM, Eduardo; FALEIROS JÚNIOR, José Luiz de Moura (coords.). **Direito público e tecnologia**. Indaiatuba: Foco, 2022, p. 428).

Merece destaque o art. 3º, que condensa os objetivos pretendidos com a criação do novo sistema e possui onze incisos, os quais, por sua vez, podem ser classificados em eixos temáticos. O primeiro representa o **propósito** que motivou a criação da lei: o *registro público eletrônico dos atos e negócios jurídicos* (inciso I). O segundo está calcado no quesito da **conexão**, com a previsão de *interconexão das serventias dos registros públicos* (inciso II); que tem como pressuposto a *interoperabilidade das bases de dados entre as serventias dos registros públicos e entre as serventias dos registros públicos e o Serp* (inciso III); e o *intercâmbio de documentos eletrônicos e de informações entre as serventias dos registros públicos* (inciso VII). Sob o aspecto do **destinatário**, o sistema Serp, por meio de sua pluralidade de plataformas, propiciará o *atendimento remoto aos usuários de todas as serventias dos registros públicos, por meio da internet* (inciso IV); que poderá realizar diversos **atos**, como a *recepção e o envio de documentos e títulos, a expedição de certidões e a prestação de informações, em formato eletrônico, inclusive de forma centralizada, para distribuição posterior às serventias dos registros públicos competentes* (inciso V); a *visualização eletrônica dos atos transcritos, registrados ou averbados nas serventias dos registros públicos* (inciso VI); o *armazenamento de documentos eletrônicos para dar suporte aos atos registrais* (inciso VIII); e *consultas* de *indisponibilidades de bens decretadas pelo Poder Judiciário ou por entes públicos, às restrições e aos gravames de origem legal, convencional ou processual incidentes sobre bens móveis e imóveis registrados ou averbados nos registros públicos e aos atos em que o pesquisado figure como devedor de título protestado e não pago, garantidor real, cedente convencional de crédito ou titular de direito sobre bem objeto de constrição processual ou administrativa* (inciso X). A perspectiva **analítica** advém da possibilidade de divulgação de *índices e de indicadores estatísticos apurados a partir de dados fornecidos pelos oficiais dos registros públicos* (inciso IX), função a ser disciplinada pela Corregedoria Nacional de Justiça. A redação do inciso XI possibilita a inserção de **novas funcionalidades** à plataforma ao prever que *outros serviços, nos termos estabelecidos pela Corregedoria Nacional de Justiça do Conselho Nacional de Justiça*, poderão ser oferecidos via Serp. Vale menção ao art. 3º, § 1º, da Lei do Serp, que prevê a integração dos Oficiais de Registros Públicos ao Serp, explicitando o caráter colaborativo que permeia a relação entre a plataforma e as especialidades notariais, reforçada pelo contido no art. 4º, *caput* e § 1º; enquanto o § 2º indica os parâmetros que serão utilizados para a função de consulta contida no inciso X. As previsões dos §§ 3º e 4º versando, respectivamente, sobre os padrões de segurança da informação e o Operador Nacional do Serp serão objeto de estudo dedicado no tópico subsequente.

A Seção II dispõe sobre a criação do Fundo para Implementação e Custeio do Sistema Eletrônico dos Registros Públicos (FICs), que será subvencionado pelos Oficiais dos Registros Públicos e disciplinado pela Corregedoria Nacional de Justiça quanto a instituição da receita, fixação de cotas de participação, fiscalização sobre o recolhimento das cotas de participação, além de supervisão da aplicação dos recursos e das despesas decorrentes (art. 5º, § 1º, I a IV). Foram dispensados de participar do subvencionamento os Oficiais de Registro que desenvolvam e utilizem sistemas e plataformas interoperáveis com o Serp (art. 5º, § 2º).[8]

Outro destaque da Lei do Serp é a previsão inserida na Seção III, também do Capítulo I, sobre os *extratos eletrônicos para registro ou averbação,* que permitem que os Oficiais dos Registros Públicos recebam dos interessados documento com as informações centrais de um título jurídico e que pode ser apresentado para registro ou averbação de fatos, atos e negócios jurídicos: o extrato eletrônico,[9] que, em algumas hipóteses legais, pode vir desacompanhado da apresentação concomitante do instrumento contratual, com a qualificação realizada pelo Oficial de Registro acerca dos elementos do título ocorrendo somente com base nos itens presentes no extrato eletrônico (art. 6º, § 1º, I, *a*).

Por sua vez, a Seção IV informa os diversos aspectos legais que serão regulamentados pela Corregedoria Nacional de Justiça, ao passo que a Seção V indica o *acesso a base de dados de identificação* que serão utilizadas para verificação da identidade dos usuários dos registros públicos (art. 9º). No Capítulo III *da alteração da legislação correlata,* é possível verificar o quanto a Lei do Serp modifica o cenário legal nacional, em especial as previsões da LRP, enquanto o Capítulo IV esclarece acerca das *disposições transitórias e finais.*

A sucinta apresentação realizada indica a profunda transformação nos registros públicos de atos e negócios jurídicos proporcionada pela Lei 14.382/2022, além de evidenciar o importante papel designado pelo legislador à Corregedoria Nacional na regulamentação, implantação e fiscalização do novo sistema – via adoção de postura proativa por parte do ente com poderes normativo-correcionais sobre o sistema de delegação pública das atividades registrais e notariais.

---

[8] A possibilidade de prestação direta dos serviços pelas especialidades foi defendida por parcela da doutrina: "[...] de outro lado, entendemos que o acesso aos serviços notariais e registrais não pode ser exclusivamente pela plataforma do SERP. Há de assegurar-se ao cidadão, ao seu critério, formular seus pleitos diretamente perante a serventia de sua preferência, inclusive de modo presencia. E há dois motivos fundamentais para tal afirmação. Em primeiro lugar, nem todos os cidadãos possuem acesso às tecnologias. Em segundo lugar, a capilarização territorial das serventias não pode ser desperdiçada, sendo certo que os cidadãos de cada localidade têm de ter o direito de dirigir-se diretamente à serventia mais próxima para postular seus direitos." OLIVEIRA, Carlos E. Elias de; TARTUCE, Flávio. **Lei do Sistema Eletrônico de Registros Públicos**: registro civil, cartórios eletrônicos, incorporação, loteamento e outras questões. Rio de Janeiro: Forense, 2023, p. 13.

[9] Já tive oportunidade de traçar algumas considerações a respeito, vide: CAMPOS, Ricardo. Extratos eletrônicos, microssistemas e o Poder Judiciário. **Migalhas**, 24 mar. 2023. Disponível em: https://www.migalhas.com.br/depeso/383616/extratos-eletronicos-microssistemas-e-o-poder-judicirio. Acesso em: 18 jul. 2023. Externando posicionamento divergente: PINTO E SILVA, Fábio Rocha. SERP e extratos: saberá o CNJ abandonar as vozes do atraso? **Migalhas**, 30 mar. 2023. Disponível em: https://www.migalhas.com.br/coluna/migalhas-edilicias/383965/serp-e-extratos-sabera-o-cnj-abandonar-as-vozes-do-atraso. Acesso em: 18 jul. 2023.

3. O OPERADOR NACIONAL DO SISTEMA ELETRÔNICO DOS REGISTROS PÚBLICOS (ONSERP)

O Serp foi previsto para ser um sistema de prestação de serviços de registros públicos, composto pelos delegatários de registos públicos e suas plataformas e pelo operador nacional do Serp e sua plataforma, a fim de viabilizar – em consonância aos direitos fundamentais de garantia da propriedade, da segurança jurídica, da proteção de dados pessoais e da autodeterminação informativa – a recepção, o envio, o armazenamento e o intercâmbio de documentos e títulos, a expedição de certidões, a visualização eletrônica de atos transcritos, registrados ou averbados nas serventias, e a prestação de informações sobre atos e negócios jurídicos. Para tanto, a interconexão entre as serventias dos registros públicos e a interoperabilidade das suas bases de dados com o Serp são fundamentais para o bom funcionamento desta rede, que inclui suas plataformas e as interações realizadas entre estas, poder público e sociedade civil.

A Lei 14.382/2022 previu no art. 3º, § 3º, I e II, que o Serp deverá *observar os padrões e os requisitos de documentos, de conexão e de funcionamento estabelecidos pela Corregedoria Nacional de Justiça do Conselho Nacional de Justiça* e *garantir a segurança da informação e a continuidade da prestação do serviço dos registros públicos.* O legislador valeu-se de abstração conceitual ao determinar somente que na plataforma devem ser seguidos parâmetros para a documentação que trafegue pelo Serp, bem como para a conexão e o funcionamento da plataforma, sem delimitação de quais providências deverão ser adotadas para que tal objetivo seja alcançado. Seguindo a mesma lógica, foi antevista a necessidade de criação de ente responsável pela gestão do sistema, o Operador Nacional do Sistema Eletrônico dos Registros Públicos (Onserp), pessoa jurídica de direito privado, constituída como associação ou fundação, na forma de entidade sem fins lucrativos (art. 3º, § 4º).

A regulamentação dessas e de outras questões importantes para o funcionamento adequado do Serp ficou a cargo da Corregedoria Nacional de Justiça – o que decorre do poder normativo e correcional do ente, de matriz constitucional (arts. 103-B, c/c 236, § 1º, da Constituição Federal) – e advém da necessidade de orientação, normatização e vigilância sobre as atividades exercidas em regime de delegação pública. A Corregedoria Nacional já editou diversos atos normativos voltados à fixação de padrões técnicos para os serviços delegados como o Provimento 74/2018, que fixou as medidas a serem adotadas pelas serventias extrajudiciais, em âmbito nacional, para conformidade com parâmetros mínimos de tecnologia da informação, com foco na segurança, na integridade e na disponibilidade de dados para a continuidade da atividade prestada pelos serviços notariais e de registro.[10]

---

[10] O Provimento 74/2018 reconhece que cada serventia possui um porte e cada uma deve realizar adequação à legislação protetiva de acordo com o volume e a natureza dos dados tratados, de maneira proporcional com sua capacidade econômica e financeira de aporte de recursos para

O Provimento 139/2023 foi o primeiro regulamento emanado pela Corregedoria Nacional de Justiça com o intuído de estabelecer normas e procedimentos para diversos aspectos relacionados ao Serp. Ainda que posteriormente revogado pelo Provimento 149/2023, que instituiu o Código Nacional de Normas da Corregedoria Nacional de Justiça para o Foro Extrajudicial, o Provimento regulou aspectos de extrema relevância para a implantação da plataforma que merecem ser analisados, ainda que brevemente, tendo em vista que várias das noções e dos conceitos estruturantes do Serp, inicialmente previstos no Provimento 139/2023, foram incorporados no Provimento 149/2023.

O art. 2º do Provimento 139/2023 informa que será constituído o Operador Nacional do Sistema Eletrônico dos Registros Públicos (Onserp), composto pelo Operador Nacional do Sistema de Registro Eletrônico de Imóveis (ONR), pelo Operador Nacional do Registro Civil das Pessoas Naturais (ON-RCPN) e pelo Operador Nacional do Registro de Títulos e Documentos e Civil das Pessoas Jurídicas (ON-RTDPJ) (art. 3º, do Provimento 139/2023 e arts. 212 e 213, do Provimento 149/2023). O ONR existe e está em pleno funcionamento desde a edição da Lei 13.465/2017, oportunidade em que foi estabelecido como pessoa jurídica de direito privado, na modalidade de associação civil, composto com atribuição exclusiva de manutenção, arquivamento e administração de dados eletrônicos para o registro de imóveis, geridos em plataforma eletrônica centralizada, de caráter nacional.

Todas as unidades do serviço de Registro Civil de Pessoas Naturais e de Registro de Títulos e Documentos de Pessoas Jurídicas integrarão o Serp, via suas

---

custeio de medidas técnicas e organizacionais (art. 6º). Segundo esse Provimento, as serventias foram agrupadas em três classes. As de classe 1 são as serventias com arrecadação de até 100 mil por semestre; as de classe 2 com arrecadação entre R$ 100 mil e R$ 500 mil; e as de classe 3 com arrecadação superior a R$ 500 mil por semestre. Quanto maior a capacidade financeira, maiores os pré-requisitos de segurança da informação que devem ser seguidos para garantia da continuidade das atividades. Foram estabelecidos os padrões mínimos de tecnologia da informação que deverão reger as atividades delegadas, com o propósito de garantir segurança, integridade e disponibilidade capazes de assegurar a continuidade do serviço (art. 1º). Destacam-se a necessidade de criação de arquivos de cópias de segurança (*backup*), em intervalos não superiores a 24 horas, em mídia eletrônica e em armazenamento em serviços de nuvem, com o arquivo físico armazenado em local diverso da instalação da serventia (art. 3º, §§1º, 3º e 4º); a previsão de formas de autenticação por certificação digital própria ou por biometria para os delegatários e colaboradores do serviço (art. 4º) e a disposição sobre trilhas próprias de auditoria de sistemas e de bancos de dados que permitam a identificação do responsável pela confecção ou alteração de atos, com gravação de dia e hora da efetivação (art. 5º). Ainda há dispositivo regulando os softwares utilizados, que deverão ser licenciados para uso comercial, admitindo-se o uso de softwares abertos ou de livre distribuição (art. 6º, parágrafo único). A definição dos padrões mínimos para cada classe das serventias, e suas respectivas atualizações, conforme os avanços tecnológicos, ficou a cargo do Comitê de Gestão da Tecnologia da Informação (Cogetise), também criado pelo Provimento 74/2018, composto por representantes da Corregedoria Nacional de Justiça, Corregedorias dos Estados e do Distrito Federal, pelo CNB/CF; pela Arpen/BR; pelo Irib/BR; pelo IEPTB/BR e pelo IRTDPJ/BR (art. 8º).

entidades representativas (art. 3º, parágrafo único, do Provimento 139/2023 e art. 213, parágrafo único, do Provimento 149/2023). O ON-RCPN e o ON-RTDPJ, em fase de avançada de constituição, estão sendo instituídos por meio de algumas de suas entidades representativas de caráter nacional já existentes, na forma de pessoa jurídica de direito privado, sem fins lucrativos (art. 4º do Provimento 139/2023 e art. 214 do Provimento 149/2023), que apresentarão propostas de estudo para o funcionamento dos novos entes (art. 4º, § 1º, do Provimento 139/2023 e art. 214, parágrafo único, do Provimento 149/2023). Entende-se que não poderia ser diferente, uma vez que se trata de atividade pública delegada executada em caráter pessoal e privativo, mas organizada e gerida de maneira privada, sob constante supervisão e monitoramento estatal, o que faz com que sejam as próprias entidades representativas dos Oficiais dos Registros Públicos as mais qualificadas para criação, estruturação e administração dos novos entes setoriais que representarão seus interesses perante o Serp. A Corregedoria Nacional de Justiça atuará como Agente Regulador do próprio Onserp, do ON-RCPN e do ON-RTDPJ, seguindo o modelo utilizado quando da criação do ONR, bem como homologará os estatutos aprovados pelas entidades setoriais e suas alterações subsequentes (art. 5º, *caput* e § 1º, do Provimento 139/2023 e art. 220-A do Provimento 149/2023).

O Onserp terá sede no Distrito Federal, será administrado por um Comitê Executivo de Gestão, contará com os Presidentes dos Operadores Nacionais de Registros Públicos e terá atribuições determinantes para o sucesso do funcionamento de toda a rede e suas plataformas. A primeira delas é a implantação e a coordenação do Serp, a fim de que funcione de maneira uniforme e constante. Para isso, deverá agir de maneira coordenada com os Operadores Nacionais das especialidades, a Corregedoria Nacional e as Corregedorias Estaduais (art. 2º, § 4º, I, do Provimento 139/2023 e art. 212, § 4º, do Provimento 149/2023), pois dependerá da atuação de cada um dos envolvidos para o correto funcionamento do Serp, já que os dados sob o regime da interoperabilidade têm como origem as unidades registrais, localizadas em todo o território nacional. O Comitê Executivo de Gestão operará o Serp, sob permanente supervisão do Agente Regulador, a Corregedoria Nacional (art. 2º, § 4º, II, do Provimento 139/2023 e art. 212, § 2º, do Provimento 149/2023). Considerando a posição central de gestor ativo da plataforma, que conhecerá a fundo as suas vicissitudes, pois estará no dia a dia da operação, caberá ao Comitê Executivo de Gestão apresentar perante a Corregedoria Nacional sugestões para edição de instruções técnicas e normativas voltadas ao aprimoramento do funcionamento do Serp (art. 2º, § 4º, III, do Provimento 139/2023 e art. 212, § 4º, III, do Provimento 149/2023). Tal encaminhamento é vital para assegurar que as melhores práticas estão sendo adotadas e que elas se amoldam à realidade em tudo distinta do Serp, uma plataforma composta por três operadores, cada um de uma especialidade registral, e que gerencia grande quantidade de dados envolvendo atos e negócios jurídicos registrados, averbados ou anotados perante as unidades das serventias nacionais. As diretrizes emanadas em atos normativos como o Provimento 74/2018 da Corregedoria Nacional não são suficientes diante da magnitude e da especificidade da nova plataforma. Logo, o Comitê terá como um de seus objetivos formular indicadores de eficiência e implementar sistemas que permitam que as inspeções pelos órgãos correcionais possam ocorrer na modalidade remota (art. 2º, § 4º, III, do Provimento 139/2023 e art. 212, § 4º, IV, do Provimento 149/2023).

Partindo de tal pressuposto, foi prevista a instituição de um órgão para o Onserp, o Comitê de Normas Técnicas (CNT/Serp), responsável por elaborar Instruções Técnicas de Normalização (ITN) para a plataforma, com foco na segurança do sistema, na interoperabilidade dos dados, na manutenção dos documentos eletrônicos e na autenticidade e segurança das operações realizadas com os documentos (art. 2º, § 6º, do Provimento 139/2023 e art. 212, § 6º, do Provimento 149/2023). O CNT é um órgão auxiliar com importância inestimável para adequação aos padrões internacionais, como as Normas ISO 27001/2013, 27002/2013 e 27701/2019, da legislação nacional e das normativas da Corregedoria Nacional sobre segurança da informação para a estrutura singular do Serp.

4. O SERP, A ASSINATURA ELETRÔNICA E O PAPEL NORMATIVO REGULADOR DA CORREGEDORIA NACIONAL DE JUSTIÇA

Para além das incumbências citadas, outra atribuição relevante do CNT/Serp é a fixação de diretrizes técnicas para o uso de assinaturas eletrônicas nos registros públicos (art. 2º, § 6º, do Provimento 139/2023 e art. 212, § 6º, do Provimento 149/2023). Isto porque, embora não tenha havido modificação do conceito de assinatura eletrônica,[11] ou de suas modalidades simples,[12] avançada[13] e qualificada,[14] a Lei do Serp acabou por alterar previsões da LRP sobre o uso de assinaturas eletrônicas nos registros públicos. O art. 11 da Lei do Serp modifica a redação do art. 17 da LRP para permitir que o acesso e o envio de informações eletrônicas

---

[11] "Os dados em formato eletrônico que se ligam ou estão logicamente associados a outros dados em formato eletrônico e que são utilizados pelo signatário para assinar, observados os níveis de assinaturas apropriados para os atos previstos nesta Lei" (art. 3º, II, da Lei 14.063/2020).

[12] "a) a que permite identificar o seu signatário; b) a que anexa ou associa dados a outros dados em formato eletrônico do signatário" (art. 4º, I, *a* e *b*, da Lei 14.063/2020).

[13] "[...] a que utiliza certificados não emitidos pela ICP-Brasil ou outro meio de comprovação da autoria e da integridade de documentos em forma eletrônica, desde que admitido pelas partes como válido ou aceito pela pessoa a quem for oposto o documento, com as seguintes características: a) está associada ao signatário de maneira unívoca; b) utiliza dados para a criação de assinatura eletrônica cujo signatário pode, com elevado nível de confiança, operar sob o seu controle exclusivo; c) está relacionada aos dados a ela associados de tal modo que qualquer modificação posterior é detectável" (art. 4º, II, *a, b* e *c*, da Lei 14.063/2020).

[14] "[...] a que utiliza certificado digital, nos termos do § 1º do art. 10 da Medida Provisória nº 2.200-2, de 24 de agosto de 2001" (art. 4º, III, da Lei 14.063/2020).

para os registros públicos possa ser realizado com uso de assinatura avançada ou qualificada. Antes da modificação, o parágrafo único do art. 17 previa acesso ou envio de documentos apenas com o uso de assinatura eletrônica certificada pela Infraestrutura de Chaves Públicas Brasileira (ICP-Br).

O art. 4º da Lei 14.063/2020 (Lei das Assinaturas Eletrônicas), ao informar que cada Poder poderá determinar qual modalidade de assinatura eletrônica será admitida para cada espécie de interação com o ente público, traz importantes diretrizes sobre o tema. A premissa adotada é a de que a assinatura eletrônica simples pode ser utilizada para as interações de menor relevância, as que não envolvam informações com grau de sigilo (art. 5º, § 1º, I); a assinatura eletrônica avançada, por sua vez, é usada para todos atos abrangidos pela assinatura simples e para o registro de atos perante as juntas comerciais (art. 5º, § 1º, II, *a* e *c*); e, por fim, a utilização da assinatura qualificada volta-se a qualquer ato de interação com entes públicos, com dispensa de cadastro prévio (art. 5º, § 1º, III). A assinatura eletrônica qualificada foi estabelecida como obrigatória para assinatura de atos pelos chefes do Poder, para emissões de notas fiscais eletrônicas não realizadas por pessoas físicas e por microempreendedores individuais (MEIs), para os atos de transferência e de registro de bens imóveis (art. 5º, § 2º, IV, da Lei 14.063/2020), e para as demais hipóteses previstas em lei.

A configuração vigente da LRP faculta o acesso ou envio de informações aos registros públicos com uso de assinatura avançada ou qualificada e, à primeira vista, parece estar em desacordo com o disposto na Lei 14.063/2020 – que, em momento anterior e em ato legislativo dedicado unicamente ao tema das assinaturas eletrônicas, determinou no art. 5º, § 2º, IV, o uso exclusivo de assinatura eletrônica qualificada para atos de transferência e registro imobiliário. O intuito foi o de preservar os atos e negócios jurídicos que têm como objeto bens imóveis, considerando a sua importância para as relações econômico-sociais e o seu papel basilar para a efetivação do princípio constitucional da moradia digna das pessoas naturais, a partir da adoção do modelo de assinatura com maior nível de segurança, capaz de assegurar autenticidade, integridade e verificabilidade ao documento.

Explica-se: na seara dos documentos eletrônicos, para que haja reconhecimento de validade, deve ser possível a comprovação da *autenticidade* (confirmação de sua autoria) e da *integridade* (não alteração do conteúdo do documento), que buscam evitar indagações relacionadas a três aspectos: a *falsidade do documento em si*, significando a possibilidade de que seja um documento apresentado de forma fraudulenta (com relação à sua forma ou o seu conteúdo); a *assinatura* (isto é, com falta de autenticidade); e, por fim, diretamente ligado aos dois primeiros aspectos está a questão da *oponibilidade perante terceiros*, conexa com a verificabilidade da autenticidade e da integridade para fins probatórios. Por autenticidade entende-se a propriedade de um documento de comprovar que foi produzido por uma pessoa,

236 | SISTEMA ELETRÔNICO DO REGISTRO PÚBLICO E SUA REGULAMENTAÇÃO

a qual é tida como o autor da assinatura. Essa constatação traz segurança sobre a identidade do participante de comunicação.[15]

A assinatura eletrônica qualificada tem diversos predicados técnicos que garantem presunção de autenticidade, integridade e verificabilidade dos documentos eletrônicos em que é aposta; além de um valor probatório confiável, pois é confeccionada com o uso da certificação emitida nos termos da Infraestrutura de Chave Pública Brasileira (ICP-Brasil), que representa um pressuposto de veracidade relacionado à autoria da assinatura aposta ao documento. Por esse motivo, o legislador europeu (art. 25(2) do Regulamento (UE) 910/2014 do Parlamento Europeu) e o nacional (art. 10 da MP 2.200-2/2001) realizaram sua equiparação com a assinatura manuscrita. A assinatura eletrônica qualificada é tecnicamente mais segura, pois utiliza criptografia assimétrica, em que cada participante possui uma chave pública compartilhável e outra secreta. Uma mensagem cifrada com chave pública só pode ser decifrada por uma chave privada, via cálculos matemáticos avançados. No sistema de assinatura eletrônica qualificada, uma Autoridade Certificadora estabelece uma relação única e intransferível entre um usuário e um par de chaves criptográficas. A Autoridade Certificadora é certificada pela Autoridade Certificadora Raiz, no caso brasileiro, o Instituto Nacional de Tecnologia da Informação, que possui processo rigoroso de aprovação para que um ente público ou privado se torne uma autoridade certificadora no sistema da ICP-Brasil, que inclui análise de aspectos de segurança da informação, de viabilidade econômico-financeira da empresa e de regularidade fiscal, conforme Resoluções CG ICP-Brasil 177 e 179, de 2020, e Resolução CG ICP-Brasil 93, de 2021.

Por outro lado, a assinatura eletrônica avançada utiliza certificados não emitidos pela ICP-Brasil e admite, até mesmo, outro meio de comprovação da autoria e da integridade de documentos que seja aceito pelas partes como válido ou pela pessoa a quem é oposto o documento, em atenção ao princípio da autonomia da vontade que rege as relações privadas. A assinatura eletrônica avançada oferece a possibilidade de eliminar as incertezas que existem com a assinatura eletrônica simples pelo uso de sistema de criptografia,[16] que se vale de uma chave secreta e privada atribuída a um sujeito para criptografar o documento eletrônico, permitindo a detecção de alterações posteriores no arquivo. São utilizadas duas chaves para os atos de criptografia e decriptação: uma privada, de conhecimento exclusivo do remetente e que protege a mensagem do acesso de terceiros; e uma pública, de conhecimento geral, que pode ser usada para verificar a assinatura do signatário. Todavia, com o uso de assinatura eletrônica avançada, não resta rechaçada a pos-

---

[15] VIGIL, Martín *et al.* Integrity, authenticity, non-repudiation, and proof of existence for long-term archiving: a survey. **Computers & Security**, [*s. l.*], v. 50, p. 16-32, 2015. Disponível em: https://dl.acm.org/doi/10.1016/j.cose.2014.12.004. Acesso em: 12 jul. 2023.

[16] BERNHARDT, Lee. Heckmann/Paschke. **jurisPK-Internetrecht**, 7. ed., cap. 6, nota marginal 225.

sibilidade de que outra pessoa use a chave do titular autorizado, o que não a torna à prova de falsificação. Por isso, a assinatura eletrônica qualificada, em razão das normas, padrões e procedimentos específicos utilizados, é a que possui o mais elevado nível de confiabilidade, pois a infraestrutura tecnológica empregada oferece não somente a segurança de autenticidade e autoria, mas também a garantia de que uma falsificação ou alteração dos dados documentais seja percebida durante o processo.[17]

Apresentadas as principais características e empregos de cada espécie de assinatura eletrônica, no âmbito do Serp, é imperioso notar a possibilidade de compatibilização entre a previsão da Lei das Assinaturas Eletrônicas, calcada nas diferenças entre as espécies de assinaturas eletrônicas e no variado grau de confiabilidade, que tem o seu apogeu com a modalidade qualificada, e a nova redação conferida ao art. 17 da LRP. Tal compatilização perpassa pelo poder normativo da Corregedoria Nacional de Justiça, ante o contido no § 2º do art. 17 – que estabelece que o ente poderá editar ato estabelecendo *hipóteses de uso de assinatura avançada em atos que envolvam imóveis.* Disposição idêntica foi inserida no art. 38, § 2º, da Lei 11.977/2009. Apesar da preponderância legal da assinatura qualificada sobre as demais modalidades de assinaturas eletrônicas, explicitada pela redação do art. 5º, § 5º, da Lei das Assinaturas Eletrônicas, *no caso de conflito entre normas vigentes ou de conflito entre normas editadas por entes distintos, prevalecerá o uso de assinaturas eletrônicas qualificadas,* ambas as previsões podem ser harmonizadas pela Corregedoria Nacional.

Isto porque a interpretação da MP 2200/2001, da Lei 14.063/2020 e da Lei 14.382/2022, deve ser realizada de maneira sistêmica e de acordo com os direitos fundamentais diretamente envolvidos (garantia da propriedade, legalidade, proteção dos dados pessoais, autodeterminação informativa), da estrutura de competências jurídicas e técnicas do Estado brasileiro e das exigências de Direito Civil. As normas de registro e aquelas referentes às assinaturas digitais para envio de documentos ou acesso à plataformas que fazem parte da rede Serp não possuem existência independente, ao contrário, existem justamente para dar concretude às normas de Direito Civil, Público e Constitucional que envolvem as atividades registrais.

A proposta é pela adoção de um sistema dual, no qual, por um lado, a Corregedoria Nacional poderá criar critérios para assinatura eletrônica avançada na plataforma, visando sua utilização em atos de menor complexidade realizados por meio do Serp, como no acesso e no envio de informações aos registros públicos realizados via internet e para procedimentos simplificados, como requerimentos de averbação de alteração de qualificação das partes e/ou dos imóveis; retificação de assentos registrais e atos meramente administrativos, como averbação de construção, mudança de numeração predial e demolição; bem como de averba-

---

[17] ROSSNAGEL, Pfitzmann. Der Beweiswert von E-Mail. **NJW**, 2003, p. 1209 e ss.

ções com intuito de dar mera notícia, como a distribuição de execuções e ações reipersecutórias. Por outro lado, em se tratando de atos dentro do fluxo digital de assinaturas do regime de delegação que acarretem mutação de direitos reais, e que no sistema analógico de segurança jurídica guardavam e guardam um rito formal que decorre da sua importância, dever-se-ia utilizar o sistema de chaves públicas brasileiro da ICP-Brasil, empregando, portanto, a assinatura qualificada. Alguns desses atos seriam os atos de registro *stricto sensu*, sobretudo os que envolvam o exercício do direito dispositivo-formativo sobre direitos reais – diga-se a alienação da propriedade, a constituição de direitos reais limitados, a exemplo das vendas e das compras simples ou condicionadas, dações em pagamento, doações, constitui-ções de usufruto, superfície, servidão, bem como sua extinção, além de quitações de financiamentos, cessões e constituições de créditos e garantias etc. Em razão de implicarem mutações jurídico-reais sobre as quais orbita a essência da função de garantia do direito fundamental à propriedade exercida pelo registro de imóveis, tais remanesceriam sujeitos ao uso exclusivo de assinatura eletrônica qualificada.

Como já expus em estudo dedicado exclusivamente ao tema,[18] o posiciona-mento encontra fundamento na experiência adotada em outros países, por exemplo, África do Sul, Canadá, China, Dinamarca, França, Índia, Itália e Portugal, e consolida a confiabilidade das relações econômicas baseadas em documentos eletrônicos e em assinaturas eletrônicas. Posicionamento semelhante é ventilado por Marcelo Rodrigues, que indica que a Corregedoria Nacional provavelmente autorizará o uso de assinatura eletrônica avançada para os casos que não impliquem renúncia ou transferência de direitos.[19] Augusto Sottano e Ivan Jacopetti do Lago expressam posicionamento semelhante em prol da implementação de sistema de escalonamento das assinaturas eletrônicas, de acordo com a complexidade e o impacto do título causal apresentado ao registro de imóveis.[20]

---

[18] CAMPOS, Ricardo. Parecer assinaturas eletrônicas e registros imobiliários. **Institute Legal Grounds**, 11 abr. 2023. Disponível em: https://legalgroundsinstitute.com/blog/parecer-assina-turas-eletronicas-e-registros-imobiliarios/. Acesso em: 27 nov. 2023.

[19] "O art. 17, §§ 1º e 2º, da Lei 6.015, de 1973 abriu a porta para o uso de assinaturas sem certificação digital. Ou seja, admite-se, para os registros em geral, as assinaturas eletrônicas "avançadas" que são, resumidamente, aquelas aferíveis por quaisquer meios na internet que as partes *julguem* confiáveis (Lei 14.063/20, art. 4º, II). A assinatura feita com cadastro no portal "gov.br" é uma hipótese (https://www.gov.br/). Outros exemplos são as que usam código "hash". Mas quanto aos atos de registro de imóveis, a medida não permite o seu uso de imediato. Ela determina que a Corregedoria Nacional deve estabelecer as hipóteses em que poderá ser aceita a assinatura avançada no RI. Provavelmente deve autorizar para atos que não importem em renúncia ou transferência de direitos. Para esses, por suposto manterá a necessidade da assinatura eletrônica "qualificada", ou seja, com certificado digital do ICP-Brasil." RODRIGUES, Marcelo. **Tratado de registros públicos e direito notarial**. 4. ed. São Paulo: Juspodivm, 2022, p. 153.

[20] "De lege ferenda, seria de todo conveniente que o Brasil, atento ao princípio da neutralidade tecnológica, aderisse de forma mais intensa a um sistema de escalonamento – tal como admitido pela UNCITRAL – pelo qual os níveis esperados de segurança das assinaturas eletrônicas (e, por conseguinte, a complexidade da técnica de autenticação empregada) fossem graduados segundo a complexidade e o impacto dos títulos causais apresentados ao registro de imóveis. Ter-se-ia, assim,

Cap. 15 · ASSINATURA ELETRÔNICA, AUTENTICIDADE E SEGURANÇA | **239**

Assim, vislumbra-se que a distinção central entre a regra geral de obrigatoriedade da assinatura eletrônica qualificada e as hipóteses excepcionais de uso da assinatura avançada deve permear o sistema brasileiro de assinaturas eletrônicas em atos relativos a bens imóveis a partir do balizamento pelo critério da mutação concreta de direitos reais. No mesmo sentido, o acesso ao Serp e o envio de informações aos registros públicos poderão ser realizados com o uso de assinatura eletrônica avançada, o que dependerá de cooperação técnica entre o CNT/Serp e a Corregedoria. Objetiva-se, destarte, a manutenção da confiabilidade das relações econômicas que estão na base dos documentos em que a assinatura eletrônica foi aposta.

5. CONSIDERAÇÕES FINAIS

Com a digitalização generalizada da sociedade, as relações sociais passaram a ser mediadas ou constituídas não mais pelo meio "papel", mas por novos meios digitais.[21] Como exposto, nos últimos anos, houve grande implemento em prol da prestação digital dos serviços públicos, com a criação de diversas plataformas governamentais que buscam aproximar os serviços públicos dos cidadãos a partir da adoção de modelo de governo digital. Nesse contexto, desponta a necessidade e a urgência da adequada regulação de assinaturas eletrônicas, dotadas de uma maior complexidade, se comparadas às assinaturas manuscritas, devido à intrínseca relação entre infraestrutura de padrões técnico-tecnológicos e a camada normativo-jurídica adjacente à função notarial e registral.

As especialidades dos serviços públicos delegados registrais e notariais há anos já haviam erigido plataformas próprias com esse intuito, supervisionadas e constantemente fiscalizadas pela Corregedoria Nacional de Justiça. O Sistema Eletrônico dos Registros Públicos (Serp) representa a iniciativa mais recente e abrangente desse movimento. Fato relevante é que a Lei 14.382/2022 delegou ao Agente Regulador do Serp a regulamentação de aspectos centrais para o desempenhado adequado, seguro, constante e perene do novo sistema, particularmente em temas como a definição dos padrões que garantam autenticidade e segurança das operações realizadas na plataforma com documentos eletrônicos, incumbência que será compartilhada com o Comitê Executivo de Gestão e com o Comitê de Normas Técnicas (CNT/Serp) do Onserp, que apresentarão sugestões de instruções técnicas de normalização, homologáveis pela Corregedoria Nacional.

---

uma solução de maior equilíbrio para o trade off entre as necessidades da segurança jurídica, de um lado, e as demandas por flexibilidade do tráfego, de outro." SOTTANO, Augusto; LAGO, Ivan Jacopetti do. As assinaturas eletrônicas e o registro de imóveis: estado atual da questão. *In*: NALINI, José Renato (org.). **Sistema eletrônico de registros públicos**: comentado por notários, registradores, magistrados e profissionais. Rio de Janeiro: Forense, 2023, p. 119.

[21] VESTING, Thomas. **Die medien des rechts**. 4: Computernetzwerke. Weilerswist, Alemanha: Velbrück, 2015, p. 49 ss.

SISTEMA ELETRÔNICO DO REGISTRO PÚBLICO E SUA REGULAMENTAÇÃO

A Lei do Serp alterou previsões importantes da LRP sobre o uso de assinaturas eletrônicas perante os registros públicos, dando margem para interpretações que, se desarticuladas dos princípios constitucionais incidentes, poderiam gerar incertezas e enfraquecimento da segurança necessária aos atos e negócios jurídicos imobiliários, o que levanta uma série de preocupações. Sem dúvidas, na conjectura da passagem de um mundo analógico centrado no meio "papel" para o mundo eletrônico calcado no meio "digital", é desejável que se busque a garantia da inovação e da "desburocratização" de inúmeros atos jurídicos complexos. Não se pode, entretanto, perder de vista a função social da assinatura, sua função de autenticidade das manifestações da vontade e sua reconstrução dentro regime jurídico adequado aos novos ditames tecnológicos.

Dessa forma, entende-se que tais preocupações podem ser superadas com a adoção do sistema dual aqui apresentado, em que atos com menor complexidade realizados na plataforma do Serp se valem da assinatura eletrônica avançada, a exemplo do acesso e envio de informações aos registros públicos realizados via internet e em procedimentos simplificados, como requerimentos de averbação de alteração de qualificação das partes e/ou dos imóveis, retificação de assentos registrais e atos meramente administrativos, como averbação de construção, mudança de numeração predial e demolição, bem como de averbações com intuito de dar mera notícia, como a distribuição de execuções e ações reipersecutórias. Por sua vez, atos que impliquem mutações jurídico-reais devem ser realizados mediante o emprego de assinatura eletrônica qualificada, como os atos de registro *stricto sensu* de alienação da propriedade, de constituição de direitos reais limitados, de dações em pagamento, de doações, de constituições de usufruto, de superfície, de servidão, de quitações de financiamentos, de cessões e constituições de créditos e garantias.

Assim, mantém-se a confiabilidade das relações jurídicas que têm como objeto bens imóveis, sem que sejam estabelecidos critérios demasiadamente rígidos envolvendo a assinatura eletrônica que eventualmente poderiam impedir os usuários comuns do Serp de realizar operações mais simples via plataforma, como acesso e envio de informações. O exercício do poder normativo sobre as atividades delegadas, exclusivo e inerente à Corregedoria Nacional de Justiça, será determinante para a construção de um sistema eletrônico de registros públicos que tem a autenticidade e a integridade das operações ali realizadas como um de seus pilares.

REFERÊNCIAS

BERNHARDT, Lee. Heckmann/Paschke. **jurisPK-Internetrecht**, 7. ed., cap. 6, nota marginal 225.

CAMPOS, Ricardo. Extratos eletrônicos, microssistemas e o Poder Judiciário. **Migalhas**, 24 mar. 2023. Disponível em: https://www.migalhas.com.br/depeso/383616/extratos-eletronicos--microssistemas-e-o-poder-judiciario. Acesso em: 18 jul. 2023.

FRAENKEL, Béatrice. **La signature, genèse d'un signe**. Paris, França: Gallimard, 1992.

FRAENKEL, Béatrice; PONTILLE, David. La signature au temps de l'électronique. **Politix**, [*s.l.*], v. 74, n. 2, 2006.

HAHN, Tatiana Meinhart. Os conceitos de "governo como plataforma" e "laboratórios de inovação" na lei do governo digital: desafios e potencialidades. *In*: CRAVO, Daniela Copetti; JOBIM, Eduardo; FALEIROS JUNIOR, José Luiz de Moura (coords.). **Direito público e tecnologia**. Indaiatuba: Foco, 2022.

OLIVEIRA, Carlos E. Elias de; TARTUCE, Flávio. **Lei do Sistema Eletrônico de Registros Públicos: registro civil, cartórios eletrônicos, incorporação, loteamento e outras questões**. Rio de Janeiro: Forense, 2023.

PINTO E SILVA, Fábio Rocha. SERP e extratos: saberá o CNJ abandonar as vozes do atraso? **Migalhas**, 30 mar. 2023. Disponível em: https://www.migalhas.com.br/coluna/migalhas--edilicias/383965/serp-e-extratos-sabera-o-cnj-abandonar-as-vozes-do-atraso. Acesso em: 18 jul. 2023.

RODRIGUES, Marcelo. **Tratado de registros públicos e direito notarial**. 4. ed. São Paulo: Juspodivm, 2022.

ROSSNAGEL, Pfitzmann. Der Beweiswert von E-Mail. **NJW**, 2003.

SARLET, Ingo Wolfgang. **A eficácia dos direitos fundamentais**. 12. ed. Porto Alegre: Livraria do Advogado, 2015.

SOTTANO, Augusto; LAGO, Ivan Jacopetti do. As assinaturas eletrônicas e o registro de imóveis: estado atual da questão. *In*: NALINI, José Renato (org.). **Sistema eletrônico de registros públicos comentado por notários, registradores, magistrados e profissionais**. Rio de Janeiro: Forense, 2023.

VESTING, Thomas. **Die medien des rechts**. 2: Schrift. Weilerswist, Alemanha: Velbrück, 2011.

VESTING, Thomas. **Die medien des rechts**. 4: Computernetzwerke. Weilerswist, Alemanha: Velbrück, 2015.

VIGIL, Martín *et al*. Integrity, authenticity, non-repudiation, and proof of existence for long--term archiving: a survey. **Computers & Security**, [*s. l.*], v. 50, p. 16-32, 2015. Disponível em: https://dl.acm.org/doi/10.1016/j.cose.2014.12.004. Acesso em: 12 jul. 2023.

VISMANN, Cornelia. **Akten**: Medientechnik und Recht. 3. ed. Frankfurt am Main, Alemanha: Fischer Taschenbuch Verlag, 2011.

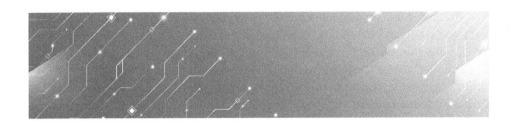

Capítulo 16

A IMPORTÂNCIA DO FUNDO DE IMPLEMENTAÇÃO E CUSTEIO DO ONSERP PARA O SISTEMA ELETRÔNICO DOS REGISTROS PÚBLICOS

Antonio Carlos Alves Braga Júnior

INTRODUÇÃO

Os chamados fundos de implementação e custeio são os meios de sustentação financeira do desenvolvimento, da implantação, da manutenção e da evolução das plataformas que permitem a prestação do serviço registral de modo integrado por todos os registradores do país, e mediante porta de comunicação única, seja o solicitante o particular, empresas ou órgãos públicos. Pretendemos demonstrar que o surgimento dos fundos se dá como decorrência de evolução histórica dos instrumentos de construção e implantação dos sistemas digitais, de modo a superar as enormes dificuldades, como a escolha das ferramentas tecnológicas, os desafios da construção de estruturas de larga escala, a superação das diferenças de contexto e de legislação nas várias localidades do país e o desnivelamento financeiro e tecnológico entre as unidades da mesma especialidade registral.

Nesse cenário, as iniciativas totalmente espontâneas de emprego dos meios digitais, ao longo das últimas décadas, tomadas por registradores individualmente, por grupos de registradores ou pelas entidades de classe, deram lugar a estruturas reguladas e obrigatórias por força de normas administrativas das Corregedorias Gerais de Justiça, nas unidades da federação (*Centrais de Serviços Eletrônicos Compartilhados*), e, depois, aos Operadores Nacionais, como entidades com previsão em lei federal, e com dedicação exclusiva, integrados por Registradores regulados e fiscalizadas pelos órgãos da Administração da Justiça.

SISTEMA ELETRÔNICO DO REGISTRO PÚBLICO E SUA REGULAMENTAÇÃO

Pretendemos demonstrar que tal processo evolutivo revelou a relevância e, certamente, indispensabilidade dos Operadores Nacionais dos sistemas de registro eletrônico, e, consequentemente, a indispensabilidade da criação dos Fundos de Implementação e Custeio como meio de assegurar a sustentação financeira de modo permanente, contínuo e dedicado, separado das necessidades financeiras de atividades acessórias dos serviços extrajudiciais.

2. A IMPOSIÇÃO LEGAL DA CONSTRUÇÃO DO SISTEMA DE REGISTRO ELETRÔNICO

A construção dos sistemas digitais para prestação do serviço registral, que inicialmente se dava por decorrência de inventividades, esforços, investimentos puramente espontâneos e individuais, de grupos ou das entidades associativas, deu lugar à construção como decorrência de imposição legal, na medida em que a utilização dos meios eletrônicos deixou de ser novidade ou acréscimo de utilidade e passou a ser necessidade percebida pelos poderes públicos.

O Fundo para a Implementação e Custeio do Sistema Eletrônico dos Registros Públicos foi criado por meio do art. 5º, da Lei 14.382/2022[1], que em seu § 1º[2] atribuiu à Corregedoria Nacional de Justiça a regulamentação e instituição das receitas do Fics e o estabelecimento das cotas de participação dos Oficiais de Registros Públicos, além da fiscalização do recolhimento e da supervisão da aplicação dos recursos e das despesas.

O Sistema Eletrônico de Registros Públicos (Serp), por sua vez, foi instituído pela Medida Provisória 1.085, de 27 de dezembro de 2021, convertida na Lei 14.382/2022. Essa MP foi resultado de trabalhos iniciados na Secretaria e Política Econômica (SPE) do Ministério da Economia,[3] com apoio da Presidência da República e do Ministério da Justiça, em conjunto com diversas entidades da sociedade civil e com representantes do Conselho Nacional de Justiça, a partir de 2020.

---

[1] "Art. 5º Fica criado o Fundo para a Implementação e Custeio do Sistema Eletrônico dos Registros Públicos (Fics), subvencionado pelos oficiais dos registros públicos, respeitado o disposto no § 9º do art. 76 da Lei nº 13.465, de 11 de julho de 2017".

[2] "§ 1º Caberá à Corregedoria Nacional de Justiça do Conselho Nacional de Justiça: I – disciplinar a instituição da receita do Fics; II – estabelecer as cotas de participação dos oficiais dos registros públicos; III – fiscalizar o recolhimento das cotas de participação dos oficiais dos registros públicos; e IV – supervisionar a aplicação dos recursos e as despesas incorridas".
"§ 2º Os oficiais dos registros públicos ficam dispensados de participar da subvenção do Fics na hipótese de desenvolverem e utilizarem sistemas e plataformas interoperáveis necessários para a integração plena dos serviços de suas delegações ao Serp, nos termos estabelecidos pela Corregedoria Nacional de Justiça do Conselho Nacional de Justiça".

[3] BRASIL. **Sistema Eletrônico de Registros Públicos moderniza serviços de cartórios no país**, 28 dez. 2021. Disponível em: https://www.gov.br/economia/pt-br/assuntos/noticias/2021/dezembro/sistema-eletronico-de-registros-publicos-moderniza-servicos-de-cartorios-no-pais. Acesso em: 26 nov. 2023.

Cap. 16 • A IMPORTÂNCIA DO FUNDO DE IMPLEMENTAÇÃO E CUSTEIO DO ONSERP | 245

Conforme texto da Exposição de Motivos da Medida Provisória 1.085/2021:

> A minuta ora apresentada é produto de ampla discussão iniciada ainda no início de 2020 com a apresentação de proposta pelo Colégio de Registro de Imóveis do Brasil – CORI BR, entidade que congrega os Registradores de Imóveis do Brasil. Referida minuta, por sua vez, tinha sido resultado de discussão anterior com a participação de representantes da Associação Brasileira das Entidades de Crédito Imobiliário e Poupança (Abecip), da Câmara Brasileira da Indústria da Construção (CBIC), do Instituto Brasileiro de Direito Imobiliário (Ibradim), do Registro de Títulos e Documentos, bem como da Presidência da República, do Ministério da Economia e do Banco Central do Brasil.
>
> Essa proposta inicial recebeu inúmeras contribuições ao longo de 2020, em reuniões para debate com representantes dos órgãos e entidades acima mencionados, bem como de representantes da Associação Brasileira das Entidades dos Mercados Financeiro e de Capitais (Anbima), Associação Brasileira de Bancos (ABBC), Associação Brasileira de Fintechs (ABFintechs), B3 S.A. – Brasil, Bolsa, Balcão, Caixa Econômica Federal, CERC Central de Recebíveis S.A. e Instituto de Registro Imobiliário do Brasil (IRIB).[4]

A proposta produzida nesse conjunto de reuniões foi analisada por uma comissão instituída pela Corregedoria Nacional de Justiça, na gestão da Ministra Maria Thereza de Assis Moura (Portaria 7/2021).[5]

3. BREVE HISTÓRICO DO SURGIMENTO DOS SERVIÇOS ELETRÔNICOS

Antes de entrar em maiores detalhes sobre o fundo em si, é necessária uma pequena digressão para estabelecer as origens do próprio conceito de registro eletrônico e sobre a constituição de entidades civis com finalidade específica para os

---

[4] BRASIL. **EMI 169/2021**. Brasília, DF: Congresso Nacional, 2021. Disponível em: http://www.planalto.gov.br/ccivil_03/_ato2019-2022/2021/Exm/Exm-MP-1085-21.pdf. Acesso em: 26 nov. 2023.

[5] "Art. 1º Fica instituída Comissão, no âmbito da Corregedoria Nacional de Justiça, para promover estudos sobre as ações realizadas pelo GTA Registro de Propriedade, identificando os pontos de intercessão com as atividades da Coordenadoria de Gestão dos Serviços Notariais e de Registro – CONR e as eventuais necessidades de alinhamento institucional deles decorrentes. Art. 2º Compõem a Comissão: I – os juristas: Mário Augusto de Figueiredo de Lacerda Guerreiro, Conselheiro do Conselho Nacional de Justiça; b) Francisco Eduardo Loureiro, Desembargador do Tribunal de Justiça do Estado de São Paulo, que coordenará os trabalhos; c) Cláudio Luiz Bueno de Godoy, Desembargador do Tribunal de Justiça do Estado de São Paulo; d) Guilherme Calmon Nogueira da Gama, Desembargador Federal do Tribunal Regional Federal da 2ª Região; e e) Melhim Namen Chalhub. II – os representantes do Poder Executivo: a) Ricardo Vieira de Queiroz, Diretor de Modernização do Ambiente de Negócios da Secretaria Especial de Modernização do Estado, da Presidência da República; e b) David Rebelo Athayde, Subsecretário de Direito Econômico do Ministério da Economia".

246 | SISTEMA ELETRÔNICO DO REGISTRO PÚBLICO E SUA REGULAMENTAÇÃO

trabalhos de construção, a serem executados pelos próprios Oficiais de Registro do país.

A adoção dos meios eletrônicos na atividade extrajudicial está longe de ser novidade. Desde a década de 1990, temos iniciativas, na época ainda individuais dos Registradores em suas serventias, de introdução da informatização, pois, sendo informática o nome que se relaciona com a informação automática, nada mais próprio do que adotá-la no âmbito de tais serviços que lidam essencialmente com informações. Pouco a pouco, foram introduzidos os microcomputadores para edição dos textos, ainda que para serem lançados de forma impressa nas páginas dos livros de folhas soltas, ou da digitalização, como forma nova de armazenamento de documentos. Passadas mais de três décadas, quando praticamente nada na vida atual é, pelo menos, parcialmente digital, parece até ocioso falar sobre registro eletrônico e sua necessidade.

A Lei 11.977/2009,[6] determinou, pela primeira vez, que os atos registrais deveriam ser inseridos em um *sistema de registro eletrônico*, no prazo de cinco anos, sem definir o que seria esse sistema, nem a forma de fazê-lo, e nem exatamente o significado de *inserir atos de registro em um sistema eletrônico*. Não se tratava, propriamente ou exclusivamente, de uma migração de dados ou mudança de meios (digitalização), na medida em que a regra dizia respeito aos atos anteriores e aos atos praticados na vigência da Lei de Registros Públicos. Não se tratava, pois, simplesmente de migração de acervo. Os atos correntes também seriam *inseridos* no tal sistema.

Ausente de sistema em plena operação, o prazo de cinco anos era, portanto, para que o próprio sistema fosse idealizado, desenvolvido e implantado. Nos trabalhos iniciais para a concepção e desenvolvimento do Sistema Eletrônico de Registro de Imóveis (SREI), durante a presidência do Ministro Cezar Peluso no Conselho Nacional de Justiça, entendeu-se que a determinação, naquele contexto, era de que se pusesse em funcionamento, no prazo de cinco anos, um sistema de interação entre as unidades do serviço registral e os solicitantes para encaminhamento de documentos, pedidos e recepção de informações e documentos, por meio eletrônico, via internet, sem que fosse necessário, desde logo, substituir a escrituração em meio físico pela escrituração eletrônica. O SREI, portanto, haveria de ser uma

---

[6] "Art. 37. Os serviços de registros públicos de que trata a Lei nº 6.015, de 31 de dezembro de 1973 (Lei de Registros Públicos) promoverão a implantação e o funcionamento adequado do Sistema Eletrônico dos Registros Públicos (Serp), nos termos da Medida Provisória nº 1.085, de 27 de dezembro de 2021. (redação modificada pela Lei 14.382/2022)".

"Art. 39. Os atos registrais praticados a partir da vigência da Lei nº 6.015, de 31 de dezembro de 1973, serão inseridos no sistema de registro eletrônico, no prazo de até 5 (cinco) anos a contar da publicação desta Lei.

Parágrafo único. Os atos praticados e os documentos arquivados anteriormente à vigência da Lei nº 6.015, de 31 de dezembro de 1973, deverão ser inseridos no sistema eletrônico".

Cap. 16 • A IMPORTÂNCIA DO FUNDO DE IMPLEMENTAÇÃO E CUSTEIO DO ONSERP | **247**

plataforma de integração e interação com os usuários, e não propriamente uma ferramenta para o exercício da atividade registral.

O comando, embora não especificasse textualmente, dizia respeito ao registro de imóveis, notadamente por se tratar da lei que cuidava da construção e do financiamento da casa própria. As demais atividades do serviço extrajudicial, inclusive a dos Tabeliães de Notas e de Protestos, incrementaram o desenvolvimento de soluções tecnológicas de modo cooperativo, por via das associações de classe. Assim, gradualmente, surgiram os serviços eletrônicos compartilhados, organizados nas chamadas *Centrais*, com variadas soluções a depender da respectiva especialidade do serviço extrajudicial ou da unidade da federação.

Surgiram sistemas desde logo nacionais, como a Central Notarial de Serviços Eletrônicos Compartilhados (Censec), criada em 28 de agosto de 2012, pelo Provimento 18/2012, da Corregedoria Nacional de Justiça, sob a gestão da Ministra Eliana Calmon; e o Central de Informações de Registro Civil de Pessoas Naturais (CRC), pelo Provimento 38/2012[7], ou sistemas no âmbito das unidades da federação, como a implantação do Serviço de Registro Eletrônico de Imóveis (SREI), no âmbito do Estado de São Paulo, por força do Provimento 42/2012.[8]

4. SISTEMA DE REGISTRO PÚBLICO ELETRÔNICO OU SISTEMA ELETRÔNICO DE REGISTRO PÚBLICO?

A Lei de Registros Públicos, em conjunto com uma miríade de textos legais e de normas administrativas regulamentadoras, estabelece um sistema de registro nacional com as regras fundamentais sobre as atribuições do serviço extrajudicial e a forma de escrituração e guarda das informações. A adoção da informatização não cria, em princípio, um novo sistema de registro. Muda apenas o meio pelo qual o serviço é prestado. Conduto, essa afirmação não pode ser feita de modo simplista e terminativo. À medida que se avança no nível de informatização, com adoção progressiva de novas tecnologias, a transformação passa a ser de tal ordem que aspectos essenciais da atividade começam a ser afetados. A mudança de forma, de tão profunda, passa a impactar o próprio conteúdo. Desaparece a essencialidade da localização física da informação, ainda que não se toque na exclusividade da atribuição de cada registrador para a guarda do acervo. A realização de atos de maneira não presencial, só possível pelo uso dos meios digitais, altera substancialmente não somente a forma, mas o próprio conteúdo. Surge a necessidade de alterações profundas na forma de identificação ou autenticação dos interessados, e de coleta de suas manifestações de vontade. Em um sistema plenamente digital,

---

[7] Provimento 38, de 25 de julho de 2014, da Corregedoria Nacional de Justiça, revogado pelo Provimento 46, de 16 de junho de 2015.

[8] CG. **Provimento CG 42**, de 12 de dezembro de 2012. Disponível em: https://www.anoregsp.org.br/pdf/Provimento_42.2012_DJE191212.pdf. Acesso em: 26 nov. 2023.

248 | SISTEMA ELETRÔNICO DO REGISTRO PÚBLICO E SUA REGULAMENTAÇÃO

não há por que defender que se mantenha a escrituração em múltiplos livros. A separação em livros existe pelas limitações do papel, como instrumento de organização e de recuperação da informação. O livro digital há de ser único livro, ante as múltiplas e mais eficientes maneiras de recuperar o conteúdo. Aos poucos, mais e mais tradicionais características das instalações físicas e dos acervos físicos vão desaparecendo, substituídas por estruturas *invisíveis*. O ferramental tecnológico é quase infinito. Na verdade, sobram opções tecnológicas e a dificuldade passa a ser a escolha de qual é a melhor combinação de ferramentas, notadamente porque, ao longo do processo de implantação, novas tecnologias surgirão para a mesma finalidade.

Considerando que a matéria-prima do serviço extrajudicial é essencialmente a informação, trata-se de atividade, em princípio, passível de informatização integral. E, provavelmente, é esse vislumbre que tem o cidadão ao pensar sobre as informações registrais em formato digital, ou seja, que possam ser acessadas de qualquer lugar e de modo quase instantâneo. Assim como todas as atividades humanas vêm experimentando algum grau de desmaterialização, ou seja, de conversão para meios digitais, algumas de modo total, nasce também a expectativa de que as várias atividades da vida civil funcionem de modo integrado.

Cada vez menos sentido faz obter um documento em papel, extraído de uma base digital, para ser apresentado perante outra entidade que o receberá e igualmente o armazenará em formato digital. Mais ainda, passa a fazer cada vez menos sentido receber documentos ou informações digitais e ter que direcioná-las a quem as poderia ter obtido de modo direto e imediato. O grau de expectativa de modernização dos serviços extrajudiciais, portanto, é extremamente elevado. Atender tal expectativa não tem se mostrado fácil. Empenho incalculável foi e continua sendo feito pelas entidades de classe, em proveito da coletividade de Registradores dentro de cada especialidade.

5. MODELO DO SERVIÇO NECESSARIAMENTE DESCENTRALIZADO

O sistema registral brasileiro é descentralizado. A Constituição Federal de 1988[9] consolidou o sistema de atribuição do serviço, que é público, à pessoa física selecionada em concurso público. Trata-se de forma *sui generis*, que em alguma medida se aproxima da concessão de serviço público a pessoas jurídicas.

---

[9] "Art. 236. Os serviços notariais e de registro são exercidos em caráter privado, por delegação do Poder Público. § 1º Lei regulará as atividades, disciplinará a responsabilidade civil e criminal dos notários, dos oficiais de registro e de seus prepostos, e definirá a fiscalização de seus atos pelo Poder Judiciário. § 2º Lei federal estabelecerá normas gerais para fixação de emolumentos relativos aos atos praticados pelos serviços notariais e de registro. § 3º O ingresso na atividade notarial e de registro depende de concurso público de provas e títulos, não se permitindo que qualquer serventia fique vaga, sem abertura de concurso de provimento ou de remoção, por mais de seis meses".

O Registrador tem autonomia administrativa, funcional e financeira. É o exclusivo detentor da atribuição para a guarda do acervo e para a escrituração dos atos e prestação de informações e serviços sobre suas atividades. Trata-se de um modelo que se equipara ao das nações mais desenvolvidas, com a exceção dos Estado Unidos da América. A virtualização impõe o compartilhamento de estruturas. Há de se chegar ao equilíbrio entre a homogeneização dos serviços compartilhados e da automação de parte das atividades realizadas pela estrutura compartilhada, e a preservação da descentralização do serviço e da exclusividade das atribuições funcionais dos Registradores.

O modelo descentralizado de prestação do serviço, por meio do sistema de delegações, é mais benéfico para a segurança da atividade e para proteção dos dados e garantia de direitos dos cidadãos. Primeiramente, a contaminação de uma unidade fica compartimentada, de modo que não atinge as demais. Um procedimento que venha a ser adotado de modo equivocado, que comprometa a validade dos atos, por exemplo, não se transmitirá a outras serventias. A guarda descentralizada também é uma defesa natural contra-ataques cibernéticos que atingem bancos de dados centralizados. A figura do Registrador também deve ser vista como fator de eficiência e personalização, como antídoto aos serviços excessivamente padroniza-dos e centralizados que esvaziam quase por completo a autonomia das pontas da estrutura, onde se estabelece o contato com o usuário, na medida em que permite melhor identificação dos problemas e encaminhamento das melhores soluções.

Vemos que atendimentos sobre a prestação de serviços ou fornecimento de produtos, gradualmente, passam a ser feitos exclusivamente por *sites* ou aplicativos, com soluções por vezes insatisfatórias. A massificação traz ganhos de celeridade e redução de custos, como podemos ver com a migração para o *Governo Digital*, todavia, não sem eventual perda da individualidade no atendimento ao usuário.

6. GOVERNO DIGITAL

A virtualização dos serviços públicos é tendência mundial e vem sendo cha-mada de *Governo Digital*. No portal gov.br são apresentadas as várias etapas de evolução, em uma linha do tempo que culmina na Estratégia de Governança Digital (EGD).[10] As evidências são mais do que suficientes de que o Estado não é capaz de sequer colher as demandas da população com utilização dos meios convencionais de atendimento, em instalações físicas e com a interação pessoal. Os custos são proibitivos e a ampliação das estruturas convencionais é inviável. A solução veio à medida que os meios digitais alcançaram maturidade para substituir, em grande medida, a interação presencial. Os investimentos são vultosos, mas a ampliação da base de acesso ao cidadão é exponencial.

---

[10] BRASIL. **Linha do tempo**, 25 nov. 2019. Disponível em: https://www.gov.br/governodigital/pt-br/estrategia-de-governanca-digital/do-eletronico-ao-digital. Acesso em: 26 nov. 2023.

Conforme divulgação no portal *gov.br: Brasil é reconhecido como segundo líder em governo digital no mundo:*

> O Brasil foi reconhecido pelo Banco Mundial como o segundo país do mundo com a mais alta maturidade em governo digital. A avaliação é resultado do GovTech Maturity Index 2022, índice divulgado nesta quarta-feira (16/11), que considera o estado atual da transformação digital do serviço público em 198 economias globais. O Brasil teve o maior avanço entre as nações avaliadas, subindo cinco posições em relação ao ranking divulgado em 2021, passando do sétimo para o segundo lugar e tornando-se líder em governo digital no Ocidente.
>
> O país vem se destacando mundialmente na oferta de serviços públicos digitais por meio da plataforma GOV.BR, que já conta com 140 milhões de usuários – o que equivale a 80% da população brasileira acima de 18 anos. O GOV.BR permite o acesso com senha única a milhares de serviços digitais e facilita a obtenção de informações e o relacionamento do cidadão com o governo.[11]

Um bom, e sempre lembrado, exemplo de *Governo Digital* é a Estônia, pequeno país no Leste Europeu, com apenas 1,3 milhão de habitantes, que se apresenta como o *país mais digital do mundo*.[12]

Após cessar o controle externo a que estavam sujeitos por décadas, com o fim da União Soviética, viram-se os estonianos com a necessidade de modernizar rapidamente o país, para substituir estruturas extremamente burocráticas e paralisantes, promover desenvolvimento econômico e nos índices de qualidade de vida. Para crescer, em razão de ser um país pequeno, a Estônia necessitava abrir-se para o mundo: o mercado interno seria insuficiente para fazer surgirem grandes empresas. A solução era tornar-se digital e facilitar ao máximo o intercâmbio com outros países e a inserção no comércio global, com produtos digitais. Em alguns anos, a Estônia digitalizou 100% dos serviços públicos, ou seja, permitiu que fossem solicitados e recebidos serviços públicos por meios totalmente digitais, desde a abertura de empresas, solicitação de serviços médicos a agendamento de vaga de estacionamento na região central da cidade.

Para acesso aos serviços, a Estônia instituiu o *e-Identity*, um cartão de identificação, com certificado digital, entregue pelo correio a todos os cidadãos, utilizado como meio de acesso para quaisquer dos serviços públicos. A partir de tal meio de identificação, outros três meios podem ser derivados, com certeza quanto à identidade do cidadão, de modo a permitir a autenticação de atividades pelo celular ou em *sites* da internet acessados em qualquer dispositivo.

---

[11] BRASIL. **Brasil é reconhecido como segundo líder em governo digital no mundo**, 21 nov. 2022. Disponível em: https://www.gov.br/governodigital/pt-br/noticias/brasil-e-reconhecido--como-segundo-lider-em-governo-digital-no-mundo. Acesso em: 6 ago. 2023.

[12] E-estonia. Disponível em: https://e-estonia.com/. Acesso em: 26 nov. 2023.

Informações médicas, por exemplo, como prontuários de atendimentos ou internações, resultados de exames e prescrições de medicamentos ficam arquivadas em meio digital em uma arquitetura de *blockchain*[13], acessíveis de qualquer ponto pelo médico, farmacêutico ou paramédico que esteja prestando socorro. Tal estrutura permite ao cidadão conceder ou fechar acesso aos dados e tomar as mesmas providências em relação às pessoas que vivam sob seus cuidados (crianças, pessoas idosas, pessoas com deficiência ou quem quer que necessite de suporte para as atividades pessoais).

A Estônia criou o *e-Residency*, ou seja, uma *residência legal* no país, exclusivamente para que o interessado possa abrir uma empresa sem que resida efetivamente no território. Iniciativas como esta colocam a Estônia em primeiro lugar mundial no número de *unicórnios per capita*, ou seja, quantidade de empresas inovadoras (*startups*) com valor de mercado superior a 1 bilhão de dólares.[14]

7. A INDISPENSABILIDADE DO COMPARTILHAMENTO DE ESTRUTURAS

Não faz sentido, em termos de esforço e nem de custos, cada registrador desenvolver a própria plataforma de serviço digital. E mesmo que fosse possível, obrigaria o usuário a replicar, nos meios digitais, o que haveria de ser feito no balcão de atendimento de cada unidade do serviço. O compartilhamento de estruturas passa a ser mais do que colaboração, mas um imperativo.

A Lei 14.382/2022 previu a criação de plataforma nacional que congregue todos os serviços de registro, quais sejam: registro de imóveis, registro civil de pessoas naturais, registro civil de pessoas jurídicas e de títulos e documentos. Previu, também, o intercâmbio de informações com os serviços de notas e de protesto. De algum modo, portanto, a Lei 14.382/2022 acaba congregando todo o serviço extrajudicial.

---

[13] *Blockchain* é um livro-razão compartilhado e imutável que facilita o processo de registro de transações e rastreamento de ativos em uma rede comercial. Um ativo pode ser tangível (casa, carro, dinheiro, terreno) ou intangível (propriedade intelectual, patentes, direitos autorais, marca). Praticamente qualquer coisa de valor pode ser rastreada e negociada em uma rede *blockchain*, reduzindo riscos e custos para todos os envolvidos. (IBM. **What is blockchain technology**. Disponível em: https://www.ibm.com/topics/blockchain. Acesso em: 8 nov. 2023).

[14] A Estônia é líder na Europa em *startups* e unicórnios *per capita*. O país, com apenas metade da população de Silicon Valley, tem tido grande sucesso na fundação de *startups* que atuam em problemas globais e na construção de unicórnios tecnológicos. Até agora, a Estônia foi o berço de, pelo menos, 1.459 *startups* e 10 unicórnios: Skype em 2005; Playtech em 2007; Wise em 2015; Bolt em 2018; Pipedrive em 2020; Zego, ID.me e Gelato em 2021; Veriff e Glia em 2022. São 7,7 unicórnios por milhão de pessoas. Isso faz da Estônia o líder em unicórnios *per capita* na Europa. De acordo com o relatório de 2020 da Atomico, a Estônia desempenha um papel importante na construção de empresas de mais de 1 bilhão de dólares. O número de *startups* fundadas por milhão de habitantes mostra que a Estônia continua a ser um dos centros de *startups* mais dinâmicos da Europa, com 7,6 vezes mais *startups per capita* do que a média europeia. (INVEST IN ESTONIA. **Per capita, Estonia always wins**. Disponível em: https://investinestonia.com/per-capita-estonia-always-wins/. Acesso em: 8 nov. 2023).

252 | SISTEMA ELETRÔNICO DO REGISTRO PÚBLICO E SUA REGULAMENTAÇÃO

A edição da lei deve servir de alerta. Indica, primeiro, a enorme expectativa de setores organizados da sociedade, que clamam pela virtualização dos serviços, como forma de aumento de eficiência e celeridade e de redução de custos. De outro lado, vê-se que há convergência de objetivos nos Poderes Executivo e Legislativo federais, diante da edição da Medida Provisória 1.085, de 27 de dezembro de 2021, pela Presidência da República, e da sua conversão na Lei 14.382/2022 pelo Congresso Nacional.

Ao Poder Judiciário cabe atuar como órgão de controle, fiscalização e normatização, com a incumbência de editar as normas que regulamentem os princípios e as diretrizes gerais da lei.

8. OS OPERADORES NACIONAIS COMO INSTITUIÇÕES NECESSÁRIAS

A virtualização da atividade poderia ter acontecido por iniciativa estritamente espontânea dos registradores, por meio de suas entidades associativas como, de fato, foi e continua sendo feito há décadas. O desenvolvimento das centrais de serviços dependeu da atividade normativa do Poder Judiciário para torná-los de utilização obrigatória pelos Registradores. A trajetória do serviço de registro de imóveis muito pode informar sobre os desafios da informatização. O processo se deu pela via da construção de centrais estaduais de serviços eletrônicos compartilhados. Todavia, a integração em âmbito nacional é inafastável. Embora os trabalhos de construção da interoperabilidade não dependessem, necessariamente, da criação de novos organismos, a prática mostrou que, sem eles, talvez o tempo de evolução passasse muito do aceitável.

A Lei 13.465/2017 previu a criação do Operador Nacional do Registro (ONR), entidade constituída exclusivamente por registradores e incumbida de tornar realidade a integração nacional dos Registradores de Imóveis. Na época em que editada a Lei, buscava-se a construção do sistema de registro de imóveis eletrônico por intermédio de centrais de serviços eletrônicos compartilhados montadas nas várias unidades da federação. Vigia o Provimento 47/2015,[15] da Corregedoria

---

[15] "Art. 3º O intercâmbio de documentos eletrônicos e de informações entre os ofícios de registro de imóveis, o Poder Judiciário, a Administração Pública e o público em geral estarão a cargo de centrais de serviços eletrônicos compartilhados que se criarão em cada um dos Estados e no Distrito Federal. § 1º As centrais de serviços eletrônicos compartilhados serão criadas pelos respectivos oficiais de registro de imóveis, mediante ato normativo da Corregedoria Geral de Justiça local. § 2º Haverá uma única central de serviços eletrônicos compartilhados em cada um dos Estados e no Distrito Federal. § 3º Onde não seja possível ou conveniente a criação e manutenção de serviços próprios, o tráfego eletrônico far-se-á mediante central de serviço eletrônico compartilhado que já esteja a funcionar em outro Estado ou no Distrito Federal. § 4º As centrais de serviços eletrônicos compartilhados conterão indicadores somente para os ofícios de registro de imóveis que as integrem. § 5º As centrais de serviços eletrônicos compartilhados coordenar-se-ão entre si para que se universalize o acesso ao tráfego eletrônico e se prestem os mesmos serviços em todo o País. § 6º Em todas as operações das centrais de serviços eletrônicos

Nacional de Justiça, que previa a implantação de centrais de serviço em cada um dos estados e no Distrito Federal, por norma das Corregedorias Gerais da Justiça. Impunha a existência de uma única central em cada unidade federativa e, caso não fosse possível ou conveniente a manutenção de serviços na própria unidade, autorizava o tráfego eletrônico por intermédio da central que já funcionasse em outro estado ou no Distrito Federal. Por fim, previu-se a obrigatoriedade de as centrais coordenarem-se entre si, de modo a universalizar os serviços em todo o país. Implicitamente, ficava afastada a hipótese de uma central nacional.

O modelo teve que enfrentar a difícil e, provavelmente, impossível tarefa de produzir uma integração nacional sem a existência de uma coordenação centralizada.

Quando dos trabalhos de elaboração do texto da Medida Provisória 759/2016[16] que viria a instituir a Regularização Fundiária Urbana (Reurb), posteriormente convertida na Lei 13.465/2017,[17] viu-se, no âmbito do Ministério das Cidades,[18] onde funcionava o Grupo de Trabalho criado especificamente para os estudos sobre o assunto, a conveniência de se criar um cadastro nacional de regularizações fundiárias, de modo a controlar a efetiva aplicação prática da lei e seu resultados. Tal discussão trazia tendência recorrente, qual seja, a da criação de cadastros, sistemas ou bases de dados nacionais, vinculadas ao Governo Federal, cada vez que um assunto fosse considerado de extrema relevância e abrangência para o país. A medida era de todo inconveniente, eis que, primeiramente, tratar-se-ia de estrutura criada e mantida fora do âmbito do serviço extrajudicial ou do Poder Judiciário, porque ficaria hospedada nas estruturas do Poder Executivo. Em segundo lugar, porque se trataria de sistema concorrente com o de registro eletrônico ou, no

---

compartilhados, serão obrigatoriamente respeitados os direitos à privacidade, à proteção dos dados pessoais e ao sigilo das comunicações privadas e, se houver, dos registros. § 7º As centrais de serviços eletrônicos compartilhados deverão observar os padrões e requisitos de documentos, de conexão e de funcionamento, da Infraestrutura de Chaves Públicas Brasileira – ICP e da arquitetura dos Padrões de Interoperabilidade de Governo Eletrônico (e-Ping)".

[16] BRASIL. **Medida Provisória 759**, de 22 de dezembro de 2016. Disponível em: http://www.planalto.gov.br/ccivil_03/_Ato2015-2018/2016/Mpv/mpv759.htm. Acesso em: 26 nov. 2023.

[17] BRASIL. **Lei 13.465**, de 11 de julho de 2017. Disponível em: http://www.planalto.gov.br/ccivil_03/_Ato2015-2018/2017/Lei/L13465.htm#art76%C2%A79. Acesso em: 26 nov. 2023.

[18] BRASIL. **Portaria 326**, de 18 de julho de 2016. O ministro de estado das cidades, no uso das atribuições que lhe conferem os incisos I e II do parágrafo único do art. 87 da Constituição, e considerando o disposto na alínea a do inciso XI do art. 27 da Lei n. 10.683, de 28 de maio de 2003 e no inciso I do art. 1º do Anexo I do Decreto n. 4.665, de 3 de abril de 2003, resolve: Art. 1º Instituir, no âmbito do Ministério das Cidades, o Grupo de Trabalho denominado "Rumos da Política Nacional de Regularização Fundiária" (GTRPNRF), com a finalidade de: I – Debater propostas de alteração do marco legal de regularização fundiária; e II – Definir diretrizes e metas para a Política Nacional de Regularização Fundiária.
ARAÚJO, Bruno. Ministério das Cidades e o novo impulso da Regularização Fundiária. **Observatório do Registro**, 2 ago. 2016. Disponível em: https://cartorios.org/2016/08/02/ministerio-das-cidades-e-o-novo-impulso-da-regularizacao-fundiaria/. Acesso em: 26 nov. 2023.

SISTEMA ELETRÔNICO DO REGISTRO PÚBLICO E SUA REGULAMENTAÇÃO

mínimo, redundante, uma vez que o SREI perfeitamente acomodaria um módulo com a mesma finalidade.

Era necessário que o SREI se tornasse, efetivamente, um sistema nacional, sem prejuízo da preservação da descentralização do serviço em cada uma das delegações distribuídas pelo país. As discussões levaram à instituição do Operador Nacional do Registro[19], como entidade integrada exclusivamente por registradores de imóveis e com a finalidade específica de desenvolvimento e implantação do SREI.

O texto atribuía ao Instituto de Registro Imobiliário do Brasil (Irib) a atribuição para constituição e organização do ONR. Na época em que todo o esforço de desenvolvimento, implantação e sustentação dos sistemas eletrônicos compartilhados era feito, primordialmente, pelas entidades associativas, necessária uma via de transição para uma entidade que igualmente congregasse os registradores, porém, com finalidade específica, que não se confundisse com as demais atribuições e necessidades de uma entidade de classe.

O trecho, que compunha o § 3º do art. 54, acabou vetado na conversão na Lei 13.465/2017, em seu art. 76.

9. O SISTEMA EM TRÊS CAMADAS

A Lei 14.118/2021 incluiu os §§ 8º e 9º no art. 76 da Lei 13.465 e, assim, instituiu o Fundo de Implementação e Custeio do SREI, o FIC/SREI, a ser gerido pelo ONR, e deu à Corregedoria Nacional a atribuição para regular a receita do fundo, o estabelecimento das cotas de contribuição dos Registradores de Imóveis e de fiscalizar o recolhimento e a destinação.[20]

---

[19] "Art. 54. O procedimento administrativo e os atos de registro decorrentes da Reurb serão feitos preferencialmente por meio eletrônico, na forma dos arts. 37 a 41 da Lei nº 11.977, de 2009 . § 1º O Sistema de Registro de Imóveis Eletrônico – SREI será implementado e operado, em âmbito nacional, pelo Operador Nacional do Sistema de Registro de Imóveis Eletrônico – ONR. § 2º O ONR será organizado como pessoa jurídica de direito privado, sem fins lucrativos. § 3º Fica o Instituto de Registro de Imóveis do Brasil – IRIB autorizado a constituir o ONR e elaborar o seu estatuto, no prazo de cento e oitenta dias, contado da data de publicação desta Medida Provisória, e submeter à aprovação por meio de ato da Corregedoria Nacional do Conselho Nacional de Justiça. § 4º Caberá à Corregedoria Nacional de Justiça do Conselho Nacional de Justiça exercer a função de agente regulador do ONR e zelar pelo cumprimento de seu estatuto. § 5º As unidades do serviço de registro de imóveis dos Estados e do Distrito Federal integram o SREI e ficam vinculadas ao ONR. § 6º Os serviços eletrônicos serão disponibilizados, sem ônus, ao Poder Judiciário, ao Poder Executivo federal, ao Ministério Público e aos entes públicos previstos nos regimentos de custas e emolumentos dos Estados e do Distrito Federal, e aos órgãos encarregados de investigações criminais, fiscalização tributária e recuperação de ativos. § 7º Ato da Corregedoria Nacional de Justiça do Conselho Nacional de Justiça disporá sobre outras atribuições a serem exercidas pelo ONR".

[20] "§ 9º Fica criado o fundo para a implementação e custeio do SREI, que será gerido pelo ONR e subvencionado pelas unidades do serviço de registro de imóveis dos Estados e do Distrito Federal referidas no § 5º deste artigo. (Incluído pela Lei nº 14.118, de 2021) § 10. Caberá ao agente regulador do ONR disciplinar a instituição da receita do fundo para a implementação e

A regulamentação veio com o Provimento 115 de 24 de março de 2021, da Corregedoria Nacional de Justiça.[21] Constituiu-se, assim, o tripé que viria a ser replicado na Lei 14.382/2022 para as demais modalidades de registo público e para a estrutura nacional de integração.

O tripé assim se apresentava: sistema, entidade e fundo de custeio. Para o registro de imóveis, o sistema correspondia ao SREI, a entidade consistiria no ONR e a fonte de custeio, no FIC/SREI. São três camadas que se completam com o objetivo de dar aos Registradores de Imóveis meios mais robustos e consistentes para realizar a gigantesca tarefa de integrar todos os delegados registradores do país, de forma a permitir interação plenamente digital, seja com particulares, entidades da sociedade civil ou órgãos do poder público, sem prejuízo do atendimento direto e da preservação da independência funcional e financeira do registrador.

A Lei 14.382/2022 incorporou o conceito e o estendeu às demais especialidades registrais. De fato, para a integração nacional, é necessário o estabelecimento de padrões. E não bastam aqueles estabelecidos na lei, por demais genéricos, nem os estabelecidos pelos órgãos normativos, como o CNJ e as Corregedorias Gerais de Justiça nos Estados. O dia a dia mostra a necessidade de maior detalhamento, a ser concebido pelos próprios Registradores. É necessário um norte que oriente os estados ou os Registradores individualmente a se integrarem de maneira válida e eficiente com os demais Registradores e com pessoas e entidades externas, em um sistema eletrônico nacional de registro.

---

o custeio do registro eletrônico de imóveis, estabelecer as cotas de participação das unidades de registro de imóveis do País, fiscalizar o recolhimento e supervisionar a aplicação dos recursos e as despesas do gestor, sem prejuízo da fiscalização ordinária e própria como for prevista nos estatutos. (Incluído pela Lei nº 14.118, de 2021)"

[21] "Art. 1º A composição e o recolhimento da receita do Fundo para Implementação e Custeio do Serviço de Registro Eletrônico de Imóveis – FIC/SREI, ficam estabelecidos por este Provimento. Art. 2º O FIC/SREI será gerido pelo Operador Nacional do Serviço de Registro Eletrônico de Imóveis – ONR e subvencionado pelas serventias do serviço de registro de imóveis dos Estados e do Distrito Federal. Art. 3º Constitui-se receita do FIC/SREI a cota de participação das serventias do serviço de registro de imóveis dos Estados e do Distrito Federal que integram o Sistema de Registro Eletrônico de Imóveis e são vinculadas ao ONR. § 1º A cota de participação é devida, mensalmente, por todas as serventias do serviço público de registro de imóveis, sob o regime de delegação ou oficializadas, providas ou vagas, instaladas e em funcionamento nos Estados e no Distrito Federal. § 2º A cota de participação corresponde a 0,8% (oito décimos por cento) dos emolumentos brutos percebidos pelos atos praticados no serviço do registro de imóveis da respectiva serventia. § 3º Na hipótese de a serventia acumular mais de uma especialidade, a cota de participação do FIC/SREI é devida apenas sobre os atos do serviço de registro de imóveis, excluídos os demais atos praticados na respectiva serventia que sejam relacionados com as competências das outras especialidades. § 4º Na apuração do valor da cota de participação do FIC/SREI, deverão ser tomados por base exclusivamente os emolumentos brutos destinados ao Oficial de Registro, desconsiderando-se outras parcelas, de qualquer natureza, mesmo que cobradas por dentro, nas respectivas tabelas de emolumentos da unidade federativa. § 5º Não devem ser consideradas na apuração dos emolumentos brutos as parcelas incluídas na tabela de emolumentos destinadas obrigatoriamente a repasses previstos em lei e não destinadas ao Oficial de Registro".

256 | SISTEMA ELETRÔNICO DO REGISTRO PÚBLICO E SUA REGULAMENTAÇÃO

A figura do Operador Nacional se mostra um avanço em relação ao formato tradicional dependente de maneira total das entidades de classe. Muito embora a relevância histórica destas em nada fique diminuída, os Operadores, integrados apenas por Registradores, têm atribuição exclusiva e não podem nem devem se ocupar de outras atividades próprias das entidades associativas.

10. INDISSOCIABILIDADE ENTRE OS SERVIÇOS REGISTRAIS E OS MEIOS DIGITAIS DE PRESTAÇÃO DO SERVIÇO

Conforme estabelecido anteriormente, ainda que haja profundos e crescentes impactos no próprio conteúdo da atividade registral, o emprego dos meios eletrônicos constitui meio de prestação do serviço. Trata-se do desenvolvimento de novas formas de interação com os solicitantes de informações e serviços, sejam eles particulares, instituições públicas ou privadas ou órgãos dos poderes do Estado, mediante adoção de ferramentas da revolução digital.

Ainda que haja profunda transformação na atividade e na própria economia do serviço registral, vemos como indissociáveis a atividade registral e os meios digitais. A oferta das ferramentas de interação digital não pode ser considerada serviço novo ou serviço independente dos típicos serviços tratados na Lei de Registros Públicos e normas correlatas. Na era digital, a oferta das plataformas eletrônicas é exigência inafastável, sob pena de ficar a atividade extrajudicial desconectada da vida civil, como serviço marginal, de difícil acesso.

Se os chamados *serviços digitais* forem tratados como serviço autônomo, não integrante da própria delegação do serviço público, haveríamos de admitir a pretensão de prestação por particulares, a demandarem processo licitatório e contratos de concessão de serviço público. Tal redundaria na oficialização da intermediação entre o cidadão e o delegado do serviço extrajudicial. A pretensão de cobrança de verbas específicas que tenham como origem a utilização dos meios eletrônicos se apresenta em contradição com a natureza e com as atribuições do serviço, e fator de risco para a própria atividade. Inconcebível que se estabeleçam parcerias entre o serviço extrajudicial e instituições privadas para explorarem a prestação do serviço registral pelas plataformas eletrônicas, com a divisão dos resultados financeiros. Ainda que a inventividade própria do mercado mostre potenciais vantajosos, vemos como risco à preservação da natureza e da essência da atividade registral, do modelo de delegação do serviço público a pessoa física, e à descentralização do serviço. Não por outra razão, decisões administrativas vedam terminantemente a cobrança das taxas de serviços eletrônicos, como se vê no art. 220, do Código Nacional de Normas da Corregedoria Nacional de Justiça do Conselho Nacional de Justiça – Foro Extrajudicial – Provimento CNJ 149/2023:

> Art. 220. Ao Operador Nacional do Sistema Eletrônico de Registros Públicos – ONSERP, ao ONR, ao ON-RCPN e ao ON-RTDPJ, bem como aos tabeliães e

registradores, é vedado cobrar dos usuários do serviço público delegado valores, a qualquer título e sob qualquer pretexto, pela prestação de serviços eletrônicos relacionados com a atividade dos registradores públicos, inclusive pela intermediação dos próprios serviços, conforme disposto no art. 25, caput, da Lei n. 8.935 de 1994, sob pena de ficar configurada a infração administrativa prevista no artigo 31, I, II, III e V, da referida Lei. [22]

11. A INDISPENSABILIDADE DO MEIO PRÓPRIO DE SUSTENTAÇÃO FINANCEIRA

Como antes exposto, podemos dizer que o Sistema Eletrônico dos Registros Públicos (Serp) deve ser concebido em três aspectos ou camadas. Há o aspecto do sistema propriamente dito, que haverá de se apresentar como plataforma digital de interação e prestação dos serviços registrais; há o aspecto da entidade de Registradores incumbida de conceber, desenvolver, implantar e sustentar a plataforma digital; e há o aspecto da sustentação financeira, que se apresenta como o fundo criado e mantido para custear as atividades da entidade, as despesas e os investimentos da plataforma digital. Assim, têm-se o Serp, propriamente dito, como a plataforma de integração e interação com os solicitantes de informações e serviços; o Onserp, ou entidade incumbida de implantar e manter o Serp; e o FIC-Onserp, fundo destinado à sustentação financeira do Onserp e do Serp.

Esse modelo replica o tripé antes instituído, e em funcionamento, para a atividade de registro de imóveis, em que temos o SREI como plataforma de integração e de serviços, que se desdobra no Saec, que é a interface externa (a plataforma de recebimento de solicitações de informações e serviços) e o Sistema do Cartório (SC), em desenvolvimento, que será a interface interna das serventias; o ONR, órgão incumbido da implementação e da sustentação da operação do SREI; e o FIC/SREI, que é a camada financeira, de custeio das implantações e de sustentação econômica da atividade.

A Lei 14.382, em seu art. 7º, incumbiu a Corregedoria Nacional de Justiça de disciplinar o registro eletrônico ou, mais especificamente, os sistemas eletrônicos integrados ao Serp, por tipo de registro público ou serviço prestado.[23]

A norma regulamentadora veio com a edição do Provimento 139, da Corregedoria Nacional, em 1º de fevereiro de 2023,[24] que desdobrou o tripé estrutural do

---

[22] CNJ. **Provimento 149**, de 30 de agosto de 2023. Disponível em: https://atos.cnj.jus.br/atos/detalhar/5243. Acesso em: 26 nov. 2023.

[23] "Art. 7º Caberá à Corregedoria Nacional de Justiça do Conselho Nacional de Justiça disciplinar o disposto nos arts. 37 a 41 e 45 da Lei nº 11.977, de 7 de julho de 2009, e o disposto nesta Lei, em especial os seguintes aspectos: I – os sistemas eletrônicos integrados ao Serp, por tipo de registro público ou de serviço prestado; [...]"

[24] O Provimento 139/2023 foi revogado pelo Provimento 149/2023, e seu conteúdo foi incorporado ao Código Nacional de Normas da Corregedoria Nacional de Justiça do Conselho Nacional de Justiça - Foro Extrajudicial, a partir do art. 211.

Serp para as demais especialidades dos registros públicos. Desse modo, previu-se o ON-RCPN, incumbido de implantar, desenvolver e sustentar tecnologicamente o sistema de registro civil de pessoas naturais; o FIC-RCPN, em estruturação, para a sustentação financeira; e o ON-RTDPJ e FIC-RTDPJ relacionados ao Registro de Títulos e Documentos e Civil de Pessoas Jurídicas.

Há, portanto, o tripé que compõe o Serp, em sentido amplo, apoiado sobre os tripés relacionados às três atividades registrais: registro de imóveis, registro de pessoas naturais e registro de títulos e documentos e pessoas jurídicas.

Existem várias atividades que vão além da atribuição de cada operador e que bem se acomodam na função estruturante do Onserp, incumbido de implantar e sustentar o Serp com recurso do FIC-Onserp. Assim, os Registradores contribuirão para o FIC de sua atividade, e desta, serão repassados recursos para compor o FIC--Onserp, conforme estudos a serem desenvolvidos no âmbito do Agente Regulador, com a colaboração e participação dos Operadores Nacionais de cada atividade, como se vê no § 1º, do art. 218, do Código Nacional de Normas da Corregedoria Nacional de Justiça:

> § 1º A cota da subvenção a que se refere o inciso I deste artigo será definida em processo administrativo instaurado pela Corregedoria Nacional de Justiça, no qual serão realizados estudos sobre o volume de arrecadação dos emolumentos brutos pelos atos praticados nos respectivos registros públicos e colhidas informações sobre os montantes estimados necessários para implementação, sustentação e evolução do Serp por cada operador de registros públicos.

O FIC do ONR já opera há quase três anos, e serviu de modelo para os FIC--RCPN e FIC-RTDPJ. As realidades das especialidades são bastante diversas, de modo que não era possível replicar pura e simplesmente as regras do FIC do ONR. A previsão é de que se façam estudos que informem a capacidade de receita da atividade, em âmbito nacional, conjugada com o dimensionamento da necessidade de recursos para a adaptação dos sistemas atuais e para a implantação de sistemas ainda a desenvolver, entre os quais aqueles que permitirão a integração com as demais especialidades em uma mesma plataforma de serviços.

Para alguns, a contribuição ao fundo poderá ser vista como aumento de custos administrativos, sem vislumbre de ganhos imediatos ou em curto prazo. De fato, a construção de um sistema nacional, que congregue todo o serviço registral, para as atividades automatizadas e para a interação entre registradores é empreitada de dimensões colossais. Porém não há a opção de não construir o sistema integrado. Não há a opção de prestação apenas direta do serviço ao solicitante. O compartilhamento é inevitável. Os custos que teria cada Registrador, caso houvesse que construir individualmente uma plataforma de serviço compatível com a de todos os demais, seriam obviamente muito maiores.

Caberá aos Operadores Nacionais, gestores dos Fundos, o desenvolvimento de projetos claros e detalhados que informem aos Registradores, e não só a eles, quais as etapas de desenvolvimento e implantação e quais as mudanças impactarão a atividade em si, de modo a legitimar o recolhimento das contribuições. Necessita-se de bons projetos e de excelente planejamento estratégico para assegurar que sejam executados de maneira eficiente e consistente. Sem os Operadores, muito prejudicada ou até inviabilizada ficaria a evolução dos atuais sistemas. Sem os fundos de custeio e investimentos, os Operadores seriam inúteis ou teriam suas atribuições praticamente inviabilizadas.

12. CONCLUSÕES

1. A criação de um sistema eletrônico de registros públicos é imposição legal, que tem início na Lei 11.977/2009 e suas alterações, entre outras, vindas com as disposições legais das Leis 13.465/2017 e 14.382/2022, incumbência dos próprios registradores, sob regulação e fiscalização do Poder Judiciário e, mais especificamente, do Conselho Nacional de Justiça e das Corregedorias Gerais de Justiça.

2. O serviço há de ser necessariamente descentralizado, em respeito à autonomia administrativa e financeira do titular da delegação e a sua atribuição exclusiva para a escrituração, guarda do acervo e prestação de serviços ou informações.

3. A migração para o registro eletrônico de forma individual se mostra inviável pelo custo e por não atender a necessidade de estabelecimento de um ponto único de contato com os solicitantes.

4. A digitalização dos serviços permite ganhos de escala, com a progressiva automação de processos, funcionamento 24 horas por dia, todos os dias do ano.

5. O custeio é maneira de ampliar o âmbito de atuação e multiplicar a prestação do serviço, com aumento da fonte de receita, mediante investimentos realizados de maneira cooperativa ou compartilhada.

6. O sistema eletrônico de registros públicos é atividade inerente à delegação do serviço, de modo que a prestação de serviços eletrônicos não pode ser exercida por terceiros particulares ou por órgãos públicos.

7. O custeio cabe aos Registradores, daí porque a criação, a implantação, a sustentação e a evolução devem ser custeadas por via das receitas advindas da atividade registral, vedada a cobrança pela prestação de serviços eletrônicos ou a terceirização da atividade com a cobrança de verbas privadas.

8. O Serp está alinhado com a implantação do chamado *Governo Digital*, padrão que vem sendo adotados por todas as nações desenvolvidas.

9. O modelo de implantação baseado nos Operadores Nacionais e respectivos fundos, em estreita relação com o Poder Judiciário e seus órgãos reguladores, apresenta-se como o mais moderno formato em relação ao propósito de tornar efetiva a construção do sistema eletrônico de registros públicos.

10. Os fundos de implementação e custeio são peças essenciais da estruturação do registro eletrônico, na medida em que proverão os Operadores Nacionais de recursos, de maneira contínua, permanente e previsível, com dedicação exclusiva, para o desenvolvimento, sustentação e evolução das plataformas digitais.

REFERÊNCIAS

ARAÚJO, Bruno. Ministério das Cidades e o novo impulso da Regularização Fundiária. **Observatório do Registro**, 2 ago. 2016. Disponível em: https://cartorios.org/2016/08/02/ministerio--das-cidades-e-o-novo-impulso-da-regularizacao-fundiaria/. Acesso em: 26 nov. 2023.

BRASIL. **Linha do tempo**, 25 nov. 2019. Disponível em: https://www.gov.br/governodigital/ pt-br/estrategia-de-governanca-digital/do-eletronico-ao-digital. Acesso em: 26 nov. 2023.

BRASIL. **Brasil é reconhecido como segundo líder em governo digital no mundo**, 21 nov. 2022. Disponível em: https://www.gov.br/governodigital/pt-br/noticias/brasil-e-reconhecido--como-segundo-lider-em-governo-digital-no-mundo. Acesso em: 6 ago. 2023.

BRASIL. **Sistema Eletrônico de Registros Públicos moderniza serviços de cartórios no país**, 28 dez. 2021. Disponível em: https://www.gov.br/economia/pt-br/assuntos/noticias/2021/ dezembro/sistema-eletronico-de-registros-publicos-moderniza-servicos-de-cartorios-no--pais. Acesso em: 26 nov. 2023.

IBM. **What is blockchain technology**. Disponível em: https://www.ibm.com/topics/blockchain. Acesso em: 8 nov. 2023.

INVEST IN ESTONIA. **Per capita, Estonia always wins**. Disponível em: https://investinestonia. com/per-capita-estonia-always-wins/. Acesso em: 8 nov. 2023.

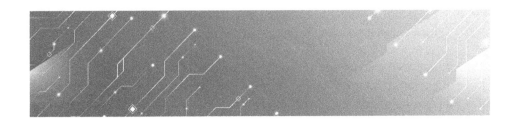

Capítulo 17

REGIME DISCIPLINAR APLICÁVEL AOS INTEGRANTES DOS ÓRGÃOS DIRETIVOS DOS OPERADORES NACIONAIS E DO ONSERP

Gustavo Fiscarelli

1. DA ATIVIDADE NOTARIAL E REGISTRAL E ESFERAS DE RESPONSABILIDADE

O vértice constitucional da atividade notarial e registral no Brasil está previsto no art. 236 da Constituição Federal. Dele se extrai o *caráter particular e personalíssimo* da delegação do Poder Público, a ser conferida ao aprovado em certame público de provas e títulos, cujas responsabilidades são disciplinadas por lei, que igualmente definem as regras de fiscalização exercidas pelo Poder Judiciário.

A Lei 6.015/1973, inobstante anterior à atual ordem constitucional, foi por ela recepcionada e dispõe sobre os registros públicos no Brasil. A Lei 8.935/1994, por sua vez, dá cumprimento ao preceito constitucional esculpido no art. 236, § 1º, da CF, estabelecendo o regime geral aplicável à atividade e prevendo, entre outras questões, *o regime disciplinar imposto a notários e registradores (arts. 31 a 36) em razão dos atos praticados em decorrência de seu ofício*.

Em sede preliminar, mostra-se salutar entender os contornos próprios do ato de delegação, exemplarmente discorrido pelo mestre Walter Ceneviva, que o define como o:

> [...] ato administrativo complexo (compreende desde o concurso público até a outorga), enquanto meio criado pelo direito para permitir a atuação do interesse público através de prestador de serviço de caráter privado, habilitado para a prática de atos cuja competência decorre de lei. A delegação é, a rigor, irrevogável

desde o ato perfeito e acabado da outorga, só podendo ser cassada nas hipóteses legais, obedecido o devido processo legal.[1]

Antes, porém, do aprofundamento da discussão disciplinar propriamente dita, é importante tratar do regime de responsabilidades a que se submete o notário e o registrador, mormente a civil, criminal, trabalhista, tributária e, enfim, a administrativa.

Como é cediço, as serventias extrajudiciais são despidas de personalidade jurídica, pois qualificam-se como núcleos ou feixes de atribuições públicas nas quais o notário e o registrador são regularmente investidos[2]. E, por essa razão, os deveres e os poderes decorrentes do exercício dessa função pública são atribuíveis àquele que nela foi provido.

Com o julgamento do Recurso Extraordinário 842.846, o Supremo Tribunal Federal fixou a Tese 777, segundo a qual:

> O Estado responde, objetivamente, pelos atos dos tabeliães e registradores oficiais que, no exercício de suas funções, causem dano a terceiros, assentado o dever de regresso contra o responsável, nos casos de dolo ou culpa, sob pena de improbidade administrativa.[3]

Com isso, o art. 22 da Lei 8.935/1994, alterado pela Lei 13.286/2016, deve ser observado caso o Poder Público tenha sido judicialmente condenado a indenizar o usuário dessa atividade pública, e efetivamente tenha adimplido essa obrigação, vez que terá ação de regresso em face do titular do serviço em caso de responsabilização administrativa deste.

A responsabilidade criminal dos Notários e Registradores, que será sempre *subjetiva*, é trazida pelo art. 24 da Lei 8.935/1994, no qual se estabelece que será individualizada, aplicando-se, no que couber, a legislação concernente aos crimes contra a administração pública. Cabe ressaltar, nesse contexto, que, embora Notários e Registradores não integrem a classe de servidores estatais ou agentes políticos, atuam em colaboração com o Estado por meio de delegação.

No que atine à Justiça laboral, cuja responsabilidade do Notário e Registrador decorre da relação de emprego estabelecida com escreventes e auxiliares, a grande discussão repousa sobre a situação do novo titular do serviço extrajudicial diante

---

[1]   CENEVINA, Walter. **Lei dos Notários e dos Registradores Comentada (Lei n. 8.935/94)**. São Paulo: Saraiva, 2006, p. 34.

[2]   Neste sentido: ZOCKUN, Maurício. **Regime constitucional da atividade notarial e de registro**. São Paulo: Malheiros, 2018, p. 138-139, Cap. V, item 36.

[3]   STF. **RE 842846/SC**. Tribunal Pleno, Rel. Min. Luiz Fux, j. 27.02.2019. Disponível em: https://redir.stf.jus.br/paginadorpub/paginador.jsp?docTP=TP&docID=750504507. Acesso em: 29 jul. 2023.

do passivo trabalhista. Nesse contexto, a jurisprudência é firme no sentido de que se o titular, no momento da assunção da serventia, manteve os vínculos trabalhistas pretéritos, ele responde pelo passivo trabalhista.[4] Por outro lado, se não aproveitar os funcionários da gestão anterior, estará livre dos encargos correspondentes diante do caráter originário da delegação.[5]

Sob o viés fiscal, por ser dever do Notário e do Registrador fiscalizar o recolhimento dos tributos incidentes sobre os atos que devem praticar (art. 30, XI, da Lei 8.935/1994), sua responsabilidade tributária é *subsidiária*, conforme posi-

---

[4] Nesse sentido, segue jurisprudência citada por: GENTIL, Alberto. Teoria Geral de Registros Públicos. *In*: GENTIL, Alberto (org.). **Registros Públicos**. Rio de Janeiro: Forense, 2020, p. 37; a saber: TST. RR 130200-72.2005.5.01.0065, 2ª Turma, Rel. Min. José Roberto Freire Pimenta, j. 23.09.2015, *DEJT* 02.10.2015. Ementa: "Cartório. Sucessão trabalhista. Continuidade da prestação dos serviços. *In casu*, é incontroversa a ocorrência de novação subjetiva em relação à titularidade do serviço notarial, com a correspondente transferência da unidade econômico-jurídica que integra o estabelecimento. Outrossim, não houve resilição do vínculo empregatício, no caso em tela. A jurisprudência desta Corte é no sentido de que, em se tratando de cartório, a sucessão de empregadores pressupõe não só a transferência da unidade econômica de um titular para outro, mas que a prestação de serviço pelo empregado do primeiro prossiga com o segundo. Portanto, somente quando o sucessor no cartório aproveitar os empregados do titular sucedido, hipótese que se verifica nos autos, poderá ser reconhecida a sucessão. Precedentes."

[5] Cite-se jurisprudência mencionada por: GENTIL, Alberto. Teoria Geral de Registros Públicos. *In*: GENTIL, Alberto (org.). **Registros Públicos**. Rio de Janeiro: Forense, 2020, p. 38; a saber: TST. ARR 93500-13.2008.5.03.0138, 2ª Turma, Rel. Min. Delaíde Miranda Arantes, j. 11.12.2018, *DEJT* 14.12.2018; ementa a seguir: "I – Agravo em Recurso de Revista com Agravo da reclamada. Lei 13.015/2014. Cartório extrajudicial. Sucessão de empregadores. Ausência de continuidade da prestação dos serviços ao novo titular. No caso, observa-se que o último dia de trabalho da reclamante foi 20/2/2008, quando foi demitida pelo titular do Cartório do 1º Registro de Imóveis de Belo Horizonte, 3º reclamado, que assumiu a titularidade do referido cartório no dia anterior, 19/02/2008. Conforme consta no acórdão regional, o novo titular do cartório (Fernando Pereira do Nascimento) não deixou a reclamante trabalhar sob sua responsabilidade, tendo a demitido no dia seguinte a sua entrada em exercício. Logo, não houve a continuidade da relação de emprego com o novo titular, o que impede a configuração, na espécie, da sucessão de empregadores e, por conseguinte, na responsabilização daquele pelas verbas trabalhistas devidas à reclamante. Agravo não provido. II – Agravo em Recurso de Revista com Agravo do reclamado. Lei 13.015/2014. Cartório extrajudicial. Sucessão de empregadores. Ausência de continuidade da prestação dos serviços ao novo titular. Constatada possível violação dos arts. 10 e 448 da CLT, é de se prover o agravo. Agravo provido. III – Agravo de Instrumento em Recurso de Revista do reclamado. Lei 13.015/2014. Cartório extrajudicial. Sucessão de empregadores. Ausência de continuidade da prestação dos serviços ao novo titular. Demonstrada possível violação dos arts. 10 e 448 da CLT, impõe-se o provimento do agravo de instrumento para determinar o processamento do recurso de revista. Agravo de instrumento provido. IV – Recurso de Revista do reclamado. Lei 13.015/2014. Cartório extrajudicial. Sucessão de empregadores. Ausência de continuidade da prestação dos serviços ao novo titular. A alteração na titularidade do cartório extrajudicial, desde que não haja solução de continuidade na prestação dos serviços, atrai a incidência dos art. 10 e 448 da CLT. No caso, conforme consignado no acórdão regional, a reclamante não prestou serviços ao novo titular do cartório. Logo, houve solução de continuidade da relação de emprego. Desta forma, não se configura, na espécie, sucessão de empregadores. Assim, apenas a anterior titular do cartório, ainda que a título precário, por ter se beneficiado da mão de obra da reclamante, é a única responsável pelas verbas devidas à reclamante."

264 | SISTEMA ELETRÔNICO DO REGISTRO PÚBLICO E SUA REGULAMENTAÇÃO

cionamento firmado pelo Superior Tribunal de Justiça.[6] No entanto, no que atine aos encargos fiscais que lhes incumbem satisfazer, a responsabilidade do Notário e Registrador será pessoal.

Por fim, a aferição da responsabilização do agente delegado pelo cometimento de suposta infração à legislação que disciplina o desempenho da sua função pública, na qual foi investido, é constitucionalmente confiada ao Poder Judiciário pelo art. 236 da Constituição da República. Ademais, trata-se de responsabilização funcional de natureza *subjetiva*, razão pela qual o comportamento lesivo deve decorrer de atitude dolosa ou culposa do titular do serviço extrajudicial para se autorizar a responsabilização disciplinar.

Rememora-se, por oportuno, que o ato ensejador de responsabilização sempre deve estar relacionado à atividade para a qual o Notário e o Registrador receberam a delegação estatal, não alcançando, portanto, os atos estranhos às competências legais, o que será demonstrado ao longo deste trabalho.

2. DO REGISTRO ELETRÔNICO, DAS CENTRAIS ELETRÔNICAS E DOS OPERADORES NACIONAIS

Passou a ser prática comum a imposição, pelo Poder Público, de encargos aos delegatários de função pública a que, isoladamente, eles não estariam obrigados no exercício de uma função estatal. Com efeito, para garantir a prestação de uma atividade pública de modo eficiente e supostamente mais afinada com as modernas tecnologias, o Estado-regulador passou a impor à coletividade dos agentes delegados o dever de edificarem arranjos institucionais colaborativos para adimplir encargos igualmente coletivos que, isoladamente, não seriam atingíveis. Trata-se de verdadeiro ônus colaborativo compulsoriamente imposto aos agentes delegados, decorrente do exercício do denominado poder normativo do Estado-regulador, fundado na ideia de sujeição especial.[7]

A mudança do sistema de TV analógica para digital materializa uma dessas primeiras experiências. Isto porque a Anatel impôs que concessionárias (que são delegadas de função pública) constituíssem uma entidade para providenciar o gratuito fornecimento da denominada antena digital e respectivo conversor. Para cumprir essa determinação do Estado-regulador, a Anatel, Algar Celular S.A., Claro

---

[6] STJ. REsp 909.215/MG 2006/0270469-4, 1ª Turma, Rel. Min. Teori Albino Zavascki, *DJe* 22.09.2010. Ementa: "Tributário. Imposto sobre transmissão causa mortis e doação, de quaisquer bens e direitos. Responsabilidade de terceiros. Art. 134 do CTN. Responsabilidade subsidiária. Precedente da Primeira Seção do STJ. Recurso especial a que se nega provimento."
GENTIL, Alberto. Teoria Geral de Registros Públicos. *In*: GENTIL, Alberto (org.). **Registros Públicos**. Rio de Janeiro: Forense, 2020, p. 39.

[7] ZOCKUN, Maurício; ZOCKUN, Carolina Zancaner. A relação de sujeição especial no direito brasileiro. **Revista de Direito Administrativo & Constitucional**, Belo Horizonte, ano 19, n. 77, p. 121-137, jul./set. 2019.

Cap. 17 • REGIME DISCIPLINAR APLICÁVEL AOS INTEGRANTES DOS ÓRGÃOS DIRETIVOS | 265

S.A., Telefônica Brasil S.A. e Tim Celular S.A. constituíram a EAD[8], Associação Administradora do Processo de Redistribuição e Digitalização de Canais de TV e RTV[9].

O mesmo se deu com a criação do Operador Nacional do Sistema Elétrico (ONS[10] – fonte inspiradora do, mais adiante referido, ONR), pessoa jurídica responsável pela coordenação e controle da operação das instalações de geração e transmissão de energia elétrica no Sistema Interligado Nacional (SIN), assim como pelo planejamento da operação dos sistemas isolados do país, sob a fiscalização e regulação da Agência Nacional de Energia Elétrica (ANEEL). O ONS foi criado pelo art. 13 da Lei 9.648/1998, como uma pessoa jurídica de direito privado, sob a forma de associação civil sem fins lucrativos, compulsoriamente integrada por titulares de concessão, permissão ou autorização e consumidores de energia elétrica.

Todo o modelo que se passará a descrever teve nesses frutíferos modelos a sua fonte de inspiração.

A Lei 11.977/2009, notadamente em seus arts. 37 a 41, inseriu a primeira previsão acerca de sistema de registro eletrônico, estabelecendo, em linhas gerais, o tráfego eletrônico de documentos, a realização de atos e escrituração de forma eletrônica e a disponibilização de acesso às informações registrais ao Poder Público, conforme parâmetros a serem estabelecidos pelo Poder Judiciário por meio do Conselho Nacional de Justiça (CNJ).

Destarte, com o propósito de regulamentar o registro público eletrônico, o CNJ, por meio de sua Corregedoria Nacional de Justiça, editou inúmeros atos normativos voltados a cada uma das especialidades registrais. Vejamos.

No que diz respeito ao *Registro Civil das Pessoas Naturais*, foi editado o Provimento CNJ 46/2015, que revogou o Provimento CNJ 38/2014, instituindo a Central de Informações de Registro Civil das Pessoas Naturais (CRC), e que, por seu turno, foi revogado pelo Provimento CNJ 149/2023, o qual incorporou suas disposições ao Capítulo III, do Título II, do Livro IV (arts. 229 a 245) do Código Nacional de Normas da Corregedoria Nacional de Justiça do Conselho Nacional de Justiça – Foro Extrajudicial

Já para o *Registro de Títulos e Documentos e Civil de Pessoas Jurídicas*, foi editado o Provimento CNJ 48/2016, alterado pelo Provimento CNJ 59/2017, cujas disposições foram posteriormente incorporadas, por meio do Provimento CNJ 149/2023, ao Código Nacional de Normas da Corregedoria Nacional de Justiça do Conselho Nacional de Justiça – Foro Extrajudicial (Capítulo IV, do Título II, do

---

[8] EAD. **Estatuto Social da Associação Administradora do Processo de Redistribuição e Digitalização de Canais de TV e RTV.** Disponível em: https://sejadigital.com.br/estatuto/Estatuto_consolidado_20161215_Anexo_II_21_07_2017.pdf. Acesso em: 20 jul. 2023.

[9] Seja Digital. Página inicial. Disponível em: https://sejadigital.com.br/. Acesso em: 21 jul. 2023.

[10] ONS. Página inicial. Disponível: https://www.ons.org.br/. Acesso em: 21 jul. 2023.

266 | SISTEMA ELETRÔNICO DO REGISTRO PÚBLICO E SUA REGULAMENTAÇÃO

Livro IV, arts. 246 a 256), estabelecendo as diretrizes gerais para o registro eletrônico de títulos e documentos e civil de pessoas jurídicas.

A regulamentação do registro eletrônico para o *Registro de Imóveis*, por sua vez, iniciou-se com o Provimento CNJ 39/2014, que instituiu a Central Nacional de Indisponibilidade de Bens (CNIB). Em 18 de junho de 2016, foi editado o Provimento CNJ 47/2016, estabelecendo as diretrizes gerais para o sistema de registro eletrônico de imóveis.

Nesse histórico de evolução legislativa, a Lei 13.465/2017, estabeleceu, em seu art. 76, as bases legais para a criação e funcionamento do Operador Nacional do Sistema de Registro Eletrônico de Imóveis (ONR), destacando que: a) o ONR deverá implementar e operar o Sistema de Registro Eletrônico de Imóveis (SREI); b) o ONR será organizado como pessoa jurídica de direito privado, sem fins lucrativos; c) a Corregedoria Geral de Justiça do Conselho Nacional de Justiça atuará como Agente Regulador do ONR, zelando pelo cumprimento de seu estatuto, além de disciplinar e fiscalizar o fundo previsto para seu custeio.

A partir de referida legislação, o CNJ editou o Provimento 89/2019, que regulamenta o Código Nacional de Matrículas, o Sistema de Registro Eletrônico de Imóveis (SREI), o Serviço de Atendimento Eletrônico Compartilhado (Saec), o acesso da Administração Pública às informações do SREI e estabelece diretrizes para o estatuto do Operador Nacional do Sistema de Registro Eletrônico (ONR), revogando o Provimento CNJ 47. Na sequência, foi editado o Provimento CNJ 115/2021, que instituí a receita do fundo para implementação e custeio do SREI e estabelece a forma de seu recolhimento pelas serventias do serviço de registro de imóveis, entre outras providências Com o Provimento CNJ 124/2021, definiu-se o prazo para a universalização do acesso, por todas as unidades do serviço de imóveis do Brasil, ao Sistema de Registro Eletrônico de Imóveis (SREI), operado pelo Operador Nacional do Registro Eletrônico de Imóveis (ONR), sob regulação da Corregedoria Nacional de Justiça.

Na qualidade de Agente Regulador do ONR, a Corregedoria Nacional de Justiça editou o Provimento CNJ 109/2020, revogado pelo Provimento CNJ 148/2023, que previa, entre seus poderes regulatórios, o sancionatório, nos seguintes termos:

> Art. 15. Os integrantes dos órgãos diretivos do ONR, na qualidade de registradores no exercício de função reservada aos que exercem a atividade do serviço de registro de imóveis, ficam sujeitos ao Regime Disciplinar próprio previsto na Lei Federal 8.935/1994, a que estão sujeitos os titulares de delegação.
>
> Parágrafo único. Os interinos que exerçam qualquer função no ONR, e que não estejam sujeitos ao regime disciplinar próprio, nos casos de infrações disciplinares, podem ser substituídos da função no ONR, sem prejuízo do afastamento

da função de confiança que exerçam nas respectivas unidades vagas e por cujo expediente respondam interinamente, observado o devido processo legal. [11]

Extrai-se do preceito exposto anteriormente que a Corregedoria Nacional de Justiça podia impor aos integrantes dos órgãos de direção do ONR, enquanto registradores, o regime disciplinar próprio da atividade notarial e registral previsto na Lei 8.935/1994, ou seja, conferia ao Agente Regulador o poder de imposição de penalidades aos registradores por atos de gestão alheios à delegação para a qual foram investidos.

Ademais, quanto aos interinos, permitia que fossem substituídos da função que eventualmente exercessem na ONR, sem prejuízo da quebra de confiança e consequente afastamento como responsável transitório da serventia.

Pois bem, em de 27 de junho de 2022, resultado da conversão da Medida Provisória 1085/2021, foi publicada a Lei 14.382, que dispõe sobre o Sistema Eletrônico de Registros Públicos (Serp), de que trata o art. 37 da Lei 11.977/2009.

A novel legislação determina que a adesão ao Serp é obrigatória aos Registradores e interinos, e que seu descumprimento ensejará responsabilidade disciplinar nos termos estabelecidos pelo Corregedoria Nacional de Justiça.

Ademais, o art. 3º, § 4º, da Lei 14.382/2022, estabelece que o:

> [...] Serp terá operador nacional, sob a forma de pessoa jurídica de direito privado, na forma prevista nos incisos I ou III do caput do art. 44 da Lei nº 10.406, de 10 de janeiro de 2002 (Código Civil), na modalidade de entidade civil sem fins lucrativos, nos termos estabelecidos pela Corregedoria Nacional de Justiça do Conselho Nacional de Justiça.

Ou seja, à semelhança do já criado e regulamentado ONR, deve ser constituído um novo operador; entretanto, com um objetivo maior, qual seja o de implantar o registro público eletrônico no Brasil, o que inclui todas as especialidades registrais. Outrossim, o legislador estabeleceu que a natureza jurídica desse novo ente é de pessoa jurídica de direito privado, sem fins lucrativos, conforme os contornos a serem estabelecidos pela Corregedoria Nacional de Justiça, facultando-se sua constituição sob a forma de associação ou fundação.

Em 1º de fevereiro de 2023, o CNJ editou o Provimento 139, que, além de regulamentar o Serp, instituiu outros dois operadores nacionais, a saber: o Operador Nacional do Registro Civil das Pessoas Naturais (ON-RCPN) e o Operador Nacional do Registro de Títulos e Documentos e Civil das Pessoas Jurídicas (ON-RTDPJ), que, ao lado do ONR, compõem o Operador Nacional do Sistema

---

[11] CNJ. **Provimento 109**, de 14 de outubro de 2020. Disponível em: https://atos.cnj.jus.br/atos/detalhar/3522. Acesso em: 10 jul. 2023.

Eletrônico dos Registro Públicos (Onserp), conforme se depreende pelo art. 3º de referida normativa.

Tal como o Onserp e o ONR, os demais operadores setoriais (ON-RCPN e ON-RTDPJ) devem ser constituídos sob a forma de pessoas jurídicas de direito privado, sem fins lucrativos, atuando a Corregedoria Nacional de Justiça como respectivo Agente Regulador (art. 5º do Provimento CNJ 139/2023).

No entanto, diferentemente do que fora estabelecido no art. 15 do Provimento CNJ 109/2020, o Provimento CNJ 139/2023 não previu regra específica de responsabilização disciplinar para os integrantes dos órgãos diretivos do Onserp, ON-RCPN e ON-RTDPJ, em que pese tenha sido prevista em minuta preliminar submetida à audiência pública, realizada pelo CNJ em data de 31 de janeiro de 2023, e retirada do texto após os debates.

Referida assimetria em relação aos diferentes Operadores Nacionais, ao que parece, foi dirimida pelo Provimento CNJ 148/2023, que revogou expressamente o Provimento CNJ 109/2020, não repetindo a previsão anterior que autorizava a responsabilização disciplinar dos integrantes dos órgãos diretivos do ONR pelo Agente Regulador.

As revogações posteriores dos Provimentos CNJ 139/2023 e 148/2023 pelos Provimentos 149/2023 e 150/2023, respectivamente, em nada alteram a conclusão retro, pois tão somente incorporaram ao Código Nacional de Normas da Corregedoria Nacional de Justiça do Conselho Nacional de Justiça – Foro Extrajudicial as disposições dos diplomas revogados (arts. 211 a 228 e arts. 220-A a 220-K).

3. DA RESPONSABILIZAÇÃO DOS INTEGRANTES DOS ÓRGÃOS DIRETIVOS DOS OPERADORES NACIONAIS E DO ONSERP

O art. 76, § 10, da Lei 13.465/2017, incluído pela Lei 14.118/2021, e, portanto, posterior à edição do revogado Provimento CNJ 109/2020, prevê que:

> Caberá ao agente regulador do ONR disciplinar a instituição da receita do fundo para a implementação e o custeio do registro eletrônico de imóveis, estabelecer as cotas de participação das unidades de registro de imóveis do País, fiscalizar o recolhimento e supervisionar a aplicação dos recursos e as despesas do gestor, sem prejuízo da fiscalização ordinária e própria como for prevista nos estatutos.

Como se verifica, a lei disciplina exaustivamente as funções afetas ao Agente Regulador, entre as quais não se inclui, ao menos de forma expressa, a possibilidade de aplicação do regime disciplinar próprio aos integrantes dos órgãos diretivos do ONR, o que, salvo melhor juízo, já retiraria o art. 15 do Provimento CNJ 109/2020 do espectro da legalidade se ainda estivesse vigente.

Diante disso, resta evidente o acerto do Provimento CNJ 150/2023 ao não prever a submissão dos Registradores ao regime disciplinar típico da atividade notarial e registral em razão dos atos por eles praticados na condição de integrantes dos órgãos diretivos do Onserp, ONR, ON-RCPN e ON-RTDPJ.

Todavia, ainda que assim não fosse, a responsabilização dos integrantes de órgãos diretivos dos operadores nacionais não se sustentaria. Senão vejamos.

Preambularmente, deve-se destacar que o Sistema Eletrônico dos Registros Públicos (Serp), estabelecido pela Lei 14.382/2022, *não configura novo ato registral em sentido estrito, tampouco tende a substituir o registrador em suas funções qualificadoras primárias*. Pelo contrário. Resta manifesto, pela análise legal e normativa, que o Serp representa uma ferramenta viabilizadora do registro público eletrônico, integrada obrigatoriamente por todos os oficiais de registro públicos, responsáveis interinos e interventores, por meio de qual se promoverá a interconexão e a interoperabilidade entre as serventias de registros públicos, e entre estas e o Serp; permitindo o atendimento e a prestação de serviços em formato eletrônico centralizado, além do intercâmbio de documentos eletrônicos e informações a entes públicos e privados, e produção estatística.

Ademais, caberá ao Onserp, pessoa jurídica de direito privado, constituída sob a modalidade de entidade civil sem fins lucrativos e integrada pelos Operadores Nacionais setoriais (ONR, ON-RCPN e ON-RTDPJ), promover a implantação e o funcionamento do Serp, sob a supervisão permanente da Corregedoria Nacional de Justiça (Agente Regulador).

De outro vértice, o Onserp e os Operadores setoriais serão geridos e administrados por Registradores, conforme disposições estabelecidas nos respectivos estatutos, que serão homologados pelo Agente Regulador, desde que atendidos os parâmetros normativos. Uma vez eleitos dirigentes dos Operadores Nacionais, os registradores exercerão *função registral atípica*, razão pela qual a eles não poderá ser imposto o regime disciplinar próprio da atividade notarial e registral previsto nos arts. 31 a 36 da Lei 8.935/1994.

Conclui-se, portanto, que o Serp, assim como sua estrutura organizacional, situa-se fora dos limites da delegação estatal, caracterizada pelo caráter privado e personalíssimo atribuído à pessoa física do registrador. Isso não significa, entretanto, que o descumprimento dos deveres funcionais decorrentes do Serp não possa impingir responsabilidade aos Oficiais de Registros Públicos, responsáveis interinos e interventores.

Resta saber, então, qual a natureza jurídica da função desempenhada pelo integrante de órgão diretivo de Operador Nacional, assim como as esferas de responsabilidade as quais se submete.

Como anteriormente esclarecido, em vista da incapacidade de o Estado edificar os meios adequados para o eficiente desempenho de certas atribuições públicas, ele passou a conferir novos encargos aos delegatários dos serviços extrajudiciais a que, isoladamente, não estariam obrigados no exercício de uma função estatal. Com isso, impôs-se à coletividade dos agentes delegados o dever de edificarem arranjos institucionais e materiais colaborativos para adimplir encargos igualmente coletivos. Trata-se de verdadeiro ônus colaborativo compulsoriamente imposto aos agentes delegados, decorrente do exercício do denominado poder normativo do Estado-regulador.

Sucede que os agentes delegados não exercem esse novo encargo fundado no mesmo feixe de atribuições que, constitucionalmente, viabilizaram a sua investidura nessa função estatal. Com efeito, aos delegatários das funções notariais e de registro atribuiu-se o ônus de desempenhar um novo complexo de funções estatais, nos limites descritos em lei.

Ora, se a Constituição da República prevê essa personalíssima atribuição ao Notário e ao Registrador, é induvidoso que a compulsória necessidade de constituição das entidades anteriormente referidas não se funda ou encontra assento nesse encargo constitucional. Logo, *as entidades criadas não exercem (e nem podem exercer) função notarial e de registro.*

Em vista dessa constatação, qual a relação entre as atividades que essas entidades formalmente desempenham e o exercício da função notarial e de registro? Ao que se constata, do arcabouço normativo e legislativo citados, tais entidades têm por encargo viabilizar a edificação da infraestrutura material e tecnológica necessária para que o concreto desempenho da função notarial e de registro seja eletronicamente desfrutada pelo usuário final. Ou seja, realizam, pois, *atividade de suporte* à função notarial e de registro. E justamente porque essas entidades desempenham uma atividade de suporte (que está no campo próprio da iniciativa privada), não há necessidade de qualquer espécie de ato estatal facultando o seu exercício. Essa atividade de suporte é, pois, privada e não pública.

Quer-se com isso dizer que qualquer entidade privada poderia ser incumbida de edificar a infraestrutura material e tecnológica necessária para que uma atividade seja eletronicamente desfrutada pelo usuário final. No entanto, a exemplo do que se processa com a criação de uma benfeitoria em favor do Estado, este deve aquiescer previamente com a sua realização.

E o que fez o Estado, a exemplo do que se processou com a EAD e o ONS? Atribuiu exclusivamente a uma entidade privada – criada por lei ou cuja criação a lei estabeleceu –, e tendo os agentes delegados por seus exclusivos associados, o dever de prover os meios para a construção da noticiada infraestrutura.

Logo, os Registradores – enquanto associados ou dirigentes dessas entidades – atuam como *requisitados de serviço público*, e não como Registradores. Figuram nessas entidades, pois, como agentes públicos, mas não agentes delegados de função registral. Isto porque a concretização da atividade de suporte anteriormente referida não é atribuível à pessoa natural do Registrador em razão do exercício dessa função

Cap. 17 • REGIME DISCIPLINAR APLICÁVEL AOS INTEGRANTES DOS ÓRGÃOS DIRETIVOS | **271**

pública. Afinal, como se procurou revelar, essas atividades de suporte são realizadas no campo próprio das atividades privadas (e não das atividades delegadas).

Em vista disto, se houver frustração na persecução desses desideratos, quem terá cometido a infração? A entidade ou os seus associados? A resposta é singela: a entidade, desde que preenchidos os pressupostos legais conducentes à demonstração desse descumprimento. Afinal, a entidade criada é que recebeu o encargo de edificar a referida infraestrutura. E o Poder Público, como em qualquer espécie de relação estatal formada com um particular, poderá apurar e sancionar a entidade que descumprir com os seus misteres legais.

E os seus associados-dirigentes? Para que possam ser sancionados, há necessidade de desconsideração da personalidade jurídica.

Com efeito, os Operadores Nacionais são constituídos sob a forma de pessoa jurídica de direito privado, submetidos, portanto, ao regramento previsto na Lei 10.406/2002 (Código Civil).

O art. 50 do Código Civil consagra a possibilidade de desconsideração da personalidade jurídica do ente privado como forma de atingir o patrimônio pessoal de seus administradores para responder por obrigações sociais contraídas a partir de atos fraudulentos ou cometidos com abuso de direito. Ou seja, o Registrador integrante de quadro diretivo, enquanto administrador, poderá responder com seus próprios bens se praticar ato caracterizado como desvio de finalidade (§ 1º) ou confusão patrimonial (§ 2º).

Desconsiderada a personalidade jurídica, o registrador faltoso poderá ser civil e administrativamente responsabilizado. A responsabilização civil poderá ser a ele imputável em razão do descumprimento dos seus deveres enquanto administrador de uma entidade privada. A responsabilização administrativa advirá do descumprimento dos seus deveres enquanto requisitado de serviço público, não se aplicando, por evidente, a Lei 8.935/1994, pois o cargo de direção foi ocupado sob titulação jurídica diversa daquela decorrente da função delegada registral.

Ocorre que inexiste legislação específica prevendo os deveres e as responsabilidades desses agentes requisitados de serviço público relacionados à função registral. Diante disso, e tendo em vista uma das vigas-mestras do direito sancionatório, qual seja, a impossibilidade do uso da analogia *in malam partem*, poderia o Estado delegante, por ato normativo do Agente Regulador: (i) estabelecer credenciais mínimas para a ocupação de cargos nos órgãos diretivos dos Operadores Nacionais; assim como (ii) vedações explícitas, entre as quais, por exemplo, a condenação por prática de ato danoso e doloso na qualidade de titular de serviço extrajudicial ou, até mesmo, como dirigente de Operadores Nacionais em gestões anteriores.

Tais requisitos de habilitação seriam, obrigatoriamente, repercutidos nos estatutos dos Operadores Nacionais, que poderiam ser, inclusive, alargados, desde que a comprovação pudesse ser aferida de forma objetiva, sem qualquer margem a objeções pessoais ou perseguição de qualquer espécie.

Uma derradeira análise que merece atenção diz respeito à possiblidade de interinos e interventores integrar órgãos diretivos dos Operadores Nacionais.

Sob a ótica constitucional e legal, a interinidade e a intervenção devem ser encaradas como situações excepcionais e temporárias em que a delegação notarial e registral se encontra despida momentaneamente de titulação, sendo que o primeiro caso (interinidade) se dá em razão da vacância da serventia por quaisquer das razões de extinção da delegação; e, no segundo (intervenção), em virtude do afastamento de seu titular (notário ou registrador) para apuração de falta a ele imputada.

A precariedade da interinidade e da intervenção não coaduna com a estabilidade e a continuidade que se espera da direção de um ente originariamente técnico e perene, sob pena de prejuízo à própria administração do Operador.

Por essas razões, os estatutos dos Operadores Nacionais que reservarem os cargos em órgãos diretivos a Oficiais de Registro titulares, sem qualquer forma de demérito aos responsáveis por serviços registrais vagos e interventores, estão em consonância com a melhor missão administrativa, devendo serem aprovados pelo Agente Regulador.

Em remate, por todo o exposto, é possível concluir que:

a) A revogação do Provimento CNJ 109/2023 pelo Provimento CNJ 148/2023, e depois deste pelo Provimento CNJ 150/2023, devolve a harmonia sistêmica, conferindo o mesmo tratamento normativo a todos os registradores integrantes de órgãos diretivos dos Operadores Nacionais pelo Agente Regulador;

b) Não é possível a aplicação do regime disciplinar próprio dos Notários e Registradores, previsto nos arts. 31 a 36 da Lei 8.935/1994, em decorrência de prática de ato danoso por oficial de registro enquanto integrante de órgão diretivo dos Operadores Nacionais, vez que tal função extrapola o plexo de atribuições relacionados ao ato de delegação;

c) Por se tratar de pessoa jurídica de direito privado, e titular, portanto, de direitos e obrigações decorrentes de sua própria atividade, a responsabilização por atos danosos a terceiros deve ser suportada pelo próprio Operador Nacional;

d) A responsabilidade civil pelo ato danoso a terceiro pode ser imputada, todavia, diretamente ao Registrador integrante de órgão diretivo dos Operadores Nacionais se praticado com abuso de poder, desvio de finalidade ou confusão patrimonial, a partir da desconsideração da personalidade jurídica decretada judicialmente, quando então o patrimônio pessoal do dirigente responderá pelas obrigações sociais contraídas;

e) No que atine à responsabilização administrativa do Registrador integrante de órgão diretivo dos Operadores Nacionais, não há que se falar em analogia a qualquer outro diploma legal ou situação congênere diante da proibição da analogia *in malam partem* prevista no Direito sancionatório;

f) Seria de bom alvitre que o Agente Regulador, por meio de ato normativo, exigisse a observância de determinadas credenciais àqueles que pretendam integrar órgão diretivo de Operadores Nacionais; e

g) Os órgãos diretivos dos Operadores Nacionais devem ser ocupados somente por Oficiais de Registro titulares e relacionados à especialidade registral correspondente, deixando, entretanto, de exercer a função se, por qualquer razão, vier a perder a delegação.

REFERÊNCIAS

BRANDELLI, Leonardo. **Teoria Geral do Direito Notarial**. 2. ed. São Paulo: Saraiva, 2007.

CENEVINA, Walter. **Lei dos Notários e dos Registradores Comentada (Lei n. 8.935/94)**. São Paulo: Saraiva, 2006.

CENEVINA, Walter. **Lei dos Registros Públicos Comentada**. 18. ed. São Paulo: Saraiva, 2008.

GENTIL, Alberto. Teoria Geral de Registros Públicos. *In*: GENTIL, Alberto (org.). **Registros Públicos**. Rio de Janeiro: Forense, 2020. p. 1-56.

EAD. **Estatuto Social da Associação Administradora do Processo de Redistribuição e Digitalização de Canais de TV e RTV**. Disponível em: https://sejadigital.com.br/estatuto/Estatuto_consolidado_20161215_Anexo_II_21_07_2017.pdf. Acesso em: 20 jul. 2023.

LOUREIRO FILHO, Lais da Silva; LOUREIRO, Claudia Regina Magalhães. **Notas e Registros Públicos**. São Paulo: Saraiva, 2004.

LOUREIRO, Luiz Guilherme. **Curso Completo de Direito Civil**. 3. ed. São Paulo: Método, 2010.

MELLO, Celso Antônio Bandeira de. **Curso de direito administrativo**. 19. ed. São Paulo: Malheiros, 2005.

NALINI, José Renato. O registro civil das pessoas naturais. *In*: DIP, Ricardo Henry Marques (org.). **Registros públicos e segurança jurídica**. Porto Alegre: SAFE, 1998. p. 41-55.

RIBEIRO, Luís Paulo Aliende. **Regulação da Função Pública Notarial e de Registro**. São Paulo: Saraiva, 2009.

TARTUCE, Flávio. **Manual de Direito Civil**. Volume Único. 2. ed. São Paulo: Método, 2012.

SANTOS, Reinaldo Velloso dos. **Registro civil das pessoas naturais**. Porto Alegre: SAFE, 2006.

ZOCKUN, Maurício. **Regime constitucional da atividade notarial e de registro**. São Paulo: Malheiros, 2018.

ZOCKUN, Maurício; ZOCKUN, Carolina Zancaner. A relação de sujeição especial no direito brasileiro. **Revista de Direito Administrativo & Constitucional**, Belo Horizonte, ano 19, n. 77, p. 121-137, jul./set. 2019.